KB218426

부동산공법

기초

정쾌호·곽병철 공저

21세기사

부동산공법은 부동산에 대한 공법적 규율을 가하는 법규로서 단일법전 없이 수많은 법으로 구성되어 있으며, 국가나 공공단체 상호간의 관계나 이들과 개인의 관계를 규정하는 것으로서 부동산에 관련된 최상위 법률인 「국토기본법」부터 「국토의 계획 및 이용에 관한 법률」및 개별 법률인 「건축법」, 「주택법」, 「도시 및 주거환경정비법」, 「도시개발법」, 「농지법」, 「산지관리법」에 대한 내용을 이 책에 수록하였다.

「국토기본법」은 국토계획과 관련된 최상위 법으로서 국토에 관한 계획 및 정책의 수립·시행에 관한 기본적인 사항을 정하는 것으로서 국토관리의 기본이념과 국토의 균형있는 발전 등에 관한 내용이 있다. 「국토의 계획 및 이용에 관한 법률」은 국토의 이용·개발과 보존을 위한 계획의 수립 및 집행 등에 필요한 사항을 정하는 것으로서 「국토기본법」에 대하여는 하위법, 다른 부동산공법에 대하여는 상위법적·일반법적인 지위를 가진다. 이 법률의 내용에는 국가계획, 광역도시계획, 도시·군 계획, 용도지역, 지구단위계획 등의 내용이 포함되어 있다.

건축물의 용도, 구조, 설비기준 등에 관한 기준을 정하고 건축물의 시공과정을 규제하는 「건축법」은 건축물을 건축할 수 있는 대지와 도로의 관계 및 건축선에 관한 내용도 포함한다. 그리고 국민의 주거안정과 쾌적하고 살기좋은 주거환경 조성에 필요한 주택의 건설·공급 및 관리 등에 관한 사항을 정하는 「주택법」이 있다. 이 법에는 단독주택 30호(공동주택 30세대)이상이나 1만㎡ 이상의 대지조성사업을 시행하는 경우에 사업계획승인을 받아야 하고, 2021년 주거공간의 허용면적을 확대한 도시형생활주택과 주택조합(지역·직장·리모델링)의 내용 뿐만아니라 투기과열지구 등 주택규제에 대한 것도 포함되어 있다.

도시지역의 도시환경을 개선하고 주거환경이 불량한 지역을 계획적으로 정비하고 노후·불량건축물을 개량하기 위한 법으로 「도시 및 주거환경정비법」이 있다. 이 법에는 주거환경개선사업, 재개발사업, 재건축사업으로 구성되어 있으며, 도심지에서 주택을 공급하는 사업중에서 정부에서도 주택의 공급조절기능을 하기도 하고 사람들에게 관심이 가장 많은 사업중 하나이다. 최근에는 공공재개발사업과 공공재건축사업도 새로 시행하고 있다.

계획적이고 체계적인 도시개발을 위한 「도시개발법」은 신도시개발을 위한 것으로서 환지방식, 수용 또는 사용방식, 혼용방식으로 시행할 수 있다. 그리고 농지의 소유 및 관리에 관한 사항을 정한 「농지법」, 산지의 보전과 이용에 관한 「산지관리법」이 있다. 그 외에도 「택지개발촉진법」, 「수도법」등 부동산공법에 관련된 법률들이 많지만 이 책에서는 실무적으로 가장 많이 사용하고 공인중개사시험과목에 해당하는 법들로 구성하였다.

저는 재개발·재건축 관련된 책을 출판 했었는데 이번에 도서출판 21세기사를 통해 부동산공법 기초라는 책을 내게 되었다. 책을 출판한다는 것은 여전히 어렵고 두렵지만, 이를 통해서 독자들에게도 조금의 도움이 되고자 큰 결심을 하게 되었다. 먼저 삶의 성장에 큰 도움을 주신 동의대학교 부동산대학원 원장이신 강정규 교수님께 존경과 감사의 마음을 전한다. 그리고 부동산금융·자산경영학과의 최상일 교수, 윤지석 교수, 오윤경 교수, 손기준 교수, 곽병철 교수 및 물심양면으로 도와주시는 건설사 대표이신 김성철 부동산박사와 어려운 여건속에서도 출판을 허락해주신 도서출판 21세기사 이범만 대표께도 감사의 말씀을 전한다.

2022년 5월
저자 씀

1 부동산공법과 행정계획

2 국토기본법

3 국토의 계획 및 이용에 관한 법률

4 건축법

5 주택법

6 도시 및 주거환경정비법

7 도시개발법

8. 농지법

9. 산지관리법

1

부동산공법과
행정계획

1 부동산공법과 행정계획

1 부동산공법의 의의

1. 부동산공법(不動産公法)이란?

부동산공법이란 부동산에 대한 공법적 규율을 가하는 법규로서 단일법전 없이 이용, 거래, 개발, 보전, 관리 등의 내용을 갖는 수 많은 법으로 구성되어 있다.

2. 공법(公法)과 사법(私法)

1) 공법: 국가나 공공단체 상호간의 관계나 이들과 개인의 관계를 규정하는 법률

공익을 위해 국가가 개인보다 우월한 지위에서 개인의 재산권 행사를 제한하여 사인(私人)간의 법률관계에 개입하는 것이다.

2) 사법: 개인 상호간의 사적이익의 조정을 규율하는 법률

사인의 재산권 보호와 부동산시장에서의 거래질서 확립을 위한 목적으로 제정된 법규범이다. 부동산사법은 소유권절대의 원칙이 바탕이 되며 개인상호간의 법률관계를 규정하는 것이다.

<부동산공법과 사법>

부동산 공법	부동산 사법
국토의 계획 및 이용에 관한 법률 도시개발법 주택법, 건축법 도시 및 주거환경정비법 등	민법 상가건물임대차 보호법 주택임대차 보호법 부동산 등기법 등

1. 행정계획(行政計劃)이란?

행정주체가 일정한 행정활동을 위한 목표를 설정하고, 상호관련성 있는 행정수단의 조정과 종합화를 통해 그 목표로 정한 장래의 시점에 있어서 보다 좋은 질서를 실현할 것을 목적으로 하는 활동기준 또는 그 설정행위를 말한다.[1]

2. 행정법으로서의 부동산공법

행정법이란 행정에 특유한 국내법으로서 공법을 말한다. 이러한 행정법은 국가·지방자치단체 등 행정주체의 기관의 설치 및 그 권한 그리고 기관 상호간의 관계에 관한 것 등을 규정한 행정조직법, 행정주체와 사인간의 법률관계를 규정하는 행정작용법 및 행정작용으로 인한 개인의 권리침해에 대한 구제에 관한 법인 행정구제법으로 분류할 수 있는데 대다수의 부동산공법은 행정작용법에 속한다.[2]

3. 행정계획의 분류

행정계획은 성격, 범위, 구속성여부 등에 따라 종합계획과 부문별계획, 장기·중기·단기계획, 전국·지방·지역계획, 상위계획·하위계획, 구속적·비구속적 계획 등으로 구분된다.

1) 구속적(拘束的) 행정계획

구속적 행정계획은 행정관청과 일반국민 모두에게 구속력이 있는 것으로 건축행위 등 개발행위가 규제되어 권리제한이 가해질 수 있다. 이해관계인은 계획에 대한 공람이 가능하고 행정쟁송이 가능하며 도시·군 관리계획등이 이에 해당한다.

2) 비구속(非拘束的) 행정계획

비구속적 행정계획은 방향을 제시하는 행정지침에 불과하여 일반국민에게는 구속력을 가지지 않으며 행정쟁송의 대상이 되지 않는다. 국토종합계획 등이 이에 해당한다.

---

1) 변동식, 부동산공법 이론과 실무, 부연사, 2020, p.28.
2) 장동훈·권영수·손재중·나길수, 부동산공법, 21세기사, 2013, p.17.

구분	비구속적 행정계획(광역, 기본, 종합)	구속적 행정계획
주체	행정관청(○), 일반국민(×)	행정관청(○), 일반국민(○)
성격	내부구속적 행정계획 행정명령: 일일지시, 훈령	대·내외적 구속력 있는 행정계획 행정처분: 행정관청이 국민에게 내리는 처분
절차	수립 → 승인	입안(수립) → 결정
주민의견청취	공청회	공람·열람
행정쟁송의 대상	대상이 되지 않는다	대상이 된다
종류	국토종합계획 광역도시계획 도시·군 기본계획 정비기본계획 주택종합계획	도시·군 관리계획 지구단위계획 단계별 집행계획 정비계획 관리처분계획

<행정기관의 구분>

*대도시: 인구 50만 이상, 비자치구: 영통구, 분당구, 일산구 등

---

3) 장동훈·권영수·손재중·나길수, 부동산공법, 21세기사, 2013, p.27.

부동산공법 (기초)

<부동산공법의 구성체계>

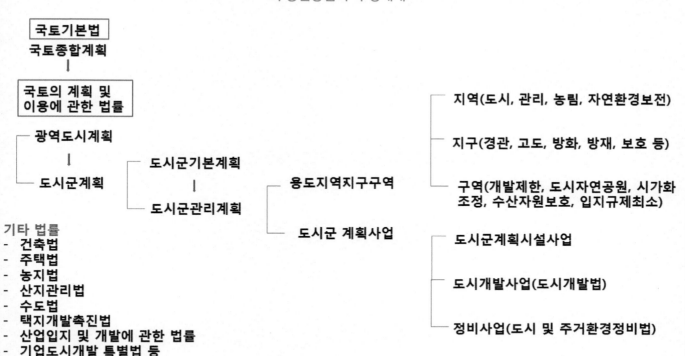

기타 법률
- 건축법
- 주택법
- 농지법
- 산지관리법
- 수도법
- 택지개발촉진법
- 산업입지 및 개발에 관한 법률
- 기업도시개발 특별법 등

2

국토기본법

② 국토기본법

국토계획과 관련된 최상위 법으로 (구)국토건설종합계획법이 1963년 10월부터 시행되었고, 이후 국토건설종합계획법이 폐지되고 2003년 1월 1일부터 국토기본법이 제정되어 시행되고 있다.

1. 목적(법 제1조)

이 법은 국토에 관한 계획 및 정책의 수립·시행에 관한 기본적인 사항을 정함으로써 국토의 건전한 발전과 국민의 복리향상에 이바지함을 목적으로 한다.

2. 국토관리의 기본 이념(법 제2조)

국토는 모든 국민의 삶의 터전이며 후세에 물려줄 민족의 자산이므로, 국토에 관한 계획 및 정책은 개발과 환경의 조화를 바탕으로 국토를 균형 있게 발전시키고 국가의 경쟁력을 높이며 국민의 삶의 질을 개선함으로써 국토의 지속가능한 발전을 도모할 수 있도록 수립·집행하여야 한다.

3. 국토의 균형 있는 발전(법 제3조)

① 국가와 지방자치단체는 각 지역이 특성에 따라 개성 있게 발전하고, 자립적인 경쟁력을 갖추도록 함으로써 국민 모두가 안정되고 편리한 삶을 누릴 수 있는 국토 여건을 조성하여야 한다.
② 국가와 지방자치단체는 수도권과 비수도권(非首都圈), 도시와 농촌·산촌·어촌, 대도시와 중소도시 간의 균형 있는 발전을 이룩하고, 생활 여건이 현저히 뒤떨어진 지역이 발전할 수 있는 기반을 구축하여야 한다.
③ 국가와 지방자치단체는 지역 간의 교류협력을 촉진시키고 체계적으로 지원함으로써 지역 간의 화합과 공동 번영을 도모하여야 한다.

1. 국토계획의 정의 및 구분(법 제6조)

1) 국토계획의 정의

국토계획이란 국토를 이용 · 개발 및 보전할 때 미래의 경제적 · 사회적 변동에 대응하여 국토가 지향하여야 할 발전 방향을 설정하고 이를 달성하기 위한 계획을 말한다.

2) 국토계획의 구분

국토계획은 다음 각 호의 구분에 따라 국토종합계획, 도종합계획, 시 · 군 종합계획, 지역계획 및 부문별계획으로 구분한다.

1. 국토종합계획: 국토 전역을 대상으로 하여 국토의 장기적인 발전 방향을 제시하는 종합계획
2. 도종합계획: 도 또는 특별자치도의 관할구역을 대상으로 하여 해당 지역의 장기적인 발전 방향을 제시하는 종합계획
3. 시 · 군종합계획: 특별시 · 광역시 · 특별자치시 · 시 또는 군(광역시의 군은 제외한다)의 관할구역을 대상으로 하여 해당 지역의 기본적인 공간구조와 장기 발전 방향을 제시하고, 토지이용, 교통, 환경, 안전, 산업, 정보통신, 보건, 후생, 문화 등에 관하여 수립하는 계획으로서 「국토의 계획 및 이용에 관한 법률」에 따라 수립되는 도시 · 군계획
4. 지역계획: 특정 지역을 대상으로 특별한 정책목적을 달성하기 위하여 수립하는 계획
5. 부문별계획: 국토 전역을 대상으로 하여 특정 부문에 대한 장기적인 발전 방향을 제시하는 계획

2. 국토계획의 상호관계(법 제7조, 법 제8조)

① 국토종합계획은 도종합계획 및 시 · 군종합계획의 기본이 되며, 부문별계획과 지역계획은 국토종합계획과 조화를 이루어야 한다.
② 국토종합계획은 다른 법령에 따라 수립되는 국토에 관한 계획에 우선하며 그 기본이 된다. 다만, 군사에 관한 계획에 대하여는 그러하지 아니하다.
③ 국토종합계획은 20년을 단위로 하여 수립하며, 도종합계획, 시 · 군종합계획, 지역계획 및 부문별계획의 수립 권자는 국토종합계획의 수립 주기를 고려하여 그 수립 주기를 정하여야 한다.
④ 국토계획의 계획기간이 만료되었음에도 불구하고 차기 계획이 수립되지 아니한 경우에는 해당 계획의 기본이 되는 계획과 저촉되지 아니하는 범위에서 종전의 계획을 따를 수 있다.
⑤ 도종합계획은 해당 도의 관할구역에서 수립되는 시 · 군종합계획의 기본이 된다.

3. 국토종합계획의 수립(법 제9조)

① 국토교통부장관은 국토종합계획을 수립하여야 한다.
② 국토교통부장관은 국토종합계획을 수립하려는 경우에는 중앙행정기관의 장 및 특별시장·광역시장·특별자치시장·도지사 또는 특별자치도지사(이하 "시·도지사"라 한다)에게 대통령령으로 정하는 바에 따라 국토종합계획에 반영되어야 할 정책 및 사업에 관한 소관별 계획안의 제출을 요청할 수 있다. 이 경우 중앙행정기관의 장 및 시·도지사는 특별한 사유가 없으면 요청에 따라야 한다.

4. 국토종합계획의 내용(법 제10조)

국토종합계획에는 다음 각 호의 사항에 대한 기본적이고 장기적인 정책방향이 포함되어야 한다.

1. 국토의 현황 및 여건 변화 전망에 관한 사항
2. 국토발전의 기본 이념 및 바람직한 국토 미래상의 정립에 관한 사항
2의2. 교통, 물류, 공간정보 등에 관한 신기술의 개발과 활용을 통한 국토의 효율적인 발전 방향과 혁신 기반 조성에 관한 사항
3. 국토의 공간구조의 정비 및 지역별 기능 분담 방향에 관한 사항
4. 국토의 균형발전을 위한 시책 및 지역산업 육성에 관한 사항
5. 국가경쟁력 향상 및 국민생활의 기반이 되는 국토 기간 시설의 확충에 관한 사항
6. 토지, 수자원, 산림자원, 해양수산자원 등 국토자원의 효율적 이용 및 관리에 관한 사항
7. 주택, 상하수도 등 생활 여건의 조성 및 삶의 질 개선에 관한 사항
8. 수해, 풍해(風害), 그 밖의 재해의 방제(防除)에 관한 사항
9. 지하 공간의 합리적 이용 및 관리에 관한 사항
10. 지속가능한 국토 발전을 위한 국토 환경의 보전 및 개선에 관한 사항
11. 그 밖에 제1호부터 제10호까지에 부수(附隨)되는 사항

5. 국토종합계획의 수립절차

1) 의견청취

국토교통부장관은 국토종합계획안을 작성하였을 때에는 공청회를 열어 일반 국민과 관계 전문가 등으로부터 의견을 들어야 하며, 공청회에서 제시된 의견이 타당하다고 인정하면 국토종합계획에 반영하여야 한다. 다만, 국방상 기밀을 유지하여야 하는 사항으로서 국방부장관이 요청한 사항은 그러하지 아니하다.

2) 협의 및 시·도지사의 의견 청취

국토교통부장관은 국토종합계획을 수립하거나 확정된 계획을 변경하려면 미리 심의안에 대하여 관계 중앙행정기관의 장과 협의하여야 하며 시·도지사의 의견을 들어야 한다.

3) 심의 후 승인

국토교통부장관은 국토종합계획을 수립하거나 확정된 계획을 변경하려면 미리 국토정책위원회와 국무회의의 심의를 거친 후 대통령의 승인을 받아야 한다.

6. 도 종합계획의 수립(법 제13조)

도지사(특별자치도의 경우에는 특별자치도지사를 말한다. 이하 같다)는 도종합계획을 수립하여야 한다. 다만, 다른 법률에 따라 따로 계획이 수립된 도로서 대통령령으로 정하는 도는 도종합계획을 수립하지 아니할 수 있다.

7. 지역계획의 수립(법 제16조)

중앙행정기관의 장 또는 지방자치단체의 장은 지역 특성에 맞는 정비나 개발을 위하여 필요하다고 인정하면 관계 중앙행정기관의 장과 협의하여 관계 법률에서 정하는 바에 따라 지역계획을 수립할 수 있다.

8. 부문별계획의 수립(법 제17조)

중앙행정기관의 장은 국토 전역을 대상으로 하여 소관 업무에 관한 부문별계획을 수립할 수 있다.

3 국토계획의 효율적 추진

1. 실천계획의 수립(법 제18조)

① 중앙행정기관의 장 및 시·도지사는 국토종합계획의 내용을 소관 업무와 관련된 정책 및 계획에 반영하여야 하며, 대통령령으로 정하는 바에 따라 국토종합계획을 실행하기 위한 소관별 실천계획을 수립하여 국토교통부장관에게 제출하여야 한다.
② 중앙행정기관의 장 및 시·도지사는 소관별 실천계획의 추진 실적서를 작성하여 대통령령으로 정하는 바에 따라 국토교통부장관에게 제출하여야 한다.

2. 국토종합계획의 정비(법 제19조)

국토교통부장관은 제18조제3항(실천계획의 추진실적 평가)에 따른 평가 결과와 사회적·경제적 여건 변화를 고려하여 5년마다 국토종합계획을 전반적으로 재검토하고 필요하면 정비하여야 한다.

3. 국토계획평가(법 제19조의 2)

국토교통부장관은 대통령령으로 정하는 중장기적·지침적 성격의 국토계획이 국토관리의 기본 이념에 따라 수립되었는지를 평가(이하 "국토계획평가"라 한다)하여야 한다.

4. 국토계획에 관한 처분 등의 조정(법 제21조)

① 국토교통부장관은 중앙행정기관의 장 또는 지방자치단체의 장이 국토계획의 시행을 위하여 하는 처분이나 사업이 상충되어 국토계획의 원활한 실시에 지장을 줄 우려가 있다고 인정하는 경우에는 국토정책위원회의 심의를 거쳐 그 처분이나 사업을 조정할 수 있다.
② 관계 중앙행정기관의 장 또는 지방자치단체의 장은 국토교통부장관에게 제1항에 따른 처분이나 사업의 조정을 요청할 수 있다.

4 국토의 계획 및 이용에 관한 연차보고 등

1. 국토의 계획 및 이용에 관한 연차보고(법 제24조)

정부는 국토의 계획 및 이용의 주요 시책에 관한 보고서(이하 "연차보고서"라 한다)를 작성하여 매년 정기국회 개회 전까지 국회에 제출하여야 한다.

2. 국토조사(법 제25조)

국토교통부장관은 국토에 관한 계획 또는 정책의 수립, 「국가공간정보 기본법」에 따른 공간정보의 제작, 연차보고서의 작성 등을 위하여 필요할 때에는 미리 인구, 경제, 사회, 문화, 교통, 환경, 토지이용, 그 밖에 대통령령으로 정하는 사항에 대하여 조사할 수 있다.

5 국토정책위원회

① 국토계획 및 정책에 관한 중요 사항을 심의하기 위하여 국무총리 소속으로 국토정책위원회를 둔다.
② 국토정책위원회의 업무를 효율적으로 수행하기 위하여 대통령령으로 정하는 바에 따라 분야별로 분과위원회를 둔다.
③ 국토정책위원회와 분과위원회의 주요 심의사항에 관하여 자문하기 위하여 국토정책위원회의 위원장은 국토계획 및 정책에 관한 전문지식 및 경험이 있는 사람 중에서 전문위원을 위촉할 수 있다.

부동산공법 (기초)

3

국토의 계획 및
이용에 관한 법률

③ 국토의 계획 및 이용에 관한 법률

국토의 이용과 관리에 관해 도시지역에 적용했던 (구)도시계획법과 비도시지역에 적용했던 (구)국토이용관리법을 통합하여 2002년 2월 4일 제정하여 2003년 1월 1일부터 시행하고 있다. 이 법은 국토기본법에 대하여는 하위법, 다른 부동산공법에 대하여는 상위법적·일반법적인 지위를 가진다.

1. 의의

1) 목적(법 제1조)

국토의 이용·개발과 보전을 위한 계획의 수립 및 집행 등에 필요한 사항을 정하여 공공복리를 증진시키고 국민의 삶의 질을 향상시키는 것을 목적으로 한다.

2) 국토의 이용 및 관리의 기본원칙(법 제3조)

국토는 자연환경의 보전과 자원의 효율적 활용을 통하여 환경적으로 건전하고 지속가능한 발전을 이루기 위하여 다음 각 호의 목적을 이룰 수 있도록 이용되고 관리되어야 한다.

1. 국민생활과 경제활동에 필요한 토지 및 각종 시설물의 효율적 이용과 원활한 공급
2. 자연환경 및 경관의 보전과 훼손된 자연환경 및 경관의 개선 및 복원
3. 교통·수자원·에너지 등 국민생활에 필요한 각종 기초 서비스 제공
4. 주거 등 생활환경 개선을 통한 국민의 삶의 질 향상
5. 지역의 정체성과 문화유산의 보전
6. 지역 간 협력 및 균형발전을 통한 공동번영의 추구
7. 지역경제의 발전과 지역 및 지역 내 적절한 기능 배분을 통한 사회적 비용의 최소화
8. 기후변화에 대한 대응 및 풍수해 저감을 통한 국민의 생명과 재산의 보호
9. 저출산·인구의 고령화에 따른 대응과 새로운 기술변화를 적용한 최적의 생활환경 제공

2. 국가계획 등 다른 계획간의 관계(법 제4조)

① 도시·군계획은 특별시·광역시·특별자치시·특별자치도·시 또는 군의 관할 구역에서 수립되는 다른 법률에 따른 토지의 이용·개발 및 보전에 관한 계획의 기본이 된다.

② 광역도시계획 및 도시·군계획은 국가계획에 부합되어야 하며, 광역도시계획 또는 도시·군계획의 내용이 국가계획의 내용과 다를 때에는 국가계획의 내용이 우선한다. 이 경우 국가계획을 수립하려는 중앙행정기관의 장은 미리 지방자치단체의 장의 의견을 듣고 충분히 협의하여야 한다.

③ 광역도시계획이 수립되어 있는 지역에 대하여 수립하는 도시·군기본계획은 그 광역도시계획에 부합되어야 하며, 도시·군기본계획의 내용이 광역도시계획의 내용과 다를 때에는 광역도시계획의 내용이 우선한다.

④ 특별시장·광역시장·특별자치시장·특별자치도지사·시장 또는 군수[광역시의 관할 구역에 있는 군의 군수는 제외한다. 이하 같다. 다만, 제8조제2항 및 제3항(다른 법률에 따른 토지 이용에 관한 구역 등의 지정 제한 등), 제113조(지방도시계획위원회), 제133조(법률 등의 위반자에 대한 처분), 제136조(청문), 제138조제1항(도시·군계획의 수립 및 운영에 대한 감독 및 조정), 제139조제1항·제2항(권한의 위임 및 위탁)에서는 광역시의 관할 구역에 있는 군의 군수를 포함한다]가 관할 구역에 대하여 다른 법률에 따른 환경·교통·수도·하수도·주택 등에 관한 부문별 계획을 수립할 때에는 도시·군기본계획의 내용에 부합되게 하여야 한다.

---

2 광역도시계획

1. 의의(법 제2조 제1호)

광역도시계획이란 광역계획권의 장기발전방향을 제시하는 계획을 말한다.

2. 광역계획권의 지정(법 제10조)

1) 지정권자

국토교통부장관 또는 도지사는 둘 이상의 특별시·광역시·특별자치시·특별자치도·시 또는 군의 공간구조 및 기능을 상호 연계시키고 환경을 보전하며 광역시설을 체계적으로 정비하기 위하여 필요한 경우에는 다음 각 호의 구분에 따라 인접한 둘 이상의 특별시·광역시·특별자치시·특별자치도·시 또는 군의 관할 구역 전부 또는 일부를 대통령령으로 정하는 바에 따라 광역계획권으로 지정할 수 있다.

<광역계획권의 지정권자>

지정권자	대상
국토부장관	광역계획권이 둘 이상의 특별시·광역시·특별자치시·도 또는 특별자치도의 관할 구역에 걸쳐 있는 경우
도지사	광역계획권이 도의 관할 구역에 속하여 있는 경우

2) 지정절차

(1) 의견청취 및 심의

① 국토교통부장관은 광역계획권을 지정하거나 변경하려면 관계 시·도지사, 시장 또는 군수의 의견을 들은 후 중앙도시계획위원회의 심의를 거쳐야 한다.

② 도지사가 광역계획권을 지정하거나 변경하려면 관계 중앙행정기관의 장, 관계 시·도지사, 시장 또는 군수의 의견을 들은 후 지방도시계획위원회의 심의를 거쳐야 한다.

(2) 통보

국토교통부장관 또는 도지사는 광역계획권을 지정하거나 변경하면 지체 없이 관계 시·도지사, 시장 또는 군수에게 그 사실을 통보하여야 한다.

(3) 요청

중앙행정기관의 장, 시·도지사, 시장 또는 군수는 국토교통부장관이나 도지사에게 광역계획권의 지정 또는 변경을 요청할 수 있다.

3. 광역도시계획의 수립

1) 광역도시계획의 수립권자(법 제11조)

국토교통부장관, 시·도지사, 시장 또는 군수는 다음의 구분에 따라 광역도시계획을 수립하여야 한다.

<광역도시계획의 수립권자>

수립권자	구분
시장 또는 군수 공동수립	광역계획권이 같은 도의 관할 구역에 속하는 경우
시·도지사 공동수립	광역계획권이 둘 이상의 시·도의 관할 구역에 걸쳐 있는 경우
도지사 수립	광역계획권을 지정한 날부터 3년이 지날 때까지 관할 시장 또는 군수로부터 광역도시계획의 승인 신청이 없는 경우
국토부장관 수립	국가계획과 관련된 광역도시계획의 수립이 필요한 경우나 광역계획권을 지정한 날부터 3년이 지날 때까지 관할 시·도지사로부터 광역도시계획의 승인 신청이 없는 경우
국토부장관과 시·도지사 공동수립 (할 수 있다)	시·도지사가 요청하는 경우와 그 밖에 필요하다고 인정되는 경우
도지사와 시장 또는 군수 공동수립 (할 수 있다)	시장 또는 군수가 요청하는 경우와 그 밖에 필요하다고 인정하는 경우

2) 광역도시계획의 내용

광역도시계획에는 다음 각 호의 사항 중 그 광역계획권의 지정목적을 이루는 데 필요한 사항에 대한 정책 방향이 포함되어야 한다.

부동산공법 (기초)

① 광역계획권의 공간 구조와 기능 분담에 관한 사항
② 광역계획권의 녹지관리체계와 환경 보전에 관한 사항
③ 광역시설의 배치·규모·설치에 관한 사항
④ 경관계획에 관한 사항
⑤ 그 밖에 광역계획권에 속하는 특별시·광역시·특별자치시·특별자치도·시 또는 군 상호 간의 기능 연계에 관한 사항으로서 대통령령으로 정하는 사항
  - 광역계획권의 교통 및 물류유통체계에 관한 사항
  - 광역계획권의 문화·여가공간 및 방재에 관한 사항

광역도시계획의 수립기준 등은 대통령령으로 정하는 바에 따라 국토교통부장관이 정한다.

3) 광역도시계획의 수립 절차

(1) 기초조사(법 제13조)

국토교통부장관, 시·도지사, 시장 또는 군수는 광역도시계획을 수립하거나 변경하려면 미리 인구, 경제, 사회, 문화, 토지 이용, 환경, 교통, 주택, 그 밖에 대통령령으로 정하는 사항 중 그 광역도시계획의 수립 또는 변경에 필요한 사항을 대통령령으로 정하는 바에 따라 조사하거나 측량하여야 한다.

① 국토교통부장관, 시·도지사, 시장 또는 군수는 관계 행정기관의 장에게 기초조사에 필요한 자료를 제출하도록 요청할 수 있다. 이 경우 요청을 받은 관계 행정기관의 장은 특별한 사유가 없으면 그 요청에 따라야 한다.
② 국토교통부장관, 시·도지사, 시장 또는 군수는 효율적인 기초조사를 위하여 필요하면 기초조사를 전문기관에 의뢰할 수 있다.
③ 국토교통부장관, 시·도지사, 시장 또는 군수가 기초조사를 실시한 경우에는 해당 정보를 체계적으로 관리하고 효율적으로 활용하기 위하여 기초조사정보체계를 구축·운영하여야 한다.
④ 국토교통부장관, 시·도지사, 시장 또는 군수가 기초조사정보체계를 구축한 경우에는 등록된 정보의 현황을 5년마다 확인하고 변동사항을 반영하여야 한다.

(2) 공청회 개최(법 제14조)

국토교통부장관, 시·도지사, 시장 또는 군수는 광역도시계획을 수립하거나 변경하려면 미리 공청회를 열어 주민과 관계 전문가 등으로부터 의견을 들어야 한다. 공청회에서 제시된 의견이 타당하다고 인정하면 광역도시계획에 반영하여야 한다.

(3) 지방자치단체의 의견 청취(법 제15조)

시·도지사, 시장 또는 군수는 광역도시계획을 수립하거나 변경하려면 미리 관계 시·도, 시 또는 군의 의회와 관계 시장 또는 군수의 의견을 들어야 한다.
① 국토교통부장관은 광역도시계획을 수립하거나 변경하려면 관계 시·도지사에게 광역도시계획안을 송부하여야 하며, 관계 시·도지사는 그 광역도시계획안에 대하여 그 시·도의 의회와 관계 시장 또는 군수의 의견을 들

은 후 그 결과를 국토교통부장관에게 제출하여야 한다.

② 시 · 도, 시 또는 군의 의회와 관계 시장 또는 군수는 특별한 사유가 없으면 30일 이내에 시 · 도지사, 시장 또는 군수에게 의견을 제시하여야 한다.

(4) 협의 및 심의

① 국토교통부장관은 광역도시계획을 승인하거나 직접 광역도시계획을 수립 또는 변경(시 · 도지사와 공동으로 수립하거나 변경하는 경우를 포함한다)하려면 관계 중앙행정기관과 협의한 후 중앙도시계획위원회의 심의를 거쳐야 한다.

② 도지사가 광역도시계획을 승인하거나 직접 광역도시계획을 수립 또는 변경(시장 · 군수와 공동으로 수립하거나 변경하는 경우를 포함한다)하려면 행정기관의 장(국토교통부장관을 포함한다)과 협의한 후 지방도시계획위원회의 심의를 거쳐야 한다.

③ 협의 요청을 받은 관계 중앙행정기관(행정기관)의 장은 특별한 사유가 없으면 그 요청을 받은 날부터 30일 이내에 국토교통부장관(도지사)에게 의견을 제시하여야 한다.

(5) 승인(법 제16조)

① 시 · 도지사는 광역도시계획을 수립하거나 변경하려면 국토교통부장관의 승인을 받아야 한다. 다만, 제11조제3항(도지사의 수립)에 따라 도지사가 수립하는 광역도시계획은 그러하지 아니하다.
국토교통부장관은 직접 광역도시계획을 수립 또는 변경하거나 승인하였을 때에는 관계 중앙행정기관의 장과 시 · 도지사에게 관계 서류를 송부하여야 하며, 관계 서류를 받은 시 · 도지사는 대통령령으로 정하는 바에 따라 그 내용을 공고하고 일반이 열람할 수 있도록 하여야 한다.

② 시장 또는 군수는 광역도시계획을 수립하거나 변경하려면 도지사의 승인을 받아야 한다.
도지사는 직접 광역도시계획을 수립 또는 변경하거나 승인하였을 때에는 관계 행정기관의 장과 시장 또는 군수에게 관계 서류를 송부하여야 하며, 관계 서류를 받은 시장 또는 군수는 대통령령으로 정하는 바에 따라 그 내용을 공고하고 일반이 열람할 수 있도록 하여야 한다.

4) 광역도시계획의 조정

① 광역도시계획을 공동으로 수립하는 시 · 도지사는 그 내용에 관하여 서로 협의가 되지 아니하면 공동이나 단독으로 국토교통부장관에게 조정(調停)을 신청할 수 있다.

② 광역도시계획을 공동으로 수립하는 시장 또는 군수는 그 내용에 관하여 서로 협의가 되지 아니하면 공동이나 단독으로 도지사에게 조정을 신청할 수 있다.

③ 국토교통부장관(도지사)은 단독으로 조정신청을 받은 경우에는 기한을 정하여 당사자 간에 다시 협의를 하도록 권고할 수 있으며, 기한까지 협의가 이루어지지 아니하는 경우에는 직접 조정할 수 있다.

③ 국토교통부장관(도지사)은 조정의 신청을 받거나 직접 조정하려는 경우에는 중앙(지방)도시계획위원회의 심의를 거쳐 광역도시계획의 내용을 조정하여야 한다. 이 경우 이해관계를 가진 지방자치단체의 장은 중앙(지방)도시계획위원회의 회의에 출석하여 의견을 진술할 수 있다.

④ 광역도시계획을 수립하는 자는 조정 결과를 광역도시계획에 반영하여야 한다.

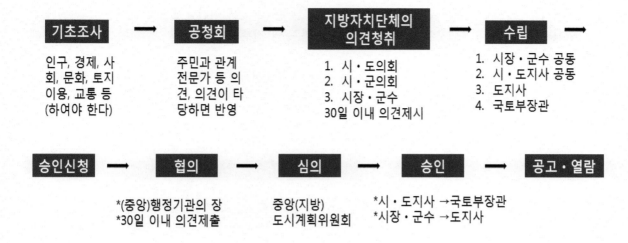

<光역도시계획 수립절차>

기초조사
인구, 경제, 사회, 문화, 토지이용, 교통 등 (하여야 한다)

→

공청회
주민과 관계전문가 등 의견, 의견이 타당하면 반영

→

지방자치단체의 의견청취
1. 시·도의회
2. 시·군의회
3. 시장·군수
30일 이내 의견제시

→

수립
1. 시장·군수 공동
2. 시·도지사 공동
3. 도지사
4. 국토부장관

→

승인신청

→

협의
*(중앙)행정기관의 장
*30일 이내 의견제출

→

심의
중앙(지방)
도시계획위원회

→

승인
*시·도지사 →국토부장관
*시장·군수 →도지사

→

공고·열람

3 도시·군기본계획

1. 의의(법 제2조 제3호)

도시·군기본계획이란 특별시·광역시·특별자치시·특별자치도·시 또는 군의 관할 구역에 대하여 기본적인 공간구조와 장기발전방향을 제시하는 종합계획으로서 도시·군관리계획 수립의 지침이 되는 계획을 말한다.

2. 도시·군기본계획의 수립권자와 대상지역

1) 관할구역 수립(법 제18조)

특별시장·광역시장·특별자치시장·특별자치도지사·시장 또는 군수는 관할 구역에 대하여 도시·군기본계획을 수립하여야 한다. 다만, 시 또는 군의 위치, 인구의 규모, 인구감소율 등을 고려하여 대통령령으로 정하는 시 또는 군은 도시·군기본계획을 수립하지 아니할 수 있다.

도시·군기본계획을 수립하지 아니할 수 있는 지역(영 제14조)

1. 「수도권정비계획법」의 규정에 의한 수도권에 속하지 아니하고 광역시와 경계를 같이하지 아니한 시 또는 군으로서 인구 10만 명 이하인 시 또는 군
2. 관할구역 전부에 대하여 광역도시계획이 수립되어 있는 시 또는 군으로서 도시·군기본계획이 내용이 모두 포함되어 있는 시 또는 군

2) 인접구역 포함 수립

특별시장·광역시장·특별자치시장·특별자치도지사·시장 또는 군수는 지역여건상 필요하다고 인정되면 인접한 특별시·광역시·특별자치시·특별자치도·시 또는 군의 관할 구역 전부 또는 일부를 포함하여 도시·군기본계획을 수립할 수 있다.

관할 구역을 포함하여 도시·군기본계획을 수립하려면 미리 그 특별시장·광역시장·특별자치시장·특별자치도지사·시장 또는 군수와 협의하여야 한다.

<도시·군기본계획의 수립권자>

대상지	수립권자
관할구역	특별시장·광역시장·특별자치시장·특별자치도지사·시장 또는 군수
인접구역 포함	특별시장·광역시장·특별자치시장·특별자치도지사·시장 또는 군수와 미리 협의
수립하지 아니할 수 있는 지역	• 수도권에 속하지 아니하고 광역시와 경계를 같이하지 아니한 시 또는 군으로서 인구 10만명 이하인 시 또는 군 • 관할구역 전부에 대하여 광역도시계획이 수립되어 있는 시 또는 군으로서 도시·군기본계획의 내용이 모두 포함되어 있는 시 또는 군

3. 도시·군기본계획의 내용(법 제19조)

도시·군기본계획에는 다음 각 호의 사항에 대한 정책 방향이 포함되어야 한다.

1. 지역적 특성 및 계획의 방향·목표에 관한 사항
2. 공간구조, 생활권의 설정 및 인구의 배분에 관한 사항
3. 토지의 이용 및 개발에 관한 사항
4. 토지의 용도별 수요 및 공급에 관한 사항
5. 환경의 보전 및 관리에 관한 사항
6. 기반시설에 관한 사항
7. 공원·녹지에 관한 사항
8. 경관에 관한 사항
8의2. 기후변화 대응 및 에너지절약에 관한 사항
8의3. 방재·방범 등 안전에 관한 사항
9. 제2호부터 제8호까지, 제8호의2 및 제8호의3에 규정된 사항의 단계별 추진에 관한 사항
10. 그 밖에 대통령령으로 정하는 사항

도시·군기본계획의 수립기준 등은 대통령령으로 정하는 바에 따라 국토교통부장관이 정한다.

4. 도시·군기본계획의 수립절차

1) 기초조사

① 광역도시계획의 기초조사(법 제13조)를 준용한다.
② 시·도지사, 시장 또는 군수는 기초조사의 내용에 국토교통부장관이 정하는 바에 따라 실시하는 토지의 토양,

부동산공법 (기초)

입지, 활용가능성 등 토지의 적성에 대한 평가(이하 "토지적성평가"라 한다)와 재해 취약성에 관한 분석(이하 "재해취약성분석"이라 한다)을 포함하여야 한다.

③ 도시·군기본계획 입안일부터 5년 이내에 토지적성평가를 실시한 경우 등 대통령령으로 정하는 경우에는 제2항에 따른 토지적성평가 또는 재해취약성분석을 하지 아니할 수 있다.

2) 공청회

광역도시계획의 공청회개최(법 제14조)를 준용한다.

3) 지방의회의 의견청취

특별시장·광역시장·특별자치시장·특별자치도지사·시장 또는 군수는 도시·군기본계획을 수립하거나 변경하려면 미리 그 특별시·광역시·특별자치시·특별자치도·시 또는 군 의회의 의견을 들어야 한다.

의회는 특별한 사유가 없으면 30일 이내에 특별시장·광역시장·특별자치시장·특별자치도지사·시장 또는 군수에게 의견을 제시하여야 한다.

4) 협의 및 심의

특별시장·광역시장·특별자치시장 또는 특별자치도지사는 도시·군기본계획을 수립하거나 변경하려면 관계 행정기관의 장(국토교통부장관을 포함한다)과 협의한 후 지방도시계획위원회의 심의를 거쳐야 한다.

협의 요청을 받은 관계 행정기관의 장은 특별한 사유가 없으면 그 요청을 받은 날부터 30일 이내에 특별시장·광역시장·특별자치시장 또는 특별자치도지사에게 의견을 제시하여야 한다.

5) 공고 및 열람

특별시장·광역시장·특별자치시장 또는 특별자치도지사는 도시·군기본계획을 수립하거나 변경한 경우에는 관계 행정기관의 장에게 관계 서류를 송부하여야 하며, 대통령령으로 정하는 바에 따라 그 계획을 공고하고 일반인이 열람할 수 있도록 하여야 한다.

6) 도지사의 승인(법 제22조의2)

시장 또는 군수는 도시·군기본계획을 수립하거나 변경하려면 대통령령으로 정하는 바에 따라 도지사의 승인을 받아야 한다.

① 도지사는 도시·군기본계획을 승인하려면 관계 행정기관의 장과 협의한 후 지방도시계획위원회의 심의를 거쳐야 한다.

② 협의 요청을 받은 관계 행정기관의 장은 특별한 사유가 없으면 그 요청을 받은 날부터 30일 이내에 도지사에게 의견을 제시하여야 한다.

③ 도지사는 도시·군기본계획을 승인하면 관계 행정기관의 장과 시장 또는 군수에게 관계 서류를 송부하여야 하며, 관계 서류를 받은 시장 또는 군수는 대통령령으로 정하는 바에 따라 그 계획을 공고하고 일반인이 열람할 수 있도록 하여야 한다.

5. 도시 · 군기본계획의 정비(법 제23조)

특별시장 · 광역시장 · 특별자치시장 · 특별자치도지사 · 시장 또는 군수는 5년마다 관할 구역의 도시 · 군기본계획에 대하여 타당성을 전반적으로 재검토하여 정비하여야 한다. 또한 제4조제2항 및 제3항(국가계획, 광역도시계획 및 도시 · 군계획의 관계 등)에 따라 도시 · 군기본계획의 내용에 우선하는 광역도시계획의 내용 및 도시 · 군기본계획에 우선하는 국가계획의 내용을 도시 · 군기본계획에 반영하여야 한다.

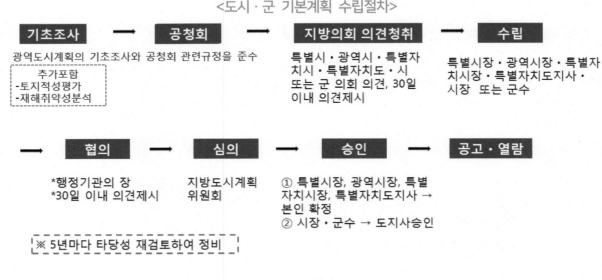

<도시 · 군 기본계획 수립절차>

4 도시 · 군관리계획

1. 의의(법 제2조 제4호)

도시 · 군관리계획이란 특별시 · 광역시 · 특별자치시 · 특별자치도 · 시 또는 군의 개발 · 정비 및 보전을 위하여 수립하는 토지 이용, 교통, 환경, 경관, 안전, 산업, 정보통신, 보건, 복지, 안보, 문화 등에 관한 다음 각 목의 계획을 말한다.

1. 용도지역 · 용도지구의 지정 또는 변경에 관한 계획
2. 개발제한구역, 도시자연공원구역, 시가화조정구역(市街化調整區域), 수산자원보호구역의 지정 또는 변경에 관한 계획
3. 기반시설의 설치 · 정비 또는 개량에 관한 계획
4. 도시개발사업이나 정비사업에 관한 계획
5. 지구단위계획구역의 지정 또는 변경에 관한 계획과 지구단위계획
6. 입지규제최소구역의 지정 또는 변경에 관한 계획과 입지규제최소구역계획

2. 도시·군관리계획의 입안권자

1) 특별시장·광역시장·특별자치시장·특별자치도지사·시장 또는 군수

(1) 특별시장·광역시장·특별자치시장·특별자치도지사·시장 또는 군수는 관할 구역에 대하여 도시·군관리계획을 입안하여야 한다.

(2) 특별시장·광역시장·특별자치시장·특별자치도지사·시장 또는 군수는 다음 각 호의 어느 하나에 해당하면 인접한 특별시·광역시·특별자치시·특별자치도·시 또는 군의 관할 구역 전부 또는 일부를 포함하여 도시·군관리계획을 입안할 수 있다.

1. 지역여건상 필요하다고 인정하여 미리 인접한 특별시장·광역시장·특별자치시장·특별자치도지사·시장 또는 군수와 협의한 경우
2. 인접한 특별시·광역시·특별자치시·특별자치도·시 또는 군의 관할 구역을 포함하여 도시·군기본계획을 수립한 경우

2) 공동입안 또는 지정

인접한 특별시·광역시·특별자치시·특별자치도·시 또는 군의 관할 구역에 대한 도시·군관리계획은 관계 특별시장·광역시장·특별자치시장·특별자치도지사·시장 또는 군수가 협의하여 공동으로 입안하거나 입안할 자를 정한다.

협의가 성립되지 아니하는 경우 도시·군관리계획을 입안하려는 구역이 같은 도의 관할 구역에 속할 때에는 관할 도지사가, 둘 이상의 시·도의 관할 구역에 걸쳐 있을 때에는 국토교통부장관(수산자원보호구역의 경우 해양수산부장관을 말한다)이 입안할 자를 지정하고 그 사실을 고시하여야 한다.

3) 국토부장관의 입안

국토교통부장관은 다음 각 호의 어느 하나에 해당하는 경우에는 직접 또는 관계 중앙행정기관의 장의 요청에 의하여 도시·군관리계획을 입안할 수 있다. 이 경우 국토교통부장관은 관할 시·도지사 및 시장·군수의 의견을 들어야 한다.

1. 국가계획과 관련된 경우
2. 둘 이상의 시·도에 걸쳐 지정되는 용도지역·용도지구 또는 용도구역과 둘 이상의 시·도에 걸쳐 이루어지는 사업의 계획 중 도시·군관리계획으로 결정하여야 할 사항이 있는 경우
3. 특별시장·광역시장·특별자치시장·특별자치도지사·시장 또는 군수가 제138조(도시·군계획의 수립 및 운영에 대한 감독 및 조정)에 따른 기한까지 국토교통부장관의 도시·군관리계획 조정 요구에 따라 도시·군관리계획을 정비하지 아니하는 경우

4) 도지사의 입안

도지사는 다음 각 호의 어느 하나의 경우에는 직접 또는 시장이나 군수의 요청에 의하여 도시·군관리계획을 입안할 수 있다. 이 경우 도지사는 관계 시장 또는 군수의 의견을 들어야 한다.

1. 둘 이상의 시·군에 걸쳐 지정되는 용도지역·용도지구 또는 용도구역과 둘 이상의 시·군에 걸쳐 이루어지는 사업의 계획 중 도시·군관리계획으로 결정하여야 할 사항이 포함되어 있는 경우
2. 도지사가 직접 수립하는 사업의 계획으로서 도시·군관리계획으로 결정하여야 할 사항이 포함되어 있는 경우

<도시·군관리계획의 입안권자>

원칙		① 특별시장·광역시장·특별자치시장·특별자치도지사·시장 또는 군수 ② 인접 관할구역의 전부 또는 일부를 포함 　• 지역여건상 필요하다고 인정하여 미리 인접한 특별시장·광역시장·특별자치시장·특별자치도지사·시장 또는 군수와 협의한 경우 　• 인접한 관할구역을 포함하여 도시·군 기본계획을 수립한 경우 ③ 관계 특별시장·광역시장·특별자치시장·특별자치도지사·시장 또는 군수가 협의하여 공동으로 입안하거나 입안할 자를 정한다. ④ • 협의가 성립되지 아니한 경우 같은 도의 관할 구역에 속할 경우: 관할 도지사 　• 2 이상의 시·도의 관할 구역이 걸쳐 있을 경우: 국토부장관 　• 수산자원보호구역의 경우: 해양수산부 장관
예외	국토부장관	① 국가계획과 관련된 경우 ② 2 이상의 시·도에 걸쳐 지정되는 용도지역(지구, 구역)과 2 이상의 시·도에 걸쳐 도시·군관리계획으로 결정해야 할 사항이 있는 경우 ③ 국토부장관의 조정요구에 시장 군수가 관리계획을 정비하지 않은 경우
	도지사	① 2 이상의 시·군에 걸쳐 지정되는 용도지역(지구, 구역)과 2 이상의 시·군에 걸쳐 도시·군관리계획으로 결정해야 할 사항이 있는 경우 ② 도지사가 직접 수립하는 사업의 계획으로 도시·군 관리계획으로 결정해야 할 사항이 포함된 경우

3. 도시·군관리계획의 입안의 기준(법 제25조)

① 도시·군관리계획은 광역도시계획과 도시·군기본계획에 부합되어야 한다.

② 국토교통부장관(수산자원보호구역의 경우 해양수산부장관을 말한다), 시·도지사, 시장 또는 군수는 도시·군관리계획을 입안할 때에는 대통령령으로 정하는 바에 따라 도시·군관리계획도서(계획도와 계획조서를 말한다. 이하 같다)와 이를 보조하는 계획설명서(기초조사결과·재원조달방안 및 경관계획 등을 포함한다. 이하 같다)를 작성하여야 한다.

③ 도시·군관리계획은 계획의 상세 정도, 도시·군관리계획으로 결정하여야 하는 기반시설의 종류 등에 대하여 도시 및 농·산·어촌 지역의 인구밀도, 토지 이용의 특성 및 주변 환경 등을 종합적으로 고려하여 차등을 두어 입안하여야 한다.

④ 도시·군관리계획의 수립기준, 도시·군관리계획도서 및 계획설명서의 작성기준·작성방법 등은 대통령령으로 정하는 바에 따라 국토교통부장관이 정한다.

4. 도시 · 군관리계획의 입안의 제안

1) 입안의 제안(법 제26조)

주민(이해관계자를 포함한다. 이하 같다)은 다음 각 호의 사항에 대하여 도시 · 군관리계획을 입안할 수 있는 자에게 도시 · 군관리계획의 입안을 제안할 수 있다. 이 경우 제안서에는 도시 · 군관리계획도서와 계획설명서를 첨부하여야 한다.

> 1. 기반시설의 설치 · 정비 또는 개량에 관한 사항
> 2. 지구단위계획구역의 지정 및 변경과 지구단위계획의 수립 및 변경에 관한 사항
> 3. 다음 각 목의 어느 하나에 해당하는 용도지구의 지정 및 변경에 관한 사항
>   • 개발진흥지구 중 공업기능 또는 유통물류기능 등을 집중적으로 개발 · 정비하기 위한 개발진흥지구로서 대통령령으로 정하는 개발진흥지구
>   • 용도지구 중 해당 용도지구에 따른 건축물이나 그 밖의 시설의 용도 · 종류 및 규모 등의 제한을 지구단위계획으로 대체하기 위한 용도지구
> 4. 입지규제최소구역의 지정 및 변경과 입지규제최소구역계획의 수립 및 변경에 관한 사항

도시 · 군관리계획의 입안을 제안받은 자는 그 처리 결과를 제안자에게 알려야 한다. 또한 제안자와 협의하여 제안된 도시 · 군관리계획의 입안 및 결정에 필요한 비용의 전부 또는 일부를 제안자에게 부담시킬 수 있다.

2) 결과통보(영 제20조)

결과는 제안일로부터 45일 이내에 반영여부를 통보하여야 한다. 다만 부득이한 사정이 있는 경우에는 1회에 한하여 30일 연장할 수 있다.

3) 입안의 특례(법 제35조)

① 국토교통부장관, 시 · 도지사, 시장 또는 군수는 도시 · 군관리계획을 조속히 입안하여야 할 필요가 있다고 인정되면 광역도시계획이나 도시 · 군기본계획을 수립할 때에 도시 · 군관리계획을 함께 입안할 수 있다.
② 국토교통부장관(수산자원보호구역의 경우 해양수산부장관을 말한다), 시 · 도지사, 시장 또는 군수는 필요하다고 인정되면 도시 · 군관리계획을 입안할 때에 제30조제1항(도시 · 군관리계획의 결정)에 따라 협의하여야 할 사항에 관하여 관계 중앙행정기관의 장이나 관계 행정기관의 장과 협의할 수 있다. 이 경우 시장이나 군수는 도지사에게 그 도시 · 군관리계획(지구단위계획구역의 지정 · 변경과 지구단위계획의 수립 · 변경에 관한 도시 · 군관리계획은 제외한다)의 결정을 신청할 때에 관계 행정기관의 장과의 협의 결과를 첨부하여야 한다.

5. 도시 · 군관리계획의 입안 절차

1) 기초조사 등(법 제27조)

① 광역도시계획의 기초조사(법 제13조)를 준용한다. 다만, 대통령령으로 정하는 경미한 사항을 입안하는 경우에는 그러하지 아니하다.
② 국토교통부장관(수산자원보호구역의 경우 해양수산부장관을 말한다. 이하 이 조에서 같다), 시 · 도지사, 시장

또는 군수는 기초조사의 내용에 도시·군관리계획이 환경에 미치는 영향 등에 대한 환경성 검토를 포함하여야 한다.

③ 국토교통부장관, 시·도지사, 시장 또는 군수는 기초조사의 내용에 토지적성평가와 재해취약성분석을 포함하여야 한다.

④ 도시·군관리계획으로 입안하려는 지역이 도심지에 위치하거나 개발이 끝나 나대지가 없는 등 대통령령으로 정하는 요건에 해당하면 기초조사, 환경성 검토, 토지적성평가 또는 재해취약성분석을 하지 아니할 수 있다.

2) 주민과 지방의회의 의견 청취(법 제28조)

국토교통부장관(수산자원보호구역의 경우 해양수산부장관을 말한다. 이하 이 조에서 같다), 시·도지사, 시장 또는 군수는 도시·군관리계획을 입안할 때에는 주민의 의견을 들어야 하며, 그 의견이 타당하다고 인정되면 도시·군관리계획안에 반영하여야 한다. 다만, 국방상 또는 국가안전보장상 기밀을 지켜야 할 필요가 있는 사항(관계 중앙행정기관의 장이 요청하는 것만 해당한다)이거나 대통령령으로 정하는 경미한 사항인 경우에는 그러하지 아니하다.

① 국토교통부장관이나 도지사는 도시·군관리계획을 입안하려면 주민의 의견 청취 기한을 밝혀 도시·군관리계획안을 관계 특별시장·광역시장·특별자치시장·특별자치도지사·시장 또는 군수에게 송부하여야 한다. 도시·군관리계획안을 받은 특별시장·광역시장·특별자치시장·특별자치도지사·시장 또는 군수는 명시된 기한까지 그 도시·군관리계획안에 대한 주민의 의견을 들어 그 결과를 국토교통부장관이나 도지사에게 제출하여야 한다.

② 국토교통부장관, 시·도지사, 시장 또는 군수는 도시·군관리계획을 입안하려면 대통령령으로 정하는 사항에 대하여 해당 지방의회의 의견을 들어야 한다.

3) 도시·군관리계획의 결정권자

(1) 원칙적 결정권자(법 제29조)

도시·군관리계획은 시·도지사가 직접 또는 시장·군수의 신청에 따라 결정한다. 다만, 서울특별시와 광역시 및 특별자치시를 제외한 인구 50만 이상의 대도시(이하 "대도시"라 한다)의 경우에는 해당 시장(이하 "대도시 시장"이라 한다)이 직접 결정하고, 다음 각 호의 도시·군관리계획은 시장 또는 군수가 직접 결정한다.

1. 시장 또는 군수가 입안한 지구단위계획구역의 지정·변경과 지구단위계획의 수립·변경에 관한 도시·군관리계획
2. 제52조제1항제1호의2에 따라 지구단위계획으로 대체하는 용도지구 폐지에 관한 도시·군관리계획[해당 시장(대도시 시장은 제외한다) 또는 군수가 도지사와 미리 협의한 경우에 한정한다]

(2) 국토부장관 결정

다음 각 호의 도시·군관리계획은 국토교통부장관이 결정한다. 다만, 대도시의 경우에는 대도시 시장이 직접 결정하고, 다음 각 호의 도시·군관리계획은 시장 또는 군수가 직접 결정한다.

1. 국토교통부장관이 입안한 도시 · 군관리계획
2. 개발제한구역의 지정 및 변경에 관한 도시 · 군관리계획
3. 제39조제1항 단서에 따른 시가화조정구역의 지정 및 변경에 관한 도시 · 군관리계획
4. 수산자원보호구역의 지정 및 변경에 관한 도시 · 군관리계획(해양수산부장관이 결정)

<도시 · 군관리계획의 결정권자>

원칙적 결정권자	시 · 도지사가 직접 또는 시장 · 군수의 신청에 따라 결정한다. (대도시는 대도시 시장이 결정) 다음의 경우에는 시장 또는 군수가 직접 결정한다. • 시장 또는 군수가 입안한 지구단위계획구역의 지정 · 변경과 지구단위계획의 수립 · 변경에 관한 도시 · 군 관리계획 • 지구단위계획으로 대체하는 용도지구 폐지에 관한 도시 · 군 관리계획(해당 시장 또는 군수가 도지사와 미리 협의한 경우에 한정)
국토부장관 결정	• 국토부장관이 입안한 도시 · 군 관리계획 • 개발제한구역의 지정 및 변경에 관한 도시 · 군 관리계획 • 시가화조정구역의 지정 및 변경에 관한 도시 · 군 관리계획(국가계획 관련시) • 수산자원보호구역의 지정 및 변경에 관한 도시 · 군 관리계획(해양수산부장관의 결정)

4) 협의 및 심의

① 시 · 도지사는 도시 · 군관리계획을 결정하려면 관계 행정기관의 장과 미리 협의하여야 하며, 국토교통부장관 (수산자원보호구역의 경우 해양수산부장관을 말한다. 이하 이 조에서 같다)이 도시 · 군관리계획을 결정하려면 관계 중앙행정기관의 장과 미리 협의하여야 한다. 이 경우 협의 요청을 받은 기관의 장은 특별한 사유가 없으면 그 요청을 받은 날부터 30일 이내에 의견을 제시하여야 한다.

② 시 · 도지사는 국토교통부장관이 입안하여 결정한 도시 · 군관리계획을 변경하거나 그 밖에 대통령령으로 정하는 중요한 사항에 관한 도시 · 군관리계획을 결정하려면 미리 국토교통부장관과 협의하여야 한다.

③ 국토교통부장관은 도시 · 군관리계획을 결정하려면 중앙도시계획위원회의 심의를 거쳐야 하며, 시 · 도지사가 도시 · 군관리계획을 결정하려면 시 · 도도시계획위원회의 심의를 거쳐야 한다. 다만, 시 · 도지사가 지구단위계획(지구단위계획과 지구단위계획구역을 동시에 결정할 때에는 지구단위계획구역의 지정 또는 변경에 관한 사항을 포함할 수 있다)이나 제52조제1항제1호의2에 따라 지구단위계획으로 대체하는 용도지구 폐지에 관한 사항을 결정하려면 대통령령으로 정하는 바에 따라 「건축법」에 따른 건축위원회와 도시계획위원회가 공동으로 하는 심의를 거쳐야 한다.

④ 국토교통부장관이나 시 · 도지사는 국방상 또는 국가안전보장상 기밀을 지켜야 할 필요가 있다고 인정되면(관계 중앙행정기관의 장이 요청할 때만 해당된다) 그 도시 · 군관리계획의 전부 또는 일부에 대하여 제1항부터 제3항까지의 규정에 따른 절차를 생략할 수 있다.

⑤ 결정된 도시 · 군관리계획을 변경하려는 경우에는 제1항부터 제4항까지의 규정을 준용한다. 다만, 대통령령으로 정하는 경미한 사항을 변경하는 경우에는 그러하지 아니하다.

5) 도시·군관리계획의 결정과 고시 및 열람

국토교통부장관이나 시·도지사는 도시·군관리계획을 결정하면 대통령령으로 정하는 바에 따라 그 결정을 고시하고, 국토교통부장관이나 도지사는 관계 서류를 관계 특별시장·광역시장·특별자치시장·특별자치도지사·시장 또는 군수에게 송부하여 일반이 열람할 수 있도록 하여야 하며, 특별시장·광역시장·특별자치시장·특별자치도지사는 관계 서류를 일반이 열람할 수 있도록 하여야 한다.

6. 도시·군관리계획 결정의 효력

도시·군관리계획 결정의 효력은 지형도면을 고시한 날부터 발생한다.

7. 지형도면의 고시 등(법 제32조)

① 특별시장·광역시장·특별자치시장·특별자치도지사·시장 또는 군수는 도시·군관리계획 결정이 고시되면 지적(地籍)이 표시된 지형도에 도시·군관리계획에 관한 사항을 자세히 밝힌 도면을 작성하여야 한다.
② 시장(대도시 시장은 제외한다)이나 군수는 지형도에 도시·군관리계획(지구단위계획구역의 지정·변경과 지구단위계획의 수립·변경에 관한 도시·군관리계획은 제외한다)에 관한 사항을 자세히 밝힌 도면(이하 "지형도면"이라 한다)을 작성하면 도지사의 승인을 받아야 한다. 이 경우 지형도면의 승인 신청을 받은 도지사는 그 지형도면과 결정·고시된 도시·군관리계획을 대조하여 착오가 없다고 인정되면 대통령령으로 정하는 기간에 그 지형도면을 승인하여야 한다.
③ 국토교통부장관(수산자원보호구역의 경우 해양수산부장관을 말한다. 이하 이 조에서 같다)이나 도지사는 도시·군관리계획을 직접 입안한 경우에는 위에도 불구하고 관계 특별시장·광역시장·특별자치시장·특별자치도지사·시장 또는 군수의 의견을 들어 직접 지형도면을 작성할 수 있다.
④ 국토교통부장관, 시·도지사, 시장 또는 군수는 직접 지형도면을 작성하거나 지형도면을 승인한 경우에는 이를 고시하여야 한다.

8. 기득권 보호

도시·군관리계획 결정 당시 이미 사업이나 공사에 착수한 자(이 법 또는 다른 법률에 따라 허가·인가·승인 등을 받아야 하는 경우에는 그 허가·인가·승인 등을 받아 사업이나 공사에 착수한 자를 말한다)는 그 도시·군관리계획 결정과 관계없이 그 사업이나 공사를 계속할 수 있다. 다만, 시가화조정구역이나 수산자원보호구역의 지정에 관한 도시·군관리계획 결정이 있는 경우에는 대통령령으로 정하는 바에 따라 특별시장·광역시장·특별자치시장·특별자치도지사·시장 또는 군수에게 신고하고 그 사업이나 공사를 계속할 수 있다.

9. 도시·군관리계획의 정비

특별시장·광역시장·특별자치시장·특별자치도지사·시장 또는 군수는 5년마다 관할 구역의 도시·군관리계획에 대하여 대통령령으로 정하는 바에 따라 그 타당성을 전반적으로 재검토하여 정비하여야 한다.

<도시 · 군관리계획 입안절차>

주민입안제안

기초조사 ⟶ 주민의견청취 ⟶ 지방의회 의견청취 ⟶ 입안

광역도시계획의 기초조사 준용

- 환경성 검토
- 토지적성평가
- 재해취약성분석

제외)도심지 위치,
개발이 끝나 나대지가 없음

의견타당시 반영

원칙: 특별시장 · 광역시장 ·
특별자치시장 · 특별자치도지
사 · 시장 또는 군수
예외: 국토부장관, 도지사

협의 ⟶ 심의 ⟶ 결정 ⟶ 고시 · 열람

*관계(중앙)행정기관의 장
*30일 이내 의견제시

국방상 또는 국가안전보장상
기밀이 인정되면 협의 및 심의 생략

시 · 도(중앙)도
시계획위원회

원칙: 시 · 도지사, 대도시시장
(지구단위계획관련시 시장 ·
군수 직접)
예외: 국토부장관

관보고시
일반열람

효력발생시기: 지형도면 고시한 날
지형도면 작성자: 입안권자

※ 5년마다 타당성 재검토하여 정비

5 용도지역 · 용도지구 · 용도구역

1 용도지역

1. 용도지역의 의의

용도지역이란 토지의 이용 및 건축물의 용도, 건폐율, 용적률, 높이 등을 제한함으로써 토지를 경제적 · 효율적으로 이용하고 공공복리의 증진을 도모하기 위하여 서로 중복되지 아니하게 도시 · 군관리계획으로 결정하는 지역을 말한다(법 제2조 제15호).

우리나라는 도시계획구역에 대해서는 「도시계획법」, 도시계획구역 외 지역에 대해서는 「국토이용관리법」 에 의해 관리하였으나, 2002년에 「국토의 계획 및 이용에 관한 법률」 로 통합되어 도시지역과 비도시지역을 일원화하여 용도지역을 지정 · 관리하고 있다. 용도지역별 행위제한은 대통령령으로 그 내용을 정하고 있다.

- 모든 토지는 시 · 군 단위로 하나의 지역으로 지정한다.
- 하나의 토지에 대하여 2 이상의 지역이 중복지정될 수 없다.
- 지역의 지정이 없는 토지도 있을 수 있으며, 지역과 지구 또는 지역과 구역 상호간에는
  중복 지정 가능하다.

2. 국토의 용도 구분(법 제6조)

국토는 토지의 이용실태 및 특성, 장래의 토지 이용 방향, 지역 간 균형발전 등을 고려하여 다음과 같은 용도지역으로 구분한다.

① 도시지역: 인구와 산업이 밀집되어 있거나 밀집이 예상되어 그 지역에 대하여 체계적인 개발·정비·관리·보전 등이 필요한 지역
② 관리지역: 도시지역의 인구와 산업을 수용하기 위하여 도시지역에 준하여 체계적으로 관리하거나 농림업의 진흥, 자연환경 또는 산림의 보전을 위하여 농림지역 또는 자연환경보전지역에 준하여 관리할 필요가 있는 지역
③ 농림지역: 도시지역에 속하지 아니하는 「농지법」에 따른 농업진흥지역 또는 「산지관리법」에 따른 보전산지 등으로서 농림업을 진흥시키고 산림을 보전하기 위하여 필요한 지역
④ 자연환경보전지역: 자연환경·수자원·해안·생태계·상수원 및 문화재의 보전과 수산자원의 보호·육성 등을 위하여 필요한 지역

3. 용도지역의 지정(법 제36조 제1항)

국토교통부장관, 시·도지사 또는 대도시 시장은 다음 각 호의 어느 하나에 해당하는 용도지역의 지정 또는 변경을 도시·군관리계획으로 결정한다.

1) 도시지역: 다음 각 목의 어느 하나로 구분하여 지정한다.

① 주거지역: 거주의 안녕과 건전한 생활환경의 보호를 위하여 필요한 지역
② 상업지역: 상업이나 그 밖의 업무의 편익을 증진하기 위하여 필요한 지역
③ 공업지역: 공업의 편익을 증진하기 위하여 필요한 지역
④ 녹지지역: 자연환경·농지 및 산림의 보호, 보건위생, 보안과 도시의 무질서한 확산을 방지하기 위하여 녹지의 보전이 필요한 지역

2) 관리지역: 다음 각 목의 어느 하나로 구분하여 지정한다.

① 보전관리지역: 자연환경 보호, 산림 보호, 수질오염 방지, 녹지공간 확보 및 생태계 보전 등을 위하여 보전이 필요하나, 주변 용도지역과의 관계 등을 고려할 때 자연환경보전지역으로 지정하여 관리하기가 곤란한 지역
② 생산관리지역: 농업·임업·어업 생산 등을 위하여 관리가 필요하나, 주변 용도지역과의 관계 등을 고려할 때 농림지역으로 지정하여 관리하기가 곤란한 지역
③ 계획관리지역: 도시지역으로의 편입이 예상되는 지역이나 자연환경을 고려하여 제한적인 이용·개발을 하려는 지역으로서 계획적·체계적인 관리가 필요한 지역

3) 농림지역

4) 자연환경보전지역

4. 용도지역의 세분

국토교통부장관, 시·도지사 또는 대도시 시장은 대통령령으로 정하는 바에 따라 용도지역을 도시·군관리계획결정으로 다시 세분하여 지정하거나 변경할 수 있다(법 제36조 제2항).
국토교통부장관, 시·도지사 또는 대도시의 시장은 도시·군관리계획결정으로 주거지역·상업지역·공업지역 및 녹지지역을 다음과 같이 세분하여 지정할 수 있다(영 제30조).

1) 주거지역

(1) 전용주거지역: 양호한 주거환경을 보호하기 위하여 필요한 지역

① 제1종전용주거지역: 단독주택 중심의 양호한 주거환경을 보호하기 위하여 필요한 지역
② 제2종전용주거지역: 공동주택 중심의 양호한 주거환경을 보호하기 위하여 필요한 지역

(2) 일반주거지역: 편리한 주거환경을 조성하기 위하여 필요한 지역

① 제1종일반주거지역: 저층주택을 중심으로 편리한 주거환경을 조성하기 위하여 필요한 지역
② 제2종일반주거지역: 중층주택을 중심으로 편리한 주거환경을 조성하기 위하여 필요한 지역
③ 제3종일반주거지역: 중고층주택을 중심으로 편리한 주거환경을 조성하기 위하여 필요한 지역

(3) 준주거지역: 주거기능을 위주로 이를 지원하는 일부 상업기능 및 업무기능을 보완하기 위하여 필요한 지역

2) 상업지역

① 중심상업지역: 도심·부도심의 상업기능 및 업무기능의 확충을 위하여 필요한 지역
② 일반상업지역: 일반적인 상업기능 및 업무기능을 담당하게 하기 위하여 필요한 지역
③ 근린상업지역: 근린지역에서의 일용품 및 서비스의 공급을 위하여 필요한 지역
④ 유통상업지역: 도시내 및 지역간 유통기능의 증진을 위하여 필요한 지역

3) 공업지역

① 전용공업지역: 주로 중화학공업, 공해성 공업 등을 수용하기 위하여 필요한 지역
② 일반공업지역: 환경을 저해하지 아니하는 공업의 배치를 위하여 필요한 지역
③ 준공업지역: 경공업 그 밖의 공업을 수용하되, 주거기능·상업기능 및 업무기능의 보완이 필요한 지역

4) 녹지지역

① 보전녹지지역: 도시의 자연환경·경관·산림 및 녹지공간을 보전할 필요가 있는 지역
② 생산녹지지역: 주로 농업적 생산을 위하여 개발을 유보할 필요가 있는 지역
③ 자연녹지지역: 도시의 녹지공간의 확보, 도시확산의 방지, 장래 도시용지의 공급 등을 위하여 보전할 필요가 있는 지역으로서 불가피한 경우에 한하여 제한적인 개발이 허용되는 지역

<용도지역의 구분>

도시지역		인구와 산업이 밀집되어 있거나 밀집이 예상되어 그 지역에 대하여 체계적인 개발·정비·관리·보전 등이 필요한 지역
	주거지역	거주의 안녕과 건전한 생활환경의 보호를 위하여 필요한 지역(6)
	상업지역	상업이나 그 밖의 업무의 편익을 증진하기 위하여 필요한 지역(4)
	공업지역	공업의 편익을 증진하기 위하여 필요한 지역(3)
	녹지지역	자연환경·농지 및 산림의 보호, 보건위생, 보안과 도시의 무질서한 확산을 방지하기 위하여 녹지의 보전이 필요한 지역(3)
관리지역		도시지역의 인구와 산업을 수용하기 위하여 도시지역에 준하여 체계적으로 관리하거나 농림업의 진흥, 자연환경 또는 산림의 보전을 위하여 농림지역 또는 자연환경보전지역에 준하여 관리가 필요한 지역
	보전관리지역	자연환경보호, 산림보호, 수질오염방지, 녹지공간확보 및 생태계 보전 등을 위하여 보전이 필요하거나 주변 용도지역과의 관계등을 고려할 때 자연환경보전지역으로 지정하여 관리하기가 곤란한 지역
	생산관리지역	농업·임업·어업 생산 등을 위하여 보전이 필요하나 주변 용도지역과의 관계등을 고려할 때 자연환경보전지역으로 지정하여 관리하기가 곤란한 지역
	계획관리지역	도시지역으로의 편입이 예상되는 지역이나 자연환경을 고려하여 제한적인 이용·개발을 하려는 지역으로서 계획적·체계적인 관리가 필요한 지역
농림지역		도시지역에 속하지 아니하는 농지법에 따른 농업진흥지역 또는 산지관리법에 따른 보전산지 등 농림업을 진흥시키고 산림을 보전하기 위하여 필요한 지역
자연환경보전지역		자연환경·수자원·해안·생태계·상수원 및 문화재의 보전과 수산자원의 보호·육성 등을 위하여 필요한 지역

<용도지역의 세분>

도시 지역	주거지역	전용1종	단독주택 중심의 양호한 주거환경을 보호하기 위하여 필요한 지역
		전용2종	공동주택 중심의 양호한 주거환경을 보호하기 위하여 필요한 지역
		일반1종	저층(4층 이하)주택을 중심으로 편리한 주거환경을 조성하기 위하여 필요한 지역
		일반2종	중층(조례)주택을 중심으로 편리한 주거환경을 조성하기 위하여 필요한 지역
		일반3종	중고층(조례)주택을 중심으로 편리한 주거환경을 조성하기 위하여 필요한 지역
		준주거	주거기능을 위주로 이를 지원하는 일부 상업기능 및 업무기능을 보완하기 위하여 필요한 지역
	상업지역	중심	도심·부도심의 상업기능 및 업무기능의 확충을 위하여 필요한 지역
		일반	일반적인 상업기능 및 업무기능을 담당하게 하기 위하여 필요한 지역
		유통	도시 내 및 지역 간 유통기능의 증진을 위하여 필요한 지역
		근린	근린지역에서의 일용품 및 서비스의 공급을 위하여 필요한 지역
	공업지역	전용	주로 중화학공업, 공해성 공업 등을 수용하기 위하여 필요한 지역
		일반	환경을 저해하지 아니하는 공업의 배치를 위하여 필요한 지역
		준공업	경공업 그 밖의 공업을 수용하되, 주거기능·상업기능 및 업무기능의 보완이 필요한 지역
	녹지지역	보전	도시의 자연환경·경관·산림 및 녹지공간을 보전할 필요가 있는 지역
		생산	주로 농업적 생산을 위하여 개발을 유보할 필요가 있는 지역
		자연	도시의 녹지공간의 확보, 도시확산의 방지, 장래 도시용지의 공급 등을 위하여 보전할 필요가 있는 지역으로서 불가피한 경우에 한하여 제한적인 개발이 허용되는 지역

부동산공법 (기초)

5. 용도지역의 지정절차

1) 원칙

국토교통부장관, 시·도지사 또는 대도시 시장은 용도지역의 지정 또는 변경을 도시·군관리계획으로 결정한다.

2) 특례: 도시·군관리계획의 결정절차 없이 지정

(1) 공유수면매립지에 관한 용도지역의 지정

① 공유수면(바다만 해당한다)의 매립 목적이 그 매립구역과 이웃하고 있는 용도지역의 내용과 같으면 제25조(도시·군관리계획의 입안)와 제30조(도시·군관리계획의 결정)에도 불구하고 도시·군관리계획의 입안 및 결정절차 없이 그 매립준공구역은 그 매립의 준공인가일부터 이와 이웃하고 있는 용도지역으로 지정된 것으로 본다. 이 경우 관계 특별시장·광역시장·특별자치시장·특별자치도지사·시장 또는 군수는 그 사실을 지체 없이 고시하여야 한다.

② 공유수면의 매립 목적이 그 매립구역과 이웃하고 있는 용도지역의 내용과 다른 경우 및 그 매립구역이 둘 이상의 용도지역에 걸쳐 있거나 이웃하고 있는 경우 그 매립구역이 속할 용도지역은 도시·군관리계획결정으로 지정하여야 한다.

③ 관계 행정기관의 장은 공유수면 매립의 준공검사를 하면 국토교통부령으로 정하는 바에 따라 지체 없이 관계 특별시장·광역시장·특별자치시장·특별자치도지사·시장 또는 군수에게 통보하여야 한다.

(2) 다른 법률에 따라 지정된 지역의 용도지역 지정 등의 의제

① 도시지역으로 결정·고시 의제
   ⓐ 「항만법」에 따른 항만구역으로서 도시지역에 연접한 공유수면
   ⓑ 「어촌·어항법」에 따른 어항구역으로서 도시지역에 연접한 공유수면
   ⓒ 「산업입지 및 개발에 관한 법률」의 규정에 따른 국가산업단지 및 일반산업단지, 도시첨단산업단지(농공단지 제외)
   ⓓ 「택지개발촉진법」에 따른 택지개발지구
   ⓔ 「전원개발촉진법」에 따른 전원개발사업구역 및 예정구역(수력발전소 또는 송·변전설비만을 설치하기 위한 전원개발사업구역 및 예정구역 제외)

② 관리지역에서의 결정·고시 특례규정
   ⓐ 관리지역에서 농업진흥지역 지정 시: 관리지역에서 농지법에 따른 농업진흥지역으로 지정·고시된 지역은 이 법에 따른 농림지역으로 결정·고시된 것으로 본다.
   ⓑ 관리지역에서 보전산지 지정 시: 산지관리법에 따라 보전산지로 지정·고시된 지역은 그 고시에서 구분하는 바에 따라 이 법에 따른 농림지역 또는 자연환경보전지역으로 결정·고시된 것으로 본다.

(3) 지형도면에의 표시 및 통보

관계 행정기관의 장은 항만구역, 어항구역, 산업단지, 택지개발지구, 전원개발사업구역 및 예정구역, 농업진흥지역 또는 보전산지를 지정한 경우에는 국토부령으로 정하는 바에 따라 고시된 지형도면 또는 지형도에 그 지정사실을 표시하여 그 지역을 관할하는 특별시장·광역시장·특별자치시장·특별자치도지사·시장 또는 군수에게

통보하여야 한다.

(4) 용도지역 등의 환원

도시지역으로 결정·고시 의제된 구역등이 해제되는 경우 이 법 또는 다른 법률에서 그 구역등이 어떤 용도지역에 해당되는 지를 따로 정하고 있지 아니한 경우에는 이를 지정하기 이전의 용도지역으로 환원된 것으로 본다.

(5) 기득권 보호

용도지역이 환원되는 당시 이미 사업 또는 공사에 착수한 자는 그 용도지역의 환원에 관계없이 그 사업이나 공사를 계속할 수 있다.

6. 용도지역에서의 행위제한

1) 건축물의 건축제한

① 용도지역에서의 건축물이나 그 밖의 시설의 용도·종류 및 규모 등의 제한에 관한 사항은 대통령령으로 정한다(법 제76조 제1항).

　　용도지역안에서의 건축물의 용도·종류 및 규모 등의 제한(이하 "건축제한"이라 한다)은 시행령 별표2 ~ 별표22와 같다(영 제71조 제1항).

- 건축제한을 적용함에 있어서 부속건축물에 대하여는 주된 건축물에 대한 건축제한에 의한다.
- 제1항에도 불구하고 「건축법 시행령」 별표 1에서 정하는 건축물 중 다음 각 호의 요건을 모두 충족하는 건축물의 종류 및 규모 등의 제한에 관하여는 해당 특별시·광역시·특별자치시·특별자치도·시 또는 군의 도시·군계획조례로 따로 정할 수 있다.

　　1. 2012년 1월 20일 이후에 「건축법 시행령」 별표 1에서 새로이 규정하는 건축물일 것
　　2. 별표 2부터 별표 22까지의 규정에서 정하지 아니한 건축물일 것

② 용도지구에서의 건축물이나 그 밖의 시설의 용도·종류 및 규모 등의 제한에 관한 사항은 이 법 또는 다른 법률에 특별한 규정이 있는 경우 외에는 대통령령으로 정하는 기준에 따라 특별시·광역시·특별자치시·특별자치도·시 또는 군의 조례로 정할 수 있다.

③ 제1항과 제2항에 따른 건축물이나 그 밖의 시설의 용도·종류 및 규모 등의 제한은 해당 용도지역과 용도지구의 지정목적에 적합하여야 한다.

④ 건축물이나 그 밖의 시설의 용도·종류 및 규모 등을 변경하는 경우 변경 후의 건축물이나 그 밖의 시설의 용도·종류 및 규모 등은 제1항과 제2항에 맞아야 한다.

2) 용도지역·지구에서의 건축제한의 예외(법 제76조 제5항)

다음 각 호의 어느 하나에 해당하는 경우의 건축물이나 그 밖의 시설의 용도·종류 및 규모 등의 제한에 관하여는 각 호에서 정하는 바에 따른다.

① 취락지구에서는 취락지구의 지정목적 범위에서 대통령령으로 따로 정한다.
② 개발진흥지구에서는 개발진흥지구의 지정목적 범위에서 대통령령으로 따로 정한다.
③ 복합용도지구에서는 복합용도지구의 지정목적 범위에서 대통령령으로 따로 정한다.

부동산공법 (기초)

④ 「산업입지 및 개발에 관한 법률」에 따른 농공단지에서는 같은 법에서 정하는 바에 따른다.

⑤ 농림지역 중 농업진흥지역, 보전산지 또는 초지인 경우에는 각각 「농지법」, 「산지관리법」 또는 「초지법」에서 정하는 바에 따른다.

⑥ 자연환경보전지역 중 「자연공원법」에 따른 공원구역, 「수도법」에 따른 상수원보호구역, 「문화재보호법」에 따라 지정된 지정문화재 또는 천연기념물과 그 보호구역, 「해양생태계의 보전 및 관리에 관한 법률」에 따른 해양보호구역인 경우에는 각각 「자연공원법」, 「수도법」 또는 「문화재보호법」 또는 「해양생태계의 보전 및 관리에 관한 법률」에서 정하는 바에 따른다.

⑦ 자연환경보전지역 중 수산자원보호구역인 경우에는 「수산자원관리법」에서 정하는 바에 따른다.

3) 보전관리지역 또는 생산관리지역에서의 특례(법 제76조 제6항)

보전관리지역이나 생산관리지역에 대하여 농림축산식품부장관·해양수산부장관·환경부장관 또는 산림청장이 농지 보전, 자연환경 보전, 해양환경 보전 또는 산림 보전에 필요하다고 인정하는 경우에는 「농지법」, 「자연환경보전법」, 「야생생물 보호 및 관리에 관한 법률」, 「해양생태계의 보전 및 관리에 관한 법률」 또는 「산림자원의 조성 및 관리에 관한 법률」에 따라 건축물이나 그 밖의 시설의 용도·종류 및 규모 등을 제한할 수 있다. 이 경우 이 법에 따른 제한의 취지와 형평을 이루도록 하여야 한다.

4) 용도지역별 건축제한

용도지역별 건축물의 용도·종류 및 규모 등의 제한에 관한 사항은 「국토의 계획 및 이용에 관한 법률」 시행령 별표2에서 별표22까지에 규정해 두고 있다. 각 용도지역별로 건축할 수 있는 건축물의 종류를 나열하고 있지만 준주거지역, 상업지역, 준공업지역, 계획관리지역은 건축할 수 없는 건축물을 규정하고 있다.

<용도지역에서 건축제한, 시행령 별표2~22>

용도지역	제한사항(요약)
제1종 전용주거지역(건축 할 수 있는 건축물)	• 단독주택(다가구주택을 제외한다) • 소매점 · 휴게음식점 · 이용원 · 미용원 · 의원 · 탁구장 등의 제1종 근린생활시설로서 해당 용도에 쓰이는 바닥면적의 합계가 1천제곱미터 미만인 것 • 단독주택 중 다가구주택 • 공동주택 중 연립주택 및 다세대주택 • 제2종 근린생활시설 중 종교집회장 • 문화 및 집회시설 중 박물관, 미술관, 체험관, 기념관 등에 해당하는 것으로서 그 용도에 쓰이는 바닥면적의 합계가 1천제곱미터 미만인 것 • 종교시설에 해당하는 것으로서 그 용도에 쓰이는 바닥면적의 합계가 1천제곱미터 미만인 것 • 교육연구시설 중 유치원 · 초등학교 · 중학교 및 고등학교 • 노유자시설 • 자동차관련시설 중 주차장
제2종 전용주거지역(건축 할 수 있는 건축물)	• 단독주택 • 공동주택 • 소매점 · 휴게음식점 · 이용원 · 미용원 · 의원 · 탁구장 등의 제1종 근린생활시설로서 해당 용도에 쓰이는 바닥면적의 합계가 1천제곱미터 미만인 것 • 제2종 근린생활시설 중 종교집회장 • 문화 및 집회시설 중 박물관, 미술관, 체험관, 기념관 등에 해당하는 것으로서 그 용도에 쓰이는 바닥면적의 합계가 1천제곱미터 미만인 것 • 종교시설에 해당하는 것으로서 그 용도에 쓰이는 바닥면적의 합계가 1천제곱미터 미만인 것 • 교육연구시설 중 유치원 · 초등학교 · 중학교 및 고등학교 • 노유자시설 • 자동차관련시설 중 주차장
제1종 일반주거지역(건축 할 수 있는 건축물)	■4층 이하의 건축물(단지형 연립주택 및 단지형 다세대주택인 경우에는 5층 이하)만 해당한다. 다만, 4층 이하의 범위에서 도시 · 군계획조례로 따로 층수를 정하는 경우에는 그 층수 이하의 건축물만 해당한다. • 단독주택 • 공동주택(아파트를 제외한다) • 제1종 근린생활시설 • 교육연구시설 중 유치원 · 초등학교 · 중학교 및 고등학교 • 노유자시설 • 제2종 근린생활시설(단란주점 및 안마시술소를 제외한다) • 문화 및 집회시설(공연장 및 관람장을 제외한다) • 종교시설 • 판매시설 중 같은 호 나목 및 다목(일반게임제공업의 시설은 제외한다)에 해당하는 것으로서 요건을 충족하는 것과 기존의 도매시장 또는 소매시장을 재건축하는 경우로서 도시 · 군계획조례가 정하는 경우에는 당해 용도에 쓰이는 바닥면적의 합계의 4배 이하 또는 대지면적의 2배 이하인 것 • 의료시설(격리병원을 제외한다) • 교육연구시설 중 제1호 라목에 해당하지 아니하는 것 • 수련시설(유스호스텔의 경우 요건 충족) • 운동시설(옥외 철탑이 설치된 골프연습장을 제외한다) • 업무시설 중 오피스텔로서 그 용도에 쓰이는 바닥면적의 합계가 3천제곱미터 미만인 것

부동산공법 (기초)

용도지역	제한사항(요약)
	• 공장 중 인쇄업, 기록매체복제업, 봉제업(의류편조업을 포함한다), 컴퓨터 및 주변기기제조업, 컴퓨터 관련 전자제품조립업, 두부제조업, 세탁업의 공장 및 지식산업센터로서 환경보전등 요건에 해당할 것 • 공장 중 떡 제조업 및 빵 제조업(이에 딸린 과자 제조업을 포함한다) 이하 같다)의 공장으로서 일정 요건을 모두 갖춘 것 • 창고시설 • 위험물저장 및 처리시설 중 주유소, 석유판매소, 액화가스 취급소·판매소, 도료류 판매소 등 • 자동차관련시설 중 주차장 및 세차장 • 동물 및 식물관련시설 중 화초 및 분재 등의 온실 • 교정 및 국방·군사시설 • 방송통신시설 • 발전시설 • 야영장 시설
제2종 일반주거지역 (건축할 수 있는 건축물)	■ 경관관리 등을 위하여 도시·군계획조례로 건축물의 층수를 제한하는 경우에는 그 층수 이하의 건축물로 한정한다. • 단독주택 • 공동주택 • 제1종 근린생활시설 • 종교시설 • 교육연구시설 중 유치원·초등학교·중학교 및 고등학교 • 노유자시설 • 제2종 근린생활시설(단란주점 및 안마시술소를 제외한다) • 문화 및 집회시설(관람장을 제외한다) •「건축법 시행령」별표 제7호의 판매시설 중 같은 호 나목 및 다목(일반게임제공업의 시설은 제외한다)에 해당하는 것으로서 요건을 충족하는 것과 기존의 도매시장 또는 소매시장을 재건축하는 경우로서 도시·군계획조례가 정하는 경우에는 당해 용도에 쓰이는 바닥면적의 합계의 4배 이하 또는 대지면적의 2배 이하인 것 • 의료시설(격리병원을 제외한다) •「건축법 시행령」별표 1 제10호의 교육연구시설 중 제1호 마목에 해당하지 아니하는 것 • 수련시설(유스호스텔의 경우 요건 충족) • 운동시설 • 업무시설 중 오피스텔·금융업소·사무소 및 동호 가목에 해당하는 것으로서 해당용도에 쓰이는 바닥면적의 합계가 3천제곱미터 미만인 것 • 별표 4 제2호차목 및 카목의 공장 • 창고시설 • 위험물저장 및 처리시설 중 주유소, 석유판매소, 액화가스 취급소·판매소, 도료류 판매소 등 • 자동차관련시설 중 동호 아목에 해당하는 것과 주차장 및 세차장 •「건축법 시행령」별표 1 제21호마목부터 사목까지의 규정에 따른 시설 및 같은 호 아목에 따른 시설 중 식물과 관련된 마목부터 사목까지의 규정에 따른 시설과 비슷한 것 • 교정 및 국방·군사시설 • 방송통신시설 • 발전시설 • 야영장 시설 • 단독주택

용도지역	제한사항(요약)
제3종 일반주거지역 (건축할 수 있는 건축물)	• 공동주택 • 제1종 근린생활시설 • 종교시설 • 교육연구시설 중 유치원·초등학교·중학교 및 고등학교 • 노유자시설 • 제2종 근린생활시설(단란주점 및 안마시술소를 제외한다) • 문화 및 집회시설(관람장을 제외한다) • 「건축법 시행령」 별표 1 제7호의 판매시설 중 같은 호 나목 및 다목(일반게임제공업의 시설은 제외한다)에 해당하는 것으로서 요건을 충족하는 것과 기존의 도매시장 또는 소매시장을 재건축하는 경우로서 도시·군계획조례가 정하는 경우에는 당해 용도에 쓰이는 바닥면적의 합계의 4배 이하 또는 대지면적의 2배 이하인 것 • 의료시설(격리병원을 제외한다) • 「건축법 시행령」 별표 1 제10호의 교육연구시설 중 제1호 마목에 해당하지 아니하는 것 • 수련시설(유스호스텔의 경우 요건 충족) • 운동시설 • 「건축법 시행령」 별표 1 제14호의 업무시설로서 그 용도에 쓰이는 바닥면적의 합계가 3천제곱미터 이하인 것 • 별표 4 제2호차목 및 카목의 공장 • 창고시설 • 위험물저장 및 처리시설 중 주유소, 석유판매소, 액화가스 취급소·판매소, 도료류 판매소 등 • 「건축법 시행령」 별표 1 제20호의 자동차관련시설 중 동호 아목에 해당하는 것과 주차장 및 세차장 • 「건축법 시행령」별표 1 제21호마목부터 사목까지의 규정에 따른 시설 및 같은 호 아목에 따른 시설 중 식물과 관련된 마목부터 사목까지의 규정에 따른 시설과 비슷한 것 • 교정 및 국방·군사시설 • 방송통신시설 • 발전시설 • 야영장 시설
준주거지역 (건축할 수 **없는** 건축물)	• 제2종 근린생활시설 중 단란주점 • 판매시설 중 같은 호 다목의 일반게임제공업의 시설 • 의료시설 중 격리병원 • 숙박시설(생활숙박시설로서 공원·녹지 또는 지형지물에 따라 주택 밀집지역과 차단되거나 주택 밀집지역으로부터 도시·군계획조례로 정하는 거리 밖에 건축하는 것은 제외한다) • 위락시설 • 「건축법 시행령」 별표 1 제17호의 공장으로서 별표 4 제2호차목(1)부터 (6)까지의 어느 하나에 해당하는 것 • 위험물 저장 및 처리 시설 중 시내버스차고지 외의 지역에 설치하는 액화석유가스 충전소 및 고압가스 충전소·저장소(「환경친화적 자동차의 개발 및 보급 촉진에 관한 법률」 제2조제9호의 수소연료공급시설은 제외한다) • 자동차 관련 시설 중 폐차장 • 「건축법 시행령」 별표 1 제21호의 가목·다목 및 라목에 따른 시설과 같은 호 아목에 따른 시설 중 같은 호 가목·다목 또는 라목에 따른 시설과 비슷한 것 • 자원순환 관련 시설 • 묘지 관련 시설

용도지역	제한사항(요약)
	• 제2종 근린생활시설 중 안마시술소 • 문화 및 집회시설(공연장 및 전시장은 제외한다) • 판매시설 • 운수시설 • 숙박시설 중 생활숙박시설로서 공원·녹지 또는 지형지물에 의하여 주택 밀집지역과 차단되거나 주택 밀집지역으로부터 도시·군계획조례로 정하는 거리(건축물의 각 부분을 기준으로 한다) 밖에 건축하는 것. 공장(제1호바목에 해당하는 것은 제외한다) • 창고시설 • 위험물 저장 및 처리 시설(제1호사목에 해당하는 것은 제외한다) • 자동차 관련 시설(제1호아목에 해당하는 것은 제외한다) • 동물 및 식물 관련 시설(제1호자목에 해당하는 것은 제외한다) • 교정 및 군사 시설 • 발전시설 • 관광 휴게시설 • 장례시설
중심상업지역 (건축할 수 **없는** 건축물)	• 단독주택(다른 용도와 복합된 것은 제외한다) • 공동주택[공동주택과 주거용 외의 용도가 복합된 건축물로서 공동주택 부분의 면적이 연면적의 합계의 90퍼센트(도시·군계획조례로 90퍼센트 미만의 범위에서 별도로 비율을 정한 경우에는 그 비율) 미만인 것은 제외한다] • 숙박시설 중 일반숙박시설 및 생활숙박시설. 다만, 일부요건의 일반숙박시설 또는 생활숙박시설은 제외한다. • 위락시설[공원·녹지 또는 지형지물에 따라 주거지역과 차단되거나 주거지역으로부터 도시·군계획조례로 정하는 거리(건축물의 각 부분을 기준으로 한다) 밖에 건축하는 것은 제외한다] • 공장(제2호바목에 해당하는 것은 제외한다) • 「건축법 시행령」 별표 1 제19호의 위험물 저장 및 처리 시설 중 시내버스차고지 외의 지역에 설치하는 액화석유가스 충전소 및 고압가스 충전소·저장소(「환경친화적 자동차의 개발 및 보급 촉진에 관한 법률」 제2조제9호의 수소연료공급시설은 제외한다) • 자동차 관련 시설 중 폐차장 • 동물 및 식물 관련 시설 • 자원순환 관련 시설 • 묘지 관련 시설 • 단독주택 중 다른 용도와 복합된 것 • 공동주택(제1호나목에 해당하는 것은 제외한다) • 의료시설 중 격리병원 • 교육연구시설 중 학교 • 수련시설 • 공장 중 출판업·인쇄업·금은세공업 및 기록매체복제업의 공장으로서 별표 4 제2호차목(1)부터 (6)까지의 어느 하나에 해당하지 않는 것 • 창고시설 • 위험물 저장 및 처리시설(제1호바목에 해당하는 것은 제외한다) • 「건축법 시행령」 별표 1 제20호의 자동차 관련 시설 중 같은 호 나목 및 라목부터 아목까지에 해당하는 것 • 교정 및 군사 시설(국방·군사시설은 제외한다) • 관광 휴게시설 • 장례시설 • 야영장 시설

용도지역	제한사항(요약)
일반상업지역 (건축할 수 **없는** 건축물)	• 숙박시설 중 일반숙박시설 및 생활숙박시설. 다만, 일부요건의 일반숙박시설 또는 생활숙박시설은 제외한다. • 위락시설[공원·녹지 또는 지형지물에 따라 주거지역과 차단되거나 주거지역으로부터 도시·군계 획조례로 정하는 거리(건축물의 각 부분을 기준으로 한다) 밖에 건축하는 것은 제외한다] • 공장으로서 별표 4 제2호차목(1)부터 (6)까지의 어느 하나에 해당하는 것 • 위험물 저장 및 처리 시설 중 시내버스차고지 외의 지역에 설치하는 액화석유가스 충전소 및 고압가스 충전소·저장소(「환경친화적 자동차의 개발 및 보급 촉진에 관한 법률」 제2조제9호의 수소연료공급시설은 제외한다) • 자동차 관련 시설 중 폐차장 • 「건축법 시행령」 별표 1 제21호가목부터 라목까지의 규정에 따른 시설 및 같은 호 아목에 따른 시설 중 동물과 관련된 가목부터 라목까지의 규정에 따른 시설과 비슷한 것 • 자원순환 관련 시설 • 묘지 관련 시설 • 단독주택 • 공동주택[공동주택과 주거용 외의 용도가 복합된 건축물(다수의 건축물이 일체적으로 연결된 하나의 건축물을 포함한다)로서 공동주택 부분의 면적이 연면적의 합계의 90퍼센트(도시·군계획조례로 90퍼센트 미만의 비율을 정한 경우에는 그 비율) 미만인 것은 제외한다] • 수련시설 • 공장(제1호다목에 해당하는 것은 제외한다) • 위험물 저장 및 처리 시설(제1호라목에 해당하는 것은 제외한다) • 자동차 관련 시설 중 같은 호 라목부터 아목까지에 해당하는 것 • 동물 및 식물 관련 시설(제1호바목에 해당하는 것은 제외한다) • 교정 및 군사 시설(국방·군사시설은 제외한다) • 야영장 시설
근린상업지역 (건축 할 수 **없는** 건축물)	• 의료시설 중 격리병원 • 숙박시설 중 일반숙박시설 및 생활숙박시설. 다만, 일부요건의 일반숙박시설 또는 생활숙박시설은 제외한다. • 위락시설[공원·녹지 또는 지형지물에 따라 주거지역과 차단되거나 주거지역으로부터 도시·군계 획조례로 정하는 거리(건축물의 각 부분을 기준으로 한다) 밖에 건축하는 것은 제외한다] • 공장으로서 별표 4 제2호차목(1)부터 (6)까지의 어느 하나에 해당하는 것 • 위험물 저장 및 처리 시설 중 시내버스차고지 외의 지역에 설치하는 액화석유가스 충전소 및 고압가스 충전소·저장소(「환경친화적 자동차의 개발 및 보급 촉진에 관한 법률」 제2조제9호의 수소연료공급시설은 제외한다) • 자동차 관련 시설 중 같은 호 다목부터 사목까지에 해당하는 것 • 「건축법 시행령」 별표 1 제21호가목부터 라목까지의 규정에 따른 시설 및 같은 호 아목에 따른 시설 중 동물과 관련된 가목부터 라목까지의 규정에 따른 시설과 비슷한 것 • 자원순환 관련 시설 • 묘지 관련 시설 • 공동주택[공동주택과 주거용 외의 용도가 복합된 건축물(다수의 건축물이 일체적으로 연결된 하나의 건축물을 포함한다)로서 공동주택 부분의 면적이 연면적의 합계의 90퍼센트(도시·군계획조례로 90퍼센트 미만의 범위에서 별도로 비율을 정한 경우에는 그 비율) 미만인 것은 제외한다] • 문화 및 집회시설(공연장 및 전시장은 제외한다) • 판매시설로서 그 용도에 쓰이는 바닥면적의 합계가 3천제곱미터 이상인 것 • 운수시설로서 그 용도에 쓰이는 바닥면적의 합계가 3천제곱미터 이상인 것 • 위락시설(제1호다목에 해당하는 것은 제외한다)

용도지역	제한사항(요약)
	• 공장(제1호라목에 해당하는 것은 제외한다) • 창고시설 • 위험물 저장 및 처리 시설(제1호마목에 해당하는 것은 제외한다) • 자동차 관련 시설 중 같은 호 아목에 해당하는 것 • 동물 및 식물 관련 시설(제1호사목에 해당하는 것은 제외한다) • 교정 및 군사 시설 • 발전시설 • 관광 휴게시설
유통상업지역 (건축 할 수 **없는** 건축물)	• 단독주택 • 공동주택 • 의료시설 • 숙박시설 중 일반숙박시설 및 생활숙박시설. 다만, 일부요건의 일반숙박시설 또는 생활숙박시설은 제외한다. • 위락시설[공원·녹지 또는 지형지물에 따라 주거지역과 차단되거나 주거지역으로부터 도시·군계 획조례로 정하는 거리(건축물의 각 부분을 기준으로 한다) 밖에 건축하는 것은 제외한다] • 공장 • 위험물 저장 및 처리 시설 중 시내버스차고지 외의 지역에 설치하는 액화석유가스 충전소 및 고 압가스 충전소·저장소(「환경친화적 자동차의 개발 및 보급 촉진에 관한 법률」 제2조제9호의 수 소연료공급시설은 제외한다) • 동물 및 식물 관련 시설 • 자원순환 관련 시설 • 묘지 관련 시설 • 제2종 근린생활시설 • 문화 및 집회시설(공연장 및 전시장은 제외한다) • 종교시설 • 교육연구시설 • 노유자시설 • 수련시설 • 운동시설 • 숙박시설(제1호라목에 해당하는 것은 제외한다) • 위락시설(제1호마목에 해당하는 것은 제외한다) • 위험물 저장 및 처리시설(제1호사목에 해당하는 것은 제외한다) • 자동차 관련 시설(주차장 및 세차장은 제외한다) • 교정 및 군사 시설 • 방송통신시설 • 발전시설 • 관광 휴게시설 • 장례시설 • 야영장 시설
전용공업지역 (건축할 수 있는 건축물)	• 제1종 근린생활시설 • 제2종 근린생활시설[같은 호 아목·자목·타목(기원만 해당한다)·더목 및 러목은 제외한다] • 공장 • 창고시설 • 위험물저장 및 처리시설 • 자동차관련시설

용도지역	제한사항(요약)
	• 자원순환 관련 시설 • 발전시설 • 공동주택 중 기숙사 • 근린생활시설 중 같은 호 아목 · 자목 · 타목(기원만 해당한다) 및 러목에 해당하는 것 • 문화 및 집회시설 중 산업전시장 및 박람회장 • 판매시설(해당전용공업지역에 소재하는 공장에서 생산되는 제품을 판매하는 경우에 한한다) • 운수시설 • 의료시설 • 교육연구시설 중 「근로자직업능력 개발법」에 의한 직업훈련소 · 기술계학원 등 • 노유자시설 • 교정 및 국방 · 군사시설 • 방송통신시설
일반공업지역 (건축할 수 있는 건축물)	• 제1종 근린생활시설 • 제2종 근린생활시설(단란주점 및 안마시술소를 제외한다) • 판매시설(해당일반공업지역에 소재하는 공장에서 생산되는 제품을 판매하는 시설에 한한다) • 운수시설 • 공장 • 창고시설 • 위험물저장 및 처리시설 • 자동차관련시설 • 자원순환 관련 시설 • 발전시설 • 단독주택 • 기숙사 • 제2종 근린생활시설 중 안마시술소 • 문화 및 집회시설 중 동호 라목에 해당하는 것 • 종교시설 • 의료시설 • 교육연구시설 • 노유자시설 • 수련시설 • 업무시설(일반업무시설로서 「산업집적활성화 및 공장설립에 관한 법률」제2조제13호에 따른 지식 산업센터에 입주하는 지원시설에 한정한다) • 동물 및 식물관련시설 • 교정 및 국방 · 군사시설 • 방송통신시설 • 장례시설 • 야영장 시설
준공업지역 (건축할 수 **없는** 건축물)	• 위락시설 • 묘지 관련 시설 • 단독주택 • 공동주택(기숙사는 제외한다) • 제2종 근린생활시설 중 단란주점 및 안마시술소 • 문화 및 집회시설(공연장 및 전시장은 제외한다) • 종교시설 • 판매시설(해당 준공업지역에 소재하는 공장에서 생산되는 제품을 판매하는 시설은 제외한다)

부동산공법 (기초)

용도지역	제한사항(요약)
	• 운동시설 • 숙박시설 • 공장으로서 해당 용도에 쓰이는 바닥면적의 합계가 5천제곱미터 이상인 것 • 동물 및 식물 관련 시설 • 교정 및 군사 시설 • 관광 휴게시설
보전녹지지역 (건축할 수 있는 건축물)	■ 4층 이하의 건축물에 한한다. 다만, 4층 이하의 범위안에서 도시 · 군계획조례로 따로 층수를 정하는 경우에는 그 층수 이하의 건축물에 한한다 • 교육연구시설 중 초등학교 • 창고(농업 · 임업 · 축산업 · 수산업용만 해당한다) • 교정 및 국방 · 군사시설 • 단독주택(다가구주택을 제외한다) • 제1종 근린생활시설로서 해당용도에 쓰이는 바닥면적의 합계가 500제곱미터 미만인 것 • 제2종 근린생활시설 중 종교집회장 • 문화 및 집회시설 중 동호 라목에 해당하는 것 • 종교시설 • 의료시설 • 교육연구시설 중 유치원 · 중학교 · 고등학교 • 노유자시설 • 위험물저장 및 처리시설 중 액화석유가스충전소 및 고압가스충전 · 저장소 • 「건축법 시행령」 별표 1 제21호의 시설(같은 호 다목 및 라목에 따른 시설과 같은 호 아목에 따른 시설 중 동물과 관련된 다목 및 라목에 따른 시설과 비슷한 것은 제외한다) • 하수 등 처리시설(「하수도법」 제2조제9호에 따른 공공하수처리시설만 해당한다) • 묘지관련시설 • 장례시설 • 야영장 시설
생산녹지지역 (건축할 수 있는 건축물)	■ 4층 이하의 건축물에 한한다. 다만, 4층 이하의 범위안에서 도시 · 군계획조례로 따로 층수를 정하는 경우에는 그 층수 이하의 건축물에 한한다. • 단독주택 • 제1종 근린생활시설 • 교육연구시설 중 유치원 · 초등학교 • 노유자시설 • 수련시설 • 운동시설 중 운동장 • 창고(농업 · 임업 · 축산업 · 수산업용만 해당한다) • 위험물저장 및 처리시설 중 액화석유가스충전소 및 고압가스충전 · 저장소 • 별표 1 제21호의 시설(같은 호 다목 및 라목에 따른 시설과 같은 호 아목에 따른 시설 중 동물과 관련된 다목 및 라목에 따른 시설과 비슷한 것은 제외한다) • 교정 및 국방 · 군사시설 • 방송통신시설 • 발전시설 • 야영장 시설 • 공동주택(아파트를 제외한다) • 제2종 근린생활시설로서 해당용도에 쓰이는 바닥면적의 합계가 1천제곱미터 미만인 것(단란주점을 제외한다)

용도지역	제한사항(요약)
	• 문화 및 집회시설 중 동호 나목 및 라목에 해당하는 것 • 판매시설(농업·임업·축산업·수산업용에 한한다) • 의료시설 • 교육연구시설 중 중학교·고등학교·교육원(농업·임업·축산업·수산업과 관련된 교육시설로 한정한다)·직업훈련소 및 연구소(농업·임업·축산업·수산업과 관련된 연구소로 한정한다) • 운동시설(운동장을 제외한다) • 공장 중 도정공장·식품공장·제1차산업생산품 가공공장 및 「산업집적활성화 및 공장설립에 관한 법률 시행령」 별표 1의2 제2호마목의 첨단업종의 공장(이하 "첨단업종의 공장"이라 한다)으로서 환경기준 위배 등에 해당하지 아니하는 것 • 창고(농업·임업·축산업·수산업용으로 쓰는 것은 제외한다) • 위험물저장 및 처리시설(액화석유가스충전소 및 고압가스충전·저장소를 제외한다) • 자동차관련시설 중 동호 사목 및 아목에 해당하는 것 • 별표 1 제21호 다목 및 라목에 따른 시설과 같은 호 아목에 따른 시설 중 동물과 관련된 다목 및 라목에 따른 시설과 비슷한 것 • 자원순환 관련 시설 • 묘지관련시설 • 장례시설
자연녹지지역 (건축할 수 있는 건축물)	■ 4층 이하의 건축물에 한한다. 다만, 4층 이하의 범위안에서 도시·군계획조례로 따로 층수를 정하는 경우에는 그 층수 이하의 건축물에 한한다. • 단독주택 • 제1종 근린생활시설 • 제2종 근린생활시설[같은 호 아목, 자목, 더목 및 러목(안마시술소만 해당한다)은 제외한다] • 의료시설(종합병원·병원·치과병원 및 한방병원을 제외한다) • 교육연구시설(직업훈련소 및 학원을 제외한다) • 노유자시설 • 수련시설 • 운동시설 • 창고(농업·임업·축산업·수산업용만 해당한다) • 동물 및 식물관련시설 • 자원순환 관련 시설 • 교정 및 국방·군사시설 • 방송통신시설 • 발전시설 • 묘지관련시설 • 관광휴게시설 • 장례시설 • 야영장 시설 • 공동주택(아파트를 제외한다) • 별표 1 제4호아목·자목 및 러목(안마시술소만 해당한다)에 따른 제2종 근린생활시설 • 문화 및 집회시설 • 종교시설 • 판매시설 중 「농수산물유통 및 가격안정에 관한 법률」에 따른 농수산물공판장 등 • 운수시설 • 의료시설 중 종합병원·병원·치과병원 및 한방병원 • 교육연구시설 중 직업훈련소 및 학원

부동산공법 (기초)

용도지역	제한사항(요약)
	• 숙박시설로서 「관광진흥법」에 따라 지정된 관광지 및 관광단지에 건축하는 것 • 공장 중 요건에 충족하는 첨단업종의 공장, 지식산업센터, 레미콘 등 • 창고(농업 · 임업 · 축산업 · 수산업용으로 쓰는 것은 제외한다) 및 같은 호 라목의 집배송시설 • 위험물저장 및 처리시설 • 자동차관련시설
보전관리지역 (건축할 수 있는 건축물)	■ 4층 이하의 건축물에 한한다. 다만, 4층 이하의 범위안에서 도시 · 군계획조례로 따로 층수를 정하는 경우에는 그 층수 이하의 건축물에 한한다. • 단독주택 • 교육연구시설 중 초등학교 • 교정 및 국방 · 군사시설 • 제1종 근린생활시설(휴게음식점 및 제과점을 제외한다) • 제2종 근린생활시설(같은 호 아목, 자목, 너목 및 더목은 제외한다) • 종교시설 중 종교집회장 • 의료시설 • 교육연구시설 중 유치원 · 중학교 · 고등학교 • 노유자시설 • 창고(농업 · 임업 · 축산업 · 수산업용만 해당한다) • 위험물저장 및 처리시설 • 「건축법 시행령」 별표 1 제21호가목, 마목부터 사목까지의 규정에 따른 시설과 같은 호 아목에 따른 시설 중 동물 또는 식물과 관련된 가목 및 마목부터 사목까지의 규정에 따른 시설과 비슷한 것 • 하수 등 처리시설(「하수도법」 제2조제9호에 따른 공공하수처리시설만 해당한다) • 방송통신시설 • 발전시설 • 묘지관련시설 • 장례시설 • 야영장 시설
생산관리지역 (건축할 수 있는 건축물)	■ 4층 이하의 건축물에 한한다. 다만, 4층 이하의 범위안에서 도시 · 군계획조례로 따로 층수를 정하는 경우에는 그 층수 이하의 건축물에 한한다. • 단독주택 • 건축법 시행령」 별표 1 제3호가목, 사목(공중화장실, 대피소, 그 밖에 이와 비슷한 것만 해당한다) 및 아목에 따른 제1종 근린생활시설 • 교육연구시설 중 초등학교 • 운동시설 중 운동장 • 창고(농업 · 임업 · 축산업 · 수산업용만 해당한다) • 「건축법 시행령」 별표 1 제21호마목부터 사목까지의 규정에 따른 시설 및 같은 호 아목에 따른 시설 중 식물과 관련된 마목부터 사목까지의 규정에 따른 시설과 비슷한 것 • 교정 및 국방 · 군사시설 • 발전시설 • 공동주택(아파트를 제외한다) • 제1종 근린생활시설[같은 호 가목, 나목, 사목(공중화장실, 대피소, 그 밖에 이와 비슷한 것만 해당한다) 및 아목은 제외한다] • 제2종 근린생활시설(같은 호 아목, 자목, 너목 및 더목은 제외한다) • 판매시설(농업 · 임업 · 축산업 · 수산업용에 한한다) • 의료시설

용도지역	제한사항(요약)
	• 교육연구시설 중 유치원 · 중학교 · 고등학교 및 교육원[농업 · 임업 · 축산업 · 수산업과 관련된 교육시설(나목 및 다목에도 불구하고 「농촌융복합산업 육성 및 지원에 관한 법률」 제2조제2호에 따른 농업인등이 같은 법 제2조제5호에 따른 농촌융복합산업지구 내에서 교육시설과 일반음식점, 휴게음식점 또는 제과점을 함께 설치하는 경우를 포함한다)에 한정한다] • 노유자시설 • 수련시설 • 공장(동시행령 별표 1 제4호의 제2종 근린생활시설 중 제조업소를 포함한다) 중 도정공장 및 식품공장과 읍 · 면지역에 건축하는 제재업의 공장으로서 환경기준 위배 등에 해당하지 아니하는 것 • 위험물저장 및 처리시설 • 자동차관련시설 중 동호 사목 및 아목에 해당하는 것 • 「건축법 시행령」 별표 1 제21호가목부터 라목까지의 규정에 따른 시설 및 같은 호 아목에 따른 시설 중 동물과 관련된 가목부터 라목까지의 규정에 따른 시설과 비슷한 것 • 자원순환 관련 시설 • 방송통신시설 • 묘지관련시설 • 장례시설 • 야영장 시설
계획관리지역 (건축할 수 **없는** 건축물)	• 4층을 초과하는 모든 건축물 • 공동주택 중 아파트 • 제1종 근린생활시설 중 휴게음식점 및 제과점으로서 국토교통부령으로 정하는 기준에 해당하는 지역에 설치하는 것 • 제2종 근린생활시설 중 일반음식점 · 휴게음식점 · 제과점으로서 국토교통부령으로 정하는 기준에 해당하는 지역에 설치하는 것과 단란주점 • 판매시설(성장관리계획구역에 설치하는 판매시설로서 그 용도에 쓰이는 바닥면적의 합계가 3천제곱미터 미만인 경우는 제외한다) • 업무시설 • 숙박시설로서 국토교통부령으로 정하는 기준에 해당하는 지역에 설치하는 것 • 위락시설 • 공장 중 요건에 해당하는 화학제품시설 등 • 4층 이하의 범위에서 도시 · 군계획조례로 따로 정한 층수를 초과하는 모든 건축물 • 공동주택(제1호나목에 해당하는 것은 제외한다) • 제1종 근린생활시설 중 휴게음식점 및 제과점으로서 도시 · 군계획조례로 정하는 지역에 설치하는 것 • 제2종 근린생활시설 중 일반음식점 · 휴게음식점 · 제과점으로서 도시 · 군계획조례로 정하는 지역에 설치하는 것과 안마시술소 및 같은 호 너목에 해당하는 것 • 문화 및 집회시설 • 종교시설 • 운수시설 • 의료시설 중 종합병원 · 병원 · 치과병원 및 한방병원 • 교육연구시설 중 같은 호 다목부터 마목까지에 해당하는 것 • 운동시설(운동장은 제외한다) • 숙박시설로서 도시 · 군계획조례로 정하는 지역에 설치하는 것 • 공장 중 요건에 적합한 것 • 창고시설(창고 중 농업 · 임업 · 축산업 · 수산업용으로 쓰는 것은 제외한다) • 위험물 저장 및 처리 시설 • 자동차 관련 시설 • 관광 휴게시설

부동산공법 (기초)

용도지역	제한사항(요약)
농림지역 (건축할 수 있는 건축물)	• 단독주택으로서 현저한 자연훼손을 가져오지 아니하는 범위 안에서 건축하는 농어가주택(「농지법」제32조제1항제3호에 따른 농업인 주택 및 어업인 주택을 말한다. 이하 같다) • 「건축법 시행령」 별표 1 제3호사목(공중화장실, 대피소, 그 밖에 이와 비슷한 것만 해당한다) 및 아목에 따른 제1종 근린생활시설 • 교육연구시설 중 초등학교 • 창고(농업 · 임업 · 축산업 · 수산업용만 해당한다) • 「건축법 시행령」 별표 1 제21호마목부터 사목까지의 규정에 따른 시설 및 같은 호 아목에 따른 시설 중 식물과 관련된 마목부터 사목까지의 규정에 따른 시설과 비슷한 것 • 제1종 근린생활시설[같은 호 나목, 사목(공중화장실, 대피소, 그 밖에 이와 비슷한 것만 해당한다) 및 아목은 제외한다] • 제2종 근린생활시설[같은 호 아목, 자목, 너목(농기계수리시설은 제외한다), 더목 및 러목(안마시술소만 해당한다)은 제외한다] • 문화 및 집회시설 중 동호 마목에 해당하는 것 • 종교시설 • 의료시설 • 수련시설 • 위험물저장 및 처리시설 중 액화석유가스충전소 및 고압가스충전 · 저장소 • 「건축법 시행령」 별표 1 제21호가목부터 라목까지의 규정에 따른 시설 및 같은 호 아목에 따른 시설 중 동물과 관련된 가목부터 라목까지의 규정에 따른 시설과 비슷한 것 • 자원순환 관련 시설 • 교정 및 국방 · 군사시설 • 방송통신시설 • 묘지관련시설 • 장례시설 • 야영장 시설 * 비고: 「국토의 계획 및 이용에 관한 법률」 제76조제5항제3호에 따라 농림지역 중 농업진흥지역, 보전산지 또는 초지인 경우에 건축물이나 그 밖의 시설의 용도 · 종류 및 규모 등의 제한에 관하여는 각각 「농지법」, 「산지관리법」 또는 「초지법」에서 정하는 바에 따른다.
자연환경보전지역 (건축할 수 있는 건축물)	■건축할 수 있는 건축물 • 단독주택으로서 현저한 자연훼손을 가져오지 아니하는 범위 안에서 건축하는 농어가주택 • 교육연구시설 중 초등학교 ■도시 · 군계획조례가 정하는 바에 의하여 건축할 수 있는 건축물(수질오염 및 경관 훼손의 우려가 없다고 인정하여 도시 · 군계획조례가 정하는 지역내에서 건축하는 것에 한한다) • 제1종 근린생활시설 중 같은 호 가목, 바목, 사목(지역아동센터는 제외한다) 및 아목에 해당하는 것 • 제2종 근린생활시설 중 종교집회장으로서 지목이 종교용지인 토지에 건축하는 것 • 종교시설로서 지목이 종교용지인 토지에 건축하는 것 • 고압가스 충전소 · 판매소 · 저장소 중 「환경친화적 자동차의 개발 및 보급 촉진에 관한 법률」 제2조제9호의 수소연료공급시설 • 양어시설(양식장을 포함한다. 이하 이 목에서 같다), 같은 호 마목부터 사목까지의 규정에 따른 시설, 같은 호 아목에 따른 시설 중 양어시설과 비슷한 것 및 같은 목 중 식물과 관련된 마목부터 사목까지의 규정에 따른 시설과 비슷한 것 • 하수 등 처리시설(「하수도법」 제2조제9호에 따른 공공하수처리시설만 해당한다) • 국방 · 군사시설 중 관할 시장 · 군수 또는 구청장이 입지의 불가피성을 인정한 범위에서 건축하는 시설 • 발전시설 • 묘지관련시설

5) 용도지역에서의 건폐율과 용적률의 제한(법 제77조, 법 제78조)

용도지역에서 건폐율과 용적률의 최대한도는 관할구역의 면적과 인구 규모, 용도지역의 특성 등을 고려하여 다음의 범위에서 대통령령으로 정하는 기준에 따라 조례로 정한다.

(1) 건폐율

① 의의

대지면적에 대한 건축면적의 비율을 말한다.

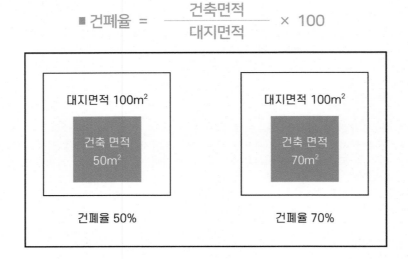

용도지역에서 건폐율의 최대한도는 관할 구역의 면적과 인구 규모, 용도지역의 특성 등을 고려하여 다음 각 호의 범위에서 대통령령으로 정하는 기준에 따라 특별시·광역시·특별자치시·특별자치도·시 또는 군의 조례로 정한다(법 제77조 제1항).

1. 도시지역
   가. 주거지역: 70퍼센트 이하
   나. 상업지역: 90퍼센트 이하
   다. 공업지역: 70퍼센트 이하
   라. 녹지지역: 20퍼센트 이하
2. 관리지역
   가. 보전관리지역: 20퍼센트 이하
   나. 생산관리지역: 20퍼센트 이하
   다. 계획관리지역: 40퍼센트 이하
3. 농림지역: 20퍼센트 이하
4. 자연환경보전지역: 20퍼센트 이하

부동산공법 (기초)

② 건폐율의 조정

ⓐ 다음 각 호의 어느 하나에 해당하는 지역에서의 건폐율에 관한 기준은 위에도 불구하고 80퍼센트 이하의 범위에서 대통령령으로 정하는 기준에 따라 특별시 · 광역시 · 특별자치시 · 특별자치도 · 시 또는 군의 조례로 따로 정한다.

1. 취락지구
2. 개발진흥지구(도시지역 외의 지역 또는 대통령령으로 정하는 용도지역만 해당한다)
3. 수산자원보호구역
4. 자연공원
5. 농공단지
6. 공업지역에 있는 국가산업단지, 일반산업단지 및 도시첨단산업단지와 준산업단지

ⓑ 다음 각 호의 어느 하나에 해당하는 경우로서 대통령령으로 정하는 경우에는 위에도 불구하고 대통령령으로 정하는 기준에 따라 특별시 · 광역시 · 특별자치시 · 특별자치도 · 시 또는 군의 조례로 건폐율을 따로 정할 수 있다.

1. 토지이용의 과밀화를 방지하기 위하여 건폐율을 강화할 필요가 있는 경우
2. 주변 여건을 고려하여 토지의 이용도를 높이기 위하여 건폐율을 완화할 필요가 있는 경우
3. 녹지지역, 보전관리지역, 생산관리지역, 농림지역 또는 자연환경보전지역에서 농업용 · 임업용 · 어업용 건축물을 건축하려는 경우
4. 보전관리지역, 생산관리지역, 농림지역 또는 자연환경보전지역에서 주민생활의 편익을 증진시키기 위한 건축물을 건축하려는 경우

(2) 용적률

① 의의

대지면적에 대한 건축물의 연면적의 비율을 말한다.

※ 용적률 계산시 지하층, 지상주차장, 피난안전구역, 경사지붕아래 대피공간면적은 포함하지 않는다.

$$■ 용적률 = \frac{연면적}{대지면적} \times 100$$

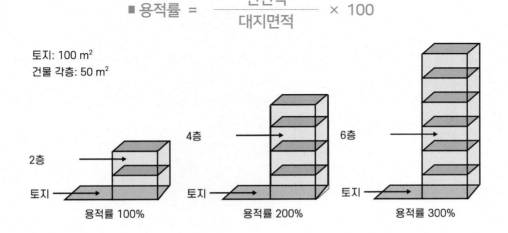

토지: 100 m²
건물 각층: 50 m²

2층
토지
용적률 100%

4층
토지
용적률 200%

6층
토지
용적률 300%

용도지역에서 용적률의 최대한도는 관할 구역의 면적과 인구 규모, 용도지역의 특성 등을 고려하여 다음 각 호의 범위에서 대통령령으로 정하는 기준에 따라 특별시·광역시·특별자치시·특별자치도·시 또는 군의 조례로 정한다(법 제78조 제1항).

1. 도시지역
   가. 주거지역: 500퍼센트 이하
   나. 상업지역: 1천500퍼센트 이하
   다. 공업지역: 400퍼센트 이하
   라. 녹지지역: 100퍼센트 이하
2. 관리지역
   가. 보전관리지역: 80퍼센트 이하
   나. 생산관리지역: 80퍼센트 이하
   다. 계획관리지역: 100퍼센트 이하
3. 농림지역: 80퍼센트 이하
4. 자연환경보전지역: 80퍼센트 이하

② 용적률의 조정

ⓐ 제77조제3항제2호부터 제5호(개발진흥지구, 수산자원보호구역, 자연공원, 농공단지)까지의 규정에 해당하는 지역에서의 용적률에 대한 기준은 위에도 불구하고 200퍼센트 이하의 범위에서 대통령령으로 정하는 기준에 따라 특별시·광역시·특별자치시·특별자치도·시 또는 군의 조례로 따로 정한다.

ⓑ 건축물의 주위에 공원·광장·도로·하천 등의 공지가 있거나 이를 설치하는 경우에는 위에도 불구하고 대통령령으로 정하는 바에 따라 특별시·광역시·특별자치시·특별자치도·시 또는 군의 조례로 용적률을 따로 정할 수 있다.

ⓒ 도시지역(녹지지역만 해당한다), 관리지역에서는 창고 등 대통령령으로 정하는 용도의 건축물 또는 시설물은 특별시·광역시·특별자치시·특별자치도·시 또는 군의 조례로 정하는 높이로 규모 등을 제한할 수 있다.

ⓓ 위에도 불구하고 건축물을 건축하려는 자가 그 대지의 일부에 사회복지시설 중 대통령령으로 정하는 시설을 설치하여 국가 또는 지방자치단체에 기부채납하는 경우에는 특별시·광역시·특별자치시·특별자치도·시 또는 군의 조례로 해당 용도지역에 적용되는 용적률을 완화할 수 있다. 이 경우 용적률 완화의 허용 범위, 기부채납의 기준 및 절차 등에 필요한 사항은 대통령령으로 정한다.

ⓔ 이 법 및 다른 법률에 따른 용적률의 완화에 관한 규정은 이 법 및 다른 법률에도 불구하고 다음 각 호의 구분에 따른 범위에서 중첩하여 적용할 수 있다. 다만, 용적률 완화 규정을 중첩 적용하여 완화되는 용적률이 대통령령으로 정하고 있는 해당 용도지역별 용적률 최대한도를 초과하는 경우에는 관할 시·도지사, 시장·군수 또는 구청장이 건축위원회와 도시계획위원회의 공동 심의를 거쳐 기반시설의 설치 및 그에 필요한 용지의 확보가 충분하다고 인정하는 경우에 한정한다.

1. 지구단위계획구역: 지구단위계획으로 정하는 범위
2. 지구단위계획구역 외의 지역: 대통령령으로 정하고 있는 해당 용도지역별 용적률 최대한도의 120퍼센트 이하

<용도지역별 건폐율과 용적률의 한도>

용도지역	구분	세분	건폐율(%, 이하)		용적률(%, 이하)	
			국토계획법	시행령	국토계획법	시행령
도시지역	주거	전용1종	70 이하	50 이하	500 이하	50 이상 100 이하
		전용2종		50 이하		50 이상 150 이하
		일반1종		60 이하		100 이상 200 이하
		일반2종		60 이하		100 이상 250 이하
		일반3종		50 이하		100 이상 300 이하
		준주거		70 이하		200 이상 500 이하
	상업	중심	90 이하	90 이하	1,500 이하	200 이상 1,500 이하
		일반		80 이하		200 이상 1,300 이하
		유통		80 이하		200 이상 1,100 이하
		근린		70 이하		200 이상 900 이하
	공업	전용	70 이하	70이하	400 이하	150 이상 300 이하
		일반				150 이상 350 이하
		준공업				150 이상 400 이하
	녹지	보전	20 이하	20 이하	100 이하	50 이상 80 이하
		생산				50 이상 100 이하
		자연				50 이상 100 이하
관리지역	보전		20 이하	20 이하	80 이하	50 이상 80 이하
	생산		20 이하	20 이하	80 이하	50 이상 80 이하
	계획		40 이하	40 이하	100 이하	50 이상 100 이하
농림			20 이하	20 이하	80 이하	50 이상 80 이하
자연환경보전			20 이하	20 이하	80 이하	50 이상 80 이하

(3) 용도지역 미지정 또는 미세분 지역에서의 행위제한

① 도시지역, 관리지역, 농림지역 또는 자연환경보전지역으로 용도가 지정되지 아니한 지역에 대하여는 제76조부터 제78조(건축물의 건축제한, 건폐율, 용적률)까지의 규정을 적용할 때에 자연환경보전지역에 관한 규정을 적용한다.
② 도시지역 또는 관리지역이 세부 용도지역으로 지정되지 아니한 경우에는 제76조부터 제78조(건축물의 건축제한, 건폐율, 용적률)까지의 규정을 적용할 때에 해당 용도지역이 도시지역인 경우에는 녹지지역 중 대통령령으로 정하는 지역에 관한 규정을 적용하고, 관리지역인 경우에는 보전관리지역에 관한 규정을 적용한다.

7. 도시지역에서의 다른 법률의 적용배제(법 제83조)

도시지역에 대하여는 다음 각 호의 법률 규정을 적용하지 아니한다.
① 「도로법」에 따른 접도구역
② 「농지법」에 따른 농지취득자격증명. 다만, 녹지지역의 농지로서 도시·군계획시설사업에 필요하지 아니한 농지에 대하여는 그러하지 아니하다.

2 용도지구

1. 용도지구의 의의

용도지구란 토지의 이용 및 건축물의 용도·건폐율·용적률·높이 등에 대한 용도지역의 제한을 강화하거나 완

화하여 적용함으로써 용도지역의 기능을 증진시키고 경관·안전 등을 도모하기 위하여 도시·군관리계획으로 결정하는 지역을 말한다(법 제2조 제16호).

2. 용도지구의 지정(법 제37조)

국토교통부장관, 시·도지사 또는 대도시 시장은 다음 각 호의 어느 하나에 해당하는 용도지구의 지정 또는 변경을 도시·군관리계획으로 결정한다.

1) 용도지구의 종류

1. 경관지구: 경관의 보전·관리 및 형성을 위하여 필요한 지구
2. 고도지구: 쾌적한 환경 조성 및 토지의 효율적 이용을 위하여 건축물 높이의 최고한도를 규제할 필요가 있는 지구
3. 방화지구: 화재의 위험을 예방하기 위하여 필요한 지구
4. 방재지구: 풍수해, 산사태, 지반의 붕괴, 그 밖의 재해를 예방하기 위하여 필요한 지구
5. 보호지구: 문화재, 중요 시설물(항만, 공항 등 대통령령으로 정하는 시설물을 말한다) 및 문화적·생태적으로 보존가치가 큰 지역의 보호와 보존을 위하여 필요한 지구
6. 취락지구: 녹지지역·관리지역·농림지역·자연환경보전지역·개발제한구역 또는 도시자연공원구역의 취락을 정비하기 위한 지구
7. 개발진흥지구: 주거기능·상업기능·공업기능·유통물류기능·관광기능·휴양기능 등을 집중적으로 개발·정비할 필요가 있는 지구
8. 특정용도제한지구: 주거 및 교육 환경 보호나 청소년 보호 등의 목적으로 오염물질 배출시설, 청소년 유해시설 등 특정시설의 입지를 제한할 필요가 있는 지구
9. 복합용도지구: 지역의 토지이용 상황, 개발 수요 및 주변 여건 등을 고려하여 효율적이고 복합적인 토지이용을 도모하기 위하여 특정시설의 입지를 완화할 필요가 있는 지구
10. 그 밖에 대통령령으로 정하는 지구

2) 용도지구의 세분

국토교통부장관, 시·도지사 또는 대도시 시장은 필요하다고 인정되면 대통령령으로 정하는 바에 따라 용도지구를 도시·군관리계획결정으로 다시 세분하여 지정하거나 변경할 수 있다.

① 경관지구·방재지구·보호지구·취락지구 및 개발진흥지구의 세분

국토교통부장관, 시·도지사 또는 대도시 시장은 도시·군관리계획결정으로 경관지구·방재지구·보호지구·취락지구 및 개발진흥지구를 다음과 같이 세분하여 지정할 수 있다(영 제31조).

부동산공법 (기초)

<용도지구의 세분>

경관 지구	자연경관	산지·구릉지 등 자연경관을 보호하거나 유지하기 위하여 필요한 지구
	시가지경관	지역내 주거지, 중심지 등 시가지의 경관을 보호 또는 유지하거나 형성하기 위하여 필요한 지구
	특화경관	지역내 주요 수계의 수변 또는 문화적 보존가치가 큰 건축물 주변의 경관 등 특별한 경관을 보호 또는 유지하거나 형성하기 위하여 필요한 지구
방재 지구	시가지방재	건축물·인구가 밀집되어 있는 지역으로서 시설 개선 등을 통하여 재해예방이 필요한 지구
	자연방재	토지의 이용도가 낮은 해안변, 하천변, 급경사지 주변 등의 지역으로서 건축제한 등을 통하여 재해예방이 필요한 지구
보호 지구	역사문화환경	문화재·전통사찰 등 역사·문화적으로 보존가치가 큰 시설 및 지역의 보호와 보존을 위하여 필요한 지구
	중요시설물	중요시설물의 보호와 기능의 유지 및 증진 등을 위하여 필요한 지구
	생태계	야생동물서식지 등 생태적으로 보존가치가 큰 지역의 보호와 보존을 위하여 필요한 지구
취락 지구	자연	녹지지역·관리지역·농림지역 또는 자연환경보전지역안의 취락을 정비하기 위하여 필요한 지구
	집단	개발제한구역안의 취락을 정비하기 위하여 필요한 지구
개발 진흥 지구	주거	주거기능을 중심으로 개발·정비할 필요가 있는 지구
	산업·유통	공업기능 및 유통·물류기능을 중심으로 개발·정비할 필요가 있는 지구
	관광·휴양	관광·휴양기능을 중심으로 개발·정비할 필요가 있는 지구
	복합	주거기능, 공업기능, 유통·물류기능 및 관광·휴양기능 중 2 이상의 기능을 중심으로 개발·정비할 필요가 있는 지구
	특정	주거기능, 공업기능, 유통·물류기능 및 관광·휴양기능 외의 기능을 중심으로 특정한 목적을 위하여 개발·정비할 필요가 있는 지구

※ 시·도지사 또는 대도시 시장은 지역여건상 필요한 때에는 해당 시·도 또는 대도시의 도시·군계획조례로 정하는 바에 따라 경관지구를 추가적으로 세분(특화경관지구의 세분을 포함한다)하거나 중요시설물보호지구 및 특정용도제한지구를 세분하여 지정할 수 있다.

② 조례에 의한 지정

시·도지사 또는 대도시 시장은 지역여건상 필요하면 대통령령으로 정하는 기준에 따라 그 시·도 또는 대도시의 조례로 용도지구의 명칭 및 지정목적, 건축이나 그 밖의 행위의 금지 및 제한에 관한 사항 등을 정하여 제1항 각 호의 용도지구 외의 용도지구의 지정 또는 변경을 도시·군관리계획으로 결정할 수 있다.

시·도 또는 대도시의 도시·군계획조례로 같은 조 제1항 각 호에 따른 용도지구외의 용도지구를 정할 때에는 다음 각호의 기준을 따라야 한다(영 제31조).

1. 용도지구의 신설은 법에서 정하고 있는 용도지역·용도지구·용도구역·지구단위계획구역 또는 다른 법률에 따른 지역·지구만으로는 효율적인 토지이용을 달성할 수 없는 부득이한 사유가 있는 경우에 한할 것
2. 용도지구안에서의 행위제한은 그 용도지구의 지정목적 달성에 필요한 최소한도에 그치도록 할 것
3. 당해 용도지역 또는 용도구역의 행위제한을 완화하는 용도지구를 신설하지 아니할 것

3. 용도지구의 행위제한

용도지구에서의 건축물이나 그 밖의 시설의 용도·종류 및 규모 등의 제한에 관한 사항은 이 법 또는 다른 법률에 특별한 규정이 있는 경우 외에는 대통령령으로 정하는 기준에 따라 특별시·광역시·특별자치시·특별자치도·시 또는 군의 조례로 정할 수 있다.

1) 경관지구안에서의 건축제한(영 제72조)

① 경관지구안에서는 그 지구의 경관의 보전·관리·형성에 장애가 된다고 인정하여 도시·군계획조례가 정하는

건축물을 건축할 수 없다. 다만, 특별시장·광역시장·특별자치시장·특별자치도지사·시장 또는 군수가 지구의 지정목적에 위배되지 아니하는 범위안에서 도시·군계획조례가 정하는 기준에 적합하다고 인정하여 해당 지방자치단체에 설치된 도시계획위원회의 심의를 거친 경우에는 그러하지 아니하다.

② 경관지구안에서의 건축물의 건폐율·용적률·높이·최대너비·색채 및 대지안의 조경 등에 관하여는 그 지구의 경관의 보전·관리·형성에 필요한 범위안에서 도시·군계획조례로 정한다.

③ 제1항 및 제2항에도 불구하고 다음 각 호의 어느 하나에 해당하는 경우에는 해당 경관지구의 지정에 관한 도시·군관리계획으로 건축제한의 내용을 따로 정할 수 있다.

1. 제1항 및 제2항에 따라 도시·군계획조례로 정해진 건축제한의 전부를 적용하는 것이 주변지역의 토지이용 상황이나 여건 등에 비추어 불합리한 경우. 이 경우 도시·군관리계획으로 정할 수 있는 건축제한은 도시·군계획조례로 정해진 건축제한의 일부에 한정하여야 한다.
2. 제1항 및 제2항에 따라 도시·군계획조례로 정해진 건축제한을 적용하여도 해당 지구의 위치, 환경, 그 밖의 특성에 따라 경관의 보전·관리·형성이 어려운 경우. 이 경우 도시·군관리계획으로 정할 수 있는 건축제한은 규모(건축물 등의 앞면 길이에 대한 옆면길이 또는 높이의 비율을 포함한다) 및 형태, 건축물 바깥쪽으로 돌출하는 건축설비 및 그 밖의 유사한 것의 형태나 그 설치의 제한 또는 금지에 관한 사항으로 한정한다.

2) 고도지구안에서의 건축제한(영 제74조)

고도지구안에서는 도시·군관리계획으로 정하는 높이를 초과하는 건축물을 건축할 수 없다.

3) 방재지구안에서의 건축제한(영 제75조)

방재지구안에서는 풍수해·산사태·지반붕괴·지진 그 밖에 재해예방에 장애가 된다고 인정하여 도시·군계획조례가 정하는 건축물을 건축할 수 없다. 다만, 특별시장·광역시장·특별자치시장·특별자치도지사·시장 또는 군수가 지구의 지정목적에 위배되지 아니하는 범위안에서 도시·군계획조례가 정하는 기준에 적합하다고 인정하여 당해 지방자치단체에 설치된 도시계획위원회의 심의를 거친 경우에는 그러하지 아니하다.

4) 보호지구안에서의 건축제한(영 제76조)

보호지구 안에서는 다음 각호의 구분에 따른 건축물에 한하여 건축할 수 있다. 다만, 특별시장·광역시장·특별자치시장·특별자치도지사·시장 또는 군수가 지구의 지정목적에 위배되지 아니하는 범위안에서 도시·군계획조례가 정하는 기준에 적합하다고 인정하여 관계 행정기관의 장과의 협의 및 당해 지방자치단체에 설치된 도시계획위원회의 심의를 거친 경우에는 그러하지 아니하다.

1. 역사문화환경보호지구: 「문화재보호법」의 적용을 받는 문화재를 직접 관리·보호하기 위한 건축물과 문화적으로 보존가치가 큰 지역의 보호 및 보존을 저해하지 아니하는 건축물로서 도시·군계획조례가 정하는 것
2. 중요시설물보호지구: 중요시설물의 보호와 기능 수행에 장애가 되지 아니하는 건축물로서 도시·군계획조례가 정하는 것. 이 경우 공항시설에 관한 보호지구를 세분하여 지정하려는 경우에는 공항시설을 보

부동산공법 (기초)

호하고 항공기의 이·착륙에 장애가 되지 아니하는 범위에서 건축물의 용도 및 형태 등에 관한 건축제한을 포함하여 정할 수 있다.
  3. 생태계보호지구: 생태적으로 보존가치가 큰 지역의 보호 및 보존을 저해하지 아니하는 건축물로서 도시·군계획조례가 정하는 것

5) 취락지구안에서의 건축제한(영 제78조)

① 자연취락지구안에서 건축할 수 있는 건축물은 시행령 별표 23과 같다.
② 집단취락지구안에서의 건축제한에 관하여는 개발제한구역의지정및관리에관한특별조치법령이 정하는 바에 의한다.

6) 개발진흥지구안에서의 건축제한(영 제79조)

지구단위계획 또는 관계 법률에 따른 개발계획을 수립하는 개발진흥지구에서는 지구단위계획 또는 관계 법률에 따른 개발계획에 위반하여 건축물을 건축할 수 없으며, 지구단위계획 또는 개발계획이 수립되기 전에는 개발진흥지구의 계획적 개발에 위배되지 아니하는 범위에서 도시·군계획조례로 정하는 건축물을 건축할 수 있다.

7) 특정용도제한지구안에서의 건축제한(영 제80조)

특정용도제한지구안에서는 주거기능 및 교육환경을 훼손하거나 청소년 정서에 유해하다고 인정하여 도시·군계획조례가 정하는 건축물을 건축할 수 없다.

8) 복합용도지구에서의 건축제한(영 제81조)

복합용도지구에서는 해당 용도지역에서 허용되는 건축물 외에 다음에 따른 건축물 중 도시·군계획조례가 정하는 건축물을 건축할 수 있다.

<복합용도지구에서의 건축가능 건축물>

지역	내용
일반주거지역	준주거지역에서 허용되는 건축물. 단, 다음의 건축물은 제외 - 제2종 근린생활시설 중 안마시술소 - 관람장, 공장, 위험물 저장 및 처리시설 - 동·식물 관련시설, 장례식
일반공업지역	준공업지역에서 허용되는 건축물. 단, 다음의 건축물은 제외 - 아파트, 노유자시설 - 제2종 근린생활시설 중 단란주점 및 안마시술소
계획관리지역	다음의 건축물 가능 - 제2종 근린생활시설 중 일반음식점·휴게음식점·제과점(별표 20 제1호 라목에 따라 건축할 수 없는 시설은 제외) - 판매시설 - 숙박시설(별표 20 제1호 사목에 따라 건축할 수 없는 시설은 제외) - 유원시설업의 시설, 그 밖에 이와 비슷한 시설

9) 그 밖의 용도지구안에서의 건축제한(영 제82조)

제72조부터 제80조까지에 규정된 용도지구외의 용도지구안에서의 건축제한에 관하여는 그 용도지구지정의 목적 달성에 필요한 범위안에서 특별시·광역시·특별자치시·특별자치도·시 또는 군의 도시·군계획조례로 정한다.

4. 용도지역·용도지구 및 용도구역안에서의 건축제한의 예외 등(영 제83조)

1) 도시·군계획시설의 행위제한 적용

용도지역·용도지구안에서의 도시·군계획시설에 대하여는 제71조 내지 제82조(건축제한 등)의 규정을 적용하지 아니한다.

2) 용도구역안에서의 건축제한

개발제한구역, 도시자연공원구역, 시가화조정구역 및 수산자원보호구역 안에서의 건축제한에 관하여는 다음 각호의 법령 또는 규정에서 정하는 바에 따른다.
① 개발제한구역 안에서의 건축제한: 「개발제한구역의 지정 및 관리에 관한 특별조치법」
② 도시자연공원구역 안에서의 건축제한: 「도시공원 및 녹지 등에 관한 법률」
③ 시가화조정구역 안에서의 건축제한: 시행령 제87조부터 제89조까지의 규정
④ 수산자원보호구역 안에서의 건축제한: 「수산자원관리법」

3) 기타 예외

① 용도지역·용도지구 또는 용도구역안에서 허용되는 건축물 또는 시설을 설치하기 위하여 공사현장에 설치하는 자재야적장, 레미콘·아스콘생산시설 등 공사용 부대시설은 제4항(시설의 용도등 제한) 및 제55조·제56조(개발행위의 규모 등)의 규정에 불구하고 당해 공사에 필요한 최소한의 면적의 범위안에서 기간을 정하여 사용후에 그 시설 등을 설치한 자의 부담으로 원상복구할 것을 조건으로 설치를 허가할 수 있다.
② 방재지구안에서는 용도지역안에서의 건축제한 중 층수 제한에 있어서는 1층 전부를 필로티 구조로 하는 경우 필로티 부분을 층수에서 제외한다.

3 용도구역

용도구역이란 토지의 이용 및 건축물의 용도·건폐율·용적률·높이 등에 대한 용도지역 및 용도지구의 제한을 강화하거나 완화하여 따로 정함으로써 시가지의 무질서한 확산방지, 계획적이고 단계적인 토지이용의 도모, 토지이용의 종합적 조정·관리 등을 위하여 도시·군관리계획으로 결정하는 지역을 말한다(법 제2조 제17호).

<용도구역의 종류>

용도구역	지정목적
개발제한구역	도시의 무질서한 확산방지
도시자연공원구역	도시의 자연환경 및 경관보호
시가화조정구역	도시지역과 그 주변지역의 무질서한 시가화 방지
수산자원보호구역	수산자원의 보호·육성
입지규제최소구역	도시지역에서 복합적인 토지이용 증진

부동산공법 (기초)

1. 개발제한구역

1) 개발제한구역의 지정(법 제38조)

국토교통부장관은 도시의 무질서한 확산을 방지하고 도시주변의 자연환경을 보전하여 도시민의 건전한 생활환경을 확보하기 위하여 도시의 개발을 제한할 필요가 있거나 국방부장관의 요청이 있어 보안상 도시의 개발을 제한할 필요가 있다고 인정되면 개발제한구역의 지정 또는 변경을 도시 · 군관리계획으로 결정할 수 있다. 개발제한구역의 지정 또는 변경에 필요한 사항은 따로 법률(「개발제한구역의 지정 및 관리에 관한 특별조치법」)로 정한다.

2) 「개발제한구역의 지정 및 관리에 관한 특별조치법」

(1) 목적(법 제1조)

이 법은 「국토의 계획 및 이용에 관한 법률」에 따른 개발제한구역의 지정과 개발제한구역에서의 행위 제한, 주민에 대한 지원, 토지 매수, 그 밖에 개발제한구역을 효율적으로 관리하는 데에 필요한 사항을 정함으로써 도시의 무질서한 확산을 방지하고 도시 주변의 자연환경을 보전하여 도시민의 건전한 생활환경을 확보하는 것을 목적으로 한다.

(2) 개발제한구역의 지정과 해제(법 제3조, 영 제2조)

개발제한구역의 지정 및 해제의 기준은 대상 도시의 인구 · 산업 · 교통 및 토지이용 등 경제적 · 사회적 여건과 도시 확산 추세, 그 밖의 지형 등 자연환경 여건을 종합적으로 고려하여 대통령령으로 정한다.

① 개발제한구역의 지정

국토교통부장관이 개발제한구역을 지정할 때에는 다음 각 호의 어느 하나에 해당하는 지역을 대상으로 한다.

1. 도시가 무질서하게 확산되는 것 또는 서로 인접한 도시가 시가지로 연결되는 것을 방지하기 위하여 개발을 제한할 필요가 있는 지역
2. 도시주변의 자연환경 및 생태계를 보전하고 도시민의 건전한 생활환경을 확보하기 위하여 개발을 제한할 필요가 있는 지역
3. 국가보안상 개발을 제한할 필요가 있는 지역
4. 도시의 정체성 확보 및 적정한 성장 관리를 위하여 개발을 제한할 필요가 있는 지역

② 개발제한구역의 조정 또는 해제

개발제한구역이 다음 각 호의 어느 하나에 해당하는 경우에는 국토교통부장관이 정하는 바에 따라 개발제한구역을 조정하거나 해제할 수 있다.

1. 개발제한구역에 대한 환경평가 결과 보존가치가 낮게 나타나는 곳으로서 도시용지의 적절한 공급을 위하여 필요한 지역. 이 경우 도시의 기능이 쇠퇴하여 활성화할 필요가 있는 지역과 연계하여 개발할 수 있는 지역을 우선적으로 고려하여야 한다.
2. 주민이 집단적으로 거주하는 취락으로서 주거환경 개선 및 취락 정비가 필요한 지역
3. 도시의 균형적 성장을 위하여 기반시설의 설치 및 시가화(市街化) 면적의 조정 등 토지이용의 합리화를 위하여 필요한 지역

4. 지정 목적이 달성되어 개발제한구역으로 유지할 필요가 없게 된 지역
5. 도로(국토교통부장관이 정하는 규모의 도로만 해당한다)·철도 또는 하천 개수로(開水路)로 인하여 단절된 3만제곱미터 미만의 토지. 다만, 개발제한구역의 조정 또는 해제로 인하여 그 지역과 주변지역에 무질서한 개발 또는 부동산 투기행위가 발생하거나 그 밖에 도시의 적정한 관리에 지장을 줄 우려가 큰 때에는 그러하지 아니하다.
6. 개발제한구역 경계선이 관통하는 대지로서 다음 각 목의 요건을 모두 갖춘 지역
   가. 개발제한구역의 지정 당시 또는 해제 당시부터 대지의 면적이 1천제곱미터 이하로서 개발제한구역 경계선이 그 대지를 관통하도록 설정되었을 것
   나. 대지 중 개발제한구역인 부분의 면적이 기준 면적 이하일 것. 이 경우 기준 면적은 특별시·광역시·특별자치시·도 또는 특별자치도(이하 "시·도"라 한다)의 관할구역 중 개발제한구역 경계선이 관통하는 대지의 수, 그 대지 중 개발제한구역인 부분의 규모와 그 분포 상황, 토지이용 실태 및 지형·지세 등 지역 특성을 고려하여 시·도의 조례로 정한다.
7. 제6호의 지역이 개발제한구역에서 해제되는 경우 개발제한구역의 공간적 연속성이 상실되는 1천제곱미터 미만의 소규모 토지

(3) 개발제한구역에서의 행위제한

① 원칙

개발제한구역에서는 건축물의 건축 및 용도변경, 공작물의 설치, 토지의 형질변경, 죽목(竹木)의 벌채, 토지의 분할, 물건을 쌓아놓는 행위 또는 도시·군계획사업의 시행을 할 수 없다.

② 허가받아 할 수 있는 행위

다음 각 호의 어느 하나에 해당하는 행위를 하려는 자는 특별자치시장·특별자치도지사·시장·군수 또는 구청장(이하 "시장·군수·구청장"이라 한다)의 허가를 받아 그 행위를 할 수 있다.

1. 다음 각 목의 어느 하나에 해당하는 건축물이나 공작물로서 대통령령으로 정하는 건축물의 건축 또는 공작물의 설치와 이에 따르는 토지의 형질변경
   가. 공원, 녹지, 실외체육시설, 시장·군수·구청장이 설치하는 노인의 여가활용을 위한 소규모 실내 생활체육시설 등 개발제한구역의 존치 및 보전관리에 도움이 될 수 있는 시설
   나. 도로, 철도 등 개발제한구역을 통과하는 선형(線形)시설과 이에 필수적으로 수반되는 시설
   다. 개발제한구역이 아닌 지역에 입지가 곤란하여 개발제한구역 내에 입지하여야만 그 기능과 목적이 달성되는 시설
   라. 국방·군사에 관한 시설 및 교정시설
   마. 개발제한구역 주민과 공익사업의 추진으로 인하여 개발제한구역이 해제된 지역 주민의 주거·생활편익·생업을 위한 시설
1의2. 도시공원, 물류창고 등 정비사업을 위하여 필요한 시설로서 대통령령으로 정하는 시설을 정비사업구역에 설치하는 행위와 이에 따르는 토지의 형질변경
2. 개발제한구역의 건축물로서 제15조에 따라 지정된 취락지구로의 이축(移築)

3. 공익사업(개발제한구역에서 시행하는 공익사업만 해당한다)의 시행에 따라 철거된 건축물을 이축하기 위한 이주단지의 조성

3의2. 공익사업의 시행에 따라 철거되는 건축물 중 취락지구로 이축이 곤란한 건축물로서 개발제한구역 지정 당시부터 있던 주택, 공장 또는 종교시설을 취락지구가 아닌 지역으로 이축하는 행위

4. 건축물의 건축을 수반하지 아니하는 토지의 형질변경으로서 영농을 위한 경우 등 대통령령으로 정하는 토지의 형질변경

5. 벌채 면적 및 수량(樹量), 그 밖에 대통령령으로 정하는 규모 이상의 죽목(竹木) 벌채

6. 대통령령으로 정하는 범위의 토지 분할

7. 모래ㆍ자갈ㆍ토석 등 대통령령으로 정하는 물건을 대통령령으로 정하는 기간(1개월 이상 12개월 이하)까지 쌓아 놓는 행위

8. 제1호 또는 제13조(존속 중인 건축물 등에 대한 특례)에 따른 건축물 중 대통령령으로 정하는 건축물을 근린생활시설 등 대통령령으로 정하는 용도로 용도변경하는 행위

9. 개발제한구역 지정 당시 지목(地目)이 대(垈)인 토지가 개발제한구역 지정 이후 지목이 변경된 경우로서 제1호마목의 시설 중 대통령령으로 정하는 건축물의 건축과 이에 따르는 토지의 형질변경

③ 신고하고 할 수 있는 행위

주택 및 근린생활시설의 대수선 등 대통령령으로 정하는 행위는 시장ㆍ군수ㆍ구청장에게 신고하고 할 수 있다(영 제19조).

1. 주택 및 근린생활시설로서 다음 각 목의 어느 하나에 해당하는 증축ㆍ개축 및 대수선(大修繕)
   가. 기존 면적을 포함한 연면적의 합계가 100제곱미터 이하인 경우
   나. 증축ㆍ개축 및 대수선되는 연면적의 합계가 85제곱미터 이하인 경우

2. 농림수산업용 건축물(관리용 건축물은 제외한다) 또는 공작물로서 다음 각 목의 어느 하나에 해당하는 경우의 증축ㆍ개축 및 대수선
   가. 증축ㆍ개축 및 대수선되는 건축면적 또는 바닥면적의 합계가 50제곱미터 이하인 경우
   나. 축사, 동물 사육장, 작물 재배사(栽培舍), 퇴비사(발효퇴비장을 포함한다) 및 온실의 기존 면적을 포함한 연면적의 합계가 200제곱미터 미만인 경우
   다. 창고의 기존 면적을 포함한 연면적의 합계가 100제곱미터 미만인 경우

2의2. 「농어촌정비법」에 따른 주말농원사업 중 주말영농을 위하여 토지를 임대하는 이용객이 50명 이상인 주말농원사업에 이용되는 10제곱미터 초과 20제곱미터 이하의 농업용 원두막(벽이 없고 지붕과 기둥으로 설치한 것을 말한다)을 설치하는 행위. 다만, 주말농원을 운영하지 아니하는 경우에는 지체 없이 철거하고 원상복구하여야 한다.

3. 근린생활시설 상호 간의 용도변경. 다만, 휴게음식점ㆍ제과점 또는 일반음식점으로 용도변경하는 경우는 제외한다.

4. 벌채 면적이 500제곱미터 미만이거나 벌채 수량이 5세제곱미터 미만인 죽목의 벌채

5. 다음 각 목의 어느 하나에 해당하는 물건을 쌓아두는 행위
   가. 물건을 1개월 미만 동안 쌓아두는 행위
   나. 중량이 50톤 이하이거나 부피가 50세제곱미터 이하로서 물건을 15일 이상 쌓아두는 행위

6. 문화재의 조사·발굴을 위한 토지의 형질변경
7. 생산품의 보관을 위한 임시 가설 천막(벽 또는 지붕이 합성수지 재질로 된 것을 포함한다)의 설치(기존의 공장 및 제조업소의 부지에 설치하는 경우만 해당한다)
8. 지반의 붕괴 또는 그 밖의 재해를 예방하거나 복구하기 위한 축대·옹벽·사방시설 등의 설치
9. 허가받아 설치한 건축물(주택은 제외한다)에 높이 2미터 미만의 담장을 추가로 설치하는 경우
10. 논을 밭으로 변경하기 위한 토지의 형질변경
11. 논이나 밭을 과수원으로 변경하기 위한 토지의 형질변경
12. 대지화되어 있는 토지를 논·밭·과수원 또는 초지로 변경하기 위한 토지의 형질변경
13. 개발제한구역 지정 당시부터 있던 기존 주택 대지 안에서의 지하수의 개발·이용시설의 설치(상수도가 설치되어 있지 아니한 경우로 한정한다)

④ 허가 및 신고 사항에도 불구하고 국토교통부령으로 정하는 경미한 행위는 허가를 받지 아니하거나 신고를 하지 아니하고 할 수 있다.

(4) 시·도지사의 행위허가 제한 등(법 제12조의 2)

① 시·도지사는 개발제한구역의 보전 및 관리를 위하여 특히 필요하다고 인정되는 경우에는 시장·군수·구청장의 행위허가를 제한할 수 있다.
② 시·도지사는 제1항에 따라 행위허가를 제한하는 경우에는 주민의견을 청취한 후 시·도도시계획위원회의 심의를 거쳐야 한다.
③ 제1항에 따른 제한기간은 2년 이내로 한다. 다만, 한 차례만 1년의 범위에서 제한기간을 연장할 수 있다.
④ 시·도지사는 행위허가를 제한하는 경우에는 제한 목적·기간·대상과 행위허가 제한구역의 위치·면적·경계 등을 상세하게 정하여 관할 시장·군수·구청장에게 통보하여야 하며, 시장·군수·구청장은 지체 없이 이를 공고하여야 한다.
⑤ 시·도지사는 행위허가를 제한하는 경우에는 지체 없이 국토교통부장관에게 보고하여야 하며, 국토교통부장관은 제한 내용이 지나치다고 인정하면 해제를 명할 수 있다.

(5) 존속 중인 건축물 등에 대한 특례(법 제13조)

시장·군수·구청장은 법령의 개정·폐지나 그 밖에 대통령령으로 정하는 사유로 인하여 그 사유가 발생할 당시에 이미 존재하고 있던 대지·건축물 또는 공작물이 이 법에 적합하지 아니하게 된 경우에는 대통령령으로 정하는 바에 따라 건축물의 건축이나 공작물의 설치와 이에 따르는 토지의 형질변경을 허가할 수 있다.

(6) 국토부장관에게 통보

시장·군수·구청장은 제12조제1항 단서 및 제3항 또는 제13조에 따른 허가를 하거나 신고를 받으면 지체 없이 그 내용을 국토교통부장관에게 알려야 한다.

(7) 취락지구에 대한 특례(법 제15조)

시·도지사는 개발제한구역에서 주민이 집단적으로 거주하는 취락을 취락지구로 지정할 수 있다.

(8) 토지매수의 청구(법 제17조)

① 개발제한구역의 지정에 따라 개발제한구역의 토지를 종래의 용도로 사용할 수 없어 그 효용이 현저히 감소된 토지나 그 토지의 사용 및 수익이 사실상 불가능하게 된 토지(이하 "매수대상토지"라 한다)의 소유자로서 다음 각 호의 어느 하나에 해당하는 자는 국토교통부장관에게 그 토지의 매수를 청구할 수 있다.

1. 개발제한구역으로 지정될 당시부터 계속하여 해당 토지를 소유한 자
2. 토지의 사용·수익이 사실상 불가능하게 되기 전에 해당 토지를 취득하여 계속 소유한 자
3. 제1호나 제2호에 해당하는 자로부터 해당 토지를 상속받아 계속하여 소유한 자

② 국토교통부장관은 매수청구를 받은 토지가 기준에 해당되면 그 토지를 매수하여야 한다.
③ 국토교통부장관은 토지의 매수를 청구받은 날부터 2개월 이내에 매수대상 여부와 매수예상가격 등을 매수청구인에게 알려주어야 한다.
④ 국토교통부장관은 매수대상토지임을 알린 경우에는 5년의 범위에서 대통령령으로 정하는 기간에 매수계획을 수립하여 그 매수대상토지를 매수하여야 한다.
⑥ 매수대상토지를 매수하는 가격은 공시지가를 기준으로 해당 토지의 위치·형상·환경 및 이용 상황 등을 고려하여 평가한 금액으로 한다. 이 경우 매수가격의 산정시기와 산정방법 등은 대통령령으로 정한다.
⑦ 통보받은 매수 여부에 관한 결정 또는 매수가격에 이의가 있는 자는 「공익사업을 위한 토지 등의 취득 및 보상에 관한 법률」에 따른 중앙토지수용위원회에 이의신청을 할 수 있다.

2. 도시자연공원구역

1) 도시자연공원구역의 지정(법 제38조의 2)

시·도지사 또는 대도시 시장은 도시의 자연환경 및 경관을 보호하고 도시민에게 건전한 여가·휴식공간을 제공하기 위하여 도시지역 안에서 식생(植生)이 양호한 산지(山地)의 개발을 제한할 필요가 있다고 인정하면 도시자연공원구역의 지정 또는 변경을 도시·군관리계획으로 결정할 수 있다. 도시자연공원구역의 지정 또는 변경에 필요한 사항은 따로 법률(「도시공원 및 녹지 등에 관한 법률」)로 정한다.

2) 「도시공원 및 녹지 등에 관한 법률」

(1) 목적(법 제1조)

이 법은 도시에서의 공원녹지의 확충·관리·이용 및 도시녹화 등에 필요한 사항을 규정함으로써 쾌적한 도시환경을 조성하여 건전하고 문화적인 도시생활을 확보하고 공공의 복리를 증진시키는 데에 이바지함을 목적으로 한다.

(2) 도시자연공원구역에서의 행위 제한(법 제27조 제1항)

도시자연공원구역에서는 건축물의 건축 및 용도변경, 공작물의 설치, 토지의 형질변경, 흙과 돌의 채취, 토지의 분할, 죽목의 벌채, 물건의 적치 또는 도시·군계획사업의 시행을 할 수 없다.

(3) 허가 받아 할 수 있는 행위(법 제27조 제1항 단서)

① 다음 각 호의 어느 하나에 해당하는 행위는 특별시장·광역시장·특별자치시장·특별자치도지사·시장 또는 군수의 허가를 받아 할 수 있다.

1. 다음 각 목의 어느 하나에 해당하는 건축물 또는 공작물로서 대통령령으로 정하는 건축물의 건축 또는 공작물의 설치와 이에 따르는 토지의 형질변경
   가. 도로, 철도 등 공공용 시설
   나. 임시 건축물 또는 임시 공작물
   다. 휴양림, 수목원 등 도시민의 여가활용시설
   라. 등산로, 철봉 등 체력단련시설
   마. 전기·가스 관련 시설 등 공익시설
   바. 주택·근린생활시설
   사. 다음의 어느 하나에 해당하는 시설 중 도시자연공원구역에 입지할 필요성이 큰 시설로서 자연환경을 훼손하지 아니하는 시설
      1) 「노인복지법」에 따른 노인복지시설
      2) 「영유아보육법」에 따른 어린이집
      3) 수목장림(국가, 지방자치단체, 「공공기관의 운영에 관한 법률」에 따른 공공기관, 「장사 등에 관한 법률」에 따른 공공법인 또는 대통령령으로 정하는 종교단체가 건축 또는 설치하는 경우에 한정한다)
2. 기존 건축물 또는 공작물의 개축·재축·증축 또는 대수선(大修繕)
3. 건축물의 건축을 수반하지 아니하는 토지의 형질변경
4. 흙과 돌을 채취하거나 죽목을 베거나 물건을 쌓아놓는 행위로서 대통령령으로 정하는 행위
5. 다음 각 목의 어느 하나에 해당하는 범위의 토지 분할
   가. 분할된 후 각 필지의 면적이 200제곱미터 이상[지목이 대(垈)인 토지를 주택 또는 근린생활시설을 건축하기 위하여 분할하는 경우에는 330제곱미터 이상]인 경우
   나. 분할된 후 각 필지의 면적이 200제곱미터 미만인 경우로서 공익사업의 시행 및 인접 토지와의 합병 등을 위하여 대통령령으로 정하는 경우

② 산림의 솎아베기 등 대통령령으로 정하는 경미한 행위는 허가 없이 할 수 있다.

(4) 취락지구에 대한 특례(법 제28조)

시·도지사 또는 대도시 시장은 도시자연공원구역에 주민이 집단적으로 거주하는 취락을 취락지구로 지정할 수 있다.

(5) 토지매수의 청구(법 제29조)

① 도시자연공원구역의 지정으로 인하여 도시자연공원구역의 토지를 종래의 용도로 사용할 수 없어 그 효용이 현저하게 감소된 토지 또는 해당 토지의 사용 및 수익이 사실상 불가능한 토지(이하 "매수대상토지"라 한다)의 소유자로서 다음 각 호의 어느 하나에 해당하는 자는 그 도시자연공원구역을 관할하는 특별시장·광역시장·특별자치시장·특별자치도지사·시장 또는 군수에게 해당 토지의 매수를 청구할 수 있다.

1. 도시자연공원구역의 지정 당시부터 해당 토지를 계속 소유한 자
2. 토지의 사용·수익이 사실상 불가능하게 되기 전에 그 토지를 취득하여 계속 소유한 자
3. 제1호 또는 제2호의 자로부터 해당 토지를 상속받아 계속 소유한 자

② 특별시장·광역시장·특별자치시장·특별자치도지사·시장 또는 군수는 매수 청구를 받은 토지가 기준에 해당되는 경우에는 이를 매수하여야 한다.

③ 토지의 매수 청구를 받은 날부터 1년 이내에 매수 대상 여부 및 매수 예상가격 등을 매수 청구인에게 통보하여야 한다.

④ 매수대상토지로 통보를 한 토지에 대하여는 3년의 범위에서 대통령령으로 정하는 기간 이내에 매수계획을 수립하여 그 매수대상토지를 매수하여야 한다.

⑤ 매수대상토지의 매수가격은 공시지가를 기준으로 그 토지의 위치·형상·환경 및 이용 상황 등을 고려하여 평가한 금액으로 한다. 이 경우 매수가격의 산정시기 및 산정방법 등은 대통령령으로 정한다.

(6) 도시자연공원구역의 출입 제한 등(법 제33조)

특별시장·광역시장·특별자치시장·특별자치도지사·시장 또는 군수는 도시자연공원구역의 보호, 훼손된 도시자연의 회복, 도시자연공원구역을 이용하는 사람의 안전과 그 밖에 공익을 위하여 필요하다고 인정하는 경우에는 도시자연공원구역 중 일정한 지역을 지정하여 일정한 기간 그 지역에 사람의 출입 또는 차량의 통행을 제한하거나 금지할 수 있다.

(7) 국유·공유 재산의 처분 제한

도시공원 및 녹지에 있는 국가 또는 지방자치단체 소유의 토지와 그 토지에 정착된 물건은 도시·군관리계획으로 정한 목적 외의 용도로 매각하거나 양도할 수 없다.

3. 시가화조정구역

1) 시가화조정구역의 지정(법 제39조 제1항)

시·도지사는 직접 또는 관계 행정기관의 장의 요청을 받아 도시지역과 그 주변지역의 무질서한 시가화를 방지하고 계획적·단계적인 개발을 도모하기 위하여 대통령령으로 정하는 기간 동안 시가화를 유보할 필요가 있다고 인정되면 시가화조정구역의 지정 또는 변경을 도시·군관리계획으로 결정할 수 있다. 다만, 국가계획과 연계하여 시가화조정구역의 지정 또는 변경이 필요한 경우에는 국토교통부장관이 직접 시가화조정구역의 지정 또는 변경을 도시·군관리계획으로 결정할 수 있다.

2) 시가화유보기간

5년 이상 20년 이내의 기간을 말한다.

3) 효력상실(법 제39조 제2항)

시가화조정구역의 지정에 관한 도시·군관리계획의 결정은 시가화 유보기간이 끝난 날의 다음날부터 그 효력을 잃는다. 이 경우 국토교통부장관 또는 시·도지사는 대통령령으로 정하는 바에 따라 그 사실을 고시하여야 한다.

4) 시가화조정구역에서의 행위제한

(1) 원칙

시가화조정구역에서의 도시·군계획사업은 대통령령으로 정하는 사업(국방상 또는 공익상 시가화조정구역안에서의 사업시행이 불가피한 것으로서 관계 중앙행정기관의 장의 요청에 의하여 국토교통부장관이 시가화조정구역의 지정목적달성에 지장이 없다고 인정하는 도시·군계획사업)만 시행할 수 있다.

(2) 허가 받아 할 수 있는 사업(법 제81조)

시가화조정구역에서는 제56조(개발행위의 허가)와 제76조(용도지역 및 용도지구에서의 건축물의 건축 제한 등)에도 불구하고 도시·군계획사업의 경우 외에는 다음 각 호의 어느 하나에 해당하는 행위에 한정하여 특별시장·광역시장·특별자치시장·특별자치도지사·시장 또는 군수의 허가를 받아 그 행위를 할 수 있다(영 별표 24).

1. 농업·임업 또는 어업용의 건축물 중 대통령령으로 정하는 종류와 규모의 건축물이나 그 밖의 시설을 건축하는 행위
2. 마을공동시설, 공익시설·공공시설, 광공업 등 주민의 생활을 영위하는 데에 필요한 행위로서 대통령령으로 정하는 행위
3. 입목의 벌채, 조림, 육림, 토석의 채취, 그 밖에 대통령령으로 정하는 경미한 행위

(3) 허가를 거부할 수 없는 행위(별표 25)

특별시장·광역시장·특별자치시장·특별자치도지사·시장 또는 군수는 별표 25(축사의 설치 등)에 규정된 행위에 대하여는 특별한 사유가 없는 한 법 제81조제2항의 규정에 의한 허가를 거부하여서는 아니된다.

(4) 조건부 허가

특별시장·광역시장·특별자치시장·특별자치도지사·시장 또는 군수는 법 제81조제2항의 규정에 의한 허가를 함에 있어서 시가화조정구역의 지정목적상 필요하다고 인정되는 경우에는 조경 등 필요한 조치를 할 것을 조건으로 허가할 수 있다.

(5) 허가의 절차

① 특별시장·광역시장·특별자치시장·특별자치도지사·시장 또는 군수는 법 제81조제2항의 규정에 의한 허가를 하고자 하는 때에는 당해 행위가 도시·군계획사업의 시행에 지장을 주는지의 여부에 관하여 당해 시가화조정구역안에서 시행되는 도시·군계획사업의 시행자의 의견을 들어야 한다.
② 제55조(개발행위허가의 규모) 및 제56조(개발행위허가의 기준)의 규정은 법 제81조제2항의 규정(시가화조정구역에서 허가받아 할 수 있는 행위)에 의한 허가에 관하여 이를 준용한다.
③ 허가를 신청하고자 하는 자는 국토교통부령이 정하는 서류를 특별시장·광역시장·특별자치시장·특별자치도지사·시장 또는 군수에게 제출하여야 한다.

(6) 무허가 개발행위에 대한 제재

시가화조정구역에서 허가를 받지 아니하고 건축물의 건축, 토지의 형질 변경 등의 행위를 하는 자에 관하여는 제60조제3항 및 제4항(원상회복 및 행정대집행)을 준용한다.

4. 수산자원보호구역

1) 수산자원보호구역의 지정(법 제40조)

해양수산부장관은 직접 또는 관계 행정기관의 장의 요청을 받아 수산자원을 보호·육성하기 위하여 필요한 공유수면이나 그에 인접한 토지에 대한 수산자원보호구역의 지정 또는 변경을 도시·군관리계획으로 결정할 수 있다.

2) 「수산자원관리법」

(1) 목적(법 제1조)

수산자원관리를 위한 계획을 수립하고, 수산자원의 보호·회복 및 조성 등에 필요한 사항을 규정하여 수산자원을 효율적으로 관리함으로써 어업의 지속적 발전과 어업인의 소득증대에 기여함을 목적으로 한다.

(2) 수산자원보호구역에서의 행위제한(법 제52조 제1항)

수산자원보호구역에서의 도시·군계획사업은 대통령령으로 정하는 사업에 한정하여 시행할 수 있다.

(3) 허가 받아 할 수 있는 행위(법 제52조 제2항)

수산자원보호구역에서는 도시·군계획사업에 따른 경우를 제외하고는 다음 각 호의 어느 하나에 해당하는 행위(이하 "허가대상행위"라 한다)에 한정하여 그 구역을 관할하는 관리관청의 허가를 받아 할 수 있다.

1. 수산자원의 보호 또는 조성 등을 위하여 필요한 건축물, 그 밖의 시설 중 대통령령으로 정하는 종류와 규모의 건축물 그 밖의 시설을 건축하는 행위
2. 주민의 생활을 영위하는 데 필요한 건축물, 그 밖의 시설을 설치하는 행위로서 대통령령으로 정하는 행위
3. 「산림자원의 조성 및 관리에 관한 법률」 또는 「산지관리법」에 따른 조림, 육림, 임도의 설치, 그 밖에 대통령령으로 정하는 행위

(4) 무허가 개발행위에 대한 제재

① 관리관청은 수산자원보호구역에서 허가를 받지 아니하고 허가대상행위를 하거나 허가받은 내용과 다르게 행위를 하는 자 및 그 건축물이나 토지 등을 양수한 자에 대하여는 그 행위의 중지 및 원상회복을 명할 수 있다.
② 관리관청은 원상회복의 명령을 받은 자가 원상회복을 하지 아니하는 때에는 「행정대집행법」에 따른 행정대집행에 따라 원상회복을 할 수 있다.

5. 입지규제최소구역

1) 입지규제최소구역의 지정(법 제40조의 2)

① 도시·군관리계획의 결정권자는 도시지역에서 복합적인 토지이용을 증진시켜 도시 정비를 촉진하고 지역 거점을 육성할 필요가 있다고 인정되면 다음 각 호의 어느 하나에 해당하는 지역과 그 주변지역의 전부 또는 일부를 입지규제최소구역으로 지정할 수 있다.

1. 도시·군기본계획에 따른 도심·부도심 또는 생활권의 중심지역
2. 철도역사, 터미널, 항만, 공공청사, 문화시설 등의 기반시설 중 지역의 거점 역할을 수행하는 시설을 중심으로 주변지역을 집중적으로 정비할 필요가 있는 지역
3. 세 개 이상의 노선이 교차하는 대중교통 결절지로부터 1킬로미터 이내에 위치한 지역
4. 「도시 및 주거환경정비법」에 따른 노후·불량건축물이 밀집한 주거지역 또는 공업지역으로 정비가 시급한 지역
5. 「도시재생 활성화 및 지원에 관한 특별법」에 따른 도시재생활성화지역 중 도시경제기반형 활성화계획을 수립하는 지역
6. 그 밖에 창의적인 지역개발이 필요한 지역으로 대통령령으로 정하는 지역

② 입지규제최소구역계획에는 입지규제최소구역의 지정 목적을 이루기 위하여 다음 각 호에 관한 사항이 포함되어야 한다.

1. 건축물의 용도·종류 및 규모 등에 관한 사항
2. 건축물의 건폐율·용적률·높이에 관한 사항
3. 간선도로 등 주요 기반시설의 확보에 관한 사항
4. 용도지역·용도지구, 도시·군계획시설 및 지구단위계획의 결정에 관한 사항
5. 제83조의2제1항 및 제2항에 따른 다른 법률 규정 적용의 완화 또는 배제에 관한 사항
6. 그 밖에 입지규제최소구역의 체계적 개발과 관리에 필요한 사항

③ 입지규제최소구역의 지정 및 변경과 제2항에 따른 입지규제최소구역계획은 다음 각 호의 사항을 종합적으로 고려하여 도시·군관리계획으로 결정한다.

1. 입지규제최소구역의 지정 목적
2. 해당 지역의 용도지역·기반시설 등 토지이용 현황
3. 도시·군기본계획과의 부합성
4. 주변 지역의 기반시설, 경관, 환경 등에 미치는 영향 및 도시환경 개선·정비 효과
5. 도시의 개발 수요 및 지역에 미치는 사회적·경제적 파급효과

④ 입지규제최소구역계획 수립 시 용도, 건폐율, 용적률 등의 건축제한 완화는 기반시설의 확보 현황 등을 고려하여 적용할 수 있도록 계획하고, 시·도지사, 시장, 군수 또는 구청장은 입지규제최소구역에서의 개발사업 또는 개발행위에 대하여 입지규제최소구역계획에 따른 기반시설 확보를 위하여 필요한 부지 또는 설치비용의 전부 또는 일부를 부담시킬 수 있다. 이 경우 기반시설의 부지 또는 설치비용의 부담은 건축제한의 완화에 따른 토지가치상승분(「감정평가 및 감정평가사에 관한 법률」에 따른 감정평가법인등이 건축제한 완화 전·후에 대하여 각각 감정평가한 토지가액의 차이를 말한다)을 초과하지 아니하도록 한다.

⑤ 도시·군관리계획 결정권자가 제3항에 따른 도시·군관리계획을 결정하기 위하여 제30조제1항에 따라 관계 행정기관의 장과 협의하는 경우 협의 요청을 받은 기관의 장은 그 요청을 받은 날부터 10일(근무일 기준) 이내에 의견을 회신하여야 한다.

⑥ 다른 법률에서 제30조에 따른 도시·군관리계획의 결정을 의제하고 있는 경우에도 이 법에 따르지 아니하고 입지규제최소구역의 지정과 입지규제최소구역계획을 결정할 수 없다.

⑦ 입지규제최소구역계획의 수립기준 등 입지규제최소구역의 지정 및 변경과 입지규제최소구역계획의 수립 및 변경에 관한 세부적인 사항은 국토교통부장관이 정하여 고시한다.

2) 입지규제최소구역의 행위제한(법 제80조의3)

입지규제최소구역에서의 행위 제한은 용도지역 및 용도지구에서의 토지의 이용 및 건축물의 용도·건폐율·용적률·높이 등에 대한 제한을 강화하거나 완화하여 따로 입지규제최소구역계획으로 정한다.

3) 입지규제최소구역에서의 다른 법률의 적용 특례(법 제83조의 2)

① 입지규제최소구역에 대하여는 다음 각 호의 법률 규정을 적용하지 아니할 수 있다.

> 1. 「주택법」에 따른 주택의 배치, 부대시설·복리시설의 설치기준 및 대지조성기준
> 2. 「주차장법」에 따른 부설주차장의 설치
> 3. 「문화예술진흥법」에 따른 건축물에 대한 미술작품의 설치
> 4. 「건축법」에 따른 공개 공지 등의 확보

② 입지규제최소구역계획에 대한 도시계획위원회 심의 시 학교환경위생정화위원회 또는 문화재위원회와 공동으로 심의를 개최하고, 그 결과에 따라 다음 각 호의 법률 규정을 완화하여 적용할 수 있다. 이 경우 다음 각 호의 완화 여부는 각각 학교환경위생정화위원회와 문화재위원회의 의결에 따른다.

> 1. 「학교보건법」에 따른 학교환경위생 정화구역에서의 행위제한
> 2. 「문화재보호법」에 따른 역사문화환경 보존지역에서의 행위제한

③ 입지규제최소구역으로 지정된 지역은 「건축법」에 따른 특별건축구역으로 지정된 것으로 본다.

④ 시·도지사 또는 시장·군수·구청장은 「건축법」 제70조(특별건축구역의 건축물)에도 불구하고 입지규제최소구역에서 건축하는 건축물을 건축기준 등의 특례사항을 적용하여 건축할 수 있는 건축물에 포함시킬 수 있다.

■ 대지가 둘 이상의 용도지역·지구·구역에 걸치는 경우의 적용 기준(법 제84조)

1. 원칙

하나의 대지가 둘 이상의 용도지역·용도지구 또는 용도구역(이하 이 항에서 "용도지역등"이라 한다)에 걸치는 경우로서 각 용도지역등에 걸치는 부분 중 가장 작은 부분의 규모가 대통령령(330제곱미터를 말한다. 다만, 도로변에 띠 모양으로 지정된 상업지역에 걸쳐 있는 토지의 경우에는 660제곱미터를 말한다)으로 정하는 규모 이하인 경우에는 전체 대지의 건폐율 및 용적률은 각 부분이 전체 대지 면적에서 차지하는 비율을 고려하여 다음 각 호의 구분에 따라 각 용도지역등별 건폐율 및 용적률을 가중평균한 값을 적용하고, 그 밖의 건축 제한 등에 관한 사항은 그 대지 중 가장 넓은 면적이 속하는 용도지역등에 관한 규정을 적용한다.

> 1. 가중평균한 건폐율 = $(f_1x_1 + f_2x_2 + \cdots + f_nx_n)$ / 전체 대지 면적. 이 경우 f_1부터 f_n까지는 각 용도지역등에 속하는 토지 부분의 면적을 말하고, x_1부터 x_n까지는 해당 토지 부분이 속하는 각 용도지역등의 건폐율을 말하며, n은 용도지역등에 걸치는 각 토지 부분의 총 개수를 말한다.
> 2. 가중평균한 용적률 = $(f_1x_1 + f_2x_2 + \cdots + f_nx_n)$ / 전체 대지 면적. 이 경우 f_1부터 f_n까지는 각 용도지역등에 속하는 토지 부분의 면적을 말하고, x_1부터 x_n까지는 해당 토지 부분이 속하는 각 용도지역등의 용적률을 말하며, n은 용도지역등에 걸치는 각 토지 부분의 총 개수를 말한다.

2. 기타

① 건축물이 고도지구에 걸쳐 있는 경우

건축물이 고도지구에 걸쳐 있는 경우에는 그 건축물 및 대지의 전부에 대하여 고도지구의 건축물 및 대지에 관한 규정을 적용한다.

② 건축물이 방화지구에 걸쳐 있는 경우

하나의 건축물이 방화지구와 그 밖의 용도지역·용도지구 또는 용도구역에 걸쳐 있는 경우에는 제1항에도 불구하고 그 전부에 대하여 방화지구의 건축물에 관한 규정을 적용한다. 다만, 그 건축물이 있는 방화지구와 그 밖의 용도지역·용도지구 또는 용도구역의 경계가 「건축법」에 따른 방화벽으로 구획되는 경우 그 밖의 용도지역·용도지구 또는 용도구역에 있는 부분에 대하여는 그러하지 아니하다.

③ 대지가 녹지지역에 걸쳐 있는 경우

하나의 대지가 녹지지역과 그 밖의 용도지역·용도지구 또는 용도구역에 걸쳐 있는 경우(규모가 가장 작은 부분이 녹지지역으로서 해당 녹지지역이 대통령령으로 정하는 규모(330㎡) 이하인 경우는 제외한다)에는 원칙에도 불구하고 각각의 용도지역·용도지구 또는 용도구역의 건축물 및 토지에 관한 규정을 적용한다. 다만, 녹지지역의 건축물이 고도지구 또는 방화지구에 걸쳐 있는 경우에는 ①이나 ②에 따른다.

6 지구단위계획

1. 지구단위계획의 의의 및 수립기준

1) 지구단위계획의 의의(법 제2조 제5호)

지구단위계획이란 도시·군계획 수립 대상지역의 일부에 대하여 토지 이용을 합리화하고 그 기능을 증진시키며 미관을 개선하고 양호한 환경을 확보하며, 그 지역을 체계적·계획적으로 관리하기 위하여 수립하는 도시·군관리계획을 말한다.

2) 지구단위계획구역 및 지구단위계획 결정(법 제50조)

지구단위계획구역 및 지구단위계획은 도시·군관리계획으로 결정한다.

3) 지구단위계획의 수립(법 제49조)

① 지구단위계획은 다음 각 호의 사항을 고려하여 수립한다.

1. 도시의 정비·관리·보전·개발 등 지구단위계획구역의 지정 목적
2. 주거·산업·유통·관광휴양·복합 등 지구단위계획구역의 중심기능
3. 해당 용도지역의 특성

4. 그 밖에 대통령령으로 정하는 사항
   - 지역 공동체의 활성화
   - 안전하고 지속가능한 생활권의 조성
   - 해당 지역 및 인근 지역의 토지 이용을 고려한 토지이용계획과 건축계획의 조화

② 지구단위계획의 수립기준 등은 대통령령으로 정하는 바에 따라 국토교통부장관이 정한다.

2. 지구단위계획구역의 지정(법 제51조)

1) 임의적 지정

국토교통부장관, 시·도지사, 시장 또는 군수는 다음 각 호의 어느 하나에 해당하는 지역의 전부 또는 일부에 대하여 지구단위계획구역을 지정할 수 있다.

1. 용도지구
2. 「도시개발법」에 따라 지정된 도시개발구역
3. 「도시 및 주거환경정비법」에 따라 지정된 정비구역
4. 「택지개발촉진법」에 따라 지정된 택지개발지구
5. 「주택법」에 따른 대지조성사업지구
6. 「산업입지 및 개발에 관한 법률」의 산업단지와 준산업단지
7. 「관광진흥법」에 따라 지정된 관광단지와 관광특구
8. 개발제한구역·도시자연공원구역·시가화조정구역 또는 공원에서 해제되는 구역, 녹지지역에서 주거·상업·공업지역으로 변경되는 구역과 새로 도시지역으로 편입되는 구역 중 계획적인 개발 또는 관리가 필요한 지역
8의2. 도시지역 내 주거·상업·업무 등의 기능을 결합하는 등 복합적인 토지 이용을 증진시킬 필요가 있는 지역으로서 대통령령으로 정하는 요건에 해당하는 지역
8의3. 도시지역 내 유휴토지를 효율적으로 개발하거나 교정시설, 군사시설, 그 밖에 대통령령으로 정하는 시설을 이전 또는 재배치하여 토지 이용을 합리화하고, 그 기능을 증진시키기 위하여 집중적으로 정비가 필요한 지역으로서 대통령령으로 정하는 요건에 해당하는 지역
9. 도시지역의 체계적·계획적인 관리 또는 개발이 필요한 지역
10. 그 밖에 양호한 환경의 확보나 기능 및 미관의 증진 등을 위하여 필요한 지역으로서 대통령령으로 정하는 지역

2) 의무적 지정

국토교통부장관, 시·도지사, 시장 또는 군수는 다음 각 호의 어느 하나에 해당하는 지역은 지구단위계획구역으로 지정하여야 한다. 다만, 관계 법률에 따라 그 지역에 토지 이용과 건축에 관한 계획이 수립되어 있는 경우에는 그러하지 아니하다.

1. 정비구역 및 택지개발지구 지역에서 시행되는 사업이 끝난 후 10년이 지난 지역
2. 임의적 지정 구역중 체계적·계획적인 개발 또는 관리가 필요한 지역으로서 다음 각호의 지역으로서 그 면적이 30만제곱미터 이상인 지역
   ① 시가화조정구역 또는 공원에서 해제되는 지역. 다만, 녹지지역으로 지정 또는 존치되거나 법 또는 다른 법령에 의하여 도시·군계획사업 등 개발계획이 수립되지 아니하는 경우를 제외한다.
   ② 녹지지역에서 주거지역·상업지역 또는 공업지역으로 변경되는 지역
   ③ 그 밖에 특별시·광역시·특별자치시·특별자치도·시 또는 군의 도시·군계획조례로 정하는 지역

3) 도시지역 외의 지역

도시지역 외의 지역을 지구단위계획구역으로 지정하려는 경우 다음 각 호의 어느 하나에 해당하여야 한다.

1. 지정하려는 구역 면적의 100분의 50 이상이 제36조에 따라 지정된 계획관리지역으로서 대통령령으로 정하는 요건에 해당하는 지역
2. 개발진흥지구로서 대통령령으로 정하는 요건에 해당하는 지역
3. 용도지구를 폐지하고 그 용도지구에서의 행위 제한 등을 지구단위계획으로 대체하려는 지역

3. 지구단위계획의 내용 및 적용의 완화

1) 지구단위계획의 내용(법 제52조)

① 지구단위계획구역의 지정목적을 이루기 위하여 지구단위계획에는 다음 각 호의 사항 중 제2호와 제4호의 사항을 포함한 둘 이상의 사항이 포함되어야 한다. 다만, 제1호의2를 내용으로 하는 지구단위계획의 경우에는 그러하지 아니하다.

1. 용도지역이나 용도지구를 대통령령으로 정하는 범위에서 세분하거나 변경하는 사항
1의2. 기존의 용도지구를 폐지하고 그 용도지구에서의 건축물이나 그 밖의 시설의 용도·종류 및 규모 등의 제한을 대체하는 사항
2. 대통령령으로 정하는 기반시설의 배치와 규모
3. 도로로 둘러싸인 일단의 지역 또는 계획적인 개발·정비를 위하여 구획된 일단의 토지의 규모와 조성계획
4. 건축물의 용도제한, 건축물의 건폐율 또는 용적률, 건축물 높이의 최고한도 또는 최저한도
5. 건축물의 배치·형태·색채 또는 건축선에 관한 계획
6. 환경관리계획 또는 경관계획
7. 보행안전 등을 고려한 교통처리계획
8. 그 밖에 토지 이용의 합리화, 도시나 농·산·어촌의 기능 증진 등에 필요한 사항으로서 대통령령으로 정하는 사항

② 지구단위계획은 도로, 상하수도 등 대통령령으로 정하는 도시·군계획시설의 처리·공급 및 수용능력이 지구단위계획구역에 있는 건축물의 연면적, 수용인구 등 개발밀도와 적절한 조화를 이룰 수 있도록 하여야 한다.

2) 법 적용의 완화

지구단위계획구역에서는 제76조부터 제78조까지의 규정과 「건축법」 제42조·제43조·제44조·제60조 및 제61조, 「주차장법」 제19조 및 제19조의2를 대통령령으로 정하는 범위에서 지구단위계획으로 정하는 바에 따라 완화하여 적용할 수 있다.

「국토의 계획 및 이용에 관한 법률」 상 완화	① 용도지역 및 용도지구에서의 건축물의 건축 제한(법 제76조) ② 용도지역의 건폐율(법 제77조) ③ 용도지역에서의 용적률(법 제78조)
「건축법」상 완화	① 대지의 조경(법 제42조) ② 공개 공지 등의 확보(법 제43조) ③ 대지와 도로의 관계(법 제44조) ④ 건축물의 높이 제한(법 제60조) ⑤ 일조 등의 확보를 위한 건축물의 높이 제한(법 제61조)
「주차장법」 상 완화	① 부설주차장의 설치·지정(법 제19조) ② 부설주차장 설치계획서(법 제19조의2)

4. 지구단위계획구역의 지정 및 지구단위계획의 실효(법 제53조)

1) 지구단위계획의 미결정·고시

지구단위계획구역의 지정에 관한 도시·군관리계획결정의 고시일부터 3년 이내에 그 지구단위계획구역에 관한 지구단위계획이 결정·고시되지 아니하면 그 3년이 되는 날의 다음날에 그 지구단위계획구역의 지정에 관한 도시·군관리계획결정은 효력을 잃는다. 다만, 다른 법률에서 지구단위계획의 결정(결정된 것으로 보는 경우를 포함한다)에 관하여 따로 정한 경우에는 그 법률에 따라 지구단위계획을 결정할 때까지 지구단위계획구역의 지정은 그 효력을 유지한다.

2) 사업이나 공사에 미착수

지구단위계획(주민이 입안을 제안한 것에 한정한다)에 관한 도시·군관리계획결정의 고시일부터 5년 이내에 이 법 또는 다른 법률에 따라 허가·인가·승인 등을 받아 사업이나 공사에 착수하지 아니하면 그 5년이 된 날의 다음날에 그 지구단위계획에 관한 도시·군관리계획결정은 효력을 잃는다. 이 경우 지구단위계획과 관련한 도시·군관리계획결정에 관한 사항은 해당 지구단위계획구역 지정 당시의 도시·군관리계획으로 환원된 것으로 본다.

3) 실효 및 고시

국토교통부장관, 시·도지사, 시장 또는 군수는 지구단위계획구역 지정 및 지구단위계획 결정이 효력을 잃으면 대통령령으로 정하는 바에 따라 지체 없이 그 사실을 고시하여야 한다.

5. 지구단위계획구역에서의 건축(법 제54조)

지구단위계획구역에서 건축물(일정 기간 내 철거가 예상되는 경우 등 대통령령으로 정하는 가설건축물은 제외한다)을 건축 또는 용도변경하거나 공작물을 설치하려면 그 지구단위계획에 맞게 하여야 한다. 다만, 지구단위계획이 수립되어 있지 아니한 경우에는 그러하지 아니하다.

7 개발행위의 허가 등

1. 의의

건축물의 건축 등 개발행위를 하려는 자는 허가권자의 허가를 받게 함으로써 개발계획의 적정성, 미리 계획된 기반시설과의 저촉문제 등 난개발을 미연에 방지하려는 행위제한이다.

2. 개발행위의 허가대상

1) 원칙

다음 각 호의 어느 하나에 해당하는 행위로서 대통령령으로 정하는 행위(이하 "개발행위"라 한다)를 하려는 자는 특별시장·광역시장·특별자치시장·특별자치도지사·시장 또는 군수의 허가(이하 "개발행위허가"라 한다)를 받아야 한다. 다만, 도시·군계획사업(다른 법률에 따라 도시·군계획사업을 의제한 사업을 포함한다)에 의한 행위는 그러하지 아니하다.

1. 건축물의 건축 또는 공작물의 설치
2. 토지의 형질 변경(경작을 위한 경우로서 대통령령으로 정하는 토지의 형질 변경은 제외한다)
3. 토석의 채취
4. 토지 분할(건축물이 있는 대지의 분할은 제외한다)
5. 녹지지역·관리지역 또는 자연환경보전지역에 물건을 1개월 이상 쌓아놓는 행위

2) 허가받은 사항의 변경

개발행위허가를 받은 사항을 변경하는 경우에도 원칙을 준용한다. 다만, 대통령령으로 정하는 경미한 사항을 변경하는 경우에는 그러하지 아니하다.
경미한 사항은 다음과 같으며, 경미한 사항을 변경한 때에는 지체없이 그 사실을 특별시장·광역시장·특별자치시장·특별자치도지사·시장 또는 군수에게 통지하여야 한다.

1. 사업기간을 단축하는 경우
2. 다음 각 목의 어느 하나에 해당하는 경우
   가. 부지면적 또는 건축물 연면적을 5퍼센트 범위에서 축소(공작물의 무게, 부피 또는 수평투영면적을 5퍼센트 범위에서 축소하는 경우를 포함한다)하는 경우
   나. 관계 법령의 개정 또는 도시·군관리계획의 변경에 따라 허가받은 사항을 불가피하게 변경하는 경우
   다. 「공간정보의 구축 및 관리 등에 관한 법률」 및 「건축법」에 따라 허용되는 오차를 반영하기 위한 변경인 경우
   라. 「건축법 시행령」 제12조제3항(허가와 신고사항의 변경시 일괄신고) 각 호의 어느 하나에 해당하는 변경(공작물의 위치를 1미터 범위에서 변경하는 경우를 포함한다)인 경우

부동산공법 (기초)

3) 허가 없이 가능한 개발행위

다음 각 호의 어느 하나에 해당하는 행위는 1)에도 불구하고 개발행위허가를 받지 아니하고 할 수 있다. 다만, 제1호의 응급조치를 한 경우에는 1개월 이내에 특별시장·광역시장·특별자치시장·특별자치도지사·시장 또는 군수에게 신고하여야 한다.

1. 재해복구나 재난수습을 위한 응급조치
2. 「건축법」에 따라 신고하고 설치할 수 있는 건축물의 개축·증축 또는 재축과 이에 필요한 범위에서의 토지의 형질 변경(도시·군계획시설사업이 시행되지 아니하고 있는 도시·군계획시설의 부지인 경우만 가능하다)
3. 그 밖에 대통령령으로 정하는 경미한 행위

3. 개발행위허가의 기준

① 특별시장·광역시장·특별자치시장·특별자치도지사·시장 또는 군수는 개발행위허가의 신청 내용이 다음 각 호의 기준에 맞는 경우에만 개발행위허가 또는 변경허가를 하여야 한다.

1. 용도지역별 특성을 고려하여 대통령령으로 정하는 개발행위의 규모에 적합할 것. 다만, 개발행위가 「농어촌정비법」에 따른 농어촌정비사업으로 이루어지는 경우 등 대통령령으로 정하는 경우에는 개발행위 규모의 제한을 받지 아니한다.
2. 도시·군관리계획 및 성장관리계획의 내용에 어긋나지 아니할 것
3. 도시·군계획사업의 시행에 지장이 없을 것
4. 주변지역의 토지이용실태 또는 토지이용계획, 건축물의 높이, 토지의 경사도, 수목의 상태, 물의 배수, 하천·호소·습지의 배수 등 주변환경이나 경관과 조화를 이룰 것
5. 해당 개발행위에 따른 기반시설의 설치나 그에 필요한 용지의 확보계획이 적절할 것

※ 개발행위의 규모(영 제55조)

다음 각호에 해당하는 토지의 형질변경면적을 말한다. 다만, 관리지역 및 농림지역에 대하여는 제2호 및 제3호의 규정에 의한 면적의 범위안에서 당해 특별시·광역시·특별자치시·특별자치도·시 또는 군의 도시·군계획조례로 따로 정할 수 있다.

1. 도시지역
   가. 주거지역·상업지역·자연녹지지역·생산녹지지역: 1만제곱미터 미만
   나. 공업지역: 3만제곱미터 미만
   다. 보전녹지지역: 5천제곱미터 미만
2. 관리지역: 3만제곱미터 미만
3. 농림지역: 3만제곱미터 미만
4. 자연환경보전지역: 5천제곱미터 미만

② 제1항에 따라 허가할 수 있는 경우 그 허가의 기준은 지역의 특성, 지역의 개발상황, 기반시설의 현황 등을 고려하여 다음 각 호의 구분에 따라 대통령령으로 정한다.

1. 시가화 용도: 토지의 이용 및 건축물의 용도·건폐율·용적률·높이 등에 대한 용도지역의 제한에 따라 개발행위허가의 기준을 적용하는 주거지역·상업지역 및 공업지역
2. 유보 용도: 도시계획위원회의 심의를 통하여 개발행위허가의 기준을 강화 또는 완화하여 적용할 수 있는 계획관리지역·생산관리지역 및 녹지지역 중 대통령령으로 정하는 지역
3. 보전 용도: 도시계획위원회의 심의를 통하여 개발행위허가의 기준을 강화하여 적용할 수 있는 보전관리지역·농림지역·자연환경보전지역 및 녹지지역 중 대통령령으로 정하는 지역

4. 개발행위허가의 절차

1) 신청서 제출

개발행위를 하려는 자는 그 개발행위에 따른 기반시설의 설치나 그에 필요한 용지의 확보, 위해(危害) 방지, 환경오염 방지, 경관, 조경 등에 관한 계획서를 첨부한 신청서를 개발행위허가권자에게 제출하여야 한다. 이 경우 개발밀도관리구역 안에서는 기반시설의 설치나 그에 필요한 용지의 확보에 관한 계획서를 제출하지 아니한다. 다만, 개발행위 허가를 받는 행위 중 「건축법」의 적용을 받는 건축물의 건축 또는 공작물의 설치를 하려는 자는 「건축법」에서 정하는 절차에 따라 신청서류를 제출하여야 한다.

2) 도시·군계획사업의 시행자의 의견 청취

특별시장·광역시장·특별자치시장·특별자치도지사·시장 또는 군수는 개발행위허가 또는 변경허가를 하려면 그 개발행위가 도시·군계획사업의 시행에 지장을 주는지에 관하여 해당 지역에서 시행되는 도시·군계획사업의 시행자의 의견을 들어야 한다.

3) 관계행정기관의 장과 협의

특별시장·광역시장·특별자치시장·특별자치도지사·시장 또는 군수는 개발행위허가 또는 변경허가를 할 때에 그 내용에 법 제61조(관련 인·허가등의 의제) 제1항 각 호의 어느 하나에 해당하는 사항이 있으면 미리 관계 행정기관의 장과 협의하여야 한다.
  협의 요청을 받은 관계 행정기관의 장은 요청을 받은 날부터 20일 이내에 의견을 제출하여야 하며, 그 기간 내에 의견을 제출하지 아니하면 협의가 이루어진 것으로 본다.

4) 도시계획위원회의 심의(법 제59조)

① 관계 행정기관의 장은 건축물의 건축 또는 공작물의 설치, 토지의 형질 변경, 토석의 채취의 행위 중 어느 하나에 해당하는 행위로서 대통령령으로 정하는 행위를 이 법에 따라 허가 또는 변경허가를 하거나 다른 법률에 따라 인가·허가·승인 또는 협의를 하려면 대통령령으로 정하는 바에 따라 중앙도시계획위원회나 지방도시계획위원회의 심의를 거쳐야 한다.

② 제1항에도 불구하고 다음 각 호의 어느 하나에 해당하는 개발행위는 중앙도시계획위원회와 지방도시계획위원회의 심의를 거치지 아니한다.

1. 제8조, 제9조 또는 다른 법률에 따라 도시계획위원회의 심의를 받는 구역에서 하는 개발행위
2. 지구단위계획 또는 성장관리계획을 수립한 지역에서 하는 개발행위
3. 주거지역·상업지역·공업지역에서 시행하는 개발행위 중 특별시·광역시·특별자치시·특별자치도·시 또는 군의 조례로 정하는 규모·위치 등에 해당하지 아니하는 개발행위
4. 「환경영향평가법」에 따라 환경영향평가를 받은 개발행위
5. 「도시교통정비 촉진법」에 따라 교통영향평가에 대한 검토를 받은 개발행위
6. 「농어촌정비법」에 따른 농어촌정비사업 중 대통령령으로 정하는 사업을 위한 개발행위
7. 「산림자원의 조성 및 관리에 관한 법률」에 따른 산림사업 및 「사방사업법」에 따른 사방사업을 위한 개발행위

5) 허가·불허가 처분

(1) 허가·불허가 처분기간

특별시장·광역시장·특별자치시장·특별자치도지사·시장 또는 군수는 개발행위허가의 신청에 대하여 특별한 사유가 없으면 대통령령으로 정하는 기간[15일(도시계획위원회의 심의를 거쳐야 하거나 관계 행정기관의 장과 협의를 하여야 하는 경우에는 심의 또는 협의기간을 제외한다)]이내에 허가 또는 불허가의 처분을 하여야 한다.

(2) 처분사유 통지

특별시장·광역시장·특별자치시장·특별자치도지사·시장 또는 군수는 (1)에 따라 허가 또는 불허가의 처분을 할 때에는 지체 없이 그 신청인에게 허가내용이나 불허가처분의 사유를 서면 또는 제128조에 따른 국토이용정보 체계를 통하여 알려야 한다.

5. 개발행위허가의 제한(법 제63조)

1) 허가의 제한

국토교통부장관, 시·도지사, 시장 또는 군수는 다음 각 호의 어느 하나에 해당되는 지역으로서 도시·군관리계획상 특히 필요하다고 인정되는 지역에 대해서는 대통령령으로 정하는 바에 따라 중앙도시계획위원회나 지방도시계획위원회의 심의를 거쳐 한 차례만 3년 이내의 기간 동안 개발행위허가를 제한할 수 있다. 다만, 제3호부터 제5호까지에 해당하는 지역에 대해서는 중앙도시계획위원회나 지방도시계획위원회의 심의를 거치지 아니하고 한 차례만 2년 이내의 기간 동안 개발행위허가의 제한을 연장할 수 있다.

1. 녹지지역이나 계획관리지역으로서 수목이 집단적으로 자라고 있거나 조수류 등이 집단적으로 서식하고 있는 지역 또는 우량 농지 등으로 보전할 필요가 있는 지역
2. 개발행위로 인하여 주변의 환경·경관·미관·문화재 등이 크게 오염되거나 손상될 우려가 있는 지역

3. 도시·군기본계획이나 도시·군관리계획을 수립하고 있는 지역으로서 그 도시·군기본계획이나 도시·군
   관리계획이 결정될 경우 용도지역·용도지구 또는 용도구역의 변경이 예상되고 그에 따라 개발행위허가
   의 기준이 크게 달라질 것으로 예상되는 지역
4. 지구단위계획구역으로 지정된 지역
5. 기반시설부담구역으로 지정된 지역

2) 허가제한 사유 고시

국토교통부장관, 시·도지사, 시장 또는 군수는 개발행위허가를 제한하려면 대통령령으로 정하는 바에 따라 제한
지역·제한사유·제한대상행위 및 제한기간을 미리 고시하여야 한다.

3) 허가제한 해제

개발행위허가 제한지역 등을 고시한 국토교통부장관, 시·도지사, 시장 또는 군수는 해당 지역에서 개발행위를
제한할 사유가 없어진 경우에는 그 제한기간이 끝나기 전이라도 지체 없이 개발행위허가의 제한을 해제하여야 한
다. 이 경우 국토교통부장관, 시·도지사, 시장 또는 군수는 대통령령으로 정하는 바에 따라 해제지역 및 해제시
기를 고시하여야 한다.

6. 도시·군계획시설 부지에서의 개발행위(법 제64조)

1) 건축등 허가금지

특별시장·광역시장·특별자치시장·특별자치도지사·시장 또는 군수는 도시·군계획시설의 설치 장소로 결정된
지상·수상·공중·수중 또는 지하는 그 도시·군계획시설이 아닌 건축물의 건축이나 공작물의 설치를 허가하여
서는 아니된다.

2) 예외적 허용(영 제61조)

(1) 대통령령으로 정하는 경우에는 그러하지 아니하다.

1. 지상·수상·공중·수중 또는 지하에 일정한 공간적 범위를 정하여 도시·군계획시설이 결정되어 있고,
   그 도시·군계획시설의 설치·이용 및 장래의 확장 가능성에 지장이 없는 범위에서 도시·군계획시설이
   아닌 건축물 또는 공작물을 그 도시·군계획시설인 건축물 또는 공작물의 부지에 설치하는 경우
2. 도시·군계획시설과 도시·군계획시설이 아닌 시설을 같은 건축물안에 설치한 경우(법률 제6243호 도시
   계획법개정법률에 의하여 개정되기 전에 설치한 경우를 말한다)로서 실시계획인가를 받아 다음 각목의
   어느 하나에 해당하는 경우
   가. 건폐율이 증가하지 아니하는 범위 안에서 당해 건축물을 증축 또는 대수선하여 도시·군계획시설이
      아닌 시설을 설치하는 경우
   나. 도시·군계획시설의 설치·이용 및 장래의 확장 가능성에 지장이 없는 범위 안에서 도시·군계획시
      설을 도시·군계획시설이 아닌 시설로 변경하는 경우

3. 「도로법」등 도시·군계획시설의 설치 및 관리에 관하여 규정하고 있는 다른 법률에 의하여 점용허가를 받아 건축물 또는 공작물을 설치하는 경우
4. 도시·군계획시설의 설치·이용 및 장래의 확장 가능성에 지장이 없는 범위에서 「신에너지 및 재생에너지 개발·이용·보급 촉진법」에 따른 신·재생에너지 설비 중 태양에너지 설비 또는 연료전지 설비를 설치하는 경우

(2) 시설사업에 지장이 없는 경우

특별시장·광역시장·특별자치시장·특별자치도지사·시장 또는 군수는 도시·군계획시설결정의 고시일부터 2년이 지날 때까지 그 시설의 설치에 관한 사업이 시행되지 아니한 도시·군계획시설 중 단계별 집행계획이 수립되지 아니하거나 단계별 집행계획에서 제1단계 집행계획에 포함되지 아니한 도시·군계획시설의 부지에 대하여는 위 1)에도 불구하고 다음 각 호의 개발행위를 허가할 수 있다.

1. 가설건축물의 건축과 이에 필요한 범위에서의 토지의 형질 변경
2. 도시·군계획시설의 설치에 지장이 없는 공작물의 설치와 이에 필요한 범위에서의 토지의 형질 변경
3. 건축물의 개축 또는 재축과 이에 필요한 범위에서의 토지의 형질 변경(제56조제4항제2호에 해당하는 경우는 제외한다)

3) 원상회복 조치

특별시장·광역시장·특별자치시장·특별자치도지사·시장 또는 군수는 위 (1),(2)에 따라 가설건축물의 건축이나 공작물의 설치를 허가한 토지에서 도시·군계획시설사업이 시행되는 경우에는 그 시행예정일 3개월 전까지 가설건축물이나 공작물 소유자의 부담으로 그 가설건축물이나 공작물의 철거 등 원상회복에 필요한 조치를 명하여야 한다. 다만, 원상회복이 필요하지 아니하다고 인정되는 경우에는 그러하지 아니하다.

4) 행정대집행

특별시장·광역시장·특별자치시장·특별자치도지사·시장 또는 군수는 원상회복의 명령을 받은 자가 원상회복을 하지 아니하면 「행정대집행법」에 따른 행정대집행에 따라 원상회복을 할 수 있다.

7. 개발행위의 조건부 허가

1) 조건부 허가

특별시장·광역시장·특별자치시장·특별자치도지사·시장 또는 군수는 개발행위허가를 하는 경우에는 대통령령으로 정하는 바에 따라 그 개발행위에 따른 기반시설의 설치 또는 그에 필요한 용지의 확보, 위해 방지, 환경오염 방지, 경관, 조경 등에 관한 조치를 할 것을 조건으로 개발행위허가를 할 수 있다.

2) 이행보증금

(1) 이행보증금 예치

특별시장·광역시장·특별자치시장·특별자치도지사·시장 또는 군수는 기반시설의 설치나 그에 필요한 용지의 확보, 위해 방지, 환경오염 방지, 경관, 조경 등을 위하여 필요하다고 인정되는 경우로서 대통령령으로 정하는 경우에는 이의 이행을 보증하기 위하여 개발행위허가(다른 법률에 따라 개발행위허가가 의제되는 협의를 거친 인가·허가·승인 등을 포함한다. 이하 이 조에서 같다)를 받는 자로 하여금 이행보증금을 예치하게 할 수 있다.

1. 건축물의 건축 또는 공작물의 설치, 토지의 형질 변경, 토석의 채취에 해당하는 개발행위로서 당해 개발행위로 인하여 도로·수도공급설비·하수도 등 기반시설의 설치가 필요한 경우
2. 토지의 굴착으로 인하여 인근의 토지가 붕괴될 우려가 있거나 인근의 건축물 또는 공작물이 손괴될 우려가 있는 경우
3. 토석의 발파로 인한 낙석·먼지 등에 의하여 인근지역에 피해가 발생할 우려가 있는 경우
4. 토석을 운반하는 차량의 통행으로 인하여 통행로 주변의 환경이 오염될 우려가 있는 경우
5. 토지의 형질변경이나 토석의 채취가 완료된 후 비탈면에 조경을 할 필요가 있는 경우

(2) 이행보증금 예치 예외

다음에 해당하는 경우에는 이행보증금의 예치의 예외를 둔다.

1. 국가나 지방자치단체가 시행하는 개발행위
2. 「공공기관의 운영에 관한 법률」에 따른 공공기관중 대통령령으로 정하는 기관이 시행하는 개발행위
3. 그 밖에 해당 지방자치단체의 조례로 정하는 공공단체가 시행하는 개발행위

(3) 이행보증금 예치금액

① 이행보증금의 예치금액은 기반시설의 설치나 그에 필요한 용지의 확보, 위해의 방지, 환경오염의 방지, 경관 및 조경에 필요한 비용의 범위안에서 산정하되 총공사비의 20퍼센트 이내(산지에서의 개발행위의 경우 복구비를 합하여 총공사비의 20퍼센트 이내)가 되도록 하고, 그 산정에 관한 구체적인 사항 및 예치방법은 특별시·광역시·특별자치시·특별자치도·시 또는 군의 도시·군계획조례로 정한다. 이 경우 산지에서의 개발행위에 대한 이행보증금의 예치금액은 복구비를 포함하여 정하되, 복구비가 이행보증금에 중복하여 계상되지 아니하도록 하여야 한다.
② 이행보증금은 현금으로 납입하되, 보증서 등 또는 한국광해광업공단이 발행하는 이행보증서 등으로 이를 갈음할 수 있다.

(4) 이행보증금의 반환

이행보증금은 개발행위허가를 받은 자가 준공검사를 받은 때에는 즉시 이를 반환하여야 한다.

(5) 이행보증금 사용

특별시장·광역시장·특별자치시장·특별자치도지사·시장 또는 군수는 개발행위허가를 받은 자가 법 제60조제3항(개발행위의 위반)의 규정에 의한 원상회복명령을 이행하지 아니하는 때에는 이행보증금을 사용하여 대집행에 의하여 원상회복을 할 수 있다. 이 경우 잔액이 있는 때에는 즉시 이를 이행보증금의 예치자에게 반환하여야 한다.

8. 인·허가 등의 의제(법 제61조)

개발행위허가 또는 변경허가를 할 때에 특별시장·광역시장·특별자치시장·특별자치도지사·시장 또는 군수가 그 개발행위에 대한 다음 각 호의 인가·허가·승인·면허·협의·해제·신고 또는 심사 등(이하 "인·허가등"이라 한다)에 관하여 미리 관계 행정기관의 장과 협의한 사항에 대하여는 그 인·허가등을 받은 것으로 본다.

1. 공유수면의 점용·사용허가, 점용·사용 실시계획의 승인 또는 신고, 공유수면의 매립면허 및 같은 법 제38조에 따른 공유수면매립실시계획의 승인
2. 삭제
3. 「광업법」에 따른 채굴계획의 인가
4. 「농어촌정비법」에 따른 농업생산기반시설의 사용허가
이하 생략

9. 준공검사(법 제62조)

건축물의 건축 또는 공작물의 설치, 토지의 형질 변경, 토석의 채취의 행위에 대한 개발행위허가를 받은 자는 그 개발행위를 마치면 국토교통부령으로 정하는 바에 따라 특별시장·광역시장·특별자치시장·특별자치도지사·시장 또는 군수의 준공검사를 받아야 한다. 다만 「건축법」에 따른 건축물의 사용승인을 받은 경우에는 그러하지 아니하다.

10. 개발행위에 따른 공공시설 등의 귀속(법 제65조)

1) 개발행위허가를 받은 자가 행정청인 경우

① 새로 공공시설을 설치하거나 기존의 공공시설에 대체되는 공공시설을 설치한 경우에는 「국유재산법」과 「공유재산 및 물품 관리법」에도 불구하고 새로 설치된 공공시설은 그 시설을 관리할 관리청에 무상으로 귀속되고, 종래의 공공시설은 개발행위허가를 받은 자에게 무상으로 귀속된다.
② 개발행위가 끝나 준공검사를 마친 때에는 해당 시설의 관리청에 공공시설의 종류와 토지의 세목(細目)을 통지하여야 한다. 이 경우 공공시설은 그 통지한 날에 해당 시설을 관리할 관리청과 개발행위허가를 받은 자에게 각각 귀속된 것으로 본다.
③ 귀속된 공공시설의 처분으로 인한 수익금을 도시·군계획사업 외의 목적에 사용하여서는 아니 된다.

2) 개발행위허가를 받은 자가 행정청이 아닌 경우

① 새로 설치한 공공시설은 그 시설을 관리할 관리청에 무상으로 귀속되고, 개발행위로 용도가 폐지되는 공공시설은 「국유재산법」과 「공유재산 및 물품 관리법」에도 불구하고 새로 설치한 공공시설의 설치비용에 상당하는 범위에서 개발행위허가를 받은 자에게 무상으로 양도할 수 있다.
② 관리청에 귀속되거나 그에게 양도될 공공시설에 관하여 개발행위가 끝나기 전에 그 시설의 관리청에 그 종류와 토지의 세목을 통지하여야 하고, 준공검사를 한 특별시장·광역시장·특별자치시장·특별자치도지사·시장 또는 군수는 그 내용을 해당 시설의 관리청에 통보하여야 한다. 이 경우 공공시설은 준공검사를 받음으로써 그 시설을 관리할 관리청과 개발행위허가를 받은 자에게 각각 귀속되거나 양도된 것으로 본다.

3) 타 법률의 규정 적용

공공시설의 귀속에 관하여 다른 법률에 특별한 규정이 있는 경우에는 이 법률의 규정에도 불구하고 그 법률에 따른다.

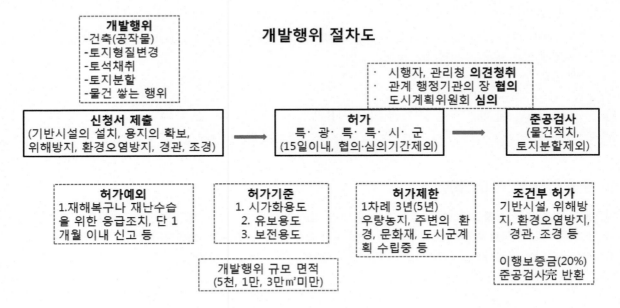

11. 개발행위에 따른 기반시설의 설치

1) 개발밀도관리구역

(1) 의의(법 제2조 제18호)

개발밀도관리구역이란 개발로 인하여 기반시설이 부족할 것으로 예상되나 기반시설을 설치하기 곤란한 지역을 대상으로 건폐율이나 용적률을 강화하여 적용하기 위하여 지정하는 구역을 말한다.

(2) 개발밀도관리구역의 지정(법 제66조)

① 지정권자

특별시장·광역시장·특별자치시장·특별자치도지사·시장 또는 군수는 주거·상업 또는 공업지역에서의 개발행위로 기반시설(도시·군계획시설을 포함한다)의 처리·공급 또는 수용능력이 부족할 것으로 예상되는 지역 중 기반시설의 설치가 곤란한 지역을 개발밀도관리구역으로 지정할 수 있다.

② 지정기준 및 관리방법(영 제63조)

국토교통부장관은 개발밀도관리구역의 지정기준 및 관리방법을 정할 때에는 다음 각 호의 사항을 종합적으로 고려해야 한다.

> 1. 개발밀도관리구역은 도로·수도공급설비·하수도·학교 등 기반시설의 용량이 부족할 것으로 예상되는 지역중 기반시설의 설치가 곤란한 지역으로서 다음 각목의 1에 해당하는 지역에 대하여 지정할 수 있도록 할 것

가. 당해 지역의 도로서비스 수준이 매우 낮아 차량통행이 현저하게 지체되는 지역. 이 경우 도로서비스 수준의 측정에 관하여는 「도시교통정비 촉진법」에 따른 교통영향평가의 예에 따른다.

나. 당해 지역의 도로율이 국토교통부령이 정하는 용도지역별 도로율에 20퍼센트 이상 미달하는 지역

다. 향후 2년 이내에 당해 지역의 수도에 대한 수요량이 수도시설의 시설용량을 초과할 것으로 예상되는 지역

라. 향후 2년 이내에 당해 지역의 하수발생량이 하수시설의 시설용량을 초과할 것으로 예상되는 지역

마. 향후 2년 이내에 당해 지역의 학생수가 학교수용능력을 20퍼센트 이상 초과할 것으로 예상되는 지역

2. 개발밀도관리구역의 경계는 도로·하천 그 밖에 특색 있는 지형지물을 이용하거나 용도지역의 경계선을 따라 설정하는 등 경계선이 분명하게 구분되도록 할 것

3. 용적률의 강화범위는 제62조제1항의 범위에서 제1호 각 목에 따른 기반시설의 부족 정도를 고려하여 결정할 것

4. 개발밀도관리구역안의 기반시설의 변화를 주기적으로 검토하여 용적률을 강화 또는 완화하거나 개발밀도관리구역을 해제하는 등 필요한 조치를 취하도록 할 것

③ 개발밀도관리구역의 지정기준, 개발밀도관리구역의 관리 등에 관하여 필요한 사항은 대통령령으로 정하는 바에 따라 국토교통부장관이 정한다.

(3) 지정절차

① 지방도시계획위원회의 심의

특별시장·광역시장·특별자치시장·특별자치도지사·시장 또는 군수는 개발밀도관리구역을 지정하거나 변경하려면 다음 각 호의 사항을 포함하여 해당 지방자치단체에 설치된 지방도시계획위원회의 심의를 거쳐야 한다.

1. 개발밀도관리구역의 명칭
2. 개발밀도관리구역의 범위
3. 용도지역의 건폐율 또는 용적률의 강화 범위

② 고시

특별시장·광역시장·특별자치시장·특별자치도지사·시장 또는 군수는개발밀도관리구역을 지정하거나 변경한 경우에는 그 사실을 대통령령으로 정하는 바에 따라 고시하여야 한다.

(4) 개발밀도관리구역에서의 행위제한

특별시장·광역시장·특별자치시장·특별자치도지사·시장 또는 군수는 개발밀도관리구역에서는 대통령령으로 정하는 범위(용도지역에 적용되는 용적률의 최대한도의 50퍼센트)에서 용도지역에 따른 건폐율 또는 용적률을 강화하여 적용한다.

2) 기반시설부담구역

(1) 의의(법 제2조 제19호)

기반시설부담구역이란 개발밀도관리구역 외의 지역으로서 개발로 인하여 도로, 공원, 녹지 등 대통령령으로 정하는 기반시설의 설치가 필요한 지역을 대상으로 기반시설을 설치하거나 그에 필요한 용지를 확보하게 하기 위하여

지정·고시하는 구역을 말한다.

(2) 기반시설부담구역의 지정 및 대상지역(법 제67조)

① 특별시장·광역시장·특별자치시장·특별자치도지사·시장 또는 군수는 다음 각 호의 어느 하나에 해당하는 지역에 대하여는 기반시설부담구역으로 지정하여야 한다. 다만, 개발행위가 집중되어 특별시장·광역시장·특별자치시장·특별자치도지사·시장 또는 군수가 해당 지역의 계획적 관리를 위하여 필요하다고 인정하면 다음 각 호에 해당하지 아니하는 경우라도 기반시설부담구역으로 지정할 수 있다.

1. 이 법 또는 다른 법령의 제정·개정으로 인하여 행위 제한이 완화되거나 해제되는 지역
2. 이 법 또는 다른 법령에 따라 지정된 용도지역 등이 변경되거나 해제되어 행위 제한이 완화되는 지역
3. 개발행위허가 현황 및 인구증가율 등을 고려하여 대통령령으로 정하는 지역
   - 해당 지역의 전년도 개발행위허가 건수가 전전년도 개발행위허가 건수보다 20퍼센트 이상 증가한 지역
   - 해당 지역의 전년도 인구증가율이 그 지역이 속하는 특별시·광역시·특별자치시·특별자치도·시 또는 군(광역시의 관할 구역에 있는 군은 제외한다)의 전년도 인구증가율보다 20퍼센트 이상 높은 지역

② 기반시설부담구역의 지정기준 등에 관하여 필요한 사항은 대통령령으로 정하는 바에 따라 국토교통부장관이 정한다.

(3) 지정절차

① 의견청취 및 심의

특별시장·광역시장·특별자치시장·특별자치도지사·시장 또는 군수는 기반시설부담구역을 지정 또는 변경하려면 주민의 의견을 들어야 하며, 해당 지방자치단체에 설치된 지방도시계획위원회의 심의를 거쳐야 한다.

② 고시

대통령령(기반시설부담구역의 명칭·위치·면적 및 지정일자와 관계 도서의 열람방법을 해당 지방자치단체의 공보와 인터넷 홈페이지에 고시)으로 정하는 바에 따라 이를 고시하여야 한다.

(4) 기반시설설치비용(법 제68조)

① 부과대상

기반시설부담구역에서 기반시설설치비용의 부과대상인 건축행위는 제2조제20호(기반시설설치)에 따른 시설로서 200제곱미터(기존 건축물의 연면적을 포함한다)를 초과하는 건축물의 신축·증축 행위로 한다. 다만, 기존 건축물을 철거하고 신축하는 경우에는 기존 건축물의 건축연면적을 초과하는 건축행위만 부과대상으로 한다.

② 비용산정

기반시설설치비용은 기반시설을 설치하는 데 필요한 기반시설 표준시설비용과 용지비용을 합산한 금액에 부과대상 건축연면적과 기반시설 설치를 위하여 사용되는 총 비용 중 국가·지방자치단체의 부담분을 제외하고 민간 개발사업자가 부담하는 부담률을 곱한 금액으로 한다. 다만, 특별시장·광역시장·특별자치시장·특별자치도지사·시장 또는 군수가 해당 지역의 기반시설 소요량 등을 고려하여 대통령령으로 정하는 바에 따라 기반시설부담계획을 수립한 경우에는 그 부담계획에 따른다.

- 표준시설비용은 기반시설 조성을 위하여 사용되는 단위당 시설비로서 해당 연도의 생산자물가상승률 등을 고려하여 대통령령으로 정하는 바에 따라 국토교통부장관이 고시한다.
- 용지비용은 부과대상이 되는 건축행위가 이루어지는 토지를 대상으로 다음 각 호의 기준을 곱하여 산정한 가액(價額)으로 한다.
  1. 지역별 기반시설의 설치 정도를 고려하여 0.4 범위에서 지방자치단체의 조례로 정하는 용지환산계수
  2. 기반시설부담구역의 개별공시지가 평균 및 대통령령으로 정하는 건축물별 기반시설유발계수

③ 부담률의 가감 및 감면

- 민간 개발사업자가 부담하는 부담률은 100분의 20으로 하며, 특별시장·광역시장·특별자치시장·특별자치도지사·시장 또는 군수가 건물의 규모, 지역 특성 등을 고려하여 100분의 25의 범위에서 부담률을 가감할 수 있다.
- 건축행위를 하는 자(건축행위의 위탁자 또는 지위의 승계자 등 대통령령으로 정하는 자를 포함한다. 이하 "납부의무자"라 한다)가 다음 각 호의 어느 하나에 해당하는 경우에는 이 법에 따른 기반시설설치비용에서 감면한다.

  1. 기반시설을 설치하거나 그에 필요한 용지를 확보한 경우
  2. 「도로법」에 따른 원인자 부담금 등 대통령령으로 정하는 비용을 납부한 경우

(5) 기반시설설치비용의 납부 및 체납처분(법 제69조)

① 납부의무자

건축행위를 하는 자(건축행위의 위탁자 또는 지위의 승계자 등 대통령령으로 정하는 자를 포함한다. 이하 "납부의무자"라 한다)는 기반시설설치비용을 내야 한다.

② 납부기한

특별시장·광역시장·특별자치시장·특별자치도지사·시장 또는 군수는 납부의무자가 국가 또는 지방자치단체로부터 건축허가(다른 법률에 따른 사업승인 등 건축허가가 의제되는 경우에는 그 사업승인)를 받은 날부터 2개월 이내에 기반시설설치비용을 부과하여야 하고, 납부의무자는 사용승인(다른 법률에 따라 준공검사 등 사용승인이 의제되는 경우에는 그 준공검사) 신청 시까지 이를 내야 한다.

③ 징수

특별시장·광역시장·특별자치시장·특별자치도지사·시장 또는 군수는 납부의무자가 납부기한 때까지 기반시설설치비용을 내지 아니하는 경우에는 「지방행정제재·부과금의 징수 등에 관한 법률」에 따라 징수할 수 있다.

④ 환급

특별시장·광역시장·특별자치시장·특별자치도지사·시장 또는 군수는 기반시설설치비용을 납부한 자가 사용승인 신청 후 해당 건축행위와 관련된 기반시설의 추가 설치 등 기반시설설치비용을 환급하여야 하는 사유가 발생하는 경우에는 그 사유에 상당하는 기반시설설치비용을 환급하여야 한다.

(6) 기반시설설치비용의 관리 및 사용 등(법 제70조)

① 특별회계 설치

특별시장·광역시장·특별자치시장·특별자치도지사·시장 또는 군수는 기반시설설치비용의 관리 및 운용을 위하여 기반시설부담구역별로 특별회계를 설치하여야 하며, 그에 필요한 사항은 지방자치단체의 조례로 정한다.

② 기반시설설치비용의 사용

납부한 기반시설설치비용은 해당 기반시설부담구역에서 기반시설의 설치 또는 그에 필요한 용지의 확보 등을 위하여 사용하여야 한다. 다만, 해당 기반시설부담구역에 사용하기가 곤란한 경우로서 대통령령으로 정하는 경우에는 해당 기반시설부담구역의 기반시설과 연계된 기반시설의 설치 또는 그에 필요한 용지의 확보 등에 사용할 수 있다.

8 성장관리계획

1. 성장관리계획구역의 의의

녹지지역, 관리지역, 농림지역 및 자연환경보전지역 중 무질서한 개발이 진행되고 있거나 진행될 것으로 예상되는 지역, 주변의 토지이용이나 교통여건 변화 등으로 향후 시가화가 예상되는 지역 등에 대하여 행위제한을 할 수 있는 구역을 말한다.

2. 성장관리계획구역의 지정(법 제75조의 2 제1항)

특별시장·광역시장·특별자치시장·특별자치도지사·시장 또는 군수는 녹지지역, 관리지역, 농림지역 및 자연환경보전지역 중 다음 각 호의 어느 하나에 해당하는 지역의 전부 또는 일부에 대하여 성장관리계획구역을 지정할 수 있다.

1. 개발수요가 많아 무질서한 개발이 진행되고 있거나 진행될 것으로 예상되는 지역
2. 주변의 토지이용이나 교통여건 변화 등으로 향후 시가화가 예상되는 지역
3. 주변지역과 연계하여 체계적인 관리가 필요한 지역
4. 「토지이용규제 기본법」에 따른 지역·지구등의 변경으로 토지이용에 대한 행위제한이 완화되는 지역
5. 그 밖에 난개발의 방지와 체계적인 관리가 필요한 지역으로서 대통령령으로 정하는 지역

3. 성장관리계획구역의 지정(변경)절차

1) 의견청취와 협의 및 심의

특별시장·광역시장·특별자치시장·특별자치도지사·시장 또는 군수는 성장관리계획구역을 지정하거나 이를 변경하려면 대통령령으로 정하는 바에 따라 미리 주민과 해당 지방의회의 의견을 들어야 하며, 관계 행정기관과의 협의 및 지방도시계획위원회의 심의를 거쳐야 한다. 다만, 대통령령으로 정하는 경미한 사항을 변경하는 경우에는 그러하지 아니하다.

2) 의견제시

① 특별시·광역시·특별자치시·특별자치도·시 또는 군의 의회는 특별한 사유가 없으면 60일 이내에 특별시장

부동산공법 (기초)

· 광역시장 · 특별자치시장 · 특별자치도지사 · 시장 또는 군수에게 의견을 제시하여야 하며, 그 기한까지 의견을 제시하지 아니하면 의견이 없는 것으로 본다.

② 협의 요청을 받은 관계 행정기관의 장은 특별한 사유가 없으면 요청을 받은 날부터 30일 이내에 특별시장 · 광역시장 · 특별자치시장 · 특별자치도지사 · 시장 또는 군수에게 의견을 제시하여야 한다.

3) 열람 및 고시

특별시장 · 광역시장 · 특별자치시장 · 특별자치도지사 · 시장 또는 군수가 성장관리계획구역을 지정하거나 이를 변경한 경우에는 관계 행정기관의 장에게 관계 서류를 송부하여야 하며, 대통령령으로 정하는 바에 따라 이를 고시하고 일반인이 열람할 수 있도록 하여야 한다. 이 경우 지형도면의 고시 등에 관하여는 「토지이용규제 기본법」 제8조에 따른다.

4. 성장관리계획의 수립 등(법 제75조의 3)

1) 성장관리계획의 수립

특별시장 · 광역시장 · 특별자치시장 · 특별자치도지사 · 시장 또는 군수는 성장관리계획구역을 지정할 때에는 다음 각 호의 사항 중 그 성장관리계획구역의 지정목적을 이루는 데 필요한 사항을 포함하여 성장관리계획을 수립하여야 한다.

1. 도로, 공원 등 기반시설의 배치와 규모에 관한 사항
2. 건축물의 용도제한, 건축물의 건폐율 또는 용적률
3. 건축물의 배치, 형태, 색채 및 높이
4. 환경관리 및 경관계획
5. 그 밖에 난개발의 방지와 체계적인 관리에 필요한 사항으로서 대통령령으로 정하는 사항

2) 성장관리계획구역 지정절차 준용

성장관리계획의 수립 및 변경에 관한 절차는 제75조의2제2항부터 제5항까지의 규정(성장관리계획구역 지정절차)을 준용한다. 이 경우 "성장관리계획구역"은 "성장관리계획"으로 본다.

5. 건폐율 및 용적률의 완화적용

1) 건폐율 완화적용

성장관리계획구역에서는 용도지역의 건폐율 규정에도 불구하고 다음 각 호의 구분에 따른 범위에서 성장관리계획으로 정하는 바에 따라 특별시 · 광역시 · 특별자치시 · 특별자치도 · 시 또는 군의 조례로 정하는 비율까지 건폐율을 완화하여 적용할 수 있다.

1. 계획관리지역: 50퍼센트 이하
2. 생산관리지역 · 농림지역 및 대통령령으로 정하는 녹지지역: 30퍼센트 이하

2) 용적률 완화적용

성장관리계획구역 내 계획관리지역에서는 용도지역의 용적률 규정에도 불구하고 125퍼센트 이하의 범위에서 성장관리계획으로 정하는 바에 따라 특별시·광역시·특별자치시·특별자치도·시 또는 군의 조례로 정하는 비율까지 용적률을 완화하여 적용할 수 있다.

6. 타당성 검토

특별시장·광역시장·특별자치시장·특별자치도지사·시장 또는 군수는 5년마다 관할 구역 내 수립된 성장관리계획에 대하여 대통령령으로 정하는 바에 따라 그 타당성 여부를 전반적으로 재검토하여 정비하여야 한다.

7. 성장관리계획구역에서의 개발행위 등

성장관리계획구역에서 개발행위 또는 건축물의 용도변경을 하려면 그 성장관리계획에 맞게 하여야 한다.

9 도시·군계획시설사업

1. 도시·군계획시설의 의의

1) 의의

도시·군계획시설이란 기반시설 중 도시·군관리계획으로 결정된 시설을 말한다.

2) 기반시설

(1) 기반시설의 종류

다음 각 호의 시설(당해 시설 그 자체의 기능발휘와 이용을 위하여 필요한 부대시설 및 편익시설을 포함한다)을 말한다(영 제2조 제1항).

<기반시설의 종류>

구분	종류
교통시설	도로·철도·항만·공항·주차장·자동차정류장·궤도·차량 검사 및 면허시설
공간시설	광장·공원·녹지·유원지·공공공지
유통·공급시설	유통업무설비, 수도·전기·가스·열공급설비, 방송·통신시설, 공동구·시장, 유류저장 및 송유설비
공공·문화체육시설	학교·공공청사·문화시설·공공필요성이 인정되는 체육시설·연구시설·사회복지시설·공공직업훈련시설·청소년수련시설
방재시설	하천·유수지·저수지·방화설비·방풍설비·방수설비·사방설비·방조설비
보건위생시설	장사시설·도축장·종합의료시설
환경기초시설	하수도·폐기물처리 및 재활용시설·빗물저장 및 이용시설·수질오염방지시설·폐차장

부동산공법 (기초)

(2) 기반시설의 세분

기반시설중 도로·자동차정류장 및 광장은 다음 각 호와 같이 세분할 수 있다(영 제2조 제2항). 기반시설의 추가적인 세분 및 구체적인 범위는 국토교통부령으로 정한다.

<기반시설의 세분>

기반시설	세분
도로	가. 일반도로 마. 자전거전용도로 나. 자동차전용도로 바. 고가도로 다. 보행자전용도로 사. 지하도로 라. 보행자우선도로
자동차정류장	가. 여객자동차터미널 라. 공동차고지 나. 물류터미널 마. 화물자동차 휴게소 다. 공영차고지 바. 복합환승센터
광장	가. 교통광장 라. 지하광장 나. 일반광장 마. 건축물부설광장 다. 경관광장

2. 도시·군계획시설의 설치 및 관리

1) 도시·군계획시설의 설치

(1) 원칙(법 제43조)

지상·수상·공중·수중 또는 지하에 기반시설을 설치하려면 그 시설의 종류·명칭·위치·규모 등을 미리 도시·군관리계획으로 결정하여야 한다.

(2) 예외(영 제35조)

용도지역·기반시설의 특성 등을 고려하여 대통령령으로 정하는 경우에는 도시·군관리계획으로 결정하지 않아도 가능하다.

도시지역 또는 지구단위계획구역에서 기반시설을 설치하고자 하는 경우	가. 주차장, 차량 검사 및 면허시설, 공공공지, 열공급설비, 방송·통신시설, 시장·공공청사·문화시설·공공필요성이 인정되는 체육시설·연구시설·사회복지시설·공공직업 훈련시설·청소년수련시설·저수지·방화설비·방풍설비·방수설비·사방설비·방조설비·장사시설·종합의료시설·빗물저장 및 이용시설·폐차장 나. 「도시공원 및 녹지 등에 관한 법률」의 규정에 의하여 점용허가 대상이 되는 공원안의 기반시설 다. 그 밖에 국토교통부령으로 정하는 시설
도시지역 및 지구단위계획구역외의 지역에서 기반시설을 설치하고자 하는 경우	가. 위 표안 가목 및 나목의 기반시설 나. 궤도 및 전기공급설비 다. 그 밖에 국토교통부령이 정하는 시설

2) 도시·군계획시설의 결정·구조 및 설치의 기준

도시·군계획시설의 결정·구조 및 설치의 기준 등에 필요한 사항은 국토교통부령으로 정하고, 그 세부사항은 국토교통부령으로 정하는 범위에서 시·도의 조례로 정할 수 있다. 다만, 다른 법률에 특별한 규정이 있는 경우에는 그 법률에 따른다.

3) 도시·군계획시설의 관리

도시·군계획시설의 관리에 관하여 이 법 또는 다른 법률에 특별한 규정이 있는 경우 외에는 국가가 관리하는 경우에는 대통령령으로, 지방자치단체가 관리하는 경우에는 그 지방자치단체의 조례로 도시·군계획시설의 관리에 관한 사항을 정한다.

4) 도시·군계획시설의 공중 및 지하 설치기준과 보상(법 제46조)

도시·군계획시설을 공중·수중·수상 또는 지하에 설치하는 경우 그 높이나 깊이의 기준과 그 설치로 인하여 토지나 건물의 소유권 행사에 제한을 받는 자에 대한 보상 등에 관하여는 따로 법률로 정한다.

3. 공동구

1) 의의(법 제2조 제9호)

공동구란 전기·가스·수도 등의 공급설비, 통신시설, 하수도시설 등 지하매설물을 공동 수용함으로써 미관의 개선, 도로구조의 보전 및 교통의 원활한 소통을 위하여 지하에 설치하는 시설물을 말한다.

2) 공동구의 설치(법 제44조)

(1) 대상지역

다음 각 호에 해당하는 지역·지구·구역 등(이하 이 항에서 "지역등"이라 한다)이 대통령령으로 정하는 규모(200만제곱미터)를 초과하는 경우에는 해당 지역등에서 개발사업을 시행하는 자(이하 이 조에서 "사업시행자"라 한다)는 공동구를 설치하여야 한다.

1. 「도시개발법」에 따른 도시개발구역
2. 「택지개발촉진법」에 따른 택지개발지구
3. 「경제자유구역의 지정 및 운영에 관한 특별법」에 따른 경제자유구역
4. 「도시 및 주거환경정비법」에 따른 정비구역
5. 그 밖에 대통령령으로 정하는 지역
   - 「공공주택 특별법」에 따른 공공주택지구
   - 「도청이전을 위한 도시건설 및 지원에 관한 특별법」에 따른 도청이전신도시

(2) 공동구 설치의 타당성을 검토

도로 관리청은 지하매설물의 빈번한 설치 및 유지관리 등의 행위로 인하여 도로구조의 보전과 안전하고 원활한 도로교통의 확보에 지장을 초래하는 경우에는 공동구 설치의 타당성을 검토하여야 한다. 이 경우 재정여건 및 설치 우선순위 등을 고려하여 단계적으로 공동구가 설치될 수 있도록 하여야 한다.

부동산공법 (기초)

(3) 공동구에 수용할 시설

공동구가 설치된 경우에는 대통령령으로 정하는 바에 따라 공동구에 수용하여야 할 시설이 모두 수용되도록 하여야 한다.

다음 제1호부터 제6호까지의 시설을 공동구에 수용하여야 하며, 제7호 및 제8호의 시설은 공동구협의회의 심의를 거쳐 수용할 수 있다(영 제35조의 3).

1. 전선로
2. 통신선로
3. 수도관
4. 열수송관
5. 중수도관
6. 쓰레기수송관
7. 가스관
8. 하수도관, 그 밖의 시설

3) 수립절차

200만제곱미터를 초과하는 해당 지역등에서 개발사업을 시행하는 자는 공동구설치 개발사업의 계획을 수립할 경우에는 공동구 설치에 관한 계획을 포함하여야 한다. 이 경우 공동구에 수용되어야 할 시설을 설치하고자 공동구를 점용하려는 자(이하 이 조에서 "공동구 점용예정자"라 한다)와 설치 노선 및 규모 등에 관하여 미리 협의한 후 공동구협의회의 심의를 거쳐야 한다.

4) 비용부담

공동구의 설치(개량하는 경우를 포함한다)에 필요한 비용은 이 법 또는 다른 법률에 특별한 규정이 있는 경우를 제외하고는 공동구 점용예정자와 사업시행자가 부담한다. 이 경우 공동구 점용예정자는 해당 시설을 개별적으로 매설할 때 필요한 비용의 범위에서 대통령령으로 정하는 바에 따라 부담한다. 공동구 점용예정자와 사업시행자가 공동구 설치비용을 부담하는 경우 국가, 특별시장·광역시장·특별자치시장·특별자치도지사·시장 또는 군수는 공동구의 원활한 설치를 위하여 그 비용의 일부를 보조 또는 융자할 수 있다.

5) 시설물의 설치기준 등

공동구에 수용되어야 하는 시설물의 설치기준 등은 다른 법률에 특별한 규정이 있는 경우를 제외하고는 국토교통부장관이 정한다.

6) 공동구의 관리·운영 등(법 제44조의 2)

(1) 공동구의 관리

공동구는 특별시장·광역시장·특별자치시장·특별자치도지사·시장 또는 군수("공동구관리자"라 한다)가 관리한다. 다만, 공동구의 효율적인 관리·운영을 위하여 필요하다고 인정하는 경우에는 대통령령으로 정하는 기관에 그 관리·운영을 위탁할 수 있다.

(2) 공동구의 안전 · 유지관리계획

공동구관리자는 5년마다 해당 공동구의 안전 및 유지관리계획을 대통령령으로 정하는 바에 따라 수립 · 시행하여야 한다.

(3) 공동구의 안전점검

공동구관리자는 대통령령으로 정하는 바에 따라 1년에 1회 이상 공동구의 안전점검을 실시하여야 하며, 안전점검결과 이상이 있다고 인정되는 때에는 지체 없이 정밀안전진단 · 보수 · 보강 등 필요한 조치를 하여야 한다.

(4) 공동구 협의회

공동구관리자는 공동구의 설치 · 관리에 관한 주요 사항의 심의 또는 자문을 하게 하기 위하여 공동구협의회를 둘 수 있다. 이 경우 공동구협의회의 구성 · 운영 등에 필요한 사항은 대통령령으로 정한다.

7) 공동구의 관리비용(법 제44조의 3)

(1) 관리비용 부담

공동구의 관리에 소요되는 비용은 그 공동구를 점용하는 자가 함께 부담하되, 부담비율은 점용면적을 고려하여 공동구관리자가 정한다.

(2) 공동구관리자의 허가

공동구 설치비용을 부담하지 아니한 자(부담액을 완납하지 아니한 자를 포함한다)가 공동구를 점용하거나 사용하려면 그 공동구를 관리하는 공동구관리자의 허가를 받아야 한다.

(3) 점용료 또는 사용료를 납부

공동구를 점용하거나 사용하는 자는 그 공동구를 관리하는 특별시 · 광역시 · 특별자치시 · 특별자치도 · 시 또는 군의 조례로 정하는 바에 따라 점용료 또는 사용료를 납부하여야 한다.

4. 광역시설

1) 의의

광역시설이란 기반시설 중 광역적인 정비체계가 필요한 다음의 시설로서 대통령령으로 정하는 시설을 말한다(영 제3조).

<광역시설>

구분	시설
2 이상의 특별시 · 광역시 · 특별자치시 · 특별자치도 · 시 또는 군의 관할구역에 걸치는 시설	도로 · 철도 · 광장 · 녹지, 수도 · 전기 · 가스 · 열공급설비, 방송 · 통신시설, 공동구, 유류저장 및 송유설비, 하천 · 하수도(하수종말처리시설을 제외한다)
2 이상의 특별시 · 광역시 · 특별자치시 · 특별자치도 · 시 또는 군이 공동으로 이용하는 시설	항만 · 공항 · 자동차정류장 · 공원 · 유원지 · 유통업무설비 · 문화시설 · 공공 필요성이 인정되는 체육시설 · 사회복지시설 · 공공직업훈련시설 · 청소년 수련시설 · 유수지 · 장사시설 · 도축장 · 하수도(하수종말처리시설에 한한다) · 폐기물처리 및 재활용시설 · 수질오염방지시설 · 폐차장

2) 광역시설의 설치 · 관리 등(법 제45조)

(1) 원칙

광역시설의 설치 및 관리는 제43조(도시 · 군계획시설의 설치 · 관리)에 따른다.

(2) 예외

① 관계 특별시장 · 광역시장 · 특별자치시장 · 특별자치도지사 · 시장 또는 군수는 협약을 체결하거나 협의회 등을 구성하여 광역시설을 설치 · 관리할 수 있다. 다만, 협약의 체결이나 협의회 등의 구성이 이루어지지 아니하는 경우 그 시 또는 군이 같은 도에 속할 때에는 관할 도지사가 광역시설을 설치 · 관리할 수 있다.
② 국가계획으로 설치하는 광역시설은 그 광역시설의 설치 · 관리를 사업목적 또는 사업종목으로 하여 다른 법률에 따라 설립된 법인이 설치 · 관리할 수 있다.

(3) 광역시설 설치에 따른 지원

지방자치단체는 환경오염이 심하게 발생하거나 해당 지역의 개발이 현저하게 위축될 우려가 있는 광역시설을 다른 지방자치단체의 관할 구역에 설치할 때에는 대통령령으로 정하는 바에 따라 환경오염 방지를 위한 사업이나 해당 지역 주민의 편익을 증진시키기 위한 사업을 해당 지방자치단체와 함께 시행하거나 이에 필요한 자금을 해당 지방자치단체에 지원하여야 한다. 다만, 다른 법률에 특별한 규정이 있는 경우에는 그 법률에 따른다.

5. 도시 · 군계획시설사업의 시행

1) 의의

도시 · 군계획시설사업이란 도시 · 군계획시설을 설치 · 정비 또는 개량하는 사업을 말한다.

2) 단계별집행계획의 수립 및 절차(법 제85조)

(1) 단계별집행계획의 수립

① 원칙

특별시장 · 광역시장 · 특별자치시장 · 특별자치도지사 · 시장 또는 군수는 도시 · 군계획시설에 대하여 도시 · 군계획시설결정의 고시일부터 3개월 이내에 대통령령으로 정하는 바에 따라 재원조달계획, 보상계획 등을 포함하는 단계별 집행계획을 수립하여야 한다. 다만, 대통령령으로 정하는 법률에 따라 도시 · 군관리계획의 결정이 의제되는 경우에는 해당 도시 · 군계획시설결정의 고시일부터 2년 이내에 단계별 집행계획을 수립할 수 있다.

> 2년 이내에 단계별 집행계획을 수립할 수 있는 법률
> 1. 「도시 및 주거환경정비법」
> 2. 「도시재정비 촉진을 위한 특별법」
> 3. 「도시재생 활성화 및 지원에 관한 특별법」

② 예외

국토교통부장관이나 도지사가 직접 입안한 도시 · 군관리계획인 경우 국토교통부장관이나 도지사는 단계별 집행

계획을 수립하여 해당 특별시장·광역시장·특별자치시장·특별자치도지사·시장 또는 군수에게 송부할 수 있다.
③ 단계별집행계획의 구분 수립

단계별 집행계획은 제1단계 집행계획과 제2단계 집행계획으로 구분하여 수립하되, 3년 이내에 시행하는 도시·군계획시설사업은 제1단계 집행계획에, 3년 후에 시행하는 도시·군계획시설사업은 제2단계 집행계획에 포함되도록 하여야 한다.

(2) 수립절차

① 협의 및 의견청취

특별시장·광역시장·특별자치시장·특별자치도지사·시장 또는 군수는 단계별집행계획을 수립하고자 하는 때에는 미리 관계 행정기관의 장과 협의하여야 하며, 해당 지방의회의 의견을 들어야 한다(영 제95조).
② 공고

특별시장·광역시장·특별자치시장·특별자치도지사·시장 또는 군수는 단계별 집행계획을 수립하거나 받은 때에는 대통령령으로 정하는 바에 따라 지체 없이 그 사실을 공고하여야 한다.
③ 변경절차

공고된 단계별 집행계획을 변경하는 경우에는 단계별 집행계획의 수립(법 제85조)규정을 준용한다. 다만, 대통령령으로 정하는 경미한 사항을 변경하는 경우에는 그러하지 아니하다.

3) 도시·군계획시설사업의 시행자(법 제86조)

(1) 원칙적 사업시행자

① 특별시장·광역시장·특별자치시장·특별자치도지사·시장 또는 군수는 이 법 또는 다른 법률에 특별한 규정이 있는 경우 외에는 관할 구역의 도시·군계획시설사업을 시행한다.
② 도시·군계획시설사업이 둘 이상의 특별시·광역시·특별자치시·특별자치도·시 또는 군의 관할 구역에 걸쳐 시행되게 되는 경우에는 관계 특별시장·광역시장·특별자치시장·특별자치도지사·시장 또는 군수가 서로 협의하여 시행자를 정한다. 협의가 성립되지 아니하는 경우 도시·군계획시설사업을 시행하려는 구역이 같은 도의 관할 구역에 속하는 경우에는 관할 도지사가 시행자를 지정하고, 둘 이상의 시·도의 관할 구역에 걸치는 경우에는 국토교통부장관이 시행자를 지정한다.

(2) 예외적 사업시행자

① 국토교통부장관은 국가계획과 관련되거나 그 밖에 특히 필요하다고 인정되는 경우에는 관계 특별시장·광역시장·특별자치시장·특별자치도지사·시장 또는 군수의 의견을 들어 직접 도시·군계획시설사업을 시행할 수 있다.
② 도지사는 광역도시계획과 관련되거나 특히 필요하다고 인정되는 경우에는 관계 시장 또는 군수의 의견을 들어 직접 도시·군계획시설사업을 시행할 수 있다.
③ 지정받은 시행자

대통령령으로 정하는 바에 따라 국토교통부장관, 시·도지사, 시장 또는 군수로부터 시행자로 지정을 받아 도시·군계획시설사업을 시행할 수 있다.

■ 신청서 제출

도시·군계획시설사업의 시행자로 지정받고자 하는 자는 다음 각호의 사항을 기재한 신청서를 국토교통부장관, 시·도지사 또는 시장·군수에게 제출하여야 한다(영 제96조).
1. 사업의 종류 및 명칭
2. 사업시행자의 성명 및 주소(법인인 경우에는 법인의 명칭 및 소재지와 대표자의 성명 및 주소)
3. 토지 또는 건물의 소재지·지번·지목 및 면적, 소유권과 소유권외의 권리의 명세 및 그 소유자·권리자의 성명·주소
4. 사업의 착수예정일 및 준공예정일
5. 자금조달계획

■ 아래의 요건 갖출 것

도시계획시설사업의 대상인 토지(국·공유지를 제외한다)면적의 3분의 2 이상에 해당하는 토지를 소유하고, 토지소유자 총수의 2분의 1 이상에 해당하는 자의 동의

④ 도시·군계획시설사업의 분할 시행(법 제87조)

도시·군계획시설사업의 시행자는 도시·군계획시설사업을 효율적으로 추진하기 위하여 필요하다고 인정되면 사업시행대상지역 또는 대상시설을 둘 이상으로 분할하여 도시·군계획시설사업을 시행할 수 있다.

4) 실시계획의 작성 및 인가 등(법 제88조)

(1) 실시계획의 작성

도시·군계획시설사업의 시행자는 대통령령으로 정하는 바에 따라 그 도시·군계획시설사업에 관한 실시계획을 작성하여야 한다. 실시계획에는 다음 각호의 사항이 포함되어야 한다.

1. 사업의 종류 및 명칭
2. 사업의 면적 또는 규모
3. 사업시행자의 성명 및 주소(법인인 경우에는 법인의 명칭 및 소재지와 대표자의 성명 및 주소)
4. 사업의 착수예정일 및 준공예정일

(2) 실시계획의 인가

① 국토교통부장관, 시·도지사 또는 대도시 시장의 인가

도시·군계획시설사업의 시행자(국토교통부장관, 시·도지사와 대도시 시장은 제외한다)는 실시계획을 작성하면 대통령령으로 정하는 바에 따라 국토교통부장관, 시·도지사 또는 대도시 시장의 인가를 받아야 한다. 다만, 준공검사를 받은 후에 해당 도시·군계획시설사업에 대하여 국토교통부령으로 정하는 경미한 사항을 변경하기 위하여 실시계획을 작성하는 경우에는 국토교통부장관, 시·도지사 또는 대도시 시장의 인가를 받지 아니한다.

② 공고 및 열람

국토교통부장관, 시·도지사 또는 대도시 시장은 실시계획을 인가하려면 미리 대통령령으로 정하는 바에 따라 그 사실을 공고하고, 관계 서류의 사본을 14일 이상 일반이 열람할 수 있도록 하여야 한다. 도시·군계획시설사업의 시행지구의 토지·건축물 등의 소유자 및 이해관계인은 열람기간 이내에 국토교통부장관, 시·도지사, 대도시 시장 또는 도시·군계획시설사업의 시행자에게 의견서를 제출할 수 있으며, 국토교통부장관, 시·도지사, 대도시 시장 또는 도시·군계획시설사업의 시행자는 제출된 의견이 타당하다고 인정되면 그 의견을 실시계획에 반영하여야 한다.

③ 지형도면의 고시

실시계획이 작성(도시·군계획시설사업의 시행자가 국토교통부장관, 시·도지사 또는 대도시 시장인 경우를 말한다) 또는 인가된 때에는 그 실시계획에 반영된 제30조제5항 단서에 따른 경미한 사항의 범위에서 도시·군관리계획이 변경된 것으로 본다. 이 경우 도시·군관리계획의 변경사항 및 이를 반영한 지형도면을 고시하여야 한다.

(3) 조건부 인가 및 이행담보

① 조건부 인가

국토교통부장관, 시·도지사 또는 대도시 시장은 도시·군계획시설사업의 시행자가 작성한 실시계획이 도시·군계획시설의 결정·구조 및 설치의 기준 등에 맞다고 인정하는 경우에는 실시계획을 인가하여야 한다. 이 경우 국토교통부장관, 시·도지사 또는 대도시 시장은 기반시설의 설치나 그에 필요한 용지의 확보, 위해 방지, 환경오염 방지, 경관 조성, 조경 등의 조치를 할 것을 조건으로 실시계획을 인가할 수 있다.

② 이행담보

특별시장·광역시장·특별자치시장·특별자치도지사·시장 또는 군수는 기반시설의 설치나 그에 필요한 용지의 확보, 위해 방지, 환경오염 방지, 경관 조성, 조경 등을 위하여 필요하다고 인정되는 경우로서 대통령령으로 정하는 경우에는 그 이행을 담보하기 위하여 도시·군계획시설사업의 시행자에게 이행보증금을 예치하게 할 수 있다. 다만 국가 또는 지방자치단체, 대통령령으로 정하는 자 등에 대하여는 그러하지 아니하다.

③ 원상회복명령

특별시장·광역시장·특별자치시장·특별자치도지사·시장 또는 군수는 실시계획의 인가 또는 변경인가를 받지 아니하고 도시·군계획시설사업을 하거나 그 인가 내용과 다르게 도시·군계획시설사업을 하는 자에게 그 토지의 원상회복을 명할 수 있다.

④ 원상회복명령에 따르지 않은 자에 대한 조치

특별시장·광역시장·특별자치시장·특별자치도지사·시장 또는 군수는 원상회복의 명령을 받은 자가 원상회복을 하지 아니하는 경우에는 「행정대집행법」에 따른 행정대집행에 따라 원상회복을 할 수 있다. 이 경우 행정대집행에 필요한 비용은 도시·군계획시설사업의 시행자가 예치한 이행보증금으로 충당할 수 있다.

5) 실시계획의 고시 및 효과

(1) 실시계획의 고시

국토교통부장관, 시·도지사 또는 대도시 시장은 실시계획을 작성(변경작성을 포함한다), 인가(변경인가를 포함한다), 폐지하거나 실시계획이 효력을 잃은 경우에는 대통령령으로 정하는 바에 따라 그 내용을 고시하여야 한다.

(2) 실시계획고시의 효과

국토교통부장관, 시·도지사 또는 대도시 시장이 실시계획을 작성 또는 변경작성하거나 인가 또는 변경인가를 할 때에 그 실시계획에 대한 다음 각 호의 인·허가등(법 제92조 제1항 제1호부터 27호까지)에 관하여 관계 행정기관의 장과 협의한 사항에 대하여는 해당 인·허가등을 받은 것으로 보며, 실시계획을 고시한 경우에는 관계 법률에 따른 인·허가등의 고시·공고 등이 있은 것으로 본다.

6) 사업시행을 위한 조치

(1) 관계서류의 열람 등(법 제93조)

도시·군계획시설사업의 시행자는 도시·군계획시설사업을 시행하기 위하여 필요하면 등기소나 그 밖의 관계 행정기관의 장에게 필요한 서류의 열람 또는 복사나 그 등본 또는 초본의 발급을 무료로 청구할 수 있다.

(2) 공시송달

도시·군계획시설사업의 시행자는 이해관계인에게 서류를 송달할 필요가 있으나 이해관계인의 주소 또는 거소(居所)가 불분명하거나 그 밖의 사유로 서류를 송달할 수 없는 경우에는 대통령령으로 정하는 바에 따라 그 서류의 송달을 갈음하여 그 내용을 공시할 수 있다. 서류의 공시송달에 관하여는 「민사소송법」의 공시송달의 예에 따른다.

(3) 토지등의 수용 및 사용(법 제95조)

① 도시·군계획시설사업의 시행자는 도시·군계획시설사업에 필요한 다음 각 호의 물건 또는 권리를 수용하거나 사용할 수 있다.

> 1. 토지·건축물 또는 그 토지에 정착된 물건
> 2. 토지·건축물 또는 그 토지에 정착된 물건에 관한 소유권 외의 권리

② 도시·군계획시설사업의 시행자는 사업시행을 위하여 특히 필요하다고 인정되면 도시·군계획시설에 인접한 다음 각 호의 물건 또는 권리를 일시 사용할 수 있다.

> 1. 토지·건축물 또는 그 토지에 정착된 물건
> 2. 토지·건축물 또는 그 토지에 정착된 물건에 관한 소유권 외의 권리

(4) 「공익사업을 위한 토지 등의 취득 및 보상에 관한 법률」을 준용(법 제96조)

수용 및 사용에 관하여는 이 법에 특별한 규정이 있는 경우 외에는 「공익사업을 위한 토지 등의 취득 및 보상에 관한 법률」을 준용한다. 준용할 때에 제91조에 따른 실시계획을 고시한 경우에는 같은 법의 사업인정 및 그 고시가 있었던 것으로 본다. 다만, 재결 신청은 같은 법 제23조제1항과 제28조제1항(1년 이내)에도 불구하고 실시계획에서 정한 도시·군계획시설사업의 시행기간에 하여야 한다.

(5) 국·공유지의 처분제한(법 제97조)

도시·군관리계획결정을 고시한 경우에는 국공유지로서 도시·군계획시설사업에 필요한 토지는 그 도시·군관리계획으로 정하여진 목적 외의 목적으로 매각하거나 양도할 수 없다. 위반한 행위는 무효로 한다.

7) 실시계획의 실효

(1) 실효사유

도시·군계획시설결정의 고시일부터 10년 이후에 실시계획을 작성하거나 인가(다른 법률에 따라 의제된 경우는 제외한다) 받은 도시·군계획시설사업의 시행자(이하 이 조에서 "장기미집행 도시·군계획시설사업의 시행자"라 한다)가 실시계획 고시일부터 5년 이내에 「공익사업을 위한 토지 등의 취득 및 보상에 관한 법률」에 따른 재결신 청을 하지 아니한 경우에는 실시계획 고시일부터 5년이 지난 다음 날에 그 실시계획은 효력을 잃는다. 다만, 장 기미집행 도시·군계획시설사업의 시행자가 재결신청을 하지 아니하고 실시계획 고시일부터 5년이 지나기 전에 해당 도시·군계획시설사업에 필요한 토지 면적의 3분의 2 이상을 소유하거나 사용할 수 있는 권원을 확보하고 실시계획 고시일부터 7년 이내에 재결신청을 하지 아니한 경우 실시계획 고시일부터 7년이 지난 다음 날에 그 실시계획은 효력을 잃는다.

(2) 효력유지

장기미집행 도시·군계획시설사업의 시행자가 재결신청 없이 도시·군계획시설사업에 필요한 모든 토지·건축물 또는 그 토지에 정착된 물건을 소유하거나 사용할 수 있는 권원을 확보한 경우 그 실시계획은 효력을 유지한다.

(3) 실효시기

① 실시계획이 폐지되거나 효력을 잃은 경우 해당 도시·군계획시설결정은 다음 각 호에서 정한 날 효력을 잃는다.

1. 도시·군계획시설결정의 고시일부터 20년이 되기 전에 실시계획이 폐지되거나 효력을 잃고 다른 도시·군 계획시설사업이 시행되지 아니하는 경우: 도시·군계획시설결정의 고시일부터 20년이 되는 날의 다음 날
2. 도시·군계획시설결정의 고시일부터 20년이 되는 날의 다음 날 이후 실시계획이 폐지되거나 효력을 잃 은 경우: 실시계획이 폐지되거나 효력을 잃은 날

② 시·도지사 또는 대도시 시장은 대통령령으로 정하는 바에 따라 지체 없이 그 사실을 고시하여야 한다.

8) 공사완료 공고(법 제98조)

(1) 준공검사

도시·군계획시설사업의 시행자(국토교통부장관, 시·도지사와 대도시 시장은 제외한다)는 도시·군계획시설사업 의 공사를 마친 때에는 국토교통부령으로 정하는 바에 따라 공사완료보고서를 작성하여 시·도지사나 대도시 시 장의 준공검사를 받아야 한다. 시·도지사나 대도시 시장은 공사완료보고서를 받으면 지체 없이 준공검사를 하여 야 한다.

(2) 공사완료 공고

국토교통부장관, 시·도지사 또는 대도시 시장인 도시·군계획시설사업의 시행자는 도시·군계획시설사업의 공 사를 마친 때에는 공사완료 공고를 하여야 한다.

(3) 관계행정기관의 장과 협의

국토교통부장관, 시·도지사 또는 대도시 시장은 준공검사를 하거나 공사완료 공고를 할 때에 그 내용에 의제되

는 인·허가등에 따른 준공검사·준공인가 등에 해당하는 사항이 있으면 미리 관계 행정기관의 장과 협의하여야 한다.

(4) 준공검사·준공인가 의제

준공검사를 하거나 공사완료 공고를 할 때에 국토교통부장관, 시·도지사 또는 대도시 시장이 의제되는 인·허가 등에 따른 준공검사·준공인가 등에 관하여 관계 행정기관의 장과 협의한 사항에 대하여는 그 준공검사·준공인가 등을 받은 것으로 본다. 국토교통부장관은준공검사·준공인가 등의 처리기준을 관계 중앙행정기관으로부터 받아 통합하여 고시하여야 한다.

9) 공공시설 등의 귀속(법 제99조)

도시·군계획시설사업에 의하여 새로 공공시설을 설치하거나 기존의 공공시설에 대체되는 공공시설을 설치한 경우에는 제65조(개발행위에 따른 공공시설 등의 귀속)를 준용한다.

10) 다른 법률과의 관계(법 제100조)

도시·군계획시설사업으로 조성된 대지와 건축물 중 국가나 지방자치단체의 소유에 속하는 재산을 처분하려면 「국유재산법」과 「공유재산 및 물품 관리법」에도 불구하고 대통령령으로 정하는 바에 따라 다음 각 호의 순위에 따라 처분할 수 있다.

1. 해당 도시·군계획시설사업의 시행으로 수용된 토지 또는 건축물 소유자에의 양도
2. 다른 도시·군계획시설사업에 필요한 토지와의 교환

6. 도시·군계획시설 부지의 매수 청구(법 제47조)

1) 매수청구의 조건

① 10년 이내 사업 미시행

도시·군계획시설에 대한 도시·군관리계획의 결정(이하 "도시·군계획시설결정"이라 한다)의 고시일부터 10년 이내에 그 도시·군계획시설의 설치에 관한 도시·군계획시설사업이 시행되지 아니하는 경우(실시계획의 인가나 그에 상당하는 절차가 진행된 경우는 제외한다)

② 지목이 대(垈)인 토지

그 도시·군계획시설의 부지로 되어 있는 토지 중 지목(地目)이 대(垈)인 토지(그 토지에 있는 건축물 및 정착물을 포함한다)

2) 매수의무자

(1) 원칙

특별시장·광역시장·특별자치시장·특별자치도지사·시장 또는 군수에게 그 토지의 매수를 청구할 수 있다.

(2) 예외

다음 각 호의 어느 하나에 해당하는 경우에는 그에 해당하는 자(특별시장·광역시장·특별자치시장·특별자치도 지사·시장 또는 군수를 포함한다. 이하 이 조에서 "매수의무자"라 한다)에게 그 토지의 매수를 청구할 수 있다.

1. 이 법에 따라 해당 도시·군계획시설사업의 시행자가 정하여진 경우에는 그 시행자
2. 이 법 또는 다른 법률에 따라 도시·군계획시설을 설치하거나 관리하여야 할 의무가 있는 자가 있으면 그 의무가 있는 자. 이 경우 도시·군계획시설을 설치하거나 관리하여야 할 의무가 있는 자가 서로 다른 경우에는 설치하여야 할 의무가 있는 자에게 매수 청구하여야 한다.

3) 대금지급

(1) 원칙

토지를 매수할 때에는 현금으로 그 대금을 지급한다.

(2) 예외

다음 각 호의 어느 하나에 해당하는 경우로서 매수의무자가 지방자치단체인 경우에는 채권(이하 "도시·군계획시설채권"이라 한다)을 발행하여 지급할 수 있다.

1. 토지 소유자가 원하는 경우
2. 대통령령으로 정하는 부재부동산 소유자의 토지 또는 비업무용 토지로서 매수대금이 대통령령으로 정하는 금액(3천만원)을 초과하여 그 초과하는 금액을 지급하는 경우

(3) 도시·군계획시설채권

① 상환기간 및 채권이율

도시·군계획시설채권의 상환기간은 10년 이내로 하며, 그 이율은 채권 발행 당시 「은행법」에 따른 인가를 받은 은행 중 전국을 영업으로 하는 은행이 적용하는 1년 만기 정기예금금리의 평균 이상이어야 하며, 구체적인 상환기간과 이율은 특별시·광역시·특별자치시·특별자치도·시 또는 군의 조례로 정한다.
② 발행절차

도시·군계획시설채권의 발행절차나 그 밖에 필요한 사항에 관하여 이 법에 특별한 규정이 있는 경우 외에는 「지방재정법」에서 정하는 바에 따른다.

4) 매수절차

(1) 서류제출

토지의 매수를 청구하고자 하는 자는 국토교통부령이 정하는 도시·군계획시설부지매수청구서(전자문서로 된 청구서를 포함한다)에 대상토지 및 건물에 대한 등기사항증명서를 첨부하여 매수의무자에게 제출하여야 한다(영 제41조).

(2) 매수여부 결정

매수의무자는 매수 청구를 받은 날부터 6개월 이내에 매수 여부를 결정하여야 하며, 토지 소유자와 특별시장 · 광역시장 · 특별자치시장 · 특별자치도지사 · 시장 또는 군수(매수의무자가 특별시장 · 광역시장 · 특별자치시장 · 특별자치도지사 · 시장 또는 군수인 경우는 제외한다)에게 알려야 한다.

(3) 매수기간

매수하기로 결정한 토지는 매수 결정을 알린 날부터 2년 이내에 매수하여야 한다.

5) 미 매수시 건축

매수 청구를 한 토지의 소유자는 다음 각 호의 어느 하나에 해당하는 경우 제56조(개발행위의 허가)에 따른 허가를 받아 대통령령으로 정하는 건축물 또는 공작물을 설치할 수 있다. 이 경우 제54조(지구단위계획구역에서의 건축), 제58조(개발행위허가의 기준)와 제64조(도시 · 군계획시설 부지에서의 개발행위)는 적용하지 아니한다.

1. 매수하지 아니하기로 결정한 경우
2. 매수 결정을 알린 날부터 2년이 지날 때까지 해당 토지를 매수하지 아니하는 경우

■ 건축가능한 건축물 등

1. 「건축법 시행령」 별표 1 제1호 가목의 단독주택으로서 3층 이하인 것
2. 「건축법 시행령」 별표 1 제3호의 제1종근린생활시설로서 3층 이하인 것
3. 「건축법 시행령」 별표 1 제4호의 제2종 근린생활시설(다중생활시설로서 바닥면적 500㎡미만, 단란주점으로서 바닥면적 150㎡미만, 안마시술소, 노래연습장)로서 3층 이하인 것
4. 공작물

6) 매수가격 등

매수 청구된 토지의 매수가격 · 매수절차 등에 관하여 이 법에 특별한 규정이 있는 경우 외에는 「공익사업을 위한 토지 등의 취득 및 보상에 관한 법률」을 준용한다.

7. 도시 · 군계획시설결정의 해제 신청 등(법 제48조의 2)

1) 해제를 위한 입안신청

(1) 입안신청

도시 · 군계획시설결정의 고시일부터 10년 이내에 그 도시 · 군계획시설의 설치에 관한 도시 · 군계획시설사업이 시행되지 아니한 경우로서 단계별 집행계획상 해당 도시 · 군계획시설의 실효 시까지 집행계획이 없는 경우에는 그 도시 · 군계획시설 부지로 되어 있는 토지의 소유자는 대통령령으로 정하는 바에 따라 해당 도시 · 군계획시설에 대한 도시 · 군관리계획 입안권자에게 그 토지의 도시 · 군계획시설결정 해제를 위한 도시 · 군관리계획 입안을 신청할 수 있다.

(2) 입안여부 결정

도시·군관리계획 입안권자는 (1)에 따른 신청을 받은 날부터 3개월 이내에 입안 여부를 결정하여 토지 소유자에게 알려야 하며, 해당 도시·군계획시설결정의 실효 시까지 설치하기로 집행계획을 수립하는 등 대통령령으로 정하는 특별한 사유가 없으면 그 도시·군계획시설결정의 해제를 위한 도시·군관리계획을 입안하여야 한다.

2) 해제신청

① 해제를 위한 입안 신청을 한 토지 소유자는 해당 도시·군계획시설결정의 해제를 위한 도시·군관리계획이 입안되지 아니하는 등 대통령령으로 정하는 사항에 해당하는 경우에는 해당 도시·군계획시설에 대한 도시·군관리계획 결정권자에게 그 도시·군계획시설결정의 해제를 신청할 수 있다.

② 도시·군관리계획 결정권자는 해제 신청을 받은 날부터 2개월 이내에 결정 여부를 정하여 토지 소유자에게 알려야 하며, 특별한 사유가 없으면 그 도시·군계획시설결정을 해제하여야 한다.

③ 해제 신청을 한 토지 소유자는 해당 도시·군계획시설결정이 해제되지 아니하는 등 대통령령으로 정하는 사항에 해당하는 경우에는 국토교통부장관에게 그 도시·군계획시설결정의 해제 심사를 신청할 수 있다.

④ 해제 심사 신청을 받은 국토교통부장관은 대통령령으로 정하는 바에 따라 해당 도시·군계획시설에 대한 도시·군관리계획 결정권자에게 도시·군계획시설결정의 해제를 권고할 수 있다.

⑤ 해제를 권고받은 도시·군관리계획 결정권자는 특별한 사유가 없으면 그 도시·군계획시설결정을 해제하여야 한다.

도시·군계획시설 사업 절차

도시군계획시설		단계별 집행계획		사업시행자
설치·정비 또는 개량	→	원칙:특별시장·광역시장·특별자치시장·특별자치도지사·시장 또는 군수 예외:국토부장관, 도지사 1단계:3년이내 실시 2단계:3년 후 실시		원칙: 특별시장·광역시장·특별자치시장·특별자치도지사·시장 또는 군수 예외: 국토부장관, 도지사, 지정받은 시행자

실시계획인가		시행		준공검사
국토부장관, 시·도지사, 대도시시장 14일이상 일반열람 지형도면 고시	→	사업시행을 위한 조치 - 관계서류의 열람 - 공시송달 - 토지등의 수용 또는 사용 - 타인 토지 출입 등	→	실시계획의 실효 - 10년 이후 실시계획 작성 - 5년이내 재결신청 안함 - 20년 이내 시행 안함 장기미집행(10년) 매수청구

부동산공법 (기초)

10 비용의 부담

1. 비용부담의 원칙(법 제101조)

광역도시계획 및 도시·군계획의 수립과 도시·군계획시설사업에 관한 비용은 이 법 또는 다른 법률에 특별한 규정이 있는 경우 외에는 국가가 하는 경우에는 국가예산에서, 지방자치단체가 하는 경우에는 해당 지방자치단체가, 행정청이 아닌 자가 하는 경우에는 그 자가 부담함을 원칙으로 한다.

2. 지방자치단체의 비용 부담(법 제102조)

① 국토교통부장관이나 시·도지사는 그가 시행한 도시·군계획시설사업으로 현저히 이익을 받는 시·도, 시 또는 군이 있으면 대통령령으로 정하는 바에 따라 그 도시·군계획시설사업에 든 비용의 일부를 그 이익을 받는 시·도, 시 또는 군에 부담시킬 수 있다. 이 경우 국토교통부장관은 시·도, 시 또는 군에 비용을 부담시키기 전에 행정안전부장관과 협의하여야 한다.

② 시·도지사는 제1항에 따라 그 시·도에 속하지 아니하는 특별시·광역시·특별자치시·특별자치도·시 또는 군에 비용을 부담시키려면 해당 지방자치단체의 장과 협의하되, 협의가 성립되지 아니하는 경우에는 행정안전부장관이 결정하는 바에 따른다.

③ 시장이나 군수는 그가 시행한 도시·군계획시설사업으로 현저히 이익을 받는 다른 지방자치단체가 있으면 대통령령으로 정하는 바에 따라 그 도시·군계획시설사업에 든 비용의 일부를 그 이익을 받는 다른 지방자치단체와 협의하여 그 지방자치단체에 부담시킬 수 있다.

④ 제3항에 따른 협의가 성립되지 아니하는 경우 다른 지방자치단체가 같은 도에 속할 때에는 관할 도지사가 결정하는 바에 따르며, 다른 시·도에 속할 때에는 행정안전부장관이 결정하는 바에 따른다.

3. 보조 또는 융자(법 제104조)

① 시·도지사, 시장 또는 군수가 수립하는 광역도시·군계획 또는 도시·군계획에 관한 기초조사나 제32조에 따른 지형도면의 작성에 드는 비용은 대통령령으로 정하는 바에 따라 그 비용의 전부 또는 일부를 국가예산에서 보조할 수 있다.

② 행정청이 시행하는 도시·군계획시설사업에 드는 비용은 대통령령으로 정하는 바에 따라 그 비용의 전부 또는 일부를 국가예산에서 보조하거나 융자할 수 있으며, 행정청이 아닌 자가 시행하는 도시·군계획시설사업에 드는 비용의 일부는 대통령령으로 정하는 바에 따라 국가 또는 지방자치단체가 보조하거나 융자할 수 있다. 이 경우 국가 또는 지방자치단체는 다음 각 호의 어느 하나에 해당하는 지역을 우선 지원할 수 있다.

1. 도로, 상하수도 등 기반시설이 인근지역에 비하여 부족한 지역
2. 광역도시계획에 반영된 광역시설이 설치되는 지역
3. 개발제한구역(집단취락만 해당한다)에서 해제된 지역
4. 도시·군계획시설결정의 고시일부터 10년이 지날 때까지 그 도시·군계획시설의 설치에 관한 도시·군계획시설사업이 시행되지 아니한 경우로서 해당 도시·군계획시설의 설치 필요성이 높은 지역

1. 중앙도시계획위원회

1) 업무

다음 각 호의 업무를 수행하기 위하여 국토교통부에 중앙도시계획위원회를 둔다.

> 1. 광역도시계획·도시·군계획·토지거래계약허가구역 등 국토교통부장관의 권한에 속하는 사항의 심의
> 2. 이 법 또는 다른 법률에서 중앙도시계획위원회의 심의를 거치도록 한 사항의 심의
> 3. 도시·군계획에 관한 조사·연구

2) 조직

① 중앙도시계획위원회는 위원장·부위원장 각 1명을 포함한 25명 이상 30명 이하의 위원으로 구성한다.
② 중앙도시계획위원회의 위원장과 부위원장은 위원 중에서 국토교통부장관이 임명하거나 위촉한다.
③ 위원은 관계 중앙행정기관의 공무원과 토지 이용, 건축, 주택, 교통, 공간정보, 환경, 법률, 복지, 방재, 문화, 농림 등 도시·군계획과 관련된 분야에 관한 학식과 경험이 풍부한 자 중에서 국토교통부장관이 임명하거나 위촉한다.
④ 공무원이 아닌 위원의 수는 10명 이상으로 하고, 그 임기는 2년으로 한다.
⑤ 보궐위원의 임기는 전임자 임기의 남은 기간으로 한다.

2. 지방도시계획위원회(법 제113조)

① 다음 각 호의 심의를 하게 하거나 자문에 응하게 하기 위하여 시·도에 시·도도시계획위원회를 둔다.

> 1. 시·도지사가 결정하는 도시·군관리계획의 심의 등 시·도지사의 권한에 속하는 사항과 다른 법률에서 시·도도시계획위원회의 심의를 거치도록 한 사항의 심의
> 2. 국토교통부장관의 권한에 속하는 사항 중 중앙도시계획위원회의 심의 대상에 해당하는 사항이 시·도지사에게 위임된 경우 그 위임된 사항의 심의
> 3. 도시·군관리계획과 관련하여 시·도지사가 자문하는 사항에 대한 조언
> 4. 그 밖에 대통령령으로 정하는 사항에 관한 심의 또는 조언

② 도시·군관리계획과 관련된 다음 각 호의 심의를 하게 하거나 자문에 응하게 하기 위하여 시·군(광역시의 관할 구역에 있는 군을 포함한다. 이하 이 조에서 같다) 또는 구에 각각 시·군·구도시계획위원회를 둔다.

> 1. 시장 또는 군수가 결정하는 도시·군관리계획의 심의와 국토교통부장관이나 시·도지사의 권한에 속하는 사항 중 시·도도시계획위원회의 심의대상에 해당하는 사항이 시장·군수 또는 구청장에게 위임되거나 재위임된 경우 그 위임되거나 재위임된 사항의 심의
> 2. 도시·군관리계획과 관련하여 시장·군수 또는 구청장이 자문하는 사항에 대한 조언
> 3. 제59조에 따른 개발행위의 허가 등에 관한 심의
> 4. 그 밖에 대통령령으로 정하는 사항에 관한 심의 또는 조언

③ 시·도도시계획위원회나 시·군·구도시계획위원회의 심의 사항 중 대통령령으로 정하는 사항을 효율적으로 심의하기 위하여 시·도도시계획위원회나 시·군·구도시계획위원회에 분과위원회를 둘 수 있다.

④ 분과위원회에서 심의하는 사항 중 시·도도시계획위원회나 시·군·구도시계획위원회가 지정하는 사항은 분과위원회의 심의를 시·도도시계획위원회나 시·군·구도시계획위원회의 심의로 본다.

⑤ 도시·군계획 등에 관한 중요 사항을 조사·연구하기 위하여 지방도시계획위원회에 전문위원을 둘 수 있다.

12 보칙

1. 시범도시의 지정·지원(법 제137조)

국토교통부장관은 도시의 경제·사회·문화적인 특성을 살려 개성 있고 지속가능한 발전을 촉진하기 위하여 필요하면 직접 또는 관계 중앙행정기관의 장이나 시·도지사의 요청에 의하여 경관, 생태, 정보통신, 과학, 문화, 관광, 그 밖에 대통령령으로 정하는 분야별로 시범도시(시범지구나 시범단지를 포함한다)를 지정할 수 있다.

2. 국토이용정보체계의 활용(법 제128조)

① 국토교통부장관, 시·도지사, 시장 또는 군수가 「토지이용규제 기본법」에 따라 국토이용정보체계를 구축하여 도시·군계획에 관한 정보를 관리하는 경우에는 해당 정보를 도시·군계획을 수립하는 데에 활용하여야 한다.

② 특별시장·광역시장·특별자치시장·특별자치도지사·시장 또는 군수는 개발행위허가 민원 간소화 및 업무의 효율적인 처리를 위하여 국토이용정보체계를 활용하여야 한다.

3. 토지에의 출입 등(법 제130조, 제131조)

1) 타인의 토지 출입

① 국토교통부장관, 시·도지사, 시장 또는 군수나 도시·군계획시설사업의 시행자는 다음 각 호의 행위를 하기 위하여 필요하면 타인의 토지에 출입하거나 타인의 토지를 재료 적치장 또는 임시통로로 일시 사용할 수 있으며, 특히 필요한 경우에는 나무, 흙, 돌, 그 밖의 장애물을 변경하거나 제거할 수 있다.

1. 도시·군계획·광역도시·군계획에 관한 기초조사
2. 개발밀도관리구역, 기반시설부담구역 및 제67조제4항에 따른 기반시설설치계획에 관한 기초조사
3. 지가의 동향 및 토지거래의 상황에 관한 조사
4. 도시·군계획시설사업에 관한 조사·측량 또는 시행

② 제1항에 따라 타인의 토지에 출입하려는 자는 특별시장·광역시장·특별자치시장·특별자치도지사·시장 또는 군수의 허가를 받아야 하며, 출입하려는 날의 7일 전까지 그 토지의 소유자·점유자 또는 관리인에게 그 일시와 장소를 알려야 한다. 다만, 행정청인 도시·군계획시설사업의 시행자는 허가를 받지 아니하고 타인의 토지에 출입할 수 있다.

③ 제1항에 따라 타인의 토지를 재료 적치장 또는 임시통로로 일시사용하거나 나무, 흙, 돌, 그 밖의 장애물을 변경 또는 제거하려는 자는 토지의 소유자 · 점유자 또는 관리인의 동의를 받아야 한다.

④ 제3항의 경우 토지나 장애물의 소유자 · 점유자 또는 관리인이 현장에 없거나 주소 또는 거소가 불분명하여 그 동의를 받을 수 없는 경우에는 행정청인 도시 · 군계획시설사업의 시행자는 관할 특별시장 · 광역시장 · 특별자 치시장 · 특별자치도지사 · 시장 또는 군수에게 그 사실을 통지하여야 하며, 행정청이 아닌 도시 · 군계획시설사 업의 시행자는 미리 관할 특별시장 · 광역시장 · 특별자치시장 · 특별자치도지사 · 시장 또는 군수의 허가를 받 아야 한다.

⑤ 제3항과 제4항에 따라 토지를 일시 사용하거나 장애물을 변경 또는 제거하려는 자는 토지를 사용하려는 날이 나 장애물을 변경 또는 제거하려는 날의 3일 전까지 그 토지나 장애물의 소유자 · 점유자 또는 관리인에게 알 려야 한다.

⑥ 일출 전이나 일몰 후에는 그 토지 점유자의 승낙 없이 택지나 담장 또는 울타리로 둘러싸인 타인의 토지에 출 입할 수 없다.

⑦ 토지의 점유자는 정당한 사유 없이 제1항에 따른 행위를 방해하거나 거부하지 못한다.

⑧ 제1항에 따른 행위를 하려는 자는 그 권한을 표시하는 증표와 허가증을 지니고 이를 관계인에게 내보여야 한다.

2) 토지에의 출입에 따른 손실 보상

① 제130조제1항에 따른 행위로 인하여 손실을 입은 자가 있으면 그 행위자가 속한 행정청이나 도시 · 군계획시 설사업의 시행자가 그 손실을 보상하여야 한다.

② 제1항에 따른 손실 보상에 관하여는 그 손실을 보상할 자와 손실을 입은 자가 협의하여야 한다.

③ 손실을 보상할 자나 손실을 입은 자는 제2항에 따른 협의가 성립되지 아니하거나 협의를 할 수 없는 경우에는 관할 토지수용위원회에 재결을 신청할 수 있다.

④ 관할 토지수용위원회의 재결에 관하여는 「공익사업을 위한 토지 등의 취득 및 보상에 관한 법률」 제83조부터 제87조까지의 규정을 준용한다.

4. 벌칙

법 제140조~ 제142조(벌칙), 제143조(양벌규정), 제144조(과태료)

4

건축법

4 건축법

1 총칙

건축물의 대지·구조·설비 기준 및 용도 등에 관한 일반적인 기준을 정하고 건축물의 시공과정을 규제하는 법으로서, (구)조선시가지계획령(1934)의 건축관련법규만을 분리하여 1962년 1월 20일 제정되어 시행하고 있다.

1. 법의 목적(법 제1조)

이 법은 건축물의 대지·구조·설비 기준 및 용도 등을 정하여 건축물의 안전·기능·환경 및 미관을 향상시킴으로써 공공복리의 증진에 이바지하는 것을 목적으로 한다.

※ 국토법상 용도지역·지구의 지정 및 이로 인한 건축물의 용도·종류·규모의 건축 제한

2. 적용지역

1) 법 전부적용 지역

- 「국토의 계획 및 이용에 관한 법률」에 따른 도시지역 및 지구단위계획구역
- 동이나 읍(동이나 읍에 속하는 섬의 경우에는 인구가 500명 이상인 경우만 해당된다)

2) 법 일부적용 지역(법 제3조 제2항 제3항)

① 전부적용 지역이 아닌 지역은 다음의 규정이 적용되지 아니한다.

- 제44조(대지와 도로의 관계)
- 제45조(도로의 지정·폐지 또는 변경
- 제46조(건축선의 지정)
- 제47조(건축선에 따른 건축제한)
- 제51조(방화구역안의 건축물)
- 제57조(대지의 분할 제한)

부동산공법 (기초)

② 건축물이나 공작물을 도시·군계획시설로 결정된 도로의 예정지에 건축하는 경우

건축물이나 공작물을 도시·군계획시설로 결정된 도로의 예정지에 건축하는 경우에는 다음의 규정을 적용하지 아니한다.

- 제45조(도로의 지정·폐지 또는 변경
- 제46조(건축선의 지정)
- 제47조(건축선에 따른 건축제한)

3. 적용대상 물건

1) 건축물

(1) 건축물은 건축법 적용대상

건축물이란 토지에 정착(定着)하는 공작물 중 지붕과 기둥 또는 벽이 있는 것과 이에 딸린 시설물, 지하나 고가(高架)의 공작물에 설치하는 사무소·공연장·점포·차고·창고, 그 밖에 대통령령으로 정하는 것을 말한다.

① 부속구조물이란 건축물의 안전·기능·환경 등을 향상시키기 위하여 건축물에 추가적으로 설치하는 환기시설물 등 대통령령으로 정하는 구조물을 말한다.

② 고층건축물이란 층수가 30층 이상이거나 높이가 120미터 이상인 건축물을 말한다.

(2) 건축법 적용 제외되는 건축물(법 제3조 제1항)

다음 각 호의 어느 하나에 해당하는 건축물에는 이 법을 적용하지 아니한다.

1. 「문화재보호법」에 따른 지정문화재나 임시지정문화재
2. 철도나 궤도의 선로 부지(敷地)에 있는 다음 각 목의 시설
   가. 운전보안시설
   나. 철도 선로의 위나 아래를 가로지르는 보행시설
   다. 플랫폼
   라. 해당 철도 또는 궤도사업용 급수(給水)·급탄(給炭) 및 급유(給油) 시설
3. 고속도로 통행료 징수시설
4. 컨테이너를 이용한 간이창고(「산업집적활성화 및 공장설립에 관한 법률」에 따른 공장의 용도로만 사용되는 건축물의 대지에 설치하는 것으로서 이동이 쉬운 것만 해당된다)
5. 「하천법」에 따른 하천구역 내의 수문조작실

2) 공작물

공작물은 건축법 적용이 되지 않지만 대통령령으로 정하는 공작물은 건축법의 일부규정과 신고의무가 있다.

① 신고의무

대지를 조성하기 위한 옹벽, 굴뚝, 광고탑, 고가수조(高架水槽), 지하 대피호, 그 밖에 이와 유사한 것으로서 대통령령으로 정하는 공작물을 축조하려는 자는 대통령령으로 정하는 바에 따라 특별자치시장·특별자치도지사 또는 시장·군수·구청장에게 신고하여야 한다(영 제118조).

1. 높이 6미터를 넘는 굴뚝
2. 높이 4미터를 넘는 장식탑, 기념탑, 첨탑, 광고탑, 광고판, 그 밖에 이와 비슷한 것
3. 높이 8미터를 넘는 고가수조나 그 밖에 이와 비슷한 것
4. 높이 2미터를 넘는 옹벽 또는 담장
5. 바닥면적 30제곱미터를 넘는 지하대피호
6. 높이 6미터를 넘는 골프연습장 등의 운동시설을 위한 철탑, 주거지역·상업지역에 설치하는 통신용 철탑, 그 밖에 이와 비슷한 것
7. 높이 8미터(위험을 방지하기 위한 난간의 높이는 제외한다) 이하의 기계식 주차장 및 철골 조립식 주차장(바닥면이 조립식이 아닌 것을 포함한다)으로서 외벽이 없는 것
8. 건축조례로 정하는 제조시설, 저장시설(시멘트사일로를 포함한다), 유희시설, 그 밖에 이와 비슷한 것
9. 건축물의 구조에 심대한 영향을 줄 수 있는 중량물로서 건축조례로 정하는 것
10. 높이 5미터를 넘는 「신에너지 및 재생에너지 개발·이용·보급 촉진법」 제2조제2호가목에 따른 태양에너지를 이용하는 발전설비와 그 밖에 이와 비슷한 것

② 법 규정 준용

위의 각 호의 공작물에 관하여는 법 제14조(건축신고), 제21조제5항(착공신고 등), 제29조(공용건축물에 대한 특례), 제40조제4항(대지의 안전 등), 제41조(토지 굴착 부분에 대한 조치 등), 제47조(건축선에 따른 건축제한), 제48조(구조 내력 등), 제55조(건축물의 건폐율), 제58조(대지안의 공지), 제60조(건축물의 높이 제한), 제61조(일조 등의 확보를 위한 건축물의 높이 제한), 제79조(위반 건축물 등에 대한 조치 등), 제84조(면적·높이 및 층수의 산정), 제85조(행정대집행법 적용의 특례), 제87조(보고와 검사 등) 및 「국토의 계획 및 이용에 관한 법률」 제76조(용도지역 및 용도지구에서의 건축물의 제한 등)를 준용한다. 다만, 2번의 공작물로서 「옥외광고물 등의 관리와 옥외광고산업 진흥에 관한 법률」에 따라 허가를 받거나 신고를 한 공작물에 관하여는 법 제14조를 준용하지 않고, 4번의 공작물에 관하여는 법 제58조를 준용하지 않으며, 7번의 공작물에 관하여는 법 제55조를 준용하지 않고, 2번·7번의 공작물에 대해서만 법 제61조를 준용한다.

3) 대지(垈地)

대지란 「공간정보의 구축 및 관리 등에 관한 법률」에 따라 각 필지(筆地)로 나눈 토지를 말한다. 다만, 대통령령으로 정하는 토지는 둘 이상의 필지를 하나의 대지로 하거나 하나 이상의 필지의 일부를 하나의 대지로 할 수 있다.

4) 건축설비 등

① 건축설비란 건축물에 설치하는 전기·전화 설비, 초고속 정보통신 설비, 지능형 홈네트워크 설비, 가스·급수·배수(配水)·배수(排水)·환기·난방·냉방·소화(消火)·배연(排煙) 및 오물처리의 설비, 굴뚝, 승강기, 피뢰침, 국기 게양대, 공동시청 안테나, 유선방송 수신시설, 우편함, 저수조(貯水槽), 방범시설, 그 밖에 국토교통부령으로 정하는 설비를 말한다.
② 지하층이란 건축물의 바닥이 지표면 아래에 있는 층으로서 바닥에서 지표면까지 평균높이가 해당 층 높이의 2분의 1 이상인 것을 말한다.

③ 주요구조부란 내력벽(耐力壁), 기둥, 바닥, 보, 지붕틀 및 주계단(主階段)을 말한다. 다만, 사이 기둥, 최하층 바닥, 작은 보, 차양, 옥외 계단, 그 밖에 이와 유사한 것으로 건축물의 구조상 중요하지 아니한 부분은 제외한다.

4. 적용대상 행위

1) 건축

건축이란 건축물을 신축·증축·개축·재축(再築)하거나 건축물을 이전하는 것을 말한다.

1. "신축"이란 건축물이 없는 대지(기존 건축물이 해체되거나 멸실된 대지를 포함한다)에 새로 건축물을 축조(築造)하는 것(부속건축물만 있는 대지에 새로 주된 건축물을 축조하는 것을 포함하되, 개축(改築) 또는 재축(再築)하는 것은 제외한다)을 말한다.
2. "증축"이란 기존 건축물이 있는 대지에서 건축물의 건축면적, 연면적, 층수 또는 높이를 늘리는 것을 말한다.
3. "개축"이란 기존 건축물의 전부 또는 일부[내력벽·기둥·보·지붕틀(한옥의 경우에는 지붕틀의 범위에서 서까래는 제외한다) 중 셋 이상이 포함되는 경우를 말한다]를 해체하고 그 대지에 종전과 같은 규모의 범위에서 건축물을 다시 축조하는 것을 말한다.
4. "재축"이란 건축물이 천재지변이나 그 밖의 재해(災害)로 멸실된 경우 그 대지에 다음 각 목의 요건을 모두 갖추어 다시 축조하는 것을 말한다.
   가. 연면적 합계는 종전 규모 이하로 할 것
   나. 동(棟)수, 층수 및 높이는 다음의 어느 하나에 해당할 것
      1) 동수, 층수 및 높이가 모두 종전 규모 이하일 것
      2) 동수, 층수 또는 높이의 어느 하나가 종전 규모를 초과하는 경우에는 해당 동수, 층수 및 높이가 「건축법」, 이 영 또는 건축조례에 모두 적합할 것

2) 대수선

대수선이란 건축물의 기둥, 보, 내력벽, 주계단 등의 구조나 외부 형태를 수선·변경하거나 증설하는 것으로서 대통령령으로 정하는 것을 말한다.
다음 각 호의 어느 하나에 해당하는 것으로서 증축·개축 또는 재축에 해당하지 아니하는 것을 말한다(영 제3조의 2).

1. 내력벽을 증설 또는 해체하거나 그 벽면적을 30제곱미터 이상 수선 또는 변경하는 것
2. 기둥을 증설 또는 해체하거나 세 개 이상 수선 또는 변경하는 것
3. 보를 증설 또는 해체하거나 세 개 이상 수선 또는 변경하는 것
4. 지붕틀(한옥의 경우에는 지붕틀의 범위에서 서까래는 제외한다)을 증설 또는 해체하거나 세 개 이상 수선 또는 변경하는 것
5. 방화벽 또는 방화구획을 위한 바닥 또는 벽을 증설 또는 해체하거나 수선 또는 변경하는 것
6. 주계단·피난계단 또는 특별피난계단을 증설 또는 해체하거나 수선 또는 변경하는 것

7. 다가구주택의 가구 간 경계벽 또는 다세대주택의 세대 간 경계벽을 증설 또는 해체하거나 수선 또는 변경하는 것
8. 건축물의 외벽에 사용하는 마감재료(법 제52조제2항에 따른 마감재료를 말한다)를 증설 또는 해체하거나 벽면적 30제곱미터 이상 수선 또는 변경하는 것

3) 건축물의 용도변경

건축물의 종류를 유사한 구조, 이용 목적 및 형태별로 묶어 분류한 것을 용도라고 하는데, 기존에 분류된 용도를 다른 용도로 바꾸는 것을 용도변경이라고 한다.

4) 리모델링

리모델링이란 건축물의 노후화를 억제하거나 기능 향상 등을 위하여 대수선하거나 건축물의 일부를 증축 또는 개축하는 행위를 말한다.

5. 「건축법」 적용의 특례

1) 「건축법」 적용의 완화 요청(법 제5조)

건축주, 설계자, 공사시공자 또는 공사감리자(이하 "건축관계자"라 한다)는 업무를 수행할 때 이 법을 적용하는 것이 매우 불합리하다고 인정되는 대지나 건축물로서 대통령령으로 정하는 것에 대하여는 이 법의 기준을 완화하여 적용할 것을 허가권자에게 요청할 수 있다. 요청을 받은 허가권자는 건축위원회의 심의를 거쳐 완화 여부와 적용 범위를 결정하고 그 결과를 신청인에게 알려야 한다.

2) 건축물 등에 관한 특례

(1) 기존의 건축물 등에 관한 특례(법 제6조)

허가권자는 법령의 제정·개정이나 그 밖에 대통령령으로 정하는 사유로 대지나 건축물이 이 법에 맞지 아니하게 된 경우에는 대통령령으로 정하는 범위에서 해당 지방자치단체의 조례로 정하는 바에 따라 건축을 허가할 수 있다.

(2) 특수구조 건축물의 특례(법 제6조의 2)

(3) 부유식 건축물의 특례(법 제6조의 3)

(4) 통일성을 유지하기 위한 도의 조례(법 제7조)

(5) 리모델링에 대비한 특례(법 제8조)

리모델링이 쉬운 구조의 공동주택의 건축을 촉진하기 위하여 공동주택을 대통령령으로 정하는 구조로 하여 건축허가를 신청하면 제56조(건축물의 용적률), 제60조(건축물의 높이 제한) 및 제61조(일조 등의 확보를 위한 건축물의 높이 제한)에 따른 기준을 100분의 120의 범위에서 대통령령으로 정하는 비율로 완화하여 적용할 수 있다.

(6) 다른 법령의 배제(법 제9조)

① 건축물의 건축등을 위하여 지하를 굴착하는 경우에는 「민법」 제244조제1항(지하시설 등에 대한 제한)을 적용하지 아니한다. 다만, 필요한 안전조치를 하여 위해(危害)를 방지하여야 한다.
② 건축물에 딸린 개인하수처리시설에 관한 설계의 경우에는 「하수도법」 제38조(개인하수처리시설의 설계·시공)를 적용하지 아니한다.

2 건축물의 건축

1. 건축 관련 입지와 규모의 사전결정(법 제10조)

1) 사전결정 신청

① 건축허가 대상 건축물을 건축하려는 자는 건축허가를 신청하기 전에 허가권자에게 그 건축물의 건축에 관한 다음 각 호의 사항에 대한 사전결정을 신청할 수 있다.

1. 해당 대지에 건축하는 것이 이 법이나 관계 법령에서 허용되는지 여부
2. 이 법 또는 관계 법령에 따른 건축기준 및 건축제한, 그 완화에 관한 사항 등을 고려하여 해당 대지에 건축 가능한 건축물의 규모
3. 건축허가를 받기 위하여 신청자가 고려하여야 할 사항

② 사전결정을 신청하는 자(이하 "사전결정신청자"라 한다)는 건축위원회 심의와 「도시교통정비 촉진법」에 따른 교통영향평가서의 검토를 동시에 신청할 수 있다.

2) 사전결정 허가권자의 의무

① 허가권자는 사전결정이 신청된 건축물의 대지면적이 「환경영향평가법」에 따른 소규모 환경영향평가 대상사업인 경우 환경부장관이나 지방환경관서의 장과 소규모 환경영향평가에 관한 협의를 하여야 한다.
② 허가권자는 사전결정 신청을 받으면 입지, 건축물의 규모, 용도 등을 사전결정한 후 사전결정 신청자에게 알려야 한다.

3) 행정기관의 장과 협의

허가권자는 사전결정을 하려면 미리 관계 행정기관의 장과 협의하여야 하며, 협의를 요청받은 관계 행정기관의 장은 요청받은 날부터 15일 이내에 의견을 제출하여야 한다. 기간 내에 의견을 제출하지 아니하면 협의가 이루어진 것으로 본다.

4) 사전결정 통지에 따른 의제

사전결정 통지를 받은 경우에는 다음 각 호의 허가를 받거나 신고 또는 협의를 한 것으로 본다.

1. 「국토의 계획 및 이용에 관한 법률」에 따른 개발행위허가
2. 「산지관리법」에 따른 산지전용허가와 산지전용신고, 산지일시사용허가·신고. 다만, 보전산지인 경우에는 도시지역만 해당된다.
3. 「농지법」에 따른 농지전용허가·신고 및 협의
4. 「하천법」에 따른 하천점용허가

5) 사전결정 효력의 실효

사전결정신청자는 사전결정을 통지받은 날부터 2년 이내에 건축허가를 신청하여야 하며, 이 기간에 건축허가를 신청하지 아니하면 사전결정의 효력이 상실된다.

2. 건축허가(법 제11조)

1) 건축허가권자 등

(1) 허가권자

① 건축물을 건축하거나 대수선하려는 자는 특별자치시장·특별자치도지사 또는 시장·군수·구청장의 허가를 받아야 한다.
② 다만, 21층 이상의 건축물 등 대통령령으로 정하는 용도 및 규모의 건축물을 특별시나 광역시에 건축하려면 특별시장이나 광역시장의 허가를 받아야 한다.

- 층수가 21층 이상인 건축물
- 연면적의 합계가 10만 제곱미터 이상인 건축물의 건축(연면적의 10분의 3 이상을 증축하여 층수가 21층 이상으로 되거나 연면적의 합계가 10만 제곱미터 이상으로 되는 경우를 포함한다)을 말한다. 다만, 다음 각 호의 어느 하나에 해당하는 건축물의 건축은 제외한다.
  1. 공장
  2. 창고
  3. 지방건축위원회의 심의를 거친 건축물(특별시 또는 광역시의 건축조례로 정하는 바에 따라 해당 지방건축위원회의 심의사항으로 할 수 있는 건축물에 한정하며, 초고층 건축물은 제외한다)

(2) 도지사의 승인

시장·군수는 다음 각 호의 어느 하나에 해당하는 건축물의 건축을 허가하려면 미리 건축계획서와 국토교통부령으로 정하는 건축물의 용도, 규모 및 형태가 표시된 기본설계도서를 첨부하여 도지사의 승인을 받아야 한다.

1. 위 특별시장이나 광역시장의 허가를 받는 건축물. 다만, 도시환경, 광역교통 등을 고려하여 해당 도의 조례로 정하는 건축물은 제외한다.
2. 자연환경이나 수질을 보호하기 위하여 도지사가 지정·공고한 구역에 건축하는 3층 이상 또는 연면적의 합계가 1천제곱미터 이상인 건축물로서 위락시설과 숙박시설 등 대통령령으로 정하는 용도에 해당하는 건축물
3. 주거환경이나 교육환경 등 주변 환경을 보호하기 위하여 필요하다고 인정하여 도지사가 지정·공고한 구역에 건축하는 위락시설 및 숙박시설에 해당하는 건축물

2) 허가신청 및 협의

① 허가를 받으려는 자는 허가신청서에 국토교통부령으로 정하는 설계도서와 제5항 각 호(허가에 따른 의제)에 따른 허가 등을 받거나 신고를 하기 위하여 관계 법령에서 제출하도록 의무화하고 있는 신청서 및 구비서류를 첨부하여 허가권자에게 제출하여야 한다. 다만, 국토교통부장관이 관계 행정기관의 장과 협의하여 국토교통부령으로 정하는 신청서 및 구비서류는 착공신고 전까지 제출할 수 있다.

② 건축허가를 하고자 하는 때에 「건축기본법」에 따른 한국건축규정의 준수 여부를 확인하여야 한다.

③ 허가권자는 허가를 하려면 해당 용도·규모 또는 형태의 건축물을 건축하려는 대지에 건축하는 것이 법령의 규정에 맞는지를 확인하고, 제10조제6항(사전결정의제) 각 호와 같은 조 제7항 또는 제11조제5항(건축허가 의제) 각 호와 같은 조 제6항(행정기관의 장과 협의)의 사항을 처리하기 위하여 대통령령으로 정하는 바에 따라 건축복합민원 일괄협의회를 개최하여야 한다.

3) 대지의 소유권 확보 및 매도청구 등

(1) 대지의 소유권 확보(법 제11조 제11항)

건축허가를 받으려는 자는 해당 대지의 소유권을 확보하여야 한다. 다만, 다음 각 호의 어느 하나에 해당하는 경우에는 그러하지 아니하다.

1. 건축주가 대지의 소유권을 확보하지 못하였으나 그 대지를 사용할 수 있는 권원을 확보한 경우. 다만, 분양을 목적으로 하는 공동주택은 제외한다.
2. 건축주가 건축물의 노후화 또는 구조안전 문제 등 대통령령으로 정하는 사유로 건축물을 신축·개축·재축 및 리모델링을 하기 위하여 건축물 및 해당 대지의 공유자 수의 100분의 80 이상의 동의를 얻고 동의한 공유자의 지분 합계가 전체 지분의 100분의 80 이상인 경우
3. 건축주가 건축허가를 받아 주택과 주택 외의 시설을 동일 건축물로 건축하기 위하여 「주택법」 제21조(대지의 소유권 확보 등)를 준용한 대지 소유 등의 권리 관계를 증명한 경우. 다만, 「주택법」 제15조(사업계획의 승인)제1항 각 호 외의 부분 본문에 따른 대통령령으로 정하는 호수 이상으로 건설·공급하는 경우에 한정한다.
4. 건축하려는 대지에 포함된 국유지 또는 공유지에 대하여 허가권자가 해당 토지의 관리청이 해당 토지를 건축주에게 매각하거나 양여할 것을 확인한 경우
5. 건축주가 집합건물의 공용부분을 변경하기 위하여 「집합건물의 소유 및 관리에 관한 법률」 제15조(공용부분의 변경)제1항에 따른 결의가 있었음을 증명한 경우
6. 건축주가 집합건물을 재건축하기 위하여 「집합건물의 소유 및 관리에 관한 법률」 제47조(재건축 결의)에 따른 결의가 있었음을 증명한 경우

(2) 매도청구 등

① 매도청구(법 제17조의 2)

위 2호에 따라 건축허가를 받은 건축주는 해당 건축물 또는 대지의 공유자 중 동의하지 아니한 공유자에게 그 공유지분을 시가(市價)로 매도할 것을 청구할 수 있다. 이 경우 매도청구를 하기 전에 매도청구 대상이 되는 공유

자와 3개월 이상 협의를 하여야 한다. 매도청구에 관하여는 「집합건물의 소유 및 관리에 관한 법률」 제48조(구분소유권 등의 매도청구 등)를 준용한다.

② 소유자를 확인하기 곤란한 공유지분 등에 대한 처분(법 제17조의 3)

위 (1)의 2호에 따라 건축허가를 받은 건축주는 해당 건축물 또는 대지의 공유자가 거주하는 곳을 확인하기가 현저히 곤란한 경우에는 전국적으로 배포되는 둘 이상의 일간신문에 두 차례 이상 공고하고, 공고한 날부터 30일 이상이 지났을 때에는 매도청구 대상이 되는 건축물 또는 대지로 본다. 건축주는 매도청구 대상 공유지분의 감정평가액에 해당하는 금액을 법원에 공탁(供託)하고 착공할 수 있다.

4) 건축 불허가(법 제11조 제4항)

다음 각 호의 어느 하나에 해당하는 경우에는 이 법이나 다른 법률에도 불구하고 건축위원회의 심의를 거쳐 건축허가를 하지 아니할 수 있다.

1. 위락시설이나 숙박시설에 해당하는 건축물의 건축을 허가하는 경우 해당 대지에 건축하려는 건축물의 용도·규모 또는 형태가 주거환경이나 교육환경 등 주변 환경을 고려할 때 부적합하다고 인정되는 경우
2. 「국토의 계획 및 이용에 관한 법률」에 따른 방재지구 및 「자연재해대책법」에 따른 자연재해위험개선지구 등 상습적으로 침수되거나 침수가 우려되는 지역에 건축하려는 건축물에 대하여 지하층 등 일부 공간을 주거용으로 사용하거나 거실을 설치하는 것이 부적합하다고 인정되는 경우

5) 건축허가에 따른 의제(법 제11조 제5항)

건축허가를 받으면 다음 각 호의 허가 등을 받거나 신고를 한 것으로 보며, 공장건축물의 경우에는 「산업집적활성화 및 공장설립에 관한 법률」에 따라 관련 법률의 인·허가등이나 허가등을 받은 것으로 본다.

1. 공사용 가설건축물의 축조신고
2. 공작물의 축조신고
3. 「국토의 계획 및 이용에 관한 법률」에 따른 개발행위허가
4. 「국토의 계획 및 이용에 관한 법률」에 따른 시행자의 지정과 실시계획의 인가
5. 「산지관리법」에 따른 산지전용허가와 산지전용신고, 산지일시사용허가·신고. 다만, 보전산지인 경우에는 도시지역만 해당된다.
6. 「사도법」에 따른 사도(私道)개설허가
7. 「농지법」에 따른 농지전용허가·신고 및 협의
8. 「도로법」에 따른 도로관리청이 아닌 자에 대한 도로공사 시행의 허가, 도로와 다른 시설의 연결 허가
9. 「도로법」에 따른 도로의 점용 허가
10. 「하천법」에 따른 하천점용 등의 허가
11. 「하수도법」에 따른 배수설비(配水設備)의 설치신고
12. 「하수도법」에 따른 개인하수처리시설의 설치신고
13. 「수도법」에 따라 수도사업자가 지방자치단체인 경우 그 지방자치단체가 정한 조례에 따른 상수도 공급 신청

14. 「전기안전관리법」에 따른 자가용전기설비 공사계획의 인가 또는 신고
15. 「물환경보전법」에 따른 수질오염물질 배출시설 설치의 허가나 신고
16. 「대기환경보전법」에 따른 대기오염물질 배출시설설치의 허가나 신고
17. 「소음·진동관리법」에 따른 소음·진동 배출시설 설치의 허가나 신고
18. 「가축분뇨의 관리 및 이용에 관한 법률」에 따른 배출시설 설치허가나 신고
19. 「자연공원법」에 따른 행위허가
20. 「도시공원 및 녹지 등에 관한 법률」에 따른 도시공원의 점용허가
21. 「토양환경보전법」에 따른 특정토양오염관리대상시설의 신고
22. 「수산자원관리법」에 따른 행위의 허가
23. 「초지법」에 따른 초지전용의 허가 및 신고

6) 행정기관의 장과 협의(법 제11조 제6항)

허가권자는 위 각 호(1호~23호)의 어느 하나에 해당하는 사항이 다른 행정기관의 권한에 속하면 그 행정기관의 장과 미리 협의하여야 하며, 협의 요청을 받은 관계 행정기관의 장은 요청을 받은 날부터 15일 이내에 의견을 제출하여야 한다. 이 경우 관계 행정기관의 장은 제8항에 따른 처리기준이 아닌 사유를 이유로 협의를 거부할 수 없고, 협의 요청을 받은 날부터 15일 이내에 의견을 제출하지 아니하면 협의가 이루어진 것으로 본다.

7) 건축허가의 제한(법 제18조)

(1) 건축허가의 제한권자

① 국토부장관의 허가 제한

국토교통부장관은 국토관리를 위하여 특히 필요하다고 인정하거나 주무부장관이 국방, 문화재보존, 환경보전 또는 국민경제를 위하여 특히 필요하다고 인정하여 요청하면 허가권자의 건축허가나 허가를 받은 건축물의 착공을 제한할 수 있다.

② 특별시장·광역시장·도지사의 허가 제한

특별시장·광역시장·도지사는 지역계획이나 도시·군계획에 특히 필요하다고 인정하면 시장·군수·구청장의 건축허가나 허가를 받은 건축물의 착공을 제한할 수 있다.

(2) 건축허가제한의 기간

건축허가나 건축물의 착공을 제한하는 경우 제한기간은 2년 이내로 한다. 다만, 1회에 한하여 1년 이내의 범위에서 제한기간을 연장할 수 있다.

(3) 건축허가제한의 절차

① 국토교통부장관이나 시·도지사는 건축허가나 건축허가를 받은 건축물의 착공을 제한하려는 경우에는 「토지이용규제 기본법」에 따라 주민의견을 청취한 후 건축위원회의 심의를 거쳐야 한다.
② 국토교통부장관이나 특별시장·광역시장·도지사는 건축허가나 건축물의 착공을 제한하는 경우 제한 목적·

기간, 대상 건축물의 용도와 대상 구역의 위치·면적·경계 등을 상세하게 정하여 허가권자에게 통보하여야 하며, 통보를 받은 허가권자는 지체 없이 이를 공고하여야 한다.

③ 특별시장·광역시장·도지사는 제2항에 따라 시장·군수·구청장의 건축허가나 건축물의 착공을 제한한 경우 즉시 국토교통부장관에게 보고하여야 하며, 보고를 받은 국토교통부장관은 제한 내용이 지나치다고 인정하면 해제를 명할 수 있다.

8) 건축허가의 취소(법 제11조 제7항)

허가권자는 허가를 받은 자가 다음 각 호의 어느 하나에 해당하면 허가를 취소하여야 한다. 다만, 제1호에 해당하는 경우로서 정당한 사유가 있다고 인정되면 1년의 범위에서 공사의 착수기간을 연장할 수 있다.

1. 허가를 받은 날부터 2년(「산업집적활성화 및 공장설립에 관한 법률」에 따라 공장의 신설·증설 또는 업종변경의 승인을 받은 공장은 3년) 이내에 공사에 착수하지 아니한 경우
2. 제1호의 기간 이내에 공사에 착수하였으나 공사의 완료가 불가능하다고 인정되는 경우
3. 착공신고 전에 경매 또는 공매 등으로 건축주가 대지의 소유권을 상실한 때부터 6개월이 지난 이후 공사의 착수가 불가능하다고 판단되는 경우

9) 건축 공사현장 안전관리 예치금 등(법 제13조)

(1) 안전관리 예치금의 예치

① 건축허가를 받은 자는 건축물의 건축공사를 중단하고 장기간 공사현장을 방치할 경우 공사현장의 미관 개선과 안전관리 등 필요한 조치를 하여야 한다.

② 허가권자는 연면적이 1천제곱미터 이상인 건축물(「주택도시기금법」에 따른 주택도시보증공사가 분양보증을 한 건축물, 「건축물의 분양에 관한 법률」에 따른 분양보증이나 신탁계약을 체결한 건축물은 제외한다)로서 해당 지방자치단체의 조례로 정하는 건축물에 대하여는 착공신고를 하는 건축주(「한국토지주택공사법」에 따른 한국토지주택공사 또는 「지방공기업법」에 따라 건축사업을 수행하기 위하여 설립된 지방공사는 제외한다)에게 장기간 건축물의 공사현장이 방치되는 것에 대비하여 미리 미관 개선과 안전관리에 필요한 비용(대통령령으로 정하는 보증서를 포함하며, 이하 "예치금"이라 한다)을 건축공사비의 1퍼센트의 범위에서 예치하게 할수 있다.

(2) 개선명령

① 허가권자는 공사현장이 방치되어 도시미관을 저해하고 안전을 위해한다고 판단되면 건축허가를 받은 자에게 건축물 공사현장의 미관과 안전관리를 위한 다음 각 호의 개선을 명할 수 있다.

1. 안전울타리 설치 등 안전조치
2. 공사재개 또는 해체 등 정비

② 허가권자는 개선명령을 받은 자가 개선을 하지 아니하면 「행정대집행법」으로 정하는 바에 따라 대집행을 할 수 있다. 이 경우 건축주가 예치한 예치금을 행정대집행에 필요한 비용에 사용할 수 있으며, 행정대집행에 필요한 비용이 이미 납부한 예치금보다 많을 때에는 그 차액을 추가로 징수할 수 있다.

③ 허가권자는 방치되는 공사현장의 안전관리를 위하여 긴급한 필요가 있다고 인정하는 경우에는 대통령령으로 정하는 바에 따라 건축주에게 고지한 후 건축주가 예치한 예치금을 사용하여 대통령령으로 정하는 조치를 할 수 있다.

(3) 예치금의 반환

허가권자가 예치금을 반환할 때에는 대통령령으로 정하는 이율로 산정한 이자를 포함하여 반환하여야 한다. 다만, 보증서를 예치한 경우에는 그러하지 아니하다.

10) 건축물 안전영향 평가(법 제13조의 2)

허가권자는 초고층 건축물 등 대통령령으로 정하는 주요 건축물에 대하여 건축허가를 하기 전에 건축물의 구조, 지반 및 풍환경(風環境) 등이 건축물의 구조안전과 인접 대지의 안전에 미치는 영향 등을 평가하는 건축물 안전영향평가(이하 "안전영향평가"라 한다)를 안전영향평가기관에 의뢰하여 실시하여야 한다.

1. 초고층 건축물
2. 다음 각 목의 요건을 모두 충족하는 건축물
   가. 연면적(하나의 대지에 둘 이상의 건축물을 건축하는 경우에는 각각의 건축물의 연면적을 말한다)이 10만 제곱미터 이상일 것
   나. 16층 이상일 것

3. 건축신고(법 제14조)

1) 건축신고 대상물

허가 대상 건축물이라 하더라도 다음 각 호의 어느 하나에 해당하는 경우에는 미리 특별자치시장·특별자치도지사 또는 시장·군수·구청장에게 국토교통부령으로 정하는 바에 따라 신고를 하면 건축허가를 받은 것으로 본다.

1. 바닥면적의 합계가 85제곱미터 이내의 증축·개축 또는 재축. 다만, 3층 이상 건축물인 경우에는 증축·개축 또는 재축하려는 부분의 바닥면적의 합계가 건축물 연면적의 10분의 1 이내인 경우로 한정한다.
2. 「국토의 계획 및 이용에 관한 법률」에 따른 관리지역, 농림지역 또는 자연환경보전지역에서 연면적이 200제곱미터 미만이고 3층 미만인 건축물의 건축. 다만, 다음 각 목의 어느 하나에 해당하는 구역에서의 건축은 제외한다.
   가. 지구단위계획구역
   나. 방재지구 등 재해취약지역으로서 대통령령으로 정하는 구역
3. 연면적이 200제곱미터 미만이고 3층 미만인 건축물의 대수선
4. 주요구조부의 해체가 없는 등 대통령령으로 정하는 대수선
5. 그 밖에 소규모 건축물로서 대통령령으로 정하는 건축물의 건축

2) 건축신고수리의 절차

① 건축신고에 관하여는 제11조제5항(의제사항 1호~23호) 및 제6항(행정기관과의 협의)을 준용한다.

② 특별자치시장·특별자치도지사 또는 시장·군수·구청장은 신고를 받은 날부터 5일 이내에 신고수리 여부 또는 민원 처리 관련 법령에 따른 처리기간의 연장 여부를 신고인에게 통지하여야 한다. 다만, 이 법 또는 다른 법령에 따라 심의, 동의, 협의, 확인 등이 필요한 경우에는 20일 이내에 통지하여야 한다.

3) 신고의 효력 상실

신고를 한 자가 신고일부터 1년 이내에 공사에 착수하지 아니하면 그 신고의 효력은 없어진다. 다만, 건축주의 요청에 따라 허가권자가 정당한 사유가 있다고 인정하면 1년의 범위에서 착수기한을 연장할 수 있다.

4) 허가와 신고사항의 변경(법 제16조)

① 변경시 허가 또는 신고

건축주가 허가를 받았거나 신고한 사항을 변경하려면 변경하기 전에 대통령령으로 정하는 바에 따라 허가권자의 허가를 받거나 특별자치시장·특별자치도지사 또는 시장·군수·구청장에게 신고하여야 한다.

② 예외

대통령령으로 정하는(신축·증축·개축·재축·이전·대수선 또는 용도변경에 해당하지 아니하는 변경)경미한 사항의 변경은 그러하지 아니하다.

4. 용도변경(법 제19조)

1) 용도변경의 의의

건축물의 용도는 29개로 구분되어 「건축법 시행령」 별표1에 수록 되어 있다. 건축물의 용도는 다시 9개의 시설군으로 분류되어, 시설군간 또는 시설군내의 용도를 다른 용도로 바꾸는 것을 말한다.

2) 용도변경의 허가 또는 신고 등

(1) 시설군

시설군은 다음 각 호와 같고 각 시설군에 속하는 건축물의 세부 용도는 대통령령으로 정한다.

> 1. 자동차 관련 시설군 자동차 관련 시설
> 2. 산업 등 시설군
>   가. 운수시설
>   나. 창고시설
>   다. 공장
>   라. 위험물저장 및 처리시설
>   마. 자원순환 관련 시설
>   바. 묘지 관련 시설
>   사. 장례시설

부동산공법 (기초)

3. 전기통신시설군
　가. 방송통신시설
　나. 발전시설
4. 문화집회시설군
　가. 문화 및 집회시설
　나. 종교시설
　다. 위락시설
　라. 관광휴게시설
5. 영업시설군
　가. 판매시설
　나. 운동시설
　다. 숙박시설
　라. 제2종 근린생활시설 중 다중생활시설
6. 교육 및 복지시설군
　가. 의료시설
　나. 교육연구시설
　다. 노유자시설(老幼者施設)
　라. 수련시설
　마. 야영장 시설
7. 근린생활시설군
　가. 제1종 근린생활시설
　나. 제2종 근린생활시설(다중생활시설은 제외한다)
8. 주거업무시설군
　가. 단독주택
　나. 공동주택
　다. 업무시설
　라. 교정 및 군사시설
9. 그 밖의 시설군
　가. 동물 및 식물 관련 시설

(2) 허가대상

위 시설군 어느 하나에 해당하는 시설군(施設群)에 속하는 건축물의 용도를 상위군(위 시설군의 번호가 용도변경하려는 건축물이 속하는 시설군보다 작은 시설군을 말한다)에 해당하는 용도로 변경하는 경우

(3) 신고대상

위 시설군 어느 하나에 해당하는 시설군에 속하는 건축물의 용도를 하위군(위 시설군의 번호가 용도변경하려는 건축물이 속하는 시설군보다 큰 시설군을 말한다)에 해당하는 용도로 변경하는 경우

(4) 기재내용 변경

시설군 중 같은 시설군 안에서 용도를 변경하려는 자는 국토교통부령으로 정하는 바에 따라 특별자치시장·특별자치도지사 또는 시장·군수·구청장에게 건축물대장 기재내용의 변경을 신청하여야 한다. 다만, 대통령령으로 정하는 변경의 경우에는 그러하지 아니하다.

단서 조항의 대통령령으로 정하는 변경은 다음 각 호의 어느 하나에 해당하는 건축물 상호 간의 용도변경을 말한다. 다만, 별표 1 제3호다목(목욕장만 해당한다)·라목, 같은 표 제4호가목·사목·카목·파목(골프연습장, 놀이형시설만 해당한다)·더목·러목, 같은 표 제7호다목2), 같은 표 제15호가목(생활숙박시설만 해당한다) 및 같은 표 제16호가목·나목에 해당하는 용도로 변경하는 경우는 제외한다.
1. 별표 1의 같은 호에 속하는 건축물 상호 간의 용도변경
2. 「국토의 계획 및 이용에 관한 법률」이나 그 밖의 관계 법령에서 정하는 용도제한에 적합한 범위에서 제1종 근린생활시설과 제2종 근린생활시설 상호 간의 용도변경

(5) 건축물의 사용승인 규정 준용

허가나 신고 대상인 경우로서 용도변경하려는 부분의 바닥면적의 합계가 100제곱미터 이상인 경우의 사용승인에 관하여는 제22조(건축물의 사용 승인)를 준용한다. 다만, 용도변경하려는 부분의 바닥면적의 합계가 500제곱미터 미만으로서 대수선에 해당되는 공사를 수반하지 아니하는 경우에는 그러하지 아니하다.

(6) 건축사의 설계

허가 대상인 경우로서 용도변경하려는 부분의 바닥면적의 합계가 500제곱미터 이상인 용도변경(대통령령으로 정하는 경우는 제외한다)의 설계에 관하여는 제23조(건축사 설계)를 준용한다.

5. 가설건축물(법 제20조)

1) 가설건축물의 건축허가

① 건축허가

도시·군계획시설 및 도시·군계획시설예정지에서 가설건축물을 건축하려는 자는 특별자치시장·특별자치도지사 또는 시장·군수·구청장의 허가를 받아야 한다.

② 허가의 예외

특별자치시장·특별자치도지사 또는 시장·군수·구청장은 해당 가설건축물의 건축이 다음 각 호의 어느 하나에 해당하는 경우가 아니면 제1항에 따른 허가를 하여야 한다.

1. 「국토의 계획 및 이용에 관한 법률」 제64조(도시·군계획시설 부지에서의 개발행위)에 위배되는 경우
2. 4층 이상인 경우
3. 구조, 존치기간, 설치목적 및 다른 시설 설치 필요성 등에 관하여 대통령령으로 정하는 기준의 범위에서 조례로 정하는 바에 따르지 아니한 경우
4. 그 밖에 이 법 또는 다른 법령에 따른 제한규정을 위반하는 경우

③ 축조신고 후 착공

재해복구, 흥행, 전람회, 공사용 가설건축물 등 대통령령으로 정하는 용도의 가설건축물을 축조하려는 자는 대통령령으로 정하는 존치 기간, 설치 기준 및 절차에 따라 특별자치시장·특별자치도지사 또는 시장·군수·구청장에게 신고한 후 착공하여야 한다.

2) 일부규정의 적용배제

가설건축물을 건축하거나 축조할 때에는 대통령령으로 정하는 바에 따라 제25조(건축물의 공사감리), 제38조부터 제42조까지(건축물대장, 등기촉탁, 대지의 안전 등, 토지 굴착 부분에 대한 조치 등, 대지의 조경), 제44조부터 제50조까지(대지와 도로의 관계, 도로의 지정·폐지 또는 변경, 건축선의 지정, 건축선에 따른 건축제한, 구조내력 등, 건축물 내진등급의 설정, 건축물 내진능력 공개, 부속구조물의 설치 및 관리, 건축물의 피난시설 및 용도제한 등, 피난시설 등의 유지·관리에 대한 기술지원, 건축물의 내화구조와 방화벽) , 제50조의2(고층건축물의 피난 및 안전관리), 제51조부터 제64조(방화지구 안의 건축물, 건축물의 마감재료 등, 실내건축, 건축자재의 제조 및 유통관리, 건축자재의 품질관리 등, 지하층, 건축물의 범죄예방, 건축물의 대지가 지역·지구 또는 구역에 걸치는 경우의 조치, 건축물의 건폐율, 건축물의 용적률, 대지의 분할제한, 대지안의 공지, 맞벽 건축과 연결복도, 건축물의 높이제한, 일조 등의 확보를 위한 건축물의 높이 제한, 건축설비 기준 등, 승강기)까지, 제67조(관계전문기술사), 제68조(기술적 기준)와 「녹색건축물 조성 지원법」 제15조(건축물에 대한 효율적인 에너지 관리와 녹색건축물 조성의 활성화) 및 「국토의 계획 및 이용에 관한 법률」 제76조(용도지역 및 용도지구에서의 건축물의 건축 제한 등)중 일부 규정을 적용하지 아니한다.

3) 가설건축물 대장에 관리

특별자치시장·특별자치도지사 또는 시장·군수·구청장은 가설건축물의 건축을 허가하거나 축조신고를 받은 경우 국토교통부령으로 정하는 바에 따라 가설건축물대장에 이를 기재하여 관리하여야 한다.

6. 건축공사의 절차

1) 건축주와의 계약

건축관계자는 건축물이 설계도서에 따라 이 법과 이 법에 따른 명령이나 처분, 그 밖의 관계 법령에 맞게 건축되도록 업무를 성실히 수행하여야 하며, 서로 위법하거나 부당한 일을 하도록 강요하거나 이와 관련하여 어떠한 불이익도 주어서는 아니 된다.

2) 건축물의 설계(법 제23조)

① 설계도서 작성

설계자는 건축물이 이 법과 이 법에 따른 명령이나 처분, 그 밖의 관계 법령에 맞고 안전·기능 및 미관에 지장이 없도록 설계하여야 하며, 국토교통부장관이 정하여 고시하는 설계도서 작성기준에 따라 설계도서를 작성하여야 한다. 다만, 해당 건축물의 공법(工法) 등이 특수한 경우로서 국토교통부령으로 정하는 바에 따라 건축위원회의 심의를 거친 때에는 그러하지 아니하다.

② 건축사 설계

건축허가를 받아야 하거나 건축신고를 하여야 하는 건축물 또는 「주택법」에 따른 리모델링을 하는 건축물의 건축등을 위한 설계는 건축사가 아니면 할 수 없다. 다만, 다음 각 호의 어느 하나에 해당하는 경우에는 그러하지 아니하다.

1. 바닥면적의 합계가 85제곱미터 미만인 증축·개축 또는 재축
2. 연면적이 200제곱미터 미만이고 층수가 3층 미만인 건축물의 대수선
3. 그 밖에 건축물의 특수성과 용도 등을 고려하여 대통령령으로 정하는 건축물의 건축등

3) 건축시공(법 제24조 제1항)

공사시공자는 제15조(건축주와의 계약 등)제2항에 따른 계약대로 성실하게 공사를 수행하여야 하며, 이 법과 이 법에 따른 명령이나 처분, 그 밖의 관계 법령에 맞게 건축물을 건축하여 건축주에게 인도하여야 한다.

4) 건축물의 공사감리(법 제25조 제1항)

건축주는 대통령령으로 정하는 용도·규모 및 구조의 건축물을 건축하는 경우 건축사나 대통령령으로 정하는 자를 공사감리자(공사시공자 본인 및 「독점규제 및 공정거래에 관한 법률」에 따른 계열회사는 제외한다)로 지정하여 공사감리를 하게 하여야 한다.

5) 건축물의 사용승인(법 제22조)

(1) 사용승인 신청

건축주가 허가를 받았거나 신고를 한 건축물의 건축공사를 완료(하나의 대지에 둘 이상의 건축물을 건축하는 경우 동(棟)별 공사를 완료한 경우를 포함한다)한 후 그 건축물을 사용하려면 공사감리자가 작성한 감리완료보고서(공사감리자를 지정한 경우만 해당된다)와 국토교통부령으로 정하는 공사완료도서를 첨부하여 허가권자에게 사용승인을 신청하여야 한다.

(2) 사용승인서

허가권자는 사용승인신청을 받은 경우 국토교통부령으로 정하는 기간(7일 이내)에 다음 각 호의 사항에 대한 검사를 실시하고, 검사에 합격된 건축물에 대하여는 사용승인서를 내주어야 한다. 다만, 해당 지방자치단체의 조례로 정하는 건축물은 사용승인을 위한 검사를 실시하지 아니하고 사용승인서를 내줄 수 있다.

1. 사용승인을 신청한 건축물이 이 법에 따라 허가 또는 신고한 설계도서대로 시공되었는지의 여부
2. 감리완료보고서, 공사완료도서 등의 서류 및 도서가 적합하게 작성되었는지의 여부

(3) 건축물의 사용

① 사용승인

건축주는 사용승인을 받은 후가 아니면 건축물을 사용하거나 사용하게 할 수 없다. 다만, 다음 각 호의 어느 하나에 해당하는 경우에는 그러하지 아니하다.

부동산공법 (기초)

1. 허가권자가 7일 이내에 사용승인서를 교부하지 아니한 경우
2. 사용승인서를 교부받기 전에 공사가 완료된 부분이 건폐율, 용적률, 설비, 피난·방화 등 국토교통부령으로 정하는 기준에 적합한 경우로서 기간을 정하여 대통령령으로 정하는 바에 따라 임시로 사용의 승인을 한 경우

② 임시사용

건축주는 사용승인서를 받기 전에 공사가 완료된 부분에 대한 임시사용의 승인을 받으려는 경우에는 국토교통부령으로 정하는 바에 따라 임시사용승인신청서를 허가권자에게 제출하여야 하고, 임시사용승인의 기간은 2년 이내로 한다. 다만, 허가권자는 대형 건축물 또는 암반공사 등으로 인하여 공사기간이 긴 건축물에 대하여는 그 기간을 연장할 수 있다.

(4) 준공검사 등의 의제

건축주가 사용승인을 받은 경우에는 다음 각 호에 따른 사용승인·준공검사 또는 등록신청 등을 받거나 한 것으로 보며, 공장건축물의 경우에는 「산업집적활성화 및 공장설립에 관한 법률」에 따라 관련 법률의 검사 등을 받은 것으로 본다.

1. 「하수도법」에 따른 배수설비(排水設備)의 준공검사 및 개인하수처리시설의 준공검사
2. 「공간정보의 구축 및 관리 등에 관한 법률」에 따른 지적공부(地籍公簿)의 변동사항 등록신청
3. 「승강기 안전관리법」에 따른 승강기 설치검사
4. 「에너지이용 합리화법」에 따른 보일러 설치검사
5. 「전기안전관리법」에 따른 전기설비의 사용전검사
6. 「정보통신공사업법」에 따른 정보통신공사의 사용전검사
7. 「도로법」에 따른 도로점용 공사의 준공확인
8. 「국토의 계획 및 이용에 관한 법률」에 따른 개발 행위의 준공검사
9. 「국토의 계획 및 이용에 관한 법률」에 따른 도시·군계획시설사업의 준공검사
10. 「물환경보전법」에 따른 수질오염물질 배출시설의 가동개시의 신고
11. 「대기환경보전법」에 따른 대기오염물질 배출시설의 가동개시의 신고

7. 건축물의 유지와 관리

1) 건축물대장(법 제38조)

특별자치시장·특별자치도지사 또는 시장·군수·구청장은 건축물의 소유·이용 및 유지·관리 상태를 확인하거나 건축정책의 기초 자료로 활용하기 위하여 다음 각 호의 어느 하나에 해당하면 건축물대장에 건축물과 그 대지의 현황 및 국토교통부령으로 정하는 건축물의 구조내력(構造耐力)에 관한 정보를 적어서 보관하고 이를 지속적으로 정비하여야 한다.

1. 사용승인서를 내준 경우
2. 건축허가 대상 건축물(신고 대상 건축물을 포함한다) 외의 건축물의 공사를 끝낸 후 기재를 요청한 경우
3. 그 밖에 대통령령으로 정하는 경우

2) 등기촉탁

특별자치시장·특별자치도지사 또는 시장·군수·구청장은 다음 각 호의 어느 하나에 해당하는 사유로 건축물대장의 기재 내용이 변경되는 경우(제2호의 경우 신규 등록은 제외한다) 관할 등기소에 그 등기를 촉탁하여야 한다. 이 경우 제1호와 제4호의 등기촉탁은 지방자치단체가 자기를 위하여 하는 등기로 본다.

1. 지번이나 행정구역의 명칭이 변경된 경우
2. 사용승인을 받은 건축물로서 사용승인 내용 중 건축물의 면적·구조·용도 및 층수가 변경된 경우
3. 「건축물관리법」에 따라 건축물을 해체한 경우
4. 「건축물관리법」에 따른 건축물의 멸실 후 멸실신고를 한 경우

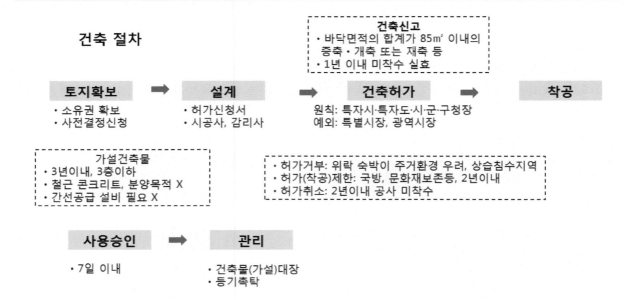

3 건축물의 대지와 도로

1. 대지(垈地)

1) 대지의 의의(법 제2조 제1항 제1호)

대지란 「공간정보의 구축 및 관리 등에 관한 법률」에 따라 각 필지(筆地)로 나눈 토지를 말한다. 다만, 대통령령으로 정하는 토지는 둘 이상의 필지를 하나의 대지로 하거나 하나 이상의 필지의 일부를 하나의 대지로 할 수 있다.

2) 대지의 안전(법 제40조)

① 대지는 인접한 도로면보다 낮아서는 아니 된다. 다만, 대지의 배수에 지장이 없거나 건축물의 용도상 방습(防濕)의 필요가 없는 경우에는 인접한 도로면보다 낮아도 된다.

② 습한 토지, 물이 나올 우려가 많은 토지, 쓰레기, 그 밖에 이와 유사한 것으로 매립된 토지에 건축물을 건축하는 경우에는 성토(盛土), 지반 개량 등 필요한 조치를 하여야 한다.

③ 대지에는 빗물과 오수를 배출하거나 처리하기 위하여 필요한 하수관, 하수구, 저수탱크, 그 밖에 이와 유사한 시설을 하여야 한다.

④ 손궤(損潰: 무너져 내림)의 우려가 있는 토지에 대지를 조성하려면 국토교통부령으로 정하는 바에 따라 옹벽을 설치하거나 그 밖에 필요한 조치를 하여야 한다.

3) 토지 굴착 부분에 대한 조치 등(법 제41조)

공사시공자는 대지를 조성하거나 건축공사를 하기 위하여 토지를 굴착·절토(切土)·매립(埋立) 또는 성토 등을 하는 경우 그 변경 부분에는 국토교통부령으로 정하는 바에 따라 공사 중 비탈면 붕괴, 토사 유출 등 위험 발생의 방지, 환경 보존, 그 밖에 필요한 조치를 한 후 해당 공사현장에 그 사실을 게시하여야 한다.

4) 대지의 조경(법 제42조)

(1) 원칙

면적이 200제곱미터 이상인 대지에 건축을 하는 건축주는 용도지역 및 건축물의 규모에 따라 해당 지방자치단체의 조례로 정하는 기준에 따라 대지에 조경이나 그 밖에 필요한 조치를 하여야 한다.

(2) 예외

① 조경이 필요하지 아니한 건축물로서 대통령령으로 정하는 건축물에 대하여는 조경 등의 조치를 하지 아니할 수 있다.

1. 녹지지역에 건축하는 건축물
2. 면적 5천 제곱미터 미만인 대지에 건축하는 공장
3. 연면적의 합계가 1천500제곱미터 미만인 공장
4. 「산업집적활성화 및 공장설립에 관한 법률」에 따른 산업단지의 공장
5. 대지에 염분이 함유되어 있는 경우 또는 건축물 용도의 특성상 조경 등의 조치를 하기가 곤란하거나 조경 등의 조치를 하는 것이 불합리한 경우로서 건축조례로 정하는 건축물
6. 축사
7. 가설건축물
8. 연면적의 합계가 1천500제곱미터 미만인 물류시설(주거지역 또는 상업지역에 건축하는 것은 제외한다)로서 국토교통부령으로 정하는 것
9. 자연환경보전지역·농림지역 또는 관리지역(지구단위계획구역으로 지정된 지역은 제외한다)의 건축물
10. 다음 각 목의 어느 하나에 해당하는 건축물 중 건축조례로 정하는 건축물
    가. 「관광진흥법」에 따른 관광지 또는 관광단지에 설치하는 관광시설
    나. 「관광진흥법 시행령」에 따른 전문휴양업의 시설 또는 종합휴양업의 시설
    다. 「국토의 계획 및 이용에 관한 법률 시행령」에 따른 관광·휴양형 지구단위계획구역에 설치하는 관광시설
    라. 「체육시설의 설치·이용에 관한 법률 시행령」 별표 1에 따른 골프장

② 옥상 조경 등 대통령령으로 따로 기준을 정하는 경우에는 그 기준에 따른다.

건축물의 옥상에 국토교통부장관이 고시하는 기준에 따라 조경이나 그 밖에 필요한 조치를 하는 경우에는 옥상부분 조경면적의 3분의 2에 해당하는 면적을 대지의 조경면적으로 산정할 수 있다. 이 경우 조경면적으로 산정하는 면적은 조경면적의 100분의 50을 초과할 수 없다.

2. 도로

1) 도로의 의의

① 도로의 정의(법 제2조 제1항 제11호)

도로란 보행과 자동차 통행이 가능한 너비 4미터 이상의 도로(지형적으로 자동차 통행이 불가능한 경우와 막다른 도로의 경우에는 대통령령으로 정하는 구조와 너비의 도로)로서 다음 각 목의 어느 하나에 해당하는 도로나 그 예정도로를 말한다.

> 가. 「국토의 계획 및 이용에 관한 법률」, 「도로법」, 「사도법」, 그 밖의 관계 법령에 따라 신설 또는 변경에 관한 고시가 된 도로
> 나. 건축허가 또는 신고 시에 특별시장·광역시장·특별자치시장·도지사·특별자치도지사(이하 "시·도지사"라 한다) 또는 시장·군수·구청장(자치구의 구청장을 말한다. 이하 같다)이 위치를 지정하여 공고한 도로

② 막다른 도로

지형적으로 자동차 통행이 불가능한 경우와 막다른 도로의 경우에는 대통령령으로 정하는 구조와 너비의 도로 대통령령으로 정하는 구조와 너비의 도로"란 다음 각 호의 어느 하나에 해당하는 도로를 말한다(영 제3조의3).

■ 특별자치시장·특별자치도지사 또는 시장·군수·구청장이 지형적 조건으로 인하여 차량 통행을 위한 도로의 설치가 곤란하다고 인정하여 그 위치를 지정·공고하는 구간의 너비 3미터 이상(길이가 10미터 미만인 막다른 도로인 경우에는 너비 2미터 이상)인 도로
■ 위에 해당하지 아니하는 막다른 도로로서 그 도로의 너비가 그 길이에 따라 각각 다음 표에 정하는 기준 이상인 도로

<막다른 도로의 도로기준>

막다른 도로의 길이	도로의 너비
10미터 미만	2미터
10미터 이상 35미터 미만	3미터
35미터 이상	6미터(도시지역이 아닌 읍·면지역은 4미터)

2) 도로의 지정·폐지 또는 변경(법 제45조)

(1) 도로의 지정

허가권자는 도로의 위치를 지정·공고하려면 국토교통부령으로 정하는 바에 따라 그 도로에 대한 이해관계인의 동의를 받아야 한다. 다만, 다음 각 호의 어느 하나에 해당하면 이해관계인의 동의를 받지 아니하고 건축위원회의 심의를 거쳐 도로를 지정할 수 있다.

1. 허가권자가 이해관계인이 해외에 거주하는 등의 사유로 이해관계인의 동의를 받기가 곤란하다고 인정하는 경우
2. 주민이 오랫동안 통행로로 이용하고 있는 사실상의 통로로서 해당 지방자치단체의 조례로 정하는 것인 경우

(2) 도로의 폐지나 변경

허가권자는 지정한 도로를 폐지하거나 변경하려면 그 도로에 대한 이해관계인의 동의를 받아야 한다. 그 도로에 편입된 토지의 소유자, 건축주 등이 허가권자에게 도로의 폐지나 변경을 신청하는 경우에도 또한 같다.

(3) 도로관리대장에 관리

허가권자는 도로를 지정하거나 변경하면 국토교통부령으로 정하는 바에 따라 도로관리대장에 이를 적어서 관리하여야 한다.

3) 대지와 도로의 관계(법 제44조)

(1) 원칙

건축물의 대지는 2미터 이상이 도로(자동차만의 통행에 사용되는 도로는 제외한다)에 접하여야 한다. 다만, 다음 각 호의 어느 하나에 해당하면 그러하지 아니하다.

1. 해당 건축물의 출입에 지장이 없다고 인정되는 경우
2. 건축물의 주변에 대통령령(광장, 공원, 유원지, 그 밖에 관계 법령에 따라 건축이 금지되고 공중의 통행에 지장이 없는 공지로서 허가권자가 인정한 것)으로 정하는 공지가 있는 경우
3. 「농지법」에 따른 농막을 건축하는 경우

(2) 연면적이 큰 대지와 도로의 관계

연면적의 합계가 2천제곱미터(공장인 경우에는 3천제곱미터) 이상인 건축물(축사, 작물 재배사, 그 밖에 이와 비슷한 건축물로서 건축조례로 정하는 규모의 건축물은 제외한다)의 대지는 너비 6미터 이상의 도로에 4미터 이상 접하여야 한다.

3. 건축선(建築線)

1) 건축선의 의의

도로와 접한 부분에 건축물을 건축할 수 있는 선을 말한다.

2) 건축선의 지정

(1) 원칙

도로와 접한 부분에 건축물을 건축할 수 있는 선[이하 "건축선(建築線)"이라 한다]은 대지와 도로의 경계선으로

한다.

(2) 건축선의 지정(법 제46조 제1항)

소요 너비(4m)에 못 미치는 너비의 도로인 경우에는 그 중심선으로부터 그 소요 너비의 2분의 1의 수평거리만큼 물러난 선을 건축선으로 하되, 그 도로의 반대쪽에 경사지, 하천, 철도, 선로부지, 그 밖에 이와 유사한 것이 있는 경우에는 그 경사지 등이 있는 쪽의 도로경계선에서 소요 너비에 해당하는 수평거리의 선을 건축선으로 하며, 도로의 모퉁이에서는 대통령령으로 정하는 선을 건축선으로 한다.

3) 건축선에 따른 건축제한(법 제47조)

(1) 건축물과 담장

건축물과 담장은 건축선의 수직면(垂直面)을 넘어서는 아니 된다. 다만, 지표(地表) 아래 부분은 그러하지 아니하다.

(2) 출입구, 창문 등

도로면으로부터 높이 4.5미터 이하에 있는 출입구, 창문, 그 밖에 이와 유사한 구조물은 열고 닫을 때 건축선의 수직면을 넘지 아니하는 구조로 하여야 한다.

4 건축물의 구조 및 건축설비

1. 건축물의 구조안전

1) 구조내력(법 제48조)

① 건축물은 고정하중, 적재하중(積載荷重), 적설하중(積雪荷重), 풍압(風壓), 지진, 그 밖의 진동 및 충격 등에 대하여 안전한 구조를 가져야 한다.
② 건축물의 설계자는 국토교통부령으로 정하는 구조기준 등에 따라 그 구조의 안전을 확인하여야 한다. 구조 안전을 확인한 건축물 중 다음 각 호의 어느 하나에 해당하는 건축물의 건축주는 해당 건축물의 설계자로부터 구조 안전의 확인 서류를 받아 착공신고를 하는 때에 그 확인 서류를 허가권자에게 제출하여야 한다. 다만, 표준설계도서에 따라 건축하는 건축물은 제외한다.

1. 층수가 2층[주요구조부인 기둥과 보를 설치하는 건축물로서 그 기둥과 보가 목재인 목구조 건축물(이하 "목구조 건축물"이라 한다)의 경우에는 3층] 이상인 건축물
2. 연면적이 200제곱미터(목구조 건축물의 경우에는 500제곱미터) 이상인 건축물. 다만, 창고, 축사, 작물재배사는 제외한다.
3. 높이가 13미터 이상인 건축물
4. 처마높이가 9미터 이상인 건축물

5. 기둥과 기둥 사이의 거리가 10미터 이상인 건축물
6. 건축물의 용도 및 규모를 고려한 중요도가 높은 건축물로서 국토교통부령으로 정하는 건축물
7. 국가적 문화유산으로 보존할 가치가 있는 건축물로서 국토교통부령으로 정하는 것
8. 제2조제18호가목 및 다목의 건축물(특수구조 건축물)
9. 별표 1 제1호의 단독주택 및 같은 표 제2호의 공동주택

2) 구조안전

① 국토교통부장관은 지진으로부터 건축물의 구조 안전을 확보하기 위하여 건축물의 용도, 규모 및 설계구조의 중요도에 따라 내진등급(耐震等級)을 설정하여야 한다(법 제48조의 2 제1항).
② 다음 각 호의 어느 하나에 해당하는 건축물을 건축하고자 하는 자는 사용승인을 받는 즉시 건축물이 지진 발생 시에 견딜 수 있는 능력(이하 "내진능력"이라 한다)을 공개하여야 한다. 다만, 구조안전 확인 대상 건축물이 아니거나 내진능력 산정이 곤란한 건축물로서 대통령령으로 정하는 건축물은 공개하지 아니한다(법 제48조의 3 제1항).

1. 층수가 2층[주요구조부인 기둥과 보를 설치하는 건축물로서 그 기둥과 보가 목재인 목구조 건축물(이하 "목구조 건축물"이라 한다)의 경우에는 3층] 이상인 건축물
2. 연면적이 200제곱미터(목구조 건축물의 경우에는 500제곱미터) 이상인 건축물
3. 그 밖에 건축물의 규모와 중요도를 고려하여 대통령령으로 정하는 건축물

③ 방화지구 안에서는 건축물의 주요구조부와 지붕·외벽을 내화구조로 하여야 한다. 다만, 대통령령으로 정하는 경우에는 그러하지 아니하다(법 제51조).

3) 피난시설

① 대통령령으로 정하는 용도 및 규모의 건축물과 그 대지에는 국토교통부령으로 정하는 바에 따라 복도, 계단, 출입구, 그 밖의 피난시설과 저수조(貯水槽), 대지 안의 피난과 소화에 필요한 통로를 설치하여야 한다(법 제49조 제1항).

■ 직통계단의 설치(영 제34조)
1. 건축물의 피난층외의 층에서는 피난층 또는 지상으로 통하는 직통계단을 거실의 각 부분으로부터 계단(거실로부터 가장 가까운 거리에 있는 1개소의 계단을 말한다)에 이르는 보행거리가 30미터 이하가 되도록 설치해야 한다.
2. 건축물(지하층에 설치하는 것으로서 바닥면적의 합계가 300제곱미터 이상인 공연장·집회장·관람장 및 전시장은 제외한다)의 주요구조부가 내화구조 또는 불연재료로 된 건축물은 그 보행거리가 50미터(층수가 16층 이상인 공동주택의 경우 16층 이상인 층에 대해서는 40미터) 이하가 되도록 설치할 수 있으며, 자동화 생산시설에 스프링클러 등 자동식 소화설비를 설치한 공장으로서 국토교통부령으로 정하는 공장인 경우에는 그 보행거리가 75미터(무인화 공장인 경우에는 100미터) 이하가 되도록 설치할 수 있다.

3. 초고층 건축물에는 피난층 또는 지상으로 통하는 직통계단과 직접 연결되는 피난안전구역(건축물의 피난·안전을 위하여 건축물 중간층에 설치하는 대피공간을 말한다. 이하 같다)을 지상층으로부터 최대 30개 층마다 1개소 이상 설치하여야 한다.

■ 건축물 바깥쪽으로 출구 설치(영 제39조)

다음 각 호의 어느 하나에 해당하는 건축물에는 국토교통부령으로 정하는 기준에 따라 그 건축물로부터 바깥쪽으로 나가는 출구를 설치하여야 한다.
1. 제2종 근린생활시설 중 공연장·종교집회장·인터넷컴퓨터게임시설제공업소(해당 용도로 쓰는 바닥면적의 합계가 각각 300제곱미터 이상인 경우만 해당한다)
2. 문화 및 집회시설(전시장 및 동·식물원은 제외한다)
3. 종교시설
4. 판매시설
5. 업무시설 중 국가 또는 지방자치단체의 청사
6. 위락시설
7. 연면적이 5천제곱미터 이상인 창고시설
8. 교육연구시설 중 학교
9. 장례시설
10. 승강기를 설치하여야 하는 건축물

■ 옥상광장 등의 설치(영 제40조)

옥상광장 또는 2층 이상인 층에 있는 노대등[노대(露臺)나 그 밖에 이와 비슷한 것을 말한다. 이하 같다]의 주위에는 높이 1.2미터 이상의 난간을 설치하여야 한다. 다만, 그 노대등에 출입할 수 없는 구조인 경우에는 그러하지 아니하다.

② 문화 및 집회시설, 의료시설, 공동주택 등 대통령령으로 정하는 건축물은 국토교통부령으로 정하는 기준에 따라 주요구조부와 지붕을 내화(耐火)구조로 하여야 한다.
③ 고층건축물에는 대통령령으로 정하는 바에 따라 피난안전구역을 설치하거나 대피공간을 확보한 계단을 설치하여야 한다.

4) 마감재료(법 제52조)

① 대통령령으로 정하는 용도 및 규모의 건축물의 벽, 반자, 지붕(반자가 없는 경우에 한정한다) 등 내부의 마감재료[복합자재의 경우 심재(心材)를 포함한다]는 방화에 지장이 없는 재료로 하되, 「실내공기질 관리법」에 따른 실내공기질 유지기준 및 권고기준을 고려하고 관계 중앙행정기관의 장과 협의하여 국토교통부령으로 정하는 기준에 따른 것이어야 한다.
② 대통령령으로 정하는 건축물의 외벽에 사용하는 마감재료(두 가지 이상의 재료로 제작된 자재의 경우 각 재료를 포함한다)는 방화에 지장이 없는 재료로 하여야 한다. 이 경우 마감재료의 기준은 국토교통부령으로 정한다.

2. 건축설비

1) 승강기(법 제64조)

① 건축주는 6층 이상으로서 연면적이 2천제곱미터 이상인 건축물(대통령령으로 정하는 건축물은 제외한다)을 건축하려면 승강기를 설치하여야 한다. 이 경우 승강기의 규모 및 구조는 국토교통부령으로 정한다.
② 높이 31미터를 초과하는 건축물에는 대통령령으로 정하는 바에 따라 제1항에 따른 승강기뿐만 아니라 비상용 승강기를 추가로 설치하여야 한다. 다만, 국토교통부령으로 정하는 건축물의 경우에는 그러하지 아니하다.
③ 고층건축물에는 건축물에 설치하는 승용승강기 중 1대 이상을 대통령령으로 정하는 바에 따라 피난용승강기로 설치하여야 한다.

2) 지능형건축물의 인증(법 제65조의 2)

① 국토교통부장관은 지능형건축물[Intelligent Building]의 건축을 활성화하기 위하여 지능형건축물 인증제도를 실시한다.
② 허가권자는 지능형건축물로 인증을 받은 건축물에 대하여 조경설치면적을 100분의 85까지 완화하여 적용할 수 있으며, 용적률 및 건축물의 높이를 100분의 115의 범위에서 완화하여 적용할 수 있다.

5 지역 및 지구의 건축물

1. 건축물의 대지가 지역·지구 또는 구역에 걸치는 경우(법 제54조)

1) 대지가 지역·지구·구역에 걸치는 경우

대지가 이 법이나 다른 법률에 따른 지역·지구(녹지지역과 방화지구는 제외한다. 이하 이 조에서 같다) 또는 구역에 걸치는 경우에는 대통령령으로 정하는 바에 따라 그 건축물과 대지의 전부에 대하여 대지의 과반(過半)이 속하는 지역·지구 또는 구역 안의 건축물 및 대지 등에 관한 이 법의 규정을 적용한다.
위의 규정에도 불구하고 해당 대지의 규모와 그 대지가 속한 용도지역·지구 또는 구역의 성격 등 그 대지에 관한 주변여건상 필요하다고 인정하여 해당 지방자치단체의 조례로 적용방법을 따로 정하는 경우에는 그에 따른다.

2) 하나의 건축물이 방화지구와 그 밖의 구역에 걸치는 경우

하나의 건축물이 방화지구와 그 밖의 구역에 걸치는 경우에는 그 전부에 대하여 방화지구 안의 건축물에 관한 이 법의 규정을 적용한다. 다만, 건축물의 방화지구에 속한 부분과 그 밖의 구역에 속한 부분의 경계가 방화벽으로 구획되는 경우 그 밖의 구역에 있는 부분에 대하여는 그러하지 아니하다.

3) 대지가 녹지지역과 그 밖의 지역 · 지구 또는 구역에 걸치는 경우

대지가 녹지지역과 그 밖의 지역 · 지구 또는 구역에 걸치는 경우에는 각 지역 · 지구 또는 구역 안의 건축물과 대지에 관한 이 법의 규정을 적용한다. 다만, 녹지지역 안의 건축물이 방화지구에 걸치는 경우에는 위 2)에 따른다.

2. 건축물의 건폐율(법 제55조)

대지면적에 대한 건축면적(대지에 건축물이 둘 이상 있는 경우에는 이들 건축면적의 합계로 한다)의 비율(이하 "건폐율"이라 한다)의 최대한도는 「국토의 계획 및 이용에 관한 법률」에 따른 건폐율의 기준에 따른다. 다만, 이 법에서 기준을 완화하거나 강화하여 적용하도록 규정한 경우에는 그에 따른다.

3. 건축물의 용적률(법 제56조)

대지면적에 대한 연면적(대지에 건축물이 둘 이상 있는 경우에는 이들 연면적의 합계로 한다)의 비율(이하 "용적률"이라 한다)의 최대한도는 「국토의 계획 및 이용에 관한 법률」에 따른 용적률의 기준에 따른다. 다만, 이 법에서 기준을 완화하거나 강화하여 적용하도록 규정한 경우에는 그에 따른다.

4. 대지의 분할제한(법 제57조)

건축물이 있는 대지는 대통령령으로 정하는 범위에서 해당 지방자치단체의 조례로 정하는 면적에 못 미치게 분할할 수 없다.

> 1. 주거지역: 60제곱미터
> 2. 상업지역: 150제곱미터
> 3. 공업지역: 150제곱미터
> 4. 녹지지역: 200제곱미터
> 5. 제1호부터 제4호까지의 규정에 해당하지 아니하는 지역: 60제곱미터

5. 대지안의 공지(법 제58조)

건축물을 건축하는 경우에는 「국토의 계획 및 이용에 관한 법률」에 따른 용도지역 · 용도지구, 건축물의 용도 및 규모 등에 따라 건축선 및 인접 대지경계선으로부터 6미터 이내의 범위에서 대통령령으로 정하는 바에 따라 해당 지방자치단체의 조례로 정하는 거리 이상을 띄워야 한다.

6. 건축물의 높이제한

1) 가로구역별 높이제한(법 제60조)

① 허가권자는 가로구역[(街路區域): 도로로 둘러싸인 일단(一團)의 지역을 말한다. 이하 같다]을 단위로 하여 대통령령으로 정하는 기준과 절차에 따라 건축물의 높이를 지정 · 공고할 수 있다. 다만, 특별자치시장 · 특별자치도지사 또는 시장 · 군수 · 구청장은 가로구역의 높이를 완화하여 적용할 필요가 있다고 판단되는 대지에 대하

여는 대통령령으로 정하는 바에 따라 건축위원회의 심의를 거쳐 높이를 완화하여 적용할 수 있다.

② 특별시장이나 광역시장은 도시의 관리를 위하여 필요하면 제1항에 따른 가로구역별 건축물의 높이를 특별시나 광역시의 조례로 정할 수 있다.

2) 일조 등의 확보를 위한 건축물의 높이 제한(법 제61조)

(1) 전용주거지역과 일반주거지역(정북방향(正北方向) 높이제한)

전용주거지역과 일반주거지역 안에서 건축하는 건축물의 높이는 일조(日照) 등의 확보를 위하여 정북방향(正北方向)의 인접 대지경계선으로부터의 거리에 따라 대통령령으로 정하는 높이 이하로 하여야 한다.

1. 높이 9미터 이하인 부분: 인접 대지경계선으로부터 1.5미터 이상
2. 높이 9미터를 초과하는 부분: 인접 대지경계선으로부터 해당 건축물 각 부분 높이의 2분의 1 이상

(2) 공동주택

다음 각 호의 어느 하나에 해당하는 공동주택(일반상업지역과 중심상업지역에 건축하는 것은 제외한다)은 채광(採光) 등의 확보를 위하여 대통령령으로 정하는 높이 이하로 하여야 한다.

1. 인접 대지경계선 등의 방향으로 채광을 위한 창문 등을 두는 경우
2. 하나의 대지에 두 동(棟) 이상을 건축하는 경우

(3) 정남(正南)방향의 높이제한 가능

다음 각 호의 어느 하나에 해당하면 정북방향의 높이제한 규정에도 불구하고 정남(正南)방향의 인접 대지경계선으로부터의 거리에 따라 대통령령으로 정하는 높이 이하로 할 수 있다.

1. 「택지개발촉진법」에 따른 택지개발지구인 경우
2. 「주택법」에 따른 대지조성사업지구인 경우
3. 「지역 개발 및 지원에 관한 법률」에 따른 지역개발사업구역인 경우
4. 「산업입지 및 개발에 관한 법률」에 따른 국가산업단지, 일반산업단지, 도시첨단산업단지 및 농공단지인 경우
5. 「도시개발법」에 따른 도시개발구역인 경우
6. 「도시 및 주거환경정비법」에 따른 정비구역인 경우
7. 정북방향으로 도로, 공원, 하천 등 건축이 금지된 공지에 접하는 대지인 경우
8. 정북방향으로 접하고 있는 대지의 소유자와 합의한 경우나 그 밖에 대통령령으로 정하는 경우

(4) 예외

2층 이하로서 높이가 8미터 이하인 건축물에는 해당 지방자치단체의 조례로 정하는 바에 따라 위의 규정을 적용하지 아니할 수 있다.

1. 적용범위

1) 적용대상 건축물(법 제3조)

이 법은 「건축법」에 따른 건축허가를 받아 건축하여야 하는 다음 각 호의 어느 하나에 해당하는 건축물로서 사용승인서의 교부(이하 "사용승인"이라 한다) 전에 분양하는 건축물에 대하여 적용한다.

1. 분양하는 부분의 바닥면적의 합계가 3천제곱미터 이상인 건축물
2. 업무시설 등 대통령령으로 정하는 용도 및 규모의 건축물
   - 「건축법 시행령」 별표 1 제14호나목2)에 따른 오피스텔로서 30실(室) 이상인 것
   - 「건축법 시행령」 별표 1 제15호가목에 따른 생활숙박시설로서 30실 이상이거나 생활숙박시설 영업장의 면적이 해당 건축물 연면적의 3분의 1 이상인 것
   - 주택 외의 시설과 주택을 동일 건축물로 짓는 건축물 중 주택 외의 용도로 쓰이는 바닥면적의 합계가 3천제곱미터 이상인 것
   - 바닥면적의 합계가 3천제곱미터 이상으로서 임대 후 분양전환을 조건으로 임대하는 것

2) 예외

다음 각 호의 어느 하나에 해당하는 건축물에 대하여는 이 법을 적용하지 아니한다.

1. 「주택법」에 따른 주택 및 복리시설
2. 「산업집적활성화 및 공장설립에 관한 법률」에 따른 지식산업센터
3. 「관광진흥법」에 따른 관광숙박시설
4. 「노인복지법」에 따른 노인복지시설
5. 「공공기관의 운영에 관한 법률」에 따른 공공기관이 매입하는 업무용 건축물
6. 「지방공기업법」에 따른 지방공기업이 매입하는 업무용 건축물

2. 분양시기 및 분양요건(법 제4조)

1) 분양시기

분양사업자는 다음 각 호의 구분에 따라 건축물을 분양하여야 한다.

1. 「자본시장과 금융투자업에 관한 법률」에 따른 신탁업자와 신탁계약 및 대리사무계약을 체결한 경우 또는 금융기관 등으로부터 분양보증을 받는 경우: 「건축법」에 따른 착공신고 후
2. 해당 건축물의 사용승인에 대하여 다른 건설업자 둘 이상의 연대보증을 받아 공증받은 경우: 골조공사의 3분의 2 이상이 완료된 후

2) 분양요건

① 분양사업자는 건축물을 분양하려는 경우에는 건축할 대지(垈地)의 소유권을 확보하여야 한다. 다만, 건축할 대지의 소유권이 국가 또는 지방자치단체에 있거나 그 밖에 대통령령으로 정하는 경우에는 그러하지 아니하다.

② 분양사업자는 소유권을 확보한 대지에 저당권, 가등기담보권, 전세권, 지상권 및 등기되어 있는 부동산임차권이 설정되어 있는 경우에는 이를 말소하여야 한다. 다만, 분양사업자가 국가 또는 지방자치단체인 경우 등 대통령령으로 정하는 경우에는 그러하지 아니하다.

3. 분양신고(법 제5조)

분양사업자는 건축물을 분양하려는 경우에는 「건축법」에 따른 허가권자에게 신고하여야 한다. 허가권자는 분양신고의 내용을 검토하여 이 법에 적합한 경우에는 분양신고를 수리(受理)하고 그 사실을 분양사업자에게 통보하여야 한다.

4. 분양방법(법 제6조)

① 분양사업자는 분양신고의 수리 사실을 통보받은 후에 분양 광고에 따라 분양받을 자를 공개모집하여야 한다. 이 경우 대통령령으로 정하는 용도 및 규모의 건축물에 대해서는 인터넷을 활용하여 분양받을 자를 공개모집하여야 한다.

② 분양 광고에는 건축물의 위치·용도·규모 및 내진설계 등 대통령령으로 정하는 사항이 포함되어야 한다.

③ 분양사업자는 분양 광고에 따라 분양신청을 한 자 중에서 공개추첨의 방법으로 분양받을 자를 선정하여야 한다.

④ 분양사업자는 분양받을 자로 선정된 자와 분양계약을 체결하여야 하며, 분양계약서에는 분양 건축물의 표시(공용부분의 위치·규모를 포함한다), 신탁계약·대리사무계약 또는 분양보증계약의 종류, 신탁업자 또는 분양보증기관의 명칭 등 분양계약의 체결에 영향을 줄 수 있는 사항으로서 대통령령으로 정하는 사항이 포함되어야 한다.

⑤ 제3항에 따라 분양받을 자를 선정하고 남은 부분이 있거나 제4항에 따라 분양계약을 체결하고 남은 부분이 있는 경우에는 그 남은 부분에 대하여 분양받을 자를 선정할 때에는 대통령령으로 정하는 방법으로 한다. 이 경우 분양받을 자로 선정된 자와의 분양계약 체결에 관하여는 제4항을 적용한다.

5. 분양건축물의 계약 취소(법 제6조의 4)

허가권자 또는 분양사업자는 다음 각 호의 어느 하나에 해당하는 경우에는 분양받은 자와의 계약을 취소할 수 있다.

1. 분양을 거짓이나 그 밖의 부정한 방법으로 받은 경우
2. 제6조의3(분양 건축물의 전매행위 제한)제1항 또는 제2항을 위반하여 전매한 경우

6. 분양대금의 납입(법 제8조)

분양사업자가 분양받은 자로부터 받는 분양대금은 계약금·중도금 및 잔금으로 구분한다.

1. 특별건축구역(법 제69조)

1) 국토교통부장관 또는 시·도지사의 지정

국토교통부장관 또는 시·도지사는 다음 각 호의 구분에 따라 도시나 지역의 일부가 특별건축구역으로 특례 적용이 필요하다고 인정하는 경우에는 특별건축구역을 지정할 수 있다.

> 1. 국토교통부장관이 지정하는 경우
>   가. 국가가 국제행사 등을 개최하는 도시 또는 지역의 사업구역
>   나. 관계법령에 따른 국가정책사업으로서 대통령령으로 정하는 사업구역
> 2. 시·도지사가 지정하는 경우
>   가. 지방자치단체가 국제행사 등을 개최하는 도시 또는 지역의 사업구역
>   나. 관계법령에 따른 도시개발·도시재정비 및 건축문화 진흥사업으로서 건축물 또는 공간환경을 조성하기 위하여 대통령령으로 정하는 사업구역
>   다. 그 밖에 대통령령으로 정하는 도시 또는 지역의 사업구역

2) 특별건축구역 지정불가 지역

다음 각 호의 어느 하나에 해당하는 지역·구역 등에 대하여는 위 에도 불구하고 특별건축구역으로 지정할 수 없다.

> 1. 「개발제한구역의 지정 및 관리에 관한 특별조치법」에 따른 개발제한구역
> 2. 「자연공원법」에 따른 자연공원
> 3. 「도로법」에 따른 접도구역
> 4. 「산지관리법」에 따른 보전산지

3) 특별건축구역에서의 법 적용 특례(법 제73조)

① 특별건축구역에 건축하는 건축물에 대하여는 다음 각 호를 적용하지 아니할 수 있다.

> 1. 제42조(대지의 조경), 제55조(건폐율), 제56조(용적률), 제58조(대지안의 공지), 제60조(건축물의 높이 제한) 및 제61조(일조 등의 확보를 위한 건축물의 높이 제한)
> 2. 「주택법」 제35조 중 대통령령으로 정하는 규정(주택건설 기준 등)

② 특별건축구역에 건축하는 건축물이 제49조(건축물의 피난시설 및 용도제한 등), 제50조(건축물의 내화구조와 방화벽), 제50조의2(고층건축물의 피난 및 안전관리), 제51조부터 제53조(방화지구 안의 건축물, 실내건축, 건축자재의 제조 및 유통 관리, 건축자재의 품질관리 등, 지하층) 까지, 제62조(건축설비기준 등) 및 제64조(승강기)와 「녹색건축물 조성 지원법」 제15조(건축물에 대한 효율적인 에너지 관리와 녹색건축물 조성의 활성화)에 해당할 때에는 해당 규정에서 요구하는 기준 또는 성능 등을 다른 방법으로 대신할 수 있는 것으로 지방건축위원회가 인정하는 경우에만 해당 규정의 전부 또는 일부를 완화하여 적용할 수 있다.

③ 「소방시설 설치·유지 및 안전관리에 관한 법률」 제9조(특정소방대상물에 설치하는 소방시설의 유지·관리 등)와 제11조(소방시설기준 적용의 특례)에서 요구하는 기준 또는 성능 등을 대통령령으로 정하는 절차·심의 방법 등에 따라 다른 방법으로 대신할 수 있는 경우 전부 또는 일부를 완화하여 적용할 수 있다.

2. 특별가로구역

국토교통부장관 및 허가권자는 도로에 인접한 건축물의 건축을 통한 조화로운 도시경관의 창출을 위하여 이 법 및 관계 법령에 따라 일부 규정을 적용하지 아니하거나 완화하여 적용할 수 있도록 다음 각 호의 어느 하나에 해당하는 지구 또는 구역에서 대통령령으로 정하는 도로에 접한 대지의 일정 구역을 특별가로구역으로 지정할 수 있다.

1. 경관지구
2. 지구단위계획구역 중 미관유지를 위하여 필요하다고 인정하는 구역

8 건축협정 및 결합건축

1. 건축협정

1) 건축협정의 체결(법 제77조의 4)

토지 또는 건축물의 소유자, 지상권자 등 대통령령으로 정하는 자(이하 "소유자등"이라 한다)는 전원의 합의로 다음 각 호의 어느 하나에 해당하는 지역 또는 구역에서 건축물의 건축·대수선 또는 리모델링에 관한 협정(이하 "건축협정"이라 한다)을 체결할 수 있다.

1. 「국토의 계획 및 이용에 관한 법률」에 따라 지정된 지구단위계획구역
2. 「도시 및 주거환경정비법」에 따른 주거환경개선사업을 시행하기 위하여 지정·고시된 정비구역
3. 「도시재정비 촉진을 위한 특별법」에 따른 존치지역
4. 「도시재생 활성화 및 지원에 관한 특별법」에 따른 도시재생활성화지역
5. 그 밖에 시·도지사 및 시장·군수·구청장(이하 "건축협정인가권자"라 한다)이 도시 및 주거환경개선이 필요하다고 인정하여 해당 지방자치단체의 조례로 정하는 구역

2) 건축협정에 따른 특례(법 제77조의 13)

① 건축협정을 체결하여 둘 이상의 건축물 벽을 맞벽으로 하여 건축하려는 경우 맞벽으로 건축하려는 자는 공동으로 건축허가를 신청할 수 있다.
② 제1항의 경우에 제17조(건축허가 등의 수수료), 제21조(착공신고 등), 제22조(건축물의 사용승인) 및 제25조(건축물의 공사감리)에 관하여는 개별 건축물마다 적용하지 아니하고 허가를 신청한 건축물 전부 또는 일부를 대상으로 통합하여 적용할 수 있다.
③ 건축협정의 인가를 받은 건축협정구역에서 연접한 대지에 대하여는 다음 각 호의 관계 법령의 규정을 개별 건축물마다 적용하지 아니하고 건축협정구역의 전부 또는 일부를 대상으로 통합하여 적용할 수 있다.

1. 대지의 조경
2. 대지와 도로와의 관계
3. 지하층의 설치
4. 건폐율
5. 「주차장법」에 따른 부설주차장의 설치
6. 「하수도법」에 따른 개인하수처리시설의 설치

2. 결합건축(법 제77조의 15)

① 다음 각 호의 어느 하나에 해당하는 지역에서 대지간의 최단거리가 100미터 이내의 범위에서 대통령령으로 정하는 범위에 있는 2개의 대지의 건축주가 서로 합의한 경우 2개의 대지를 대상으로 결합건축을 할 수 있다.

1. 「국토의 계획 및 이용에 관한 법률」에 따라 지정된 상업지역
2. 「역세권의 개발 및 이용에 관한 법률」에 따라 지정된 역세권개발구역
3. 「도시 및 주거환경정비법」에 따른 정비구역 중 주거환경개선사업의 시행을 위한 구역
4. 그 밖에 도시 및 주거환경 개선과 효율적인 토지이용이 필요하다고 대통령령으로 정하는 지역

② 다음 각 호의 어느 하나에 해당하는 경우에는 제1항 각 호의 어느 하나에 해당하는 지역에서 대통령령으로 정하는 범위에 있는 3개 이상 대지의 건축주 등이 서로 합의한 경우 3개 이상의 대지를 대상으로 결합건축을 할 수 있다.

1. 국가·지방자치단체 또는 「공공기관의 운영에 관한 법률」에 따른 공공기관이 소유 또는 관리하는 건축물과 결합건축하는 경우
2. 「빈집 및 소규모주택 정비에 관한 특례법」에 따른 빈집 또는 「건축물관리법」에 따른 빈 건축물을 철거하여 그 대지에 공원, 광장 등 대통령령으로 정하는 시설을 설치하는 경우
3. 그 밖에 대통령령으로 정하는 건축물과 결합건축하는 경우

③ 제1항 및 제2항에도 불구하고 도시경관의 형성, 기반시설 부족 등의 사유로 해당 지방자치단체의 조례로 정하는 지역 안에서는 결합건축을 할 수 없다.

9 보칙

1. 위반 건축물에 대한 조치(법 제79조)

1) 허가권자의 시정명령

허가권자는 이 법 또는 이 법에 따른 명령이나 처분에 위반되는 대지나 건축물에 대하여 이 법에 따른 허가 또는 승인을 취소하거나 그 건축물의 건축주·공사시공자·현장관리인·소유자·관리자 또는 점유자(이하 "건축주등"

이라 한다)에게 공사의 중지를 명하거나 상당한 기간을 정하여 그 건축물의 해체·개축·증축·수선·용도변경·사용금지·사용제한, 그 밖에 필요한 조치를 명할 수 있다.

2) 시정명령 불이행시 조치

(1) 다른 법령에 따른 영업중지등 요청

허가권자는 허가나 승인이 취소된 건축물 또는 시정명령을 받고 이행하지 아니한 건축물에 대하여는 다른 법령에 따른 영업이나 그 밖의 행위를 허가·면허·인가·등록·지정 등을 하지 아니하도록 요청할 수 있다. 다만, 허가권자가 기간을 정하여 그 사용 또는 영업, 그 밖의 행위를 허용한 주택과 대통령령으로 정하는 경우에는 그러하지 아니하다.

(2) 이행강제금(법 제80조)

① 허가권자는 시정명령을 받은 후 시정기간 내에 시정명령을 이행하지 아니한 건축주등에 대하여는 그 시정명령의 이행에 필요한 상당한 이행기한을 정하여 그 기한까지 시정명령을 이행하지 아니하면 이행강제금을 부과한다.
② 연면적(공동주택의 경우에는 세대 면적을 기준으로 한다)이 60제곱미터 이하인 주거용 건축물과 주거용 건축물로서 대통령령으로 정하는 경우에는 해당하는 금액의 2분의 1의 범위에서 해당 지방자치단체의 조례로 정하는 금액을 부과한다.
③ 영리목적을 위한 위반이나 상습적 위반 등 대통령령으로 정하는 경우에 제1항에 따른 금액을 100분의 100의 범위에서 해당 지방자치단체의 조례로 정하는 바에 따라 가중하여야 한다.
④ 최초의 시정명령이 있었던 날을 기준으로 하여 1년에 2회 이내의 범위에서 해당 지방자치단체의 조례로 정하는 횟수만큼 그 시정명령이 이행될 때까지 반복하여 제1항 및 제2항에 따른 이행강제금을 부과·징수할 수 있다.
⑤ 허가권자는 시정명령을 받은 자가 이를 이행하면 새로운 이행강제금의 부과를 즉시 중지하되, 이미 부과된 이행강제금은 징수하여야 한다.
⑥ 이행강제금 부과처분을 받은 자가 이행강제금을 납부기한까지 내지 아니하면 「지방행정제재·부과금의 징수 등에 관한 법률」에 따라 징수한다.

(3) 이행강제금 부과에 따른 특례(법 제80조의 2)

① 허가권자는 이행강제금을 다음 각 호에서 정하는 바에 따라 감경할 수 있다. 다만, 지방자치단체의 조례로 정하는 기간까지 위반내용을 시정하지 아니한 경우는 제외한다.

1. 축사 등 농업용·어업용 시설로서 500제곱미터(「수도권정비계획법」에 따른 수도권 외의 지역에서는 1천 제곱미터) 이하인 경우는 5분의 1을 감경
2. 그 밖에 위반 동기, 위반 범위 및 위반 시기 등을 고려하여 대통령령으로 정하는 경우[제80조제2항(상습적 위반 등)에 해당하는 경우는 제외한다]에는 2분의 1의 범위에서 대통령령으로 정하는 비율을 감경

② 허가권자는 법률 제4381호 건축법개정법률의 시행일(1992년 6월 1일을 말한다) 이전에 이 법 또는 이 법에 따른 명령이나 처분을 위반한 주거용 건축물에 관하여는 대통령령으로 정하는 바에 따라 이행강제금을 감경할 수 있다.

2. 건축안전특별회계의 설치(법 제87조의 3)

시·도지사 또는 시장·군수·구청장은 관할 구역의 지역건축안전센터 설치·운영 등을 지원하기 위하여 건축안전특별회계(이하 "특별회계"라 한다)를 설치할 수 있다.

3. 건축분쟁전문위원회(법 제88조)

건축등과 관련된 분쟁(「건설산업기본법」 제69조에 따른 조정의 대상이 되는 분쟁은 제외한다. 이하 같다)의 조정(調停) 및 재정(裁定)을 하기 위하여 국토교통부에 건축분쟁전문위원회(이하 "분쟁위원회"라 한다)를 둔다.

5

주택법

5 주택법

1 총칙

국민의 주거안정과 주거수준의 향상을 위해 주택의 건설·공급 및 관리에 관한 법으로 (구)주택건설촉진법(1972)을 개편하여 2003년 5월 29일 제정하고 11월 30일부터 시행하고 있다.

1. 법의 목적(법 제1조)

이 법은 쾌적하고 살기 좋은 주거환경 조성에 필요한 주택의 건설·공급 및 주택시장의 관리 등에 관한 사항을 정함으로써 국민의 주거안정과 주거수준의 향상에 이바지함을 목적으로 한다.

2. 용어

1) 주택의 정의 및 종류(법 제2조)

(1) 주택

주택이란 세대(世帶)의 구성원이 장기간 독립된 주거생활을 할 수 있는 구조로 된 건축물의 전부 또는 일부 및 그 부속토지를 말하며, 단독주택과 공동주택으로 구분한다.

① 단독주택

단독주택이란 1세대가 하나의 건축물 안에서 독립된 주거생활을 할 수 있는 구조로 된 주택을 말하며, 그 종류와 범위는 대통령령으로 정한다.

1. 단독주택
2. 다중주택
3. 다가구주택

부동산공법 (기초)

② 공동주택

공동주택이란 건축물의 벽·복도·계단이나 그 밖의 설비 등의 전부 또는 일부를 공동으로 사용하는 각 세대가 하나의 건축물 안에서 각각 독립된 주거생활을 할 수 있는 구조로 된 주택을 말하며, 그 종류와 범위는 대통령령으로 정한다.

1. 아파트
2. 연립주택
3. 다세대주택

(2) 준주택

준주택이란 주택 외의 건축물과 그 부속토지로서 주거시설로 이용가능한 시설 등을 말하며, 그 범위와 종류는 대통령령으로 정한다.

1. 기숙사
2. 다중생활시설
3. 노인복지주택
4. 오피스텔

(3) 국민주택

다음 각 목의 어느 하나에 해당하는 주택으로서 국민주택규모 이하인 주택을 말한다.

1. 국가·지방자치단체, 「한국토지주택공사법」에 따른 한국토지주택공사 또는 「지방공기업법」에 따라 주택사업을 목적으로 설립된 지방공사가 건설하는 주택
2. 국가·지방자치단체의 재정 또는 「주택도시기금법」에 따른 주택도시기금으로부터 자금을 지원받아 건설되거나 개량되는 주택

※ 국민주택규모: 주거의 용도로만 쓰이는 면적(이하 "주거전용면적"이라 한다)이 1호(戶) 또는 1세대당 85제곱미터 이하인 주택(「수도권정비계획법」에 따른 수도권을 제외한 도시지역이 아닌 읍 또는 면 지역은 1호 또는 1세대당 주거전용면적이 100제곱미터 이하인 주택을 말한다)을 말한다.

(4) 민영주택

민영주택이란 국민주택을 제외한 주택을 말한다.

(5) 임대주택

임대주택이란 임대를 목적으로 하는 주택으로서, 「공공주택 특별법」에 따른 공공임대주택과 「민간임대주택에 관한 특별법」에 따른 민간임대주택으로 구분한다.

(6) 토지임대부 분양주택

토지임대부 분양주택이란 토지의 소유권은 사업계획의 승인을 받아 토지임대부 분양주택 건설사업을 시행하는 자가 가지고, 건축물 및 복리시설(福利施設) 등에 대한 소유권[건축물의 전유부분(專有部分)에 대한 구분소유권은

이를 분양받은 자가 가지고, 건축물의 공용부분·부속건물 및 복리시설은 분양받은 자들이 공유한다]은 주택을 분양받은 자가 가지는 주택을 말한다.

(7) 세대구분형 공동주택

세대구분형 공동주택이란 공동주택의 주택 내부 공간의 일부를 세대별로 구분하여 생활이 가능한 구조로 하되, 그 구분된 공간의 일부를 구분소유 할 수 없는 주택으로서 대통령령으로 정하는 건설기준, 설치기준, 면적기준 등에 적합한 주택을 말한다.

(8) 도시형 생활주택

도시형 생활주택이란 300세대 미만의 국민주택규모에 해당하는 주택으로서 대통령령으로 정하는 주택을 말한다 (4 주택의 건설 부분 수록).

(9) 에너지절약형 친환경주택

에너지절약형 친환경주택이란 저에너지 건물 조성기술 등 대통령령으로 정하는 기술을 이용하여 에너지 사용량을 절감하거나 이산화탄소 배출량을 저감할 수 있도록 건설된 주택을 말하며, 그 종류와 범위는 대통령령으로 정한다.

(10) 건강친화형 주택

건강친화형 주택이란 건강하고 쾌적한 실내환경의 조성을 위하여 실내공기의 오염물질 등을 최소화할 수 있도록 대통령령으로 정하는 기준에 따라 건설된 주택을 말한다.

(11) 장수명 주택

장수명 주택이란 구조적으로 오랫동안 유지·관리될 수 있는 내구성을 갖추고, 입주자의 필요에 따라 내부 구조를 쉽게 변경할 수 있는 가변성과 수리 용이성 등이 우수한 주택을 말한다.

2) 부대·복리 시설 등

(1) 부대시설

부대시설이란 주택에 딸린 다음 각 목의 시설 또는 설비를 말한다.

가. 주차장, 관리사무소, 담장 및 주택단지 안의 도로
나. 건축설비
다. 가목 및 나목의 시설·설비에 준하는 것으로서 대통령령으로 정하는 다음의 시설 또는 설비
   1. 보안등, 대문, 경비실 및 자전거보관소
   2. 조경시설, 옹벽 및 축대
   3. 안내표지판 및 공중화장실
   4. 저수시설, 지하양수시설 및 대피시설
   5. 쓰레기 수거 및 처리시설, 오수처리시설, 정화조
   6. 소방시설, 냉난방공급시설(지역난방공급시설은 제외한다) 및 방범설비

7. 「환경친화적 자동차의 개발 및 보급 촉진에 관한 법률」에 따른 전기자동차에 전기를 충전하여 공급하는 시설
8. 「전기통신사업법」 등 다른 법령에 따라 거주자의 편익을 위해 주택단지에 의무적으로 설치해야 하는 시설로서 사업주체 또는 입주자의 설치 및 관리 의무가 없는 시설
9. 그 밖에 제1호부터 제8호까지의 시설 또는 설비와 비슷한 것으로서 사업계획승인권자가 주택의 사용 및 관리를 위해 필요하다고 인정하는 시설 또는 설비

(2) 복리시설

복리시설이란 주택단지의 입주자 등의 생활복리를 위한 다음 각 목의 공동시설을 말한다.

가. 어린이놀이터, 근린생활시설, 유치원, 주민운동시설 및 경로당
나. 그 밖에 입주자 등의 생활복리를 위하여 대통령령으로 정하는 다음의 공동시설
   1. 제1종 근린생활시설
   2. 제2종 근린생활시설(총포판매소, 장의사, 다중생활시설, 단란주점 및 안마시술소는 제외한다)
   3. 종교시설
   4. 판매시설 중 소매시장 및 상점
   5. 교육연구시설
   6. 노유자시설
   7. 수련시설
   8. 업무시설 중 금융업소
   9. 지식산업센터
   10. 사회복지관
   11. 공동작업장
   12. 주민공동시설
   13. 도시·군계획시설인 시장
   14. 그 밖에 제1호부터 제13호까지의 시설과 비슷한 시설로서 국토교통부령으로 정하는 공동시설 또는 사업계획승인권자가 거주자의 생활복리 또는 편익을 위하여 필요하다고 인정하는 시설

(3) 기간시설(基幹施設)

기간시설이란 도로·상하수도·전기시설·가스시설·통신시설·지역난방시설 등을 말한다.

(4) 간선시설(幹線施設)

간선시설이란 도로·상하수도·전기시설·가스시설·통신시설 및 지역난방시설 등 주택단지안의 기간시설을 그 주택단지 밖에 있는 같은 종류의 기간시설에 연결시키는 시설을 말한다. 다만, 가스시설·통신시설 및 지역난방시설의 경우에는 주택단지 안의 기간시설을 포함한다.

(5) 공구

공구란 하나의 주택단지에서 대통령령으로 정하는 기준에 따라 둘 이상으로 구분되는 일단의 구역으로, 착공신고 및 사용검사를 별도로 수행할 수 있는 구역을 말한다.

3) 주택단지(법 제2조 제12호)

주택단지란 주택건설사업계획 또는 대지조성사업계획의 승인을 받아 주택과 그 부대시설 및 복리시설을 건설하거나 대지를 조성하는 데 사용되는 일단(一團)의 토지를 말한다. 다만, 다음 각 목의 시설로 분리된 토지는 각각 별개의 주택단지로 본다.

> 가. 철도 · 고속도로 · 자동차전용도로
> 나. 폭 20미터 이상인 일반도로
> 다. 폭 8미터 이상인 도시계획예정도로
> 라. 가목부터 다목까지의 시설에 준하는 것으로서 대통령령으로 정하는 시설

4) 공공택지(법 제2조 제24호)

공공택지란 다음 각 목의 어느 하나에 해당하는 공공사업에 의하여 개발 · 조성되는 공동주택이 건설되는 용지를 말한다.

> 가. 국민주택건설사업 또는 대지조성사업
> 나. 택지개발사업. 다만, 주택건설등 사업자가 같은 법 제12조제5항(토지수용)에 따라 활용하는 택지는 제외한다.
> 다. 산업단지개발사업
> 라. 공공주택지구조성사업
> 마. 공공지원민간임대주택 공급촉진지구 조성사업(시행자가 수용 또는 사용의 방식으로 시행하는 사업만 해당한다)
> 바. 도시개발사업(시행자가 수용 또는 사용의 방식으로 시행하는 사업과 혼용방식 중 수용 또는 사용의 방식이 적용되는 구역에서 시행하는 사업만 해당한다)
> 사. 경제자유구역개발사업(수용 또는 사용의 방식으로 시행하는 사업과 혼용방식 중 수용 또는 사용의 방식이 적용되는 구역에서 시행하는 사업만 해당한다)
> 아. 혁신도시개발사업
> 자. 행정중심복합도시건설사업
> 차. 공익사업으로서 대통령령으로 정하는 사업

부동산공법 (기초)

5) 리모델링(법 제2조 제25호)

리모델링이란 리모델링 허가에 따라 건축물의 노후화 억제 또는 기능 향상 등을 위한 다음 각 목의 어느 하나에 해당하는 행위를 말한다.

가. 대수선(大修繕)

나. 사용검사일(주택단지 안의 공동주택 전부에 대하여 임시사용승인을 받은 경우에는 그 임시사용승인일을 말한다) 또는 「건축법」에 따른 사용승인일부터 15년[15년 이상 20년 미만의 연수 중 특별시·광역시·특별자치시·도 또는 특별자치도(이하 "시·도"라 한다)의 조례로 정하는 경우에는 그 연수로 한다]이 지난 공동주택을 각 세대의 주거전용면적의 30퍼센트 이내(세대의 주거전용면적이 85제곱미터 미만인 경우에는 40퍼센트 이내)에서 증축하는 행위. 이 경우 공동주택의 기능 향상 등을 위하여 공용부분에 대하여도 별도로 증축할 수 있다.

다. 나목에 따른 각 세대의 증축 가능 면적을 합산한 면적의 범위에서 기존 세대수의 15퍼센트 이내에서 세대수를 증가하는 증축 행위(이하 "세대수 증가형 리모델링"이라 한다). 다만, 수직으로 증축하는 행위(이하 "수직증축형 리모델링"이라 한다)는 다음 요건을 모두 충족하는 경우로 한정한다.
   1) 최대 3개층 이하로서 대통령령으로 정하는 범위에서 증축할 것
   2) 리모델링 대상 건축물의 구조도 보유 등 대통령령으로 정하는 요건을 갖출 것

6) 주택조합(법 제2조 제11조)

주택조합이란 많은 수의 구성원이 사업계획의 승인을 받아 주택을 마련하거나 리모델링하기 위하여 결성하는 다음 각 목의 조합을 말한다.

가. 지역주택조합: 다음 구분에 따른 지역에 거주하는 주민이 주택을 마련하기 위하여 설립한 조합
   1) 서울특별시·인천광역시 및 경기도
   2) 대전광역시·충청남도 및 세종특별자치시
   3) 충청북도
   4) 광주광역시 및 전라남도
   5) 전라북도
   6) 대구광역시 및 경상북도
   7) 부산광역시·울산광역시 및 경상남도
   8) 강원도
   9) 제주특별자치도

나. 직장주택조합: 같은 직장의 근로자가 주택을 마련하기 위하여 설립한 조합

다. 리모델링주택조합: 공동주택의 소유자가 그 주택을 리모델링하기 위하여 설립한 조합

1. 주택건설사업자 등

1) 단독사업주체

① 비등록사업자(등록없이 가능, 법 제4조)

> 1. 국가 · 지방자치단체
> 2. 한국토지주택공사
> 3. 지방공사
> 4. 「공익법인의 설립 · 운영에 관한 법률」에 따라 주택건설사업을 목적으로 설립된 공익법인
> 5. 주택조합(등록사업자와 공동으로 주택건설사업을 하는 주택조합만 해당한다)
> 6. 근로자를 고용하는 자(등록사업자와 공동으로 주택건설사업을 시행하는 고용자만 해당하며, 이하 "고용자"라 한다)

② 등록사업자(영 제14조)

연간 대통령령으로 정하는 다음의 호수(戶數) 이상의 주택건설사업을 시행하려는 자 또는 연간 대통령령으로 정하는 면적(1만㎡) 이상의 대지조성사업을 시행하려는 자는 국토교통부장관에게 등록하여야 한다.

> 1. 단독주택의 경우: 20호
> 2. 공동주택의 경우: 20세대. 다만, 도시형 생활주택(원룸형 주택과 주거전용면적이 85제곱미터를 초과하는 주택 1세대를 함께 건축 포함한다)은 30세대로 한다.

2) 공동사업주체(법 제5조)

① 토지소유자 주택건설

토지소유자가 주택을 건설하는 경우에는 대통령령으로 정하는 바에 따라 등록사업자와 공동으로 사업을 시행할 수 있다. 이 경우 토지소유자와 등록사업자를 공동사업주체로 본다.

② 주택조합 주택건설

주택조합(세대수를 증가하지 아니하는 리모델링 주택조합은 제외한다)이 그 구성원의 주택을 건설하는 경우에는 대통령령으로 정하는 바에 따라 등록사업자(지방자치단체 · 한국토지주택공사 및 지방공사를 포함한다)와 공동으로 사업을 시행할 수 있다. 이 경우 주택조합과 등록사업자를 공동사업주체로 본다.

③ 근로자 주택건설

고용자가 그 근로자의 주택을 건설하는 경우에는 대통령령으로 정하는 바에 따라 등록사업자와 공동으로 사업을 시행하여야 한다. 이 경우 고용자와 등록사업자를 공동사업주체로 본다.

2. 등록사업자

1) 등록사업자의 시공(법 제7조, 영 제17조)

등록사업자가 사업계획승인(「건축법」에 따른 공동주택건축허가를 포함한다)을 받아 분양 또는 임대를 목적으로 주택을 건설하는 경우로서 그 기술능력, 주택건설 실적 및 주택규모 등이 대통령령으로 정하는 기준에 해당하는 경우에는 그 등록사업자를 「건설산업기본법」에 따른 건설사업자로 보며 주택건설공사를 시공할 수 있다.

> 다음 각 호의 요건을 모두 갖추어야 한다.
> 1. 자본금이 5억원(개인인 경우에는 자산평가액 10억원) 이상일 것
> 2. 건축 분야 및 토목 분야 기술인 3명 이상을 보유하고 있을 것. 건설기술인으로서 다음 각 목에 해당하는 건설기술인 각 1명이 포함되어야 한다.
>   가. 건축시공 기술사 또는 건축기사
>   나. 토목 분야 기술인
> 3. 최근 5년간의 주택건설 실적이 100호 또는 100세대 이상일 것

2) 등록사업자의 결격사유(법 제6조)

다음 각 호의 어느 하나에 해당하는 자는 제4조에 따른 주택건설사업 등의 등록을 할 수 없다.

> 1. 미성년자·피성년후견인 또는 피한정후견인
> 2. 파산선고를 받은 자로서 복권되지 아니한 자
> 3. 「부정수표 단속법」 또는 이 법을 위반하여 금고 이상의 실형을 선고받고 그 집행이 끝나거나(집행이 끝난 것으로 보는 경우를 포함한다) 집행이 면제된 날부터 2년이 지나지 아니한 자
> 4. 「부정수표 단속법」 또는 이 법을 위반하여 금고 이상의 형의 집행유예를 선고받고 그 유예기간 중에 있는 자
> 5. 등록이 말소(제6조 제1호 및 제2호에 해당하여 말소된 경우는 제외한다)된 후 2년이 지나지 아니한 자
> 6. 임원 중에 제1호부터 제5호까지의 규정 중 어느 하나에 해당하는 자가 있는 법인

3) 영업실적 등의 제출(법 제10조)

① 등록사업자는 국토교통부령으로 정하는 바에 따라 매년 영업실적과 영업계획 및 기술인력 보유 현황을 국토교통부장관에게 제출하여야 한다.
② 등록사업자는 국토교통부령으로 정하는 바에 따라 월별 주택분양계획 및 분양 실적을 국토교통부장관에게 제출하여야 한다.

3. 주택건설사업의 등록말소 등

1) 주택건설사업의 등록말소(법 제8조)

국토교통부장관은 등록사업자가 다음 각 호의 어느 하나에 해당하면 그 등록을 말소하거나 1년 이내의 기간을 정하여 영업의 정지를 명할 수 있다. 다만, 제1호 또는 제5호에 해당하는 경우에는 그 등록을 말소하여야 한다.

1. 거짓이나 그 밖의 부정한 방법으로 등록한 경우
2. 등록기준에 미달하게 된 경우. 다만, 「채무자 회생 및 파산에 관한 법률」에 따라 법원이 회생절차개시의 결정을 하고 그 절차가 진행 중이거나 일시적으로 등록기준에 미달하는 등 대통령령으로 정하는 경우는 예외로 한다.
3. 고의 또는 과실로 공사를 잘못 시공하여 공중(公衆)에게 위해(危害)를 끼치거나 입주자에게 재산상 손해를 입힌 경우
4. 등록사업자의 결격사유 제1호부터 제4호까지 또는 제6호 중 어느 하나에 해당하게 된 경우. 다만, 법인의 임원 중 제6조제6호에 해당하는 사람이 있는 경우 6개월 이내에 그 임원을 다른 사람으로 임명한 경우에는 그러하지 아니하다.
5. 등록증의 대여 등을 한 경우
6. 다음 각 목의 어느 하나에 해당하는 경우
   가. 시공상세도면의 작성 의무를 위반하거나 건설사업관리를 수행하는 건설기술인 또는 공사감독자의 검토·확인을 받지 아니하고 시공한 경우
   나. 「건설기술 진흥법」에 따른 시정명령을 이행하지 아니한 경우
   다. 「건설기술 진흥법」에 따른 품질시험 및 검사를 하지 아니한 경우
   라. 「건설기술 진흥법」에 따른 안전점검을 하지 아니한 경우
7. 「택지개발촉진법」을 위반하여 택지를 전매(轉賣)한 경우
8. 「표시·광고의 공정화에 관한 법률」에 따른 처벌을 받은 경우
9. 「약관의 규제에 관한 법률」 제34조제2항(과태료)에 따른 처분을 받은 경우
10. 그 밖에 이 법 또는 이 법에 따른 명령이나 처분을 위반한 경우

2) 등록말소 처분 등을 받은 자의 사업 수행(법 제9조)

등록말소 또는 영업정지 처분을 받은 등록사업자는 그 처분 전에 사업계획승인을 받은 사업은 계속 수행할 수 있다. 다만, 등록말소 처분을 받은 등록사업자가 그 사업을 계속 수행할 수 없는 중대하고 명백한 사유가 있을 경우에는 그러하지 아니하다.

3 주택조합

1. 의의

많은 수의 구성원이 사업계획의 승인을 받아 주택을 마련하거나 리모델링하기 위하여 결성하는 지역, 직장, 리모델링 조합을 말한다.

2. 주택조합의 설립(법 제11조)

(1) 시장·군수·구청장의 인가

주택조합을 설립하려는 경우(직장주택조합의 경우는 제외한다)에는 관할 특별자치시장, 특별자치도지사, 시장, 군수 또는 구청장(구청장은 자치구의 구청장을 말하며, 이하 "시장·군수·구청장"이라 한다)의 인가를 받아야 한다. 인가받은 내용을 변경하거나 주택조합을 해산하려는 경우에도 또한 같다.

(2) 주택조합설립인가의 요건

① 주택조합설립인가의 요건

주택조합설립인가를 받으려는 자는 다음 각 호의 요건을 모두 갖추어야 한다. 다만, 인가받은 내용을 변경하거나 주택조합을 해산하려는 경우에는 그러하지 아니하다.

> 1. 해당 주택건설대지의 80퍼센트 이상에 해당하는 토지의 사용권원을 확보할 것
> 2. 해당 주택건설대지의 15퍼센트 이상에 해당하는 토지의 소유권을 확보할 것

② 리모델링 주택조합설립인가 요건

리모델링하기 위하여 주택조합을 설립하려는 경우에는 다음 각 호의 구분에 따른 구분소유자(「집합건물의 소유 및 관리에 관한 법률」에 따른 구분소유자를 말한다. 이하 같다)와 의결권(「집합건물의 소유 및 관리에 관한 법률」에 따른 의결권을 말한다. 이하 같다)의 결의를 증명하는 서류를 첨부하여 관할 시장·군수·구청장의 인가를 받아야 한다.

> 1. 주택단지 전체를 리모델링하고자 하는 경우에는 주택단지 전체의 구분소유자와 의결권의 각 3분의 2 이상의 결의 및 각 동의 구분소유자와 의결권의 각 과반수의 결의
> 2. 동을 리모델링하고자 하는 경우에는 그 동의 구분소유자 및 의결권의 각 3분의 2 이상의 결의

(3) 주택조합 및 조합원의 자격(법 제11조 제7항)

인가를 받는 주택조합의 설립방법·설립절차, 주택조합 구성원의 자격기준·제명·탈퇴 및 주택조합의 운영·관리 등에 필요한 사항과 직장주택조합의 설립요건 및 신고절차 등에 필요한 사항은 대통령령으로 정한다.

① 주택조합의 유지요건(영 제20조 제7항)

주택조합(리모델링주택조합은 제외한다)은 주택조합 설립인가를 받는 날부터 사용검사를 받는 날까지 계속하여 다음 각 호의 요건을 모두 충족해야 한다.

> 1. 주택건설 예정 세대수(설립인가 당시의 사업계획서상 주택건설 예정 세대수를 말하되, 임대주택으로 건설·공급하는 세대수는 제외한다. 이하 같다)의 50퍼센트 이상의 조합원으로 구성할 것. 다만, 사업계획 승인 등의 과정에서 세대수가 변경된 경우에는 변경된 세대수를 기준으로 한다.
> 2. 조합원은 20명 이상일 것

② 조합원의 자격(영 제21조)

주택조합의 조합원이 될 수 있는 사람은 다음 각 호의 구분에 따른 사람으로 한다. 다만, 조합원의 사망으로 그 지위를 상속받는 자는 다음 각 호의 요건에도 불구하고 조합원이 될 수 있다. 또한 주택조합의 조합원이 근무·

질병치료·유학·결혼 등 부득이한 사유로 세대주 자격을 일시적으로 상실한 경우로서 시장·군수·구청장이 인정하는 경우에는 조합원 자격이 있는 것으로 본다.

ⓐ 지역주택조합 조합원

■ 다음 각 목의 요건을 모두 갖춘 사람

가. 조합설립인가 신청일(해당 주택건설대지가 투기과열지구 안에 있는 경우에는 조합설립인가 신청일 1년 전의 날을 말한다. 이하 같다)부터 해당 조합주택의 입주 가능일까지 주택을 소유하는지에 대하여 다음의 어느 하나에 해당할 것
  1) 국토교통부령으로 정하는 기준에 따라 세대주를 포함한 세대원전원이 주택을 소유하고 있지 아니한 세대의 세대주일 것
  2) 국토교통부령으로 정하는 기준에 따라 세대주를 포함한 세대원 중 1명에 한정하여 주거전용면적 85제곱미터 이하의 주택 1채를 소유한 세대의 세대주일 것
나. 조합설립인가 신청일 현재 구분에 따른 지역에 6개월 이상 계속하여 거주하여 온 사람일 것
다. 본인 또는 본인과 같은 세대별 주민등록표에 등재되어 있지 않은 배우자가 같은 또는 다른 지역주택조합의 조합원이거나 직장주택조합의 조합원이 아닐 것

ⓑ 직장주택조합 조합원

■ 다음 각 목의 요건을 모두 갖춘 사람

가. 지역주택조합 조합원 가목에 해당하는 사람일 것. 다만, 국민주택을 공급받기 위한 직장주택조합의 경우에는 위 지역주택조합 조합원 요건 가목1)에 해당하는 세대주로 한정한다.
나. 조합설립인가 신청일 현재 동일한 특별시·광역시·특별자치시·특별자치도·시 또는 군(광역시의 관할구역에 있는 군은 제외한다) 안에 소재하는 동일한 국가기관·지방자치단체·법인에 근무하는 사람일 것
다. 본인 또는 본인과 같은 세대별 주민등록표에 등재되어 있지 않은 배우자가 같은 또는 다른 직장주택조합의 조합원이거나 지역주택조합의 조합원이 아닐 것

ⓒ 리모델링주택조합 조합원

■ 다음 각 목의 어느 하나에 해당하는 사람

이 경우 해당 공동주택, 복리시설 또는 다목에 따른 공동주택 외의 시설의 소유권이 여러 명의 공유(共有)에 속할 때에는 그 여러 명을 대표하는 1명을 조합원으로 본다.
가. 사업계획승인을 받아 건설한 공동주택의 소유자
나. 복리시설을 함께 리모델링하는 경우에는 해당 복리시설의 소유자
다. 「건축법」에 따른 건축허가를 받아 분양을 목적으로 건설한 공동주택의 소유자(해당 건축물에 공동주택 외의 시설이 있는 경우에는 해당 시설의 소유자를 포함한다)

(4) 지역·직장주택조합 조합원의 교체와 신규가입(영 제22조)

① 조합설립인가 이후 조합원교체 및 신규가입 금지

지역주택조합 또는 직장주택조합은 설립인가를 받은 후에는 해당 조합원을 교체하거나 신규로 가입하게 할 수 없다. 다만, 다음 각 호의 어느 하나에 해당하는 경우에는 예외로 한다.

1. 조합원 수가 주택건설 예정 세대수를 초과하지 아니하는 범위에서 시장·군수·구청장으로부터 국토교통부령으로 정하는 바에 따라 조합원 추가모집의 승인을 받은 경우
2. 다음 각 목의 어느 하나에 해당하는 사유로 결원이 발생한 범위에서 충원하는 경우
   가. 조합원의 사망
   나. 사업계획승인 이후[지역주택조합 또는 직장주택조합이 해당 주택건설대지 전부의 소유권을 확보하지 아니하고 사업계획승인을 받은 경우에는 해당 주택건설대지 전부의 소유권(해당 주택건설대지가 저당권등의 목적으로 되어 있는 경우에는 그 저당권등의 말소를 포함한다)을 확보한 이후를 말한다]에 입주자로 선정된 지위(해당 주택에 입주할 수 있는 권리·자격 또는 지위 등을 말한다)가 양도·증여 또는 판결 등으로 변경된 경우. 다만, 법 제64조제1항제1호에 따라 전매가 금지되는 경우는 제외한다.
   다. 조합원의 탈퇴 등으로 조합원 수가 주택건설 예정 세대수의 50퍼센트 미만이 되는 경우
   라. 조합원이 무자격자로 판명되어 자격을 상실하는 경우
   마. 사업계획승인 등의 과정에서 주택건설 예정 세대수가 변경되어 조합원 수가 변경된 세대수의 50퍼센트 미만이 되는 경우

② 추가모집과 충원의 기준

조합원으로 추가모집되거나 충원되는 자가 조합원 자격 요건을 갖추었는지를 판단할 때에는 해당 조합설립인가 신청일을 기준으로 한다. 조합원 추가모집의 승인과 조합원 추가모집에 따른 주택조합의 변경인가 신청은 사업계획승인신청일까지 하여야 한다.

(5) 주택조합의 사업계획승인 신청

주택조합은 설립인가를 받은 날부터 2년 이내에 사업계획승인(사업계획승인 대상이 아닌 리모델링인 경우에는 허가를 말한다)을 신청하여야 한다.

3. 주택조합업무의 대행(법 제11조의 2)

(1) 업무대행 자격자

주택조합(리모델링주택조합은 제외한다. 이하 이 조에서 같다) 및 주택조합의 발기인은 조합원 모집 등 주택조합의 업무를 공동사업주체인 등록사업자 또는 다음 각 호의 어느 하나에 해당하는 자로서 대통령령으로 정하는 자본금(법인인 경우: 5억원 이상의 자본금을 보유한 자, 개인인 경우: 10억원 이상의 자산평가액을 보유한 사람을 보유한 자) 외의 자에게 대행하게 할 수 없다.

1. 등록사업자
2. 「공인중개사법」에 따른 중개업자
3. 「도시 및 주거환경정비법」에 따른 정비사업전문관리업자
4. 「부동산개발업의 관리 및 육성에 관한 법률」에 따른 등록사업자
5. 「자본시장과 금융투자업에 관한 법률」에 따른 신탁업자
6. 그 밖에 다른 법률에 따라 등록한 자로서 대통령령으로 정하는 자

(2) 업무대행자의 업무내용

업무대행자에게 대행시킬 수 있는 주택조합의 업무는 다음 각 호와 같다.

1. 조합원 모집, 토지 확보, 조합설립인가 신청 등 조합설립을 위한 업무의 대행
2. 사업성 검토 및 사업계획서 작성업무의 대행
3. 설계자 및 시공자 선정에 관한 업무의 지원
4. 사업계획승인 신청 등 사업계획승인을 위한 업무의 대행
5. 계약금 등 자금의 보관 및 그와 관련된 업무의 대행
6. 그 밖에 총회의 운영업무 지원 등 국토교통부령으로 정하는 사항

(3) 자금의 보관

주택조합 및 주택조합의 발기인은 업무 중 계약금 등 자금의 보관 업무는 신탁업자에게 대행하도록 하여야 한다.

4. 조합원 모집 방법 등(법 제11조의 3, 4, 5)

(1) 조합원의 모집 방법

① 지역주택조합 또는 직장주택조합의 설립인가를 받기 위하여 조합원을 모집하려는 자는 해당 주택건설대지의 50퍼센트 이상에 해당하는 토지의 사용권원을 확보하여 관할 시장·군수·구청장에게 신고하고, 공개모집의 방법으로 조합원을 모집하여야 한다. 조합 설립인가를 받기 전에 신고한 내용을 변경하는 경우에도 또한 같다.
② 공개모집 이후 조합원의 사망·자격상실·탈퇴 등으로 인한 결원을 충원하거나 미달된 조합원을 재모집하는 경우에는 신고하지 아니하고 선착순의 방법으로 조합원을 모집할 수 있다.

(2) 계약서 작성

조합원을 모집하는 자(조합원 모집 업무를 대행하는 자를 포함한다. 이하 "모집주체"라 한다)와 주택조합 가입 신청자는 다음 각 호의 사항이 포함된 주택조합 가입에 관한 계약서를 작성하여야 한다.

1. 주택조합의 사업개요
2. 조합원의 자격기준
3. 분담금 등 각종 비용의 납부예정금액, 납부시기 및 납부방법
4. 주택건설대지의 사용권원 및 소유권을 확보한 면적 및 비율
5. 조합원 탈퇴 및 환급의 방법, 시기 및 절차
6. 그 밖에 주택조합의 설립 및 운영에 관한 중요 사항으로서 대통령령으로 정하는 사항

(3) 설명의무

① 모집주체는 위 계약서 작성에 포함된 사항을 주택조합 가입 신청자가 이해할 수 있도록 설명하여야 한다.
② 모집주체는 설명한 내용을 주택조합 가입 신청자가 이해하였음을 국토교통부령으로 정하는 바에 따라 서면으로 확인을 받아 주택조합 가입 신청자에게 교부하여야 하며, 그 사본을 5년간 보관하여야 한다.

(4) 조합원 모집 광고

모집주체가 주택조합의 조합원을 모집하기 위하여 광고를 하는 경우에는 다음 각 호의 내용이 포함되어야 한다.

1. "지역주택조합 또는 직장주택조합의 조합원 모집을 위한 광고"라는 문구
2. 조합원의 자격기준에 관한 내용
3. 주택건설대지의 사용권원 및 소유권을 확보한 비율
4. 그 밖에 조합원 보호를 위하여 대통령령으로 정하는 내용

모집주체가 조합원 가입을 권유하거나 모집 광고를 하는 경우에는 다음 각 호의 행위를 하여서는 아니 된다.

1. 조합주택의 공급방식, 조합원의 자격기준 등을 충분히 설명하지 않거나 누락하여 제한 없이 조합에 가입 하거나 주택을 공급받을 수 있는 것으로 오해하게 하는 행위
2. 제5조제4항(공동사업주체)에 따른 협약이나 사업계획승인을 통하여 확정될 수 있는 사항을 사전에 확정 된 것처럼 오해하게 하는 행위
3. 사업추진 과정에서 조합원이 부담해야 할 비용이 추가로 발생할 수 있음에도 주택 공급가격이 확정된 것으로 오해하게 하는 행위
4. 주택건설대지의 사용권원 및 소유권을 확보한 비율을 사실과 다르거나 불명확하게 제공하는 행위
5. 조합사업의 내용을 사실과 다르게 설명하거나 그 내용의 중요한 사실을 은폐 또는 축소하는 행위
6. 그 밖에 조합원 보호를 위하여 대통령령으로 정하는 행위

5. 조합가입 철회 및 가입비 반환(법 제11조의 6)

(1) 가입비등 예치

모집주체는 주택조합의 가입을 신청한 자가 주택조합 가입을 신청하는 때에 납부하여야 하는 일체의 금전(이하 "가입비등"이라 한다)을 대통령령으로 정하는 기관(이하 "예치기관"이라 한다)에 예치하도록 하여야 한다.

(2) 청약철회

주택조합의 가입을 신청한 자는 가입비등을 예치한 날부터 30일 이내에 주택조합 가입에 관한 청약을 철회할 수 있다. 청약 철회를 서면으로 하는 경우에는 청약 철회의 의사를 표시한 서면을 발송한 날에 그 효력이 발생한다.

(3) 가입비등 반환

모집주체는 주택조합의 가입을 신청한 자가 청약 철회를 한 경우 청약 철회 의사가 도달한 날부터 7일 이내에 예치기관의 장에게 가입비등의 반환을 요청하여야 한다. 예치기관의 장은 가입비등의 반환 요청을 받은 경우 요 청일부터 10일 이내에 그 가입비등을 예치한 자에게 반환하여야 한다. 모집주체는 주택조합의 가입을 신청한 자에게 청약 철회를 이유로 위약금 또는 손해배상을 청구할 수 없다.

6. 실적보고 및 관련자료의 공개(법 제12조)

① 실적보고서 작성

주택조합의 발기인 또는 임원은 다음 각 호의 사항이 포함된 해당 주택조합의 실적보고서를 국토교통부령으로 정하는 바에 따라 사업연도별로 분기마다 작성하여야 한다.

② 시행관련 자료 공개

주택조합의 발기인 또는 임원은 주택조합사업의 시행에 관한 서류 및 관련 자료가 작성되거나 변경된 후 15일 이내에 이를 조합원이 알 수 있도록 인터넷과 그 밖의 방법을 병행하여 공개하여야 한다.

③ 자료 열람·복사

주택조합사업의 시행에 관한 서류와 관련 자료를 조합원이 열람·복사 요청을 한 경우 주택조합의 발기인 또는 임원은 15일 이내에 그 요청에 따라야 한다. 이 경우 복사에 필요한 비용은 실비의 범위에서 청구인이 부담한다.

④ 자금계획 등 자료 제출

주택조합의 발기인 또는 임원은 원활한 사업추진과 조합원의 권리 보호를 위하여 연간 자금운용 계획 및 자금 집행 실적 등 국토교통부령으로 정하는 서류 및 자료를 국토교통부령으로 정하는 바에 따라 매년 정기적으로 시장·군수·구청장에게 제출하여야 한다.

7. 조합임원의 결격사유(법 제13조)

① 다음 각 호의 어느 하나에 해당하는 사람은 주택조합의 발기인 또는 임원이 될 수 없다.

1. 미성년자·피성년후견인 또는 피한정후견인
2. 파산선고를 받은 사람으로서 복권되지 아니한 사람
3. 금고 이상의 실형을 선고받고 그 집행이 종료(종료된 것으로 보는 경우를 포함한다)되거나 집행이 면제된 날부터 2년이 지나지 아니한 사람
4. 금고 이상의 형의 집행유예를 선고받고 그 유예기간 중에 있는 사람
5. 금고 이상의 형의 선고유예를 받고 그 선고유예기간 중에 있는 사람
6. 법원의 판결 또는 다른 법률에 따라 자격이 상실 또는 정지된 사람
7. 해당 주택조합의 공동사업주체인 등록사업자 또는 업무대행사의 임직원

② 주택조합의 발기인이나 임원이 다음 각 호의 어느 하나에 해당하는 경우 해당 발기인은 그 지위를 상실하고 해당 임원은 당연히 퇴직한다.

1. 주택조합의 발기인이 자격기준을 갖추지 아니하게 되거나 주택조합의 임원이 제11조제7항에 따른 조합원 자격을 갖추지 아니하게 되는 경우
2. 주택조합의 발기인 또는 임원이 위 ①각 호의 결격사유에 해당하게 되는 경우

③ 제2항에 따라 지위가 상실된 발기인 또는 퇴직된 임원이 지위 상실이나 퇴직 전에 관여한 행위는 그 효력을 상실하지 아니한다.

④ 주택조합의 임원은 다른 주택조합의 임원, 직원 또는 발기인을 겸할 수 없다.

8. 주택조합의 설립인가 취소(법 제14조 제2항)

시장·군수·구청장은 주택조합 또는 주택조합의 구성원이 다음 각 호의 어느 하나에 해당하는 경우에는 주택조합의 설립인가를 취소할 수 있다.

1. 거짓이나 그 밖의 부정한 방법으로 설립인가를 받은 경우
2. 제94조(사업주체 등에 대한 지도·감독)에 따른 명령이나 처분을 위반한 경우

9. 주택조합의 해산 등(법 제14조의 2)

① 주택조합은 주택조합의 설립인가를 받은 날부터 3년이 되는 날까지 사업계획승인을 받지 못하는 경우 대통령령으로 정하는 바에 따라 총회의 의결을 거쳐 해산 여부를 결정하여야 한다.
② 주택조합의 발기인은 조합원 모집 신고가 수리된 날부터 2년이 되는 날까지 주택조합 설립인가를 받지 못하는 경우 대통령령으로 정하는 바에 따라 주택조합 가입 신청자 전원으로 구성되는 총회 의결을 거쳐 주택조합 사업의 종결 여부를 결정하도록 하여야 한다.

10. 회계감사 및 시공보증

(1) 회계감사(법 제14조의 3)

주택조합은 대통령령으로 정하는 바에 따라 회계감사를 받아야 하며, 그 감사결과를 관할 시장·군수·구청장에게 보고하여야 한다. 주택조합은 다음 각 호의 어느 하나에 해당하는 날부터 30일 이내에 「주식회사 등의 외부감사에 관한 법률」에 따른 감사인의 회계감사를 받아야 한다(영 제26조).

1. 주택조합 설립인가를 받은 날부터 3개월이 지난 날
2. 사업계획승인(사업계획승인 대상이 아닌 리모델링인 경우에는 허가를 말한다)을 받은 날부터 3개월이 지난 날
3. 사용검사 또는 임시 사용승인을 신청한 날

(2) 주택조합의 시공보증(법 제14조의 4)

주택조합이 공동사업주체인 시공자를 선정한 경우 그 시공자는 공사의 시공보증[시공자가 공사의 계약상 의무를 이행하지 못하거나 의무이행을 하지 아니할 경우 보증기관에서 시공자를 대신하여 계약이행의무를 부담하거나 총 공사금액의 50퍼센트 이하에서 대통령령으로 정하는 비율(공사금액의 30퍼센트 이상)이상의 범위에서 주택조합이 정하는 금액을 납부할 것을 보증하는 것을 말한다]을 위하여 국토교통부령으로 정하는 기관의 시공보증서를 조합에 제출하여야 한다.

4 사업계획의 승인 등

1. 사업계획 승인의 규모 및 승인권자

1) 사업계획 승인의 규모(영 제27조)

대통령령으로 정하는 호수 이상의 주택건설사업 또는 대통령령으로 정하는 면적 이상의 대지조성사업

(1) 호수

1. 단독주택: 30호. 다만, 다음 각 목의 어느 하나에 해당하는 단독주택의 경우에는 50호로 한다.
   가. 공공사업에 따라 조성된 용지를 개별 필지로 구분하지 아니하고 일단(一團)의 토지로 공급받아 해당 토지에 건설하는 단독주택
   나. 한옥
2. 공동주택: 30세대(리모델링의 경우에는 증가하는 세대수를 기준으로 한다). 다만, 다음 각 목의 어느 하나에 해당하는 공동주택을 건설(리모델링의 경우는 제외한다)하는 경우에는 50세대로 한다.
   가. 다음의 요건을 모두 갖춘 단지형 연립주택 또는 단지형 다세대주택
       1) 세대별 주거전용면적이 30제곱미터 이상일 것
       2) 해당 주택단지 진입도로의 폭이 6미터 이상일 것. 다만, 해당 주택단지의 진입도로가 두 개 이상인 경우에는 다음의 요건을 모두 갖추면 진입도로의 폭을 4미터 이상 6미터 미만으로 할 수 있다.
           가) 두 개의 진입도로 폭의 합계가 10미터 이상일 것
           나) 폭 4미터 이상 6미터 미만인 진입도로는 제5조에 따른 도로와 통행거리가 200미터 이내일 것
   나. 「도시 및 주거환경정비법」 정비구역에서 주거환경개선사업[(토지등소유자가 스스로 주택을 보전·정비하거나 개량하는 방법)으로 시행하는 경우만 해당한다]을 시행하기 위하여 건설하는 공동주택. 다만, 정비기반시설의 설치계획대로 정비기반시설 설치가 이루어지지 아니한 지역으로서 시장·군수·구청장이 지정·고시하는 지역에서 건설하는 공동주택은 제외한다.

(2) 대지조성사업

1만제곱미터 이상의 대지조성사업

2) 승인권자(법 제15조)

(1) 사업계획승인의 원칙

대통령령으로 정하는 호수 이상의 주택건설사업을 시행하려는 자 또는 대통령령으로 정하는 면적 이상의 대지조성사업을 시행하려는 자는 다음 각 호의 사업계획승인권자[이하 "사업계획승인권자"라 한다. 국가 및 한국토지주택공사가 시행하는 경우와 대통령령으로 정하는 경우에는 국토교통부장관을 말하며, 이하 이 조, 제16조부터 제19조까지(사업계획의 이행 및 취소 등,기반시설의 기부채납, 사업계획의 통합심의 등, 다른 법률에 따른 인가·허가 등의 의제 등) 및 제21조(대지의 소유권 확보 등)에서 같다]에게 사업계획승인을 받아야 한다. 다만, 주택 외의 시설과 주택을 동일 건축물로 건축하는 경우 등 대통령령으로 정하는 경우에는 그러하지 아니하다.

1. 주택건설사업 또는 대지조성사업으로서 해당 대지면적이 10만제곱미터 이상인 경우: 특별시장·광역시장·특별자치시장·도지사 또는 특별자치도지사(이하 "시·도지사"라 한다) 또는 대도시의 시장
2. 주택건설사업 또는 대지조성사업으로서 해당 대지면적이 10만제곱미터 미만인 경우: 특별시장·광역시장·특별자치시장·특별자치도지사 또는 시장·군수

(2) 국토부장관의 승인

① 국가 및 한국토지주택공사가 시행하는 경우
② 대통령령으로 정하는 경우(영 제27조 제3항)

1. 330만제곱미터 이상의 규모로 「택지개발촉진법」에 따른 택지개발사업 또는 「도시개발법」에 따른 도시개발사업을 추진하는 지역 중 국토교통부장관이 지정·고시하는 지역에서 주택건설사업을 시행하는 경우
2. 수도권 또는 광역시 지역의 긴급한 주택난 해소가 필요하거나 지역균형개발 또는 광역적 차원의 조정이 필요하여 국토교통부장관이 지정·고시하는 지역에서 주택건설사업을 시행하는 경우
3. 다음 각 목의 자가 단독 또는 공동으로 총지분의 50퍼센트를 초과하여 출자한 위탁관리 부동산투자회사(해당 부동산투자회사의 자산관리회사가 한국토지주택공사인 경우만 해당한다)가 「공공주택 특별법」에 따른 공공주택건설사업을 시행하는 경우
   가. 국가
   나. 지방자치단체
   다. 한국토지주택공사
   라. 지방공사

(3) 예외(승인 받지 않아도 된다, 영 제27조 제4항)

주택 외의 시설과 주택을 동일 건축물로 건축하는 경우 등 대통령령으로 정하는 경우에는 그러하지 아니하다.

1. 다음 각 목의 요건을 모두 갖춘 사업의 경우
   가. 준주거지역 또는 상업지역(유통상업지역은 제외한다)에서 300세대 미만의 주택과 주택 외의 시설을 동일 건축물로 건축하는 경우일 것
   나. 해당 건축물의 연면적에서 주택의 연면적이 차지하는 비율이 90퍼센트 미만일 것
2. 「농어촌정비법」에 따른 생활환경정비사업 중 「농업협동조합법」에 따른 농업협동조합중앙회가 조달하는 자금으로 시행하는 사업인 경우

2. 사업계획승인의 절차

1) 사업계획승인신청서 제출

사업계획승인을 받으려는 자는 사업계획승인신청서에 주택과 그 부대시설 및 복리시설의 배치도, 대지조성공사 설계도서 등 대통령령으로 정하는 서류를 첨부하여 사업계획승인권자에게 제출하여야 한다.

2) 사업계획의 수립기준

사업계획은 쾌적하고 문화적인 주거생활을 하는 데에 적합하도록 수립되어야 하며, 그 사업계획에는 부대시설 및 복리시설의 설치에 관한 계획 등이 포함되어야 한다.

3) 사업계획의 통합심의 등(법 제18조)

① 사업계획승인권자는 필요하다고 인정하는 경우에 도시계획·건축·교통 등 사업계획승인과 관련된 다음 각 호의 사항을 통합하여 검토 및 심의(이하 "통합심의"라 한다)할 수 있다.

> 1. 「건축법」에 따른 건축심의
> 2. 「국토의 계획 및 이용에 관한 법률」에 따른 도시·군관리계획 및 개발행위 관련 사항
> 3. 「대도시권 광역교통 관리에 관한 특별법」에 따른 광역교통 개선대책
> 4. 「도시교통정비 촉진법」에 따른 교통영향평가
> 5. 「경관법」에 따른 경관심의
> 6. 그 밖에 사업계획승인권자가 필요하다고 인정하여 통합심의에 부치는 사항

② 사업계획승인권자는 통합심의를 한 경우 특별한 사유가 없으면 심의 결과를 반영하여 사업계획을 승인하여야 한다.

4) 승인 및 고시

① 사업계획승인권자는 사업계획을 승인하였을 때에는 이에 관한 사항을 고시하여야 한다. 이 경우 국토교통부장관은 관할 시장·군수·구청장에게, 특별시장, 광역시장 또는 도지사는 관할 시장, 군수 또는 구청장에게 각각 사업계획승인서 및 관계 서류의 사본을 지체 없이 송부하여야 한다.
② 사업계획승인권자는 사업계획을 승인할 때 사업주체가 제출하는 사업계획에 해당 주택건설사업 또는 대지조성사업과 직접적으로 관련이 없거나 과도한 기반시설의 기부채납(寄附採納)을 요구하여서는 아니 된다.
③ 주택건설사업을 시행하려는 자는 대통령령으로 정하는 호수(전체 세대수가 600세대)이상의 주택단지를 공구별로 분할하여 주택을 건설·공급할 수 있다.

5) 사업승인에 따른 인·허가 등의 의제(법 제19조)

① 사업계획승인권자가 사업계획을 승인 또는 변경 승인할 때 다음 각 호의 허가·인가·결정·승인 또는 신고 등(이하 "인·허가등"이라 한다)에 관하여 아래 2항에 따른 관계 행정기관의 장과 협의한 사항에 대하여는 해당 인·허가등을 받은 것으로 보며, 사업계획의 승인고시가 있은 때에는 다음 각 호의 관계 법률에 따른 고시가 있은 것으로 본다.

> 1. 「건축법」에 따른 건축허가, 건축신고, 허가·신고사항의 변경 및 가설건축물의 건축허가 또는 신고
> 2. 「공간정보의 구축 및 관리 등에 관한 법률」에 따른 지도등의 간행 심사
> 3. 「공유수면 관리 및 매립에 관한 법률」에 따른 공유수면의 점용·사용허가, 협의 또는 승인, 점용·사용 실시계획의 승인 또는 신고, 공유수면의 매립면허, 국가 등이 시행하는 매립의 협의 또는 승인 및 공유수면매립실시계획의 승인

4. 「광업법」에 따른 채굴계획의 인가
5. 도시·군관리계획(기반시설의 설치·정비 또는 개량에 관한 계획 및 지구단위계획구역 및 지구단위계획만 해당한다)의 결정, 개발행위의 허가, 도시·군계획시설사업시행자의 지정, 실시계획의 인가 및 타인의 토지에의 출입허가
6. 「농어촌정비법」에 따른 농업생산기반시설의 사용허가
7. 「농지법」에 따른 농지전용(農地轉用)의 허가 또는 협의
8. 「도로법」에 따른 도로공사 시행의 허가, 도로점용의 허가
9. 「도시개발법」에 따른 도시개발구역의 지정, 시행자의 지정, 실시계획의 인가 및 타인의 토지에의 출입허가
10. 「사도법」에 따른 사도(私道)의 개설허가
11. 「사방사업법」에 따른 토지의 형질변경 등의 허가, 사방지(砂防地) 지정의 해제
12. 「산림보호법」에 따른 산림보호구역에서의 행위의 허가·신고. 다만, 「산림자원의 조성 및 관리에 관한 법률」에 따른 채종림 및 시험림과 「산림보호법」에 따른 산림유전자원보호구역의 경우는 제외한다.
13. 「산림자원의 조성 및 관리에 관한 법률」에 따른 입목벌채등의 허가·신고. 다만, 같은 법에 따른 채종림 및 시험림과 「산림보호법」에 따른 산림유전자원보호구역의 경우는 제외한다.
14. 「산지관리법」에 따른 산지전용허가 및 산지전용신고, 산지일시사용허가·신고
15. 「소하천정비법」에 따른 소하천공사 시행의 허가, 소하천 점용 등의 허가 또는 신고
16. 「수도법」에 따른 수도사업의 인가, 전용상수도 설치의 인가
17. 「연안관리법」에 따른 연안정비사업실시계획의 승인
18. 「유통산업발전법」에 따른 대규모점포의 등록
19. 「장사 등에 관한 법률」에 따른 무연분묘의 개장허가
20. 「지하수법」에 따른 지하수 개발·이용의 허가 또는 신고
21. 「초지법」에 따른 초지전용의 허가
22. 「택지개발촉진법」에 따른 행위의 허가
23. 「하수도법」에 따른 공공하수도에 관한 공사 시행의 허가, 개인하수처리시설의 설치신고
24. 「하천법」에 따른 하천공사 시행의 허가 및 하천공사실시계획의 인가, 하천의 점용허가 및 하천수의 사용허가
25. 「부동산 거래신고 등에 관한 법률」에 따른 토지거래계약에 관한 허가

② 사업계획승인권자는 사업계획을 승인하려는 경우 그 사업계획에 위 의제사항 각 호의 어느 하나에 해당하는 사항이 포함되어 있는 경우에는 해당 법률에서 정하는 관계 서류를 미리 관계 행정기관의 장에게 제출한 후 협의하여야 한다. 이 경우 협의 요청을 받은 관계 행정기관의 장은 사업계획승인권자의 협의 요청을 받은 날부터 20일 이내에 의견을 제출하여야 하며, 그 기간 내에 의견을 제출하지 아니한 경우에는 협의가 완료된 것으로 본다.

6) 사업의 시행 및 취소(법 제16조)

(1) 사업시행

사업주체는 승인받은 사업계획대로 사업을 시행하여야 하고, 다음 각 호의 구분에 따라 공사를 시작하여야 한다.

다만, 사업계획승인권자는 대통령령으로 정하는 정당한 사유가 있다고 인정하는 경우에는 사업주체의 신청을 받아 그 사유가 없어진 날부터 1년의 범위에서 제1호 또는 제2호가목에 따른 공사의 착수기간을 연장할 수 있다.

1. 승인을 받은 경우: 승인받은 날부터 5년 이내
2. 분할시행에 따라 승인을 받은 경우
   가. 최초로 공사를 진행하는 공구: 승인받은 날부터 5년 이내
   나. 최초로 공사를 진행하는 공구 외의 공구: 해당 주택단지에 대한 최초 착공신고일부터 2년 이내

(2) 공사시행시 신고

공사를 시작하려는 경우에는 국토교통부령으로 정하는 바에 따라 사업계획승인권자에게 신고하여야 한다. 사업계획승인권자는 신고를 받은 날부터 20일 이내에 신고수리 여부를 신고인에게 통지하여야 한다.

(3) 사업계획의 승인 취소

사업계획승인권자는 다음 각 호의 어느 하나에 해당하는 경우 그 사업계획의 승인을 취소(제2호 또는 제3호에 해당하는 경우 「주택도시기금법」에 따라 주택분양보증이 된 사업은 제외한다)할 수 있다.

1. 사업주체가 위 (1)(제2호나목은 제외한다)을 위반하여 공사를 시작하지 아니한 경우
2. 사업주체가 경매·공매 등으로 인하여 대지소유권을 상실한 경우
3. 사업주체의 부도·파산 등으로 공사의 완료가 불가능한 경우

3. 대지의 소유권 확보 및 매도 청구 등

1) 대지의 소유권 확보(법 제21조)

① 주택건설사업계획의 승인을 받으려는 자는 해당 주택건설대지의 소유권을 확보하여야 한다. 다만, 다음 각 호의 어느 하나에 해당하는 경우에는 그러하지 아니하다.

1. 「국토의 계획 및 이용에 관한 법률」에 따른 지구단위계획의 결정(의제되는 경우를 포함한다)이 필요한 주택건설사업의 해당 대지면적의 80퍼센트 이상을 사용할 수 있는 권원(權原)[등록사업자와 공동으로 사업을 시행하는 주택조합(리모델링주택조합은 제외한다)의 경우에는 95퍼센트 이상의 소유권을 말한다]을 확보하고(국공유지가 포함된 경우에는 해당 토지의 관리청이 해당 토지를 사업주체에게 매각하거나 양여할 것을 확인한 서류를 사업계획승인권자에게 제출하는 경우에는 확보한 것으로 본다), 확보하지 못한 대지가 매도청구 대상이 되는 대지에 해당하는 경우
2. 사업주체가 주택건설대지의 소유권을 확보하지 못하였으나 그 대지를 사용할 수 있는 권원을 확보한 경우
3. 국가·지방자치단체·한국토지주택공사 또는 지방공사가 주택건설사업을 하는 경우
4. 제66조제2항(리모델링의 허가)에 따라 리모델링 결의를 한 리모델링주택조합이 매도청구를 하는 경우

② 사업주체가 신고한 후 공사를 시작하려는 경우 사업계획승인을 받은 해당 주택건설대지에 매도청구 대상이 되는 대지가 포함되어 있으면 해당 매도청구 대상 대지에 대하여는 그 대지의 소유자가 매도에 대하여 합의를 하거나 매도청구에 관한 법원의 승소판결(확정되지 아니한 판결을 포함한다)을 받은 경우에만 공사를 시작할 수 있다.

2) 매도청구(법 제22조)

① 사업계획승인을 받은 사업주체는 다음 각 호에 따라 해당 주택건설대지 중 사용할 수 있는 권원을 확보하지 못한 대지(건축물을 포함한다)의 소유자에게 그 대지를 시가(市價)로 매도할 것을 청구할 수 있다. 이 경우 매도청구 대상이 되는 대지의 소유자와 매도청구를 하기 전에 3개월 이상 협의를 하여야 한다.

1. 주택건설대지면적의 95퍼센트 이상의 사용권원을 확보한 경우: 사용권원을 확보하지 못한 대지의 모든 소유자에게 매도청구 가능
2. 제1호 외의 경우: 사용권원을 확보하지 못한 대지의 소유자 중 지구단위계획구역 결정고시일 10년 이전에 해당 대지의 소유권을 취득하여 계속 보유하고 있는 자(대지의 소유기간을 산정할 때 대지소유자가 직계존속·직계비속 및 배우자로부터 상속받아 소유권을 취득한 경우에는 피상속인의 소유기간을 합산한다)를 제외한 소유자에게 매도청구 가능

② 제1항에도 불구하고 리모델링의 허가를 신청하기 위한 동의율을 확보한 경우 리모델링 결의를 한 리모델링주택조합은 그 리모델링 결의에 찬성하지 아니하는 자의 주택 및 토지에 대하여 매도청구를 할 수 있다.

3) 소유자를 확인하기 곤란한 대지 등에 대한 처분

① 사업계획승인을 받은 사업주체는 해당 주택건설대지 중 사용할 수 있는 권원을 확보하지 못한 대지의 소유자가 있는 곳을 확인하기가 현저히 곤란한 경우에는 전국적으로 배포되는 둘 이상의 일간신문에 두 차례 이상 공고하고, 공고한 날부터 30일 이상이 지났을 때에는 매도청구 대상의 대지로 본다.
② 사업주체는 제1항에 따른 매도청구 대상 대지의 감정평가액에 해당하는 금액을 법원에 공탁(供託)하고 주택건설사업을 시행할 수 있다.

4. 토지에의 출입 등

1) 토지에 출입 및 사용(법 제24조)

① 국가·지방자치단체·한국토지주택공사 및 지방공사인 사업주체가 사업계획의 수립을 위한 조사 또는 측량을 하려는 경우와 국민주택사업을 시행하기 위하여 필요한 경우에는 다음 각 호의 행위를 할 수 있다.

1. 타인의 토지에 출입하는 행위
2. 특별한 용도로 이용되지 아니하고 있는 타인의 토지를 재료적치장 또는 임시도로로 일시 사용하는 행위

② 제1항에 따른 사업주체가 국민주택을 건설하거나 국민주택을 건설하기 위한 대지를 조성하는 경우에는 토지나 토지에 정착한 물건 및 그 토지나 물건에 관한 소유권 외의 권리(이하 "토지등"이라 한다)를 수용하거나 사용할 수 있다.

2) 토지에의 출입 등에 따른 손실보상(법 제25조)

① 토지에의 출입등 에 따른 행위로 인하여 손실을 입은 자가 있는 경우에는 그 행위를 한 사업주체가 그 손실을 보상하여야 한다.

② 손실보상에 관하여는 그 손실을 보상할 자와 손실을 입은 자가 협의하여야 한다.

③ 손실을 보상할 자 또는 손실을 입은 자는 제2항에 따른 협의가 성립되지 아니하거나 협의를 할 수 없는 경우에는 「공익사업을 위한 토지 등의 취득 및 보상에 관한 법률」에 따른 관할 토지수용위원회에 재결(裁決)을 신청할 수 있다.

④ 관할 토지수용위원회의 재결에 관하여는 「공익사업을 위한 토지 등의 취득 및 보상에 관한 법률」 제83조부터 제87조까지의 규정을 준용한다.

3) 「공익사업을 위한 토지 등의 취득 및 보상에 관한 법률」의 준용(법 제27조)

① 토지등을 수용하거나 사용하는 경우 이 법에 규정된 것 외에는 「공익사업을 위한 토지 등의 취득 및 보상에 관한 법률」을 준용한다.

② 「공익사업을 위한 토지 등의 취득 및 보상에 관한 법률」을 준용하는 경우에는 "「공익사업을 위한 토지 등의 취득 및 보상에 관한 법률」에 따른 사업인정"을 "사업계획승인"으로 본다. 다만, 재결신청은 「공익사업을 위한 토지 등의 취득 및 보상에 관한 법률」 제23조제1항 및 제28조제1항(1년이내)에도 불구하고 사업계획승인을 받은 주택건설사업 기간 이내에 할 수 있다.

5. 간선시설의 설치(법 제28조)

① 사업주체가 대통령령으로 정하는 호수[단독주택인 경우: 100호, 공동주택인 경우: 100세대(리모델링의 경우에는 늘어나는 세대수를 기준으로 한다)] 이상의 주택건설사업을 시행하는 경우 또는 대통령령으로 정하는 면적(1만6천500제곱미터) 이상의 대지조성사업을 시행하는 경우 다음 각 호에 해당하는 자는 각각 해당 간선시설을 설치하여야 한다. 다만, 제1호에 해당하는 시설로서 사업주체가 주택건설사업계획 또는 대지조성사업계획에 포함하여 설치하려는 경우에는 그러하지 아니하다.

1. 지방자치단체: 도로 및 상하수도시설
2. 해당 지역에 전기·통신·가스 또는 난방을 공급하는 자: 전기시설·통신시설·가스시설 또는 지역난방시설
3. 국가: 우체통

② 간선시설은 특별한 사유가 없으면 사용검사일까지 설치를 완료하여야 한다.

6. 공공시설의 귀속 등(법 제29조)

① 사업주체가 사업계획승인을 받은 사업지구의 토지에 새로 공공시설을 설치하거나 기존의 공공시설에 대체되는 공공시설을 설치하는 경우 그 공공시설의 귀속에 관하여는 「국토의 계획 및 이용에 관한 법률」 제65조(개발행위에 따른 공공시설 등의 귀속) 및 제99조(공공시설 등의 귀속)를 준용한다. 이 경우 "개발행위허가를 받은 자"는 "사업주체"로, "개발행위허가"는 "사업계획승인"으로, "행정청인 시행자"는 "한국토지주택공사 및 지방공사"로 본다.

② 제1항 후단에 따라 행정청인 시행자로 보는 한국토지주택공사 및 지방공사는 해당 공사에 귀속되는 공공시설을 해당 국민주택사업을 시행하는 목적 외로는 사용하거나 처분할 수 없다.

부동산공법 (기초)

7. 국·공유지 등의 우선 매각 및 임대(법 제30조)

① 국가 또는 지방자치단체는 그가 소유하는 토지를 매각하거나 임대하는 경우에는 다음 각 호의 어느 하나의 목적으로 그 토지의 매수 또는 임차를 원하는 자가 있으면 그에게 우선적으로 그 토지를 매각하거나 임대할 수 있다.

 1. 국민주택규모의 주택을 대통령령으로 정하는 비율(50%) 이상으로 건설하는 주택의 건설
 2. 주택조합이 건설하는 주택(이하 "조합주택"이라 한다)의 건설
 3. 제1호 또는 제2호의 주택을 건설하기 위한 대지의 조성

② 국가 또는 지방자치단체는 제1항에 따라 국가 또는 지방자치단체로부터 토지를 매수하거나 임차한 자가 그 매수일 또는 임차일부터 2년 이내에 국민주택규모의 주택 또는 조합주택을 건설하지 아니하거나 그 주택을 건설하기 위한 대지조성사업을 시행하지 아니한 경우에는 환매(還買)하거나 임대계약을 취소할 수 있다.

8. 서류의 열람(법 제32조)

국민주택을 건설·공급하는 사업주체는 주택건설사업 또는 대지조성사업을 시행할 때 필요한 경우에는 등기소나 그 밖의 관계 행정기관의 장에게 필요한 서류의 열람·등사나 그 등본 또는 초본의 발급을 무료로 청구할 수 있다.

5 주택의 건설

1. 주택의 설계 및 시공(법 제33조)

1) 주택의 설계

사업계획승인을 받아 건설되는 주택(부대시설과 복리시설을 포함한다)을 설계하는 자는 대통령령으로 정하는 설계도서 작성기준에 맞게 설계하여야 한다.

2) 주택의 시공

① 주택을 시공하는 자(이하 "시공자"라 한다)와 사업주체는 설계도서에 맞게 시공하여야 한다.
② 사업계획승인을 받은 주택의 건설공사는 「건설산업기본법」에 따른 건설사업자로서 대통령령으로 정하는 자 또는 제7조에 따라 건설사업자로 간주하는 등록사업자가 아니면 이를 시공할 수 없다.

2. 도시형 생활주택(법 제36조)

1) 도시형 생활주택의 의의

도시지역에 1~2인 가구의 주거안정과 주택공급을 활성화하기 위해 300세대 미만의 국민주택규모에 해당하는 주택으로서 대통령령으로 정하는 주택을 말한다.

2) 도시형 생활주택의 종류(영 제10조)

도시지역에 건설하는 다음 각 호의 주택을 말한다.

1. 소형 주택: 다음 각 목의 요건을 모두 갖춘 공동주택
   가. 세대별 주거전용면적은 60제곱미터 이하일 것
   나. 세대별로 독립된 주거가 가능하도록 욕실 및 부엌을 설치할 것
   다. 주거전용면적이 30제곱미터 미만인 경우에는 욕실 및 보일러실을 제외한 부분을 하나의 공간으로 구성할 것
   라. 주거전용면적이 30제곱미터 이상인 경우에는 욕실 및 보일러실을 제외한 부분을 세 개 이하의 침실 (각각의 면적이 7제곱미터 이상인 것을 말한다. 이하 이 목에서 같다)과 그 밖의 공간으로 구성할 수 있으며, 침실이 두 개 이상인 세대수는 소형 주택 전체 세대수(3)의 ①항 단서에 따라 소형 주택과 함께 건축하는 그 밖의 주택의 세대수를 포함한다)의 3분의 1을 초과하지 않을 것
   마. 지하층에는 세대를 설치하지 아니할 것
2. 단지형 연립주택: 소형 주택이 아닌 연립주택. 다만, 「건축법」에 따른 건축위원회의 심의를 받은 경우에는 주택으로 쓰는 층수를 5개층까지 건축할 수 있다.
3. 단지형 다세대주택: 원룸형 주택이 아닌 다세대주택. 다만, 「건축법」에 따른 건축위원회의 심의를 받은 경우에는 주택으로 쓰는 층수를 5개층까지 건축할 수 있다.

3) 복합건축 제한

① 하나의 건축물에는 도시형 생활주택과 그 밖의 주택을 함께 건축할 수 없다. 다만, 다음 각 호의 어느 하나에 해당하는 경우는 예외로 한다.

1. 소형 주택과 주거전용면적이 85제곱미터를 초과하는 주택 1세대를 함께 건축하는 경우
2. 「국토의 계획 및 이용에 관한 법률 시행령」에 따른 준주거지역 또는 상업지역에서 소형 주택과 도시형 생활주택 외의 주택을 함께 건축하는 경우

② 하나의 건축물에는 단지형 연립주택 또는 단지형 다세대주택과 소형 주택을 함께 건축할 수 없다.

3. 성능등급 등

1) 공동주택성능등급의 표시(법 제39조)

사업주체가 대통령령으로 정하는 호수(500세대) 이상의 공동주택을 공급할 때에는 주택의 성능 및 품질을 입주자가 알 수 있도록 「녹색건축물 조성 지원법」에 따라 다음 각 호의 공동주택성능에 대한 등급을 발급받아 국토교통부령으로 정하는 방법으로 입주자 모집공고에 표시하여야 한다.

1. 경량충격음·중량충격음·화장실소음·경계소음 등 소음 관련 등급
2. 리모델링 등에 대비한 가변성 및 수리 용이성 등 구조 관련 등급
3. 조경·일조확보율·실내공기질·에너지절약 등 환경 관련 등급
4. 커뮤니티시설, 사회적 약자 배려, 홈네트워크, 방범안전 등 생활환경 관련 등급
5. 화재·소방·피난안전 등 화재·소방 관련 등급

2) 소음방지대책의 수립(법 제42조)

사업주체는 공동주택을 건설하는 지점의 소음도(이하 "실외소음도"라 한다)가 65데시벨 미만이 되도록 하되, 65데시벨 이상인 경우에는 방음벽·방음림(소음막이숲) 등의 방음시설을 설치하여 해당 공동주택의 건설지점의 소음도가 65데시벨 미만이 되도록 소음방지대책을 수립해야 한다. 다만, 공동주택이 도시지역(주택단지 면적이 30만제곱미터 미만인 경우로 한정한다) 또는 「소음·진동관리법」에 따라 지정된 지역에 건축되는 경우로서 다음 각 호의 기준을 모두 충족하는 경우에는 그 공동주택의 6층 이상인 부분에 대하여 본문을 적용하지 않는다(주택건설기준 등에 관한 규정 제9조).

1. 세대 안에 설치된 모든 창호(窓戶)를 닫은 상태에서 거실에서 측정한 소음도("실내소음도"라 한다)가 45데시벨 이하일 것
2. 공동주택의 세대 안에 「건축법 시행령」에 따라 정하는 기준에 적합한 환기설비를 갖출 것

4. 기타 주택

1) 에너지절약형 친환경주택(법 제37조)
2) 장수명 주택(법 제38조)
3) 공업화주택(법 제51조~53조)

5. 주택의 감리 및 사용검사

1) 주택의 감리자

(1) 감리자 지정(법 제43조)

사업계획승인권자가 주택건설사업계획을 승인하였을 때와 시장·군수·구청장이 리모델링의 허가를 하였을 때에는 「건축사법」 또는 「건설기술 진흥법」에 따른 감리자격이 있는 자를 대통령령으로 정하는 바에 따라 해당 주택건설공사의 감리자로 지정하여야 한다. 다만, 사업주체가 국가·지방자치단체·한국토지주택공사·지방공사 또는 대통령령으로 정하는 자인 경우와 「건축법」에 따라 공사감리를 하는 도시형 생활주택의 경우에는 그러하지 아니하다.

(2) 감리자의 업무(법 제44조)

감리자는 자기에게 소속된 자를 대통령령으로 정하는 바에 따라 감리원으로 배치하고, 다음 각 호의 업무를 수행하여야 한다.

1. 시공자가 설계도서에 맞게 시공하는지 여부의 확인
2. 시공자가 사용하는 건축자재가 관계 법령에 따른 기준에 맞는 건축자재인지 여부의 확인
3. 주택건설공사에 대하여 「건설기술 진흥법」에 따른 품질시험을 하였는지 여부의 확인
4. 시공자가 사용하는 마감자재 및 제품이 사업주체가 시장·군수·구청장에게 제출한 마감자재 목록표 및 영상물 등과 동일한지 여부의 확인
5. 그 밖에 주택건설공사의 시공감리에 관한 사항으로서 대통령령으로 정하는 사항

2) 사전방문 등(법 제48조의 2)

① 사업주체는 사용검사를 받기 전에 입주예정자가 해당 주택을 방문하여 공사 상태를 미리 점검(이하 "사전방문"이라 한다)할 수 있게 하여야 한다.

② 입주예정자는 사전방문 결과 하자[공사상 잘못으로 인하여 균열·침하(沈下)·파손·들뜸·누수 등이 발생하여 안전상·기능상 또는 미관상의 지장을 초래할 정도의 결함을 말한다. 이하 같다]가 있다고 판단하는 경우 사업주체에게 보수공사 등 적절한 조치를 해줄 것을 요청할 수 있다.

③ 제2항에 따라 하자에 대한 조치 요청을 받은 사업주체는 대통령령으로 정하는 바에 따라 보수공사 등 적절한 조치를 하여야 한다. 이 경우 입주예정자가 조치를 요청한 하자 중 대통령령으로 정하는 중대한 하자는 대통령령으로 정하는 특별한 사유가 없으면 사용검사를 받기 전까지 조치를 완료하여야 한다.

3) 사용검사(법 제49조)

(1) 사업주체의 사용검사

① 사업주체는 사업계획승인을 받아 시행하는 주택건설사업 또는 대지조성사업을 완료한 경우에는 주택 또는 대지에 대하여 국토교통부령으로 정하는 바에 따라 시장·군수·구청장(국가 또는 한국토지주택공사가 사업주체인 경우와 대통령령으로 정하는 경우에는 국토교통부장관을 말한다. 이하 이 조에서 같다)의 사용검사를 받아야 한다. 다만, 공구별로 사업계획을 승인받은 경우에는 완공된 주택에 대하여 공구별로 사용검사(이하 "분할 사용검사"라 한다)를 받을 수 있고, 사업계획승인 조건의 미이행 등 대통령령으로 정하는 사유가 있는 경우에는 공사가 완료된 주택에 대하여 동별로 사용검사(이하 "동별 사용검사"라 한다)를 받을 수 있다.

② 사업주체 또는 입주예정자는 사용검사를 받은 후가 아니면 주택 또는 대지를 사용하게 하거나 이를 사용할 수 없다. 다만, 대통령령으로 정하는 경우로서 사용검사권자의 임시 사용승인을 받은 경우에는 그러하지 아니하다.

(2) 시공자등 사용검사

위에도 불구하고 다음 각 호의 구분에 따라 해당 주택의 시공을 보증한 자, 해당 주택의 시공자 또는 입주예정자는 대통령령으로 정하는 바에 따라 사용검사를 받을 수 있다.

1. 사업주체가 파산 등으로 사용검사를 받을 수 없는 경우에는 해당 주택의 시공을 보증한 자 또는 입주예정자
2. 사업주체가 정당한 이유 없이 사용검사를 위한 절차를 이행하지 아니하는 경우에는 해당 주택의 시공을 보증한 자, 해당 주택의 시공자 또는 입주예정자. 이 경우 사용검사권자는 사업주체가 사용검사를 받지 아니하는 정당한 이유를 밝히지 못하면 사용검사를 거부하거나 지연할 수 없다.

(3) 협의 및 사용검사시 의제

사업주체가 사용검사를 받았을 때에는 제19조제1항에 따라 의제되는 인·허가등에 따른 해당 사업의 사용승인·준공검사 또는 준공인가 등을 받은 것으로 본다. 이 경우 사용검사권자는 미리 관계 행정기관의 장과 협의하여야 한다.

4) 사용검사 후 매도청구 등(법 제62조)

(1) 실소유자 매도청구

주택(복리시설을 포함한다)의 소유자들은 주택단지 전체 대지에 속하는 일부의 토지에 대한 소유권이전등기 말소소송 등에 따라 사용검사(동별 사용검사를 포함한다)를 받은 이후에 해당 토지의 소유권을 회복한 자(이하 이 조에서 "실소유자"라 한다)에게 해당 토지를 시가로 매도할 것을 청구할 수 있다. 주택의 소유자들은 대표자를 선정하여 매도청구에 관한 소송을 제기할 수 있으며, 대표자는 주택의 소유자 전체의 4분의 3 이상의 동의를 받아 선정한다.

(2) 매도청구 면적

해당 토지의 면적이 주택단지 전체 대지 면적의 5퍼센트 미만이어야 한다.

(3) 매도청구의 의사표시 및 판결효력

① 매도청구의 의사표시는 실소유자가 해당 토지 소유권을 회복한 날부터 2년 이내에 해당 실소유자에게 송달되어야 한다.

② 매도청구에 관한 소송에 대한 판결은 주택의 소유자 전체에 대하여 효력이 있다.

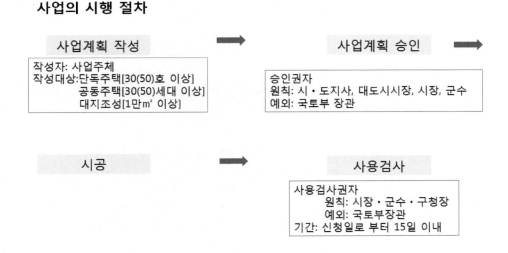

사업의 시행 절차

사업계획 작성	➡	사업계획 승인	➡
작성자: 사업주체 작성대상:단독주택[30(50)호 이상] 공동주택[30(50)세대 이상] 대지조성[1만㎡ 이상]		승인권자 원칙: 시·도지사, 대도시시장, 시장, 군수 예외: 국토부 장관	

시공	➡	사용검사	
		사용검사권자 원칙: 시장·군수·구청장 예외: 국토부장관 기간: 신청일로 부터 15일 이내	

---

6 주택의 공급

1. 주택의 공급원칙(법 제54조 제1항)

사업주체(「건축법」에 따른 건축허가를 받아 주택 외의 시설과 주택을 동일 건축물로 하여 호수(30호) 이상으로 건설·공급하는 건축주와 사용검사를 받은 주택을 사업주체로부터 일괄하여 양수받은 자를 포함한다. 이하 이 장에서 같다)는 다음 각 호에서 정하는 바에 따라 주택을 건설·공급하여야 한다. 이 경우 국가유공자, 보훈보상대상자, 장애인, 철거주택의 소유자, 그 밖에 국토교통부령으로 정하는 대상자에게는 국토교통부령으로 정하는 바에 따라 입주자 모집조건 등을 달리 정하여 별도로 공급할 수 있다.

1. 사업주체(공공주택사업자는 제외한다)가 입주자를 모집하려는 경우: 국토교통부령으로 정하는 바에 따라 시장·군수·구청장의 승인(복리시설의 경우에는 신고를 말한다)을 받을 것
2. 사업주체가 건설하는 주택을 공급하려는 경우
   가. 국토교통부령으로 정하는 입주자모집의 시기·조건·방법·절차, 입주금(입주예정자가 사업주체에게 납입하는 주택가격을 말한다. 이하 같다)의 납부 방법·시기·절차, 주택공급계약의 방법·절차 등에 적합할 것
   나. 국토교통부령으로 정하는 바에 따라 벽지·바닥재·주방용구·조명기구 등을 제외한 부분의 가격을 따로 제시하고, 이를 입주자가 선택할 수 있도록 할 것

2. 공급순위 등(법 제54조 제2항)

1) 「주택공급에 관한 규칙」에 따른 공급

주택을 공급받으려는 자는 국토교통부령(「주택공급에 관한 규칙」)으로 정하는 입주자자격, 재당첨 제한 및 공급순위 등에 맞게 주택을 공급받아야 한다.

2) 규제지역에서의 공급

투기과열지구 및 조정대상지역에서 건설·공급되는 주택을 공급받으려는 자의 입주자자격, 재당첨 제한 및 공급순위 등은 주택의 수급 상황 및 투기 우려 등을 고려하여 국토교통부령으로 지역별로 달리 정할 수 있다.

3. 견본주택의 목록표 제출 등(법 제54조 제3항~제8항)

① 사업주체가 시장·군수·구청장의 승인을 받으려는 경우(사업주체가 국가·지방자치단체·한국토지주택공사 및 지방공사인 경우에는 견본주택을 건설하는 경우를 말한다)에는 건설하는 견본주택에 사용되는 마감자재의 규격·성능 및 재질을 적은 목록표(이하 "마감자재 목록표"라 한다)와 견본주택의 각 실의 내부를 촬영한 영상물 등을 제작하여 승인권자에게 제출하여야 한다.
② 사업주체는 주택공급계약을 체결할 때 입주예정자에게 다음 각 호의 자료 또는 정보를 제공하여야 한다. 다만, 입주자 모집공고에 이를 표시(인터넷에 게재하는 경우를 포함한다)한 경우에는 그러하지 아니하다.

1. 견본주택에 사용된 마감자재 목록표
2. 공동주택 발코니의 세대 간 경계벽에 피난구를 설치하거나 경계벽을 경량구조로 건설한 경우 그에 관한 정보

③ 시장·군수·구청장은 마감자재 목록표와 영상물 등을 사용검사가 있은 날부터 2년 이상 보관하여야 하며, 입주자가 열람을 요구하는 경우에는 이를 공개하여야 한다.

부동산공법 (기초)

④ 사업주체가 마감자재 생산업체의 부도 등으로 인한 제품의 품귀 등 부득이한 사유로 인하여 사업계획승인 또는 마감자재 목록표의 마감자재와 다르게 마감자재를 시공·설치하려는 경우에는 당초의 마감자재와 같은 질 이상으로 설치하여야 한다.

⑤ 마감자재 목록표의 자재와 다른 마감자재를 시공·설치하려는 경우에는 그 사실을 입주예정자에게 알려야 한다.

⑥ 사업주체는 공급하려는 주택에 대하여 대통령령으로 정하는 내용이 포함된 표시 및 광고를 한 경우 대통령령으로 정하는 바에 따라 해당 표시 또는 광고의 사본을 시장·군수·구청장에게 제출하여야 한다. 이 경우 시장·군수·구청장은 제출받은 표시 또는 광고의 사본을 사용검사가 있은 날부터 2년 이상 보관하여야 하며, 입주자가 열람을 요구하는 경우 이를 공개하여야 한다.

4. 주택의 공급업무의 대행(법 제54조의 2)

① 사업주체는 주택을 효율적으로 공급하기 위하여 필요하다고 인정하는 경우 주택의 공급업무의 일부를 제3자로 하여금 대행하게 할 수 있다.

② 제1항에도 불구하고 사업주체가 입주자자격, 공급 순위 등을 증명하는 서류의 확인 등 국토교통부령으로 정하는 업무를 대행하게 하는 경우 국토교통부령으로 정하는 바에 따라 다음 각 호의 어느 하나에 해당하는 자(이하 이 조에서 "분양대행자"라 한다)에게 대행하게 하여야 한다.

1. 등록사업자
2. 「건설산업기본법」에 따른 건설업자로서 대통령령으로 정하는 자
3. 「도시 및 주거환경정비법」에 따른 정비사업전문관리업자
4. 「부동산개발업의 관리 및 육성에 관한 법률」에 따른 등록사업자
5. 다른 법률에 따라 등록하거나 인가 또는 허가를 받은 자로서 국토교통부령으로 정하는 자

5. 자료제공의 요청(법 제55조)

국토교통부장관은 주택을 공급받으려는 자의 입주자자격, 주택의 소유 여부, 재당첨 제한 여부, 공급 순위 등을 확인하거나 제56조의3(입주자자격 정보 제공)에 따라 요청받은 정보를 제공하기 위하여 필요하다고 인정하는 경우에는 주민등록 전산정보(주민등록번호·외국인등록번호 등 고유식별번호를 포함한다), 가족관계 등록사항, 국세, 지방세, 금융, 토지, 건물(건물등기부·건축물대장을 포함한다), 자동차, 건강보험, 국민연금, 고용보험 및 산업재해보상보험 등의 자료 또는 정보의 제공을 관계 기관의 장에게 요청할 수 있다. 이 경우 관계 기관의 장은 특별한 사유가 없으면 이에 따라야 한다.

6. 입주자저축(법 제56조)

1) 입주자저축의 의의

국민주택과 민영주택을 공급받기 위하여 가입하는 주택청약종합저축을 말하고, 한 사람이 한 계좌만 가입할 수 있다. 국토교통부장관은 주택을 공급받으려는 자에게 미리 입주금의 전부 또는 일부를 저축(이하 "입주자저축"이라 한다)하게 할 수 있다.

2) 입주자저축에 관한 자료 요청

국토교통부장관은 다음 각 호의 업무를 수행하기 위하여 필요한 경우 「금융실명거래 및 비밀보장에 관한 법률」에도 불구하고 입주자저축취급기관의 장에게 입주자저축에 관한 자료 및 정보(이하 "입주자저축정보"라 한다)를 제공하도록 요청할 수 있다.

1. 주택을 공급받으려는 자의 입주자자격, 재당첨 제한 여부 및 공급 순위 등 확인 및 정보제공 업무
2. 입주자저축 가입을 희망하는 자의 기존 입주자저축 가입 여부 확인 업무
3. 「조세특례제한법」에 따라 세금우대저축 취급기관과 세금우대저축자료 집중기관 상호 간 입주자저축과 관련된 세금우대저축자료를 제공하도록 중계하는 업무
4. 제1호부터 제3호까지의 규정에 따라 이미 보유하고 있는 정보의 정확성, 최신성을 유지하기 위한 정보 요청 업무

3) 업무종사자의 정보 누설금지

이 조에 따른 업무에 종사하거나 종사하였던 자는 업무를 수행하면서 취득한 입주자저축정보를 다른 법률에 특별한 규정이 없으면 위 2) 각 호의 업무를 수행하기 위한 목적 외의 다른 용도로 사용하거나 다른 사람 또는 기관에 제공하거나 누설해서는 아니 된다.

4) 입주자자격 등 정보제공(법 제56조의 3)

국토교통부장관은 주택을 공급받으려는 자가 요청하는 경우 주택공급 신청 전에 입주자자격, 주택의 소유 여부, 재당첨 제한 여부, 공급 순위 등에 관한 정보를 제공할 수 있다. 다만, 국토교통부장관은 정보 제공을 요청하는 자 및 배우자, 정보 제공을 요청하는 자 또는 배우자와 세대를 같이하는 세대원에게 개인정보의 수집·제공 동의를 받아야 한다.

7. 분양가상한제(법 제57조)

1) 분양가상한제 적용(제외)지역
(1) 분양가상한제 적용지역
사업주체가 제54조(주택의 공급)에 따라 일반인에게 공급하는 공동주택 중 다음 각 호의 어느 하나에 해당하는 지역에서 공급하는 주택의 경우에는 이 조에서 정하는 기준에 따라 산정되는 분양가격 이하로 공급(이에 따라 공급되는 주택을 "분양가상한제 적용주택"이라 한다. 이하 같다)하여야 한다.

1. 공공택지
2. 공공택지 외의 택지로서 다음 각 목의 어느 하나에 해당하는 지역
   가. 「공공주택 특별법」에 따른 도심 공공주택 복합지구
   나. 「도시재생 활성화 및 지원에 관한 특별법」에 따른 주거재생혁신지구
   다. 주택가격 상승 우려가 있어 국토교통부장관이 주거정책심의위원회의 심의를 거쳐 지정하는 지역

분양가상한제 적용지역의 지정기준(영 제61조)

공공택지 외의 택지에서 투기과열지구 중 다음 각 호의 어느 하나에 해당하는 지역
① 직전월부터 소급하여 12개월간의 아파트 분양가격상승률이 물가상승률의 2배를 초과한 지역
② 직전월부터 소급하여 3개월간의 주택매매거래량이 전년 동기 대비 20% 이상 증가한 지역
③ 직전월부터 소급하여 주택공급이 있었던 2개월 동안 해당 지역에서 공급되는 주택의 월평균 청약경쟁률이 모두 5:1을 초과하였거나 국민주택규모 주택의 월평균 청약경쟁률이 10:1을 초과한 지역

(2) 적용제외 지역

위에도 불구하고 다음 각 호의 어느 하나에 해당하는 경우에는 분양가상한제를 적용하지 아니한다.

1. 도시형 생활주택
2. 경제자유구역에서 건설·공급하는 공동주택으로서 경제자유구역위원회에서 외자유치 촉진과 관련이 있다고 인정하여 분양가격 제한을 적용하지 아니하기로 심의·의결한 경우
3. 관광특구에서 건설·공급하는 공동주택으로서 해당 건축물의 층수가 50층 이상이거나 높이가 150미터 이상인 경우
4. 한국토지주택공사 또는 지방공사가 다음 각 목의 정비사업의 시행자(「도시 및 주거환경정비법」 및 「빈집 및 소규모주택 정비에 관한 특례법」에 따른 사업시행자를 말한다)로 참여하는 등 대통령령으로 정하는 공공성 요건을 충족하는 경우로서 해당 사업에서 건설·공급하는 주택
   가. 「도시 및 주거환경정비법」에 따른 정비사업으로서 면적, 세대수 등이 대통령령으로 정하는 요건에 해당되는 사업
   나. 「빈집 및 소규모주택 정비에 관한 특례법」에 따른 소규모주택정비사업
4의2. 「도시 및 주거환경정비법」 제2조제2호나목 후단에 따른 공공재개발사업에서 건설·공급하는 주택
5. 주거재생혁신지구에서 시행하는 혁신지구재생사업 중 대통령령으로 정하는 면적 또는 세대수 이하의 사업에서 건설·공급하는 주택

2) 분양가격

(1) 분양가격의 구성

분양가격은 택지비와 건축비로 구성(토지임대부 분양주택의 경우에는 건축비만 해당한다)되며, 구체적인 명세, 산정방식, 감정평가기관 선정방법 등은 국토교통부령으로 정한다. 이 경우 택지비는 다음 각 호에 따라 산정한 금액으로 한다.

1. 공공택지에서 주택을 공급하는 경우에는 해당 택지의 공급가격에 국토교통부령으로 정하는 택지와 관련된 비용을 가산한 금액
2. 공공택지 외의 택지에서 분양가상한제 적용주택을 공급하는 경우에는 감정평가한 가액에 국토교통부령으로 정하는 택지와 관련된 비용을 가산한 금액. 다만, 택지 매입가격이 다음 각 목의 어느 하나에 해당하는 경우에는 해당 매입가격에 국토교통부령으로 정하는 택지와 관련된 비용을 가산한 금액을 택지비로 볼 수 있다. 이 경우 택지비는 주택단지 전체에 동일하게 적용하여야 한다.

(2) 건축비

건축비는 국토교통부장관이 정하여 고시하는 건축비(이하 "기본형건축비"라 한다)에 국토교통부령으로 정하는 금액을 더한 금액으로 한다. 이 경우 기본형건축비는 시장·군수·구청장이 해당 지역의 특성을 고려하여 국토교통부령으로 정하는 범위에서 따로 정하여 고시할 수 있다.

3) 분양가상한제 적용주택 등의 입주자 거주의무(법 제57조의 2)

다음 각 호의 어느 하나에 해당하는 주택의 입주자[상속받은 자는 제외한다. 이하 이 조 및 제57조의3(분양가상한제 적용주택 등의 거주실태 조사 등)에서 "거주의무자"라 한다]는 해당 주택의 최초 입주가능일부터 5년 이내의 범위에서 해당 주택의 분양가격과 국토교통부장관이 고시한 방법으로 결정된 인근지역 주택매매가격의 비율에 따라 대통령령으로 정하는 기간(이하 "거주의무기간"이라 한다) 동안 계속하여 해당 주택에 거주하여야 한다. 다만, 해외 체류 등 대통령령으로 정하는 부득이한 사유가 있는 경우 그 기간은 해당 주택에 거주한 것으로 본다.

1. 사업주체가 「수도권정비계획법」에 따른 수도권에서 건설·공급하는 분양가상한제 적용주택
2. 행정중심복합도시 중 투기과열지구에서 건설·공급하는 주택으로서 국토교통부령으로 정하는 기준에 따라 행정중심복합도시로 이전하거나 신설되는 기관 등에 종사하는 사람에게 입주자 모집조건을 달리 정하여 별도로 공급되는 주택
3. 「도시 및 주거환경정비법」 제2조제2호나목 후단에 따른 공공재개발사업(제57조제1항제2호의 지역에 한정한다)에서 건설·공급하는 주택

4) 분양가상한제 적용 지역의 지정 및 해제(법 제58조)

(1) 지정

① 국토교통부장관은 주택가격상승률이 물가상승률보다 현저히 높은 지역으로서 그 지역의 주택가격·주택거래 등과 지역 주택시장 여건 등을 고려하였을 때 주택가격이 급등하거나 급등할 우려가 있는 지역 중 대통령령으로 정하는 기준을 충족하는 지역은 주거정책심의위원회 심의를 거쳐 분양가상한제 적용 지역으로 지정할 수 있다.
② 국토교통부장관이 분양가상한제 적용 지역을 지정하는 경우에는 미리 시·도지사의 의견을 들어야 한다.
③ 국토교통부장관은 분양가상한제 적용 지역을 지정하였을 때에는 지체 없이 이를 공고하고, 그 지정 지역을 관할하는 시장·군수·구청장에게 공고 내용을 통보하여야 한다. 이 경우 시장·군수·구청장은 사업주체로 하여금 입주자 모집공고 시 해당 지역에서 공급하는 주택이 분양가상한제 적용주택이라는 사실을 공고하게 하여야 한다.

(2) 해제

국토교통부장관은 분양가상한제 적용 지역으로 계속 지정할 필요가 없다고 인정하는 경우에는 주거정책심의위원회 심의를 거쳐 분양가상한제 적용 지역의 지정을 해제하여야 한다. 해제시에도 지정절차와 같이 미리 시·도지사의 의견을 들어야 하고, 공고 및 통보하여야 한다.

(3) 지정해제의 요청

분양가상한제 적용 지역으로 지정된 지역의 시·도지사, 시장, 군수 또는 구청장은 분양가상한제 적용 지역의 지정 후 해당 지역의 주택가격이 안정되는 등 분양가상한제 적용 지역으로 계속 지정할 필요가 없다고 인정하는 경우에는 국토교통부장관에게 그 지정의 해제를 요청할 수 있다.

8. 저당권설정 등의 제한(법 제61조)

1) 저당권설정 등 제한

사업주체는 주택건설사업에 의하여 건설된 주택 및 대지에 대하여는 입주자 모집공고 승인 신청일(주택조합의 경우에는 사업계획승인 신청일을 말한다) 이후부터 입주예정자가 그 주택 및 대지의 소유권이전등기를 신청할 수 있는 날 이후 60일까지의 기간 동안 입주예정자의 동의 없이 다음 각 호의 어느 하나에 해당하는 행위를 하여서는 아니 된다. 다만, 그 주택의 건설을 촉진하기 위하여 대통령령으로 정하는 경우에는 그러하지 아니하다.

1. 해당 주택 및 대지에 저당권 또는 가등기담보권 등 담보물권을 설정하는 행위
2. 해당 주택 및 대지에 전세권·지상권(地上權) 또는 등기되는 부동산임차권을 설정하는 행위
3. 해당 주택 및 대지를 매매 또는 증여 등의 방법으로 처분하는 행위

2) 부기등기

① 저당권설정 등의 제한을 할 때 사업주체는 해당 주택 또는 대지가 입주예정자의 동의 없이는 양도하거나 제한물권을 설정하거나 압류·가압류·가처분 등의 목적물이 될 수 없는 재산임을 소유권등기에 부기등기(附記登記)하여야 한다. 다만, 사업주체가 국가·지방자치단체 및 한국토지주택공사 등 공공기관이거나 해당 대지가 사업주체의 소유가 아닌 경우 등 대통령령으로 정하는 경우에는 그러하지 아니하다.
② 부기등기일 이후에 해당 대지 또는 주택을 양수하거나 제한물권을 설정받은 경우 또는 압류·가압류·가처분 등의 목적물로 한 경우에는 그 효력을 무효로 한다. 다만, 사업주체의 경영부실로 입주예정자가 그 대지를 양수받는 경우 등 대통령령으로 정하는 경우에는 그러하지 아니하다.

9. 투기과열지구의 지정 및 해제(법 제63조)

1) 투기과열지구의 지정

국토교통부장관 또는 시·도지사는 주택가격의 안정을 위하여 필요한 경우에는 주거정책심의위원회의 심의를 거쳐 일정한 지역을 투기과열지구로 지정하거나 이를 해제할 수 있다. 이 경우 투기과열지구는 그 지정 목적을 달성할 수 있는 최소한의 범위에서 시·군·구 또는 읍·면·동의 지역 단위로 지정하되, 택지개발지구 등 해당 지역 여건을 고려하여 지정 단위를 조정할 수 있다.

2) 투기과열지구의 지정 요건

투기과열지구는 해당 지역의 주택가격상승률이 물가상승률보다 현저히 높은 지역으로서 그 지역의 청약경쟁률·주택가격·주택보급률 및 주택공급계획 등과 지역 주택시장 여건 등을 고려하였을 때 주택에 대한 투기가 성행하고 있거나 성행할 우려가 있는 지역 중 대통령령으로 정하는 기준을 충족하는 곳이어야 한다.

3) 의견청취 및 협의

국토교통부장관이 투기과열지구를 지정하거나 해제할 경우에는 미리 시·도지사의 의견을 듣고 그 의견에 대한 검토의견을 회신하여야 하며, 시·도지사가 투기과열지구를 지정하거나 해제할 경우에는 국토교통부장관과 협의하여야 한다.

4) 지정 공고 및 통보

국토교통부장관 또는 시·도지사는 투기과열지구를 지정하였을 때에는 지체 없이 이를 공고하고, 국토교통부장관은 그 투기과열지구를 관할하는 시장·군수·구청장에게, 특별시장, 광역시장 또는 도지사는 그 투기과열지구를 관할하는 시장, 군수 또는 구청장에게 각각 공고 내용을 통보하여야 한다. 이 경우 시장·군수·구청장은 사업주체로 하여금 입주자 모집공고 시 해당 주택건설 지역이 투기과열지구에 포함된 사실을 공고하게 하여야 한다. 투기과열지구 지정을 해제하는 경우에도 또한 같다.

5) 지정해제

국토교통부장관 또는 시·도지사는 투기과열지구에서 지정 사유가 없어졌다고 인정하는 경우에는 지체 없이 투기과열지구 지정을 해제하여야 한다.

6) 투기과열지구의 유지 재검토

국토교통부장관은 반기마다 주거정책심의위원회의 회의를 소집하여 투기과열지구로 지정된 지역별로 해당 지역의 주택가격 안정 여건의 변화 등을 고려하여 투기과열지구 지정의 유지 여부를 재검토하여야 한다. 이 경우 재검토 결과 투기과열지구 지정의 해제가 필요하다고 인정되는 경우에는 지체 없이 투기과열지구 지정을 해제하고 이를 공고하여야 한다.

7) 투기과열지구 해제요청

① 투기과열지구로 지정된 지역의 시·도지사, 시장, 군수 또는 구청장은 투기과열지구 지정 후 해당 지역의 주택가격이 안정되는 등 지정 사유가 없어졌다고 인정되는 경우에는 국토교통부장관 또는 시·도지사에게 투기과열지구 지정의 해제를 요청할 수 있다.
② 투기과열지구 지정의 해제를 요청받은 국토교통부장관 또는 시·도지사는 요청받은 날부터 40일 이내에 주거정책심의위원회의 심의를 거쳐 투기과열지구 지정의 해제 여부를 결정하여 그 투기과열지구를 관할하는 지방자치단체의 장에게 심의결과를 통보하여야 한다.

부동산공법 (기초)

③ 국토교통부장관 또는 시·도지사는 심의결과 투기과열지구에서 그 지정 사유가 없어졌다고 인정될 때에는 지체 없이 투기과열지구 지정을 해제하고 이를 공고하여야 한다.

10. 조정대상지역의 지정 및 해제(법 제63조의 2)

1) 조정대상지역의 지정

국토교통부장관은 다음 각 호의 어느 하나에 해당하는 지역으로서 대통령령으로 정하는 기준을 충족하는 지역을 주거정책심의위원회의 심의를 거쳐 조정대상지역으로 지정할 수 있다. 이 경우 제1호에 해당하는 조정대상지역은 그 지정 목적을 달성할 수 있는 최소한의 범위에서 시·군·구 또는 읍·면·동의 지역 단위로 지정하되, 택지개발지구 등 해당 지역 여건을 고려하여 지정 단위를 조정할 수 있다.

> 1. 주택가격, 청약경쟁률, 분양권 전매량 및 주택보급률 등을 고려하였을 때 주택 분양 등이 과열되어 있거나 과열될 우려가 있는 지역
> 2. 주택가격, 주택거래량, 미분양주택의 수 및 주택보급률 등을 고려하여 주택의 분양·매매 등 거래가 위축되어 있거나 위축될 우려가 있는 지역

2) 지정절차

① 국토교통부장관은 조정대상지역을 지정하는 경우에는 미리 시·도지사의 의견을 들어야 한다.
② 국토교통부장관은 조정대상지역을 지정하였을 때에는 지체 없이 이를 공고하고, 그 조정대상지역을 관할하는 시장·군수·구청장에게 공고 내용을 통보하여야 한다. 이 경우 시장·군수·구청장은 사업주체로 하여금 입주자 모집공고 시 해당 주택건설 지역이 조정대상지역에 포함된 사실을 공고하게 하여야 한다.

3) 조정대상지역의 해제

국토교통부장관은 조정대상지역으로 유지할 필요가 없다고 판단되는 경우에는 주거정책심의위원회의 심의를 거쳐 조정대상지역의 지정을 해제하여야 한다. 해제절차는 지정절차를 준용한다.

4) 조정대상지역의 유지 재검토

국토교통부장관은 반기마다 주거정책심의위원회의 회의를 소집하여 조정대상지역으로 지정된 지역별로 해당 지역의 주택가격 안정 여건의 변화 등을 고려하여 조정대상지역 지정의 유지 여부를 재검토하여야 한다. 이 경우 재검토 결과 조정대상지역 지정의 해제가 필요하다고 인정되는 경우에는 지체 없이 조정대상지역 지정을 해제하고 이를 공고하여야 한다.

5) 해제요청

조정대상지역으로 지정된 지역의 시·도지사 또는 시장·군수·구청장은 조정대상지역 지정 후 해당 지역의 주택가격이 안정되는 등 조정대상지역으로 유지할 필요가 없다고 판단되는 경우에는 국토교통부장관에게 그 지정의 해제를 요청할 수 있다.

11. 주택의 전매행위 제한 등(법 제64조)

1) 전매행위의 제한

사업주체가 건설·공급하는 주택(해당 주택의 입주자로 선정된 지위)으로서 다음 각 호의 어느 하나에 해당하는 경우에는 10년 이내의 범위에서 대통령령으로 정하는 기간이 지나기 전에는 그 주택을 전매(매매·증여나 그 밖에 권리의 변동을 수반하는 모든 행위를 포함하되, 상속의 경우는 제외한다)하거나 이의 전매를 알선할 수 없다. 이 경우 전매제한기간은 주택의 수급 상황 및 투기 우려 등을 고려하여 대통령령으로 지역별로 달리 정할 수 있다.

1. 투기과열지구에서 건설·공급되는 주택
2. 조정대상지역에서 건설·공급되는 주택. 다만, 조정대상지역 중 주택의 수급 상황 등을 고려하여 대통령령으로 정하는 지역에서 건설·공급되는 주택은 제외한다.
3. 분양가상한제 적용주택. 다만, 수도권 외의 지역 중 주택의 수급 상황 및 투기 우려 등을 고려하여 대통령령으로 정하는 지역으로서 투기과열지구가 지정되지 아니하거나 지정 해제된 지역 중 공공택지 외의 택지에서 건설·공급되는 분양가상한제 적용주택은 제외한다.
4. 공공택지 외의 택지에서 건설·공급되는 주택. 다만, 제57조제2항 각 호의 주택 및 수도권 외의 지역 중 주택의 수급 상황 및 투기 우려 등을 고려하여 대통령령으로 정하는 지역으로서 공공택지 외의 택지에서 건설·공급되는 주택은 제외한다.
5. 「도시 및 주거환경정비법」 제2조제2호나목 후단에 따른 공공재개발사업(제57조제1항제2호의 지역에 한정한다)에서 건설·공급하는 주택

2) 전매행위의 제한의 예외

주택을 공급받은 자의 생업상의 사정 등으로 전매가 불가피하다고 인정되는 경우로서 대통령령으로 정하는 경우에는 전매행위의 제한을 적용하지 아니한다. 다만, 위의 제3호의 주택을 공급받은 자가 전매하는 경우에는 한국토지주택공사가 그 주택을 우선 매입할 수 있다.

1. 세대원이 근무 또는 생업상의 사정이나 질병치료·취학·결혼으로 인하여 세대원 전원이 다른 광역시, 특별자치시, 특별자치도, 시 또는 군(광역시의 관할구역에 있는 군은 제외한다)으로 이전하는 경우. 다만, 수도권 안에서 이전하는 경우는 제외한다.
2. 상속에 따라 취득한 주택으로 세대원 전원이 이전하는 경우
3. 세대원 전원이 해외로 이주하거나 2년 이상의 기간 동안 해외에 체류하려는 경우
4. 이혼으로 인하여 입주자로 선정된 지위 또는 주택을 배우자에게 이전하는 경우
5. 공익사업의 시행으로 주거용 건축물을 제공한 자가 사업시행자로부터 이주대책용 주택을 공급받은 경우(사업시행자의 알선으로 공급받은 경우를 포함한다)로서 시장·군수·구청장이 확인하는 경우
6. 주택의 소유자가 국가·지방자치단체 및 금융기관에 대한 채무를 이행하지 못하여 경매 또는 공매가 시행되는 경우
7. 입주자로 선정된 지위 또는 주택의 일부를 배우자에게 증여하는 경우
8. 실직·파산 또는 신용불량으로 경제적 어려움이 발생한 경우

부동산공법 (기초)

12. 공급질서 교란 금지(법 제65조)

1) 공급금지

누구든지 이 법에 따라 건설·공급되는 주택을 공급받거나 공급받게 하기 위하여 다음 각 호의 어느 하나에 해당하는 증서 또는 지위를 양도·양수(매매·증여나 그 밖에 권리 변동을 수반하는 모든 행위를 포함하되, 상속·저당의 경우는 제외한다) 또는 이를 알선하거나 양도·양수 또는 이를 알선할 목적으로 하는 광고(각종 간행물·인쇄물·전화·인터넷, 그 밖의 매체를 통한 행위를 포함한다)를 하여서는 아니 되며, 누구든지 거짓이나 그 밖의 부정한 방법으로 이 법에 따라 건설·공급되는 증서나 지위 또는 주택을 공급받거나 공급받게 하여서는 아니 된다.

1. 제11조(주택조합의 설립 등)에 따라 주택을 공급받을 수 있는 지위
2. 입주자저축 증서
3. 주택상환사채
4. 그 밖에 주택을 공급받을 수 있는 증서 또는 지위로서 대통령령으로 정하는 것
   - 시장·군수·구청장이 발행한 무허가건물 확인서, 건물철거예정 증명서 또는 건물철거 확인서
   - 공공사업의 시행으로 인한 이주대책에 따라 주택을 공급받을 수 있는 지위 또는 이주대책대상자 확인서

2) 계약 취소 등

국토교통부장관 또는 사업주체는 다음 각 호의 어느 하나에 해당하는 자에 대하여는 그 주택 공급을 신청할 수 있는 지위를 무효로 하거나 이미 체결된 주택의 공급계약을 취소하여야 한다. 이미 체결된 주택의 공급계약을 취소하려는 경우 국토교통부장관 및 주택 또는 주택의 입주자로 선정된 지위를 보유하고 있는 자에게 대통령령으로 정하는 절차 및 방법에 따라 그 사실을 미리 알려야 한다.

1. 1)을 위반하여 증서 또는 지위를 양도하거나 양수한 자
2. 1)을 위반하여 거짓이나 그 밖의 부정한 방법으로 증서나 지위 또는 주택을 공급받은 자

3) 위반자에 대한 제재

① 사업주체가 1)을 위반한 자에게 대통령령으로 정하는 바에 따라 산정한 주택가격에 해당하는 금액을 지급한 경우에는 그 지급한 날에 그 주택을 취득한 것으로 본다.
② 제1항의 경우 사업주체가 매수인에게 주택가격을 지급하거나, 매수인을 알 수 없어 주택가격의 수령 통지를 할 수 없는 경우 등 대통령령으로 정하는 사유에 해당하는 경우로서 주택가격을 그 주택이 있는 지역을 관할하는 법원에 공탁한 경우에는 그 주택에 입주한 자에게 기간을 정하여 퇴거를 명할 수 있다.
③ 국토교통부장관은 1)을 위반한 자에 대하여 10년의 범위에서 국토교통부령으로 정하는 바에 따라 주택의 입주자자격을 제한할 수 있다.
④ 국토교통부장관 또는 사업주체는 공급질서 교란 행위가 있었다는 사실을 알지 못하고 주택 또는 주택의 입주자로 선정된 지위를 취득한 매수인이 해당 공급질서 교란 행위와 관련이 없음을 대통령령으로 정하는 바에 따라 소명하는 경우에는 이미 체결된 주택의 공급계약을 취소하여서는 아니 된다.

7 리모델링

1. 리모델링의 허가 등(법 제66조)

1) 리모델링의 허가

공동주택(부대시설과 복리시설을 포함한다)의 입주자·사용자 또는 관리주체가 공동주택을 리모델링하려고 하는 경우에는 허가와 관련된 면적, 세대수 또는 입주자 등의 동의 비율에 관하여 대통령령으로 정하는 기준 및 절차 등에 따라 시장·군수·구청장의 허가를 받아야 한다.

> 동의비율(시행령 별표 4 참고)
> ① 입주자·사용자 또는 관리주체: 입주자 전체의 동의
> ② 리모델링주택조합: 단지전체리모델링할 경우 전체구분소유자 및 의결권의 75% 이상과 각 동별 50% 이상, 동을 리모델링할 경우 그 동의 구분소유자 및 의결권의 75% 이상
> ③ 입주자대표회의: 주택단지의 소유자 전원의 동의

2) 시공사선정

설립인가를 받은 리모델링주택조합의 총회 또는 소유자 전원의 동의를 받은 입주자대표회의에서 「건설산업기본법」에 따른 건설사업자 또는 건설사업자로 보는 등록사업자를 시공자로 선정하여야 한다. 시공자를 선정하는 경우에는 국토교통부장관이 정하는 경쟁입찰의 방법으로 하여야 한다. 다만, 경쟁입찰의 방법으로 시공자를 선정하는 것이 곤란하다고 인정되는 경우 등 대통령령(2회 이상 경쟁입찰 실시했으나 유찰)으로 정하는 경우에는 그러하지 아니하다.

3) 도시계획위원회의 심의

시장·군수·구청장이 세대수 증가형 리모델링(대통령령으로 정하는 세대수 이상(50세대)으로 세대수가 증가하는 경우로 한정한다)을 허가하려는 경우에는 기반시설에의 영향이나 도시·군관리계획과의 부합 여부 등에 대하여 시·군·구도시계획위원회의 심의를 거쳐야 한다.

4) 사용검사

공동주택의 입주자·사용자·관리주체·입주자대표회의 또는 리모델링주택조합이 리모델링에 관하여 시장·군수·구청장의 허가를 받은 후 그 공사를 완료하였을 때에는 시장·군수·구청장의 사용검사를 받아야 한다.

5) 세대수 증가 리모델링의 허가(법 제67조)

세대수가 증가되는 리모델링을 하는 경우에는 기존 주택의 권리변동, 비용분담 등 대통령령으로 정하는 사항에 대한 계획(이하 "권리변동계획"이라 한다)을 수립하여 사업계획승인 또는 행위허가를 받아야 한다.

1. 리모델링 전후의 대지 및 건축물의 권리변동 명세
2. 조합원의 비용분담
3. 사업비
4. 조합원 외의 자에 대한 분양계획
5. 그 밖에 리모델링과 관련된 권리 등에 대하여 해당 시·도 또는 시·군의 조례로 정하는 사항

2. 증축형 리모델링의 안전진단(법 제68조)

1) 안전진단의 실시

① 증축형 리모델링을 하려는 자는 시장·군수·구청장에게 안전진단을 요청하여야 하며, 안전진단을 요청받은 시장·군수·구청장은 해당 건축물의 증축 가능 여부의 확인 등을 위하여 안전진단을 실시하여야 한다. 시장·군수·구청장은 대통령령으로 정하는 기관에 안전진단을 의뢰하여야 하며, 안전진단을 의뢰받은 기관은 리모델링을 하려는 자가 추천한 건축구조기술사(구조설계를 담당할 자를 말한다)와 함께 안전진단을 실시하여야 한다.

② 시장·군수·구청장은 수직증축형 리모델링을 허가한 후에 해당 건축물의 구조안전성 등에 대한 상세 확인을 위하여 안전진단을 실시하여야 한다. 이 경우 안전진단을 의뢰받은 기관은 건축구조기술사와 함께 안전진단을 실시하여야 하며, 리모델링을 하려는 자는 안전진단 후 구조설계의 변경 등이 필요한 경우에는 건축구조기술사로 하여금 이를 보완하도록 하여야 한다.

③ 안전진단을 의뢰받은 기관은 국토교통부장관이 정하여 고시하는 기준에 따라 안전진단을 실시하고, 국토교통부령으로 정하는 방법 및 절차에 따라 안전진단 결과보고서를 작성하여 안전진단을 요청한 자와 시장·군수·구청장에게 제출하여야 한다.

④ 시장·군수·구청장이 제1항에 따른 안전진단으로 건축물 구조의 안전에 위험이 있다고 평가하여 재건축사업 및 소규모재건축사업의 시행이 필요하다고 결정한 건축물은 증축형 리모델링을 하여서는 아니 된다.

⑤ 시장·군수·구청장은 안전진단을 실시하는 비용의 전부 또는 일부를 리모델링을 하려는 자에게 부담하게 할 수 있다.

2) 수직증축형 리모델링 안전성검토(법 제69조)

① 시장·군수·구청장은 수직증축형 리모델링을 하려는 자가 「건축법」에 따른 건축위원회의 심의를 요청하는 경우 구조계획상 증축범위의 적정성 등에 대하여 대통령령으로 정하는 전문기관에 안전성 검토를 의뢰하여야 한다.

② 시장·군수·구청장은 수직증축형 리모델링을 하려는 자의 허가 신청이 있거나 안전진단 결과 국토교통부장관이 정하여 고시하는 설계도서의 변경이 있는 경우 제출된 설계도서상 구조안전의 적정성 여부 등에 대하여 제1항에 따라 검토를 수행한 전문기관에 안전성 검토를 의뢰하여야 한다.

③ 검토의뢰를 받은 전문기관은 국토교통부장관이 정하여 고시하는 검토기준에 따라 검토한 결과를 대통령령으로 정하는 기간 이내에 시장·군수·구청장에게 제출하여야 하며, 시장·군수·구청장은 특별한 사유가 없는 경우 이 법 및 관계 법률에 따른 위원회의 심의 또는 허가 시 제출받은 안전성 검토결과를 반영하여야 한다.

④ 시장·군수·구청장은 전문기관의 안전성 검토비용의 전부 또는 일부를 리모델링을 하려는 자에게 부담하게 할 수 있다.

⑤ 국토교통부장관은 시장·군수·구청장에게 제3항에 따라 제출받은 자료의 제출을 요청할 수 있으며, 필요한 경우 시장·군수·구청장으로 하여금 안전성 검토결과의 적정성에 대하여 「건축법」에 따른 중앙건축위원회의 심의를 받도록 요청할 수 있다.

⑥ 시장·군수·구청장은 특별한 사유가 없으면 제5항에 따른 심의결과를 반영하여야 한다.

3. 리모델링 기본계획 수립

1) 리모델링 기본계획의 수립권자(법 제71조)

특별시장·광역시장 및 대도시의 시장은 관할구역에 대하여 다음 각 호의 사항을 포함한 리모델링 기본계획을 10년 단위로 수립하여야 한다. 다만, 세대수 증가형 리모델링에 따른 도시과밀의 우려가 적은 경우 등 대통령령으로 정하는 경우에는 리모델링 기본계획을 수립하지 아니할 수 있다. 그러나 대도시가 아닌 시의 시장은 세대수 증가형 리모델링에 따른 도시과밀이나 일시집중 등이 우려되어 도지사가 리모델링 기본계획의 수립이 필요하다고 인정한 경우 리모델링 기본계획을 수립하여야 한다.

1. 계획의 목표 및 기본방향
2. 도시기본계획 등 관련 계획 검토
3. 리모델링 대상 공동주택 현황 및 세대수 증가형 리모델링 수요 예측
4. 세대수 증가에 따른 기반시설의 영향 검토
5. 일시집중 방지 등을 위한 단계별 리모델링 시행방안
6. 그 밖에 대통령령으로 정하는 사항

2) 리모델링 기본계획의 수립절차(법 제72조)

(1) 주민공람 및 지방의회 의견청취

특별시장·광역시장 및 대도시의 시장은 리모델링 기본계획을 수립하거나 변경하려면 14일 이상 주민에게 공람하고, 지방의회의 의견을 들어야 한다. 이 경우 지방의회는 의견제시를 요청받은 날부터 30일 이내에 의견을 제시하여야 하며, 30일 이내에 의견을 제시하지 아니하는 경우에는 이의가 없는 것으로 본다. 다만, 대통령령으로 정하는 경미한 변경인 경우에는 주민공람 및 지방의회 의견청취 절차를 거치지 아니할 수 있다.

(2) 협의 및 심의

특별시장·광역시장 및 대도시의 시장은 리모델링 기본계획을 수립하거나 변경하려면 관계 행정기관의 장과 협의한 후 시·도도시계획위원회 또는 시·군·구도시계획위원회의 심의를 거쳐야 한다. 협의를 요청받은 관계 행정기관의 장은 특별한 사유가 없으면 그 요청을 받은 날부터 30일 이내에 의견을 제시하여야 한다.

(3) 도지사의 승인

대도시의 시장은 리모델링 기본계획을 수립하거나 변경하려면 도지사의 승인을 받아야 하며, 도지사는 리모델링 기본계획을 승인하려면 시·도도시계획위원회의 심의를 거쳐야 한다.

부동산공법 (기초)

(4) 고시

특별시장·광역시장 및 대도시의 시장은 리모델링 기본계획을 수립하거나 변경한 때에는 이를 지체 없이 해당 지방자치단체의 공보에 고시하여야 한다.

(5) 타당성 검토

특별시장·광역시장 및 대도시의 시장은 5년마다 리모델링 기본계획의 타당성을 검토하여 그 결과를 리모델링 기본계획에 반영하여야 한다.

4. 세대수 증가형 리모델링의 시기조정(법 제74조)

① 국토교통부장관은 세대수 증가형 리모델링의 시행으로 주변 지역에 현저한 주택부족이나 주택시장의 불안정 등이 발생될 우려가 있는 때에는 주거정책심의위원회의 심의를 거쳐 특별시장, 광역시장, 대도시의 시장에게 리모델링 기본계획을 변경하도록 요청하거나, 시장·군수·구청장에게 세대수 증가형 리모델링의 사업계획 승인 또는 허가의 시기를 조정하도록 요청할 수 있으며, 요청을 받은 특별시장, 광역시장, 대도시의 시장 또는 시장·군수·구청장은 특별한 사유가 없으면 그 요청에 따라야 한다.

② 시·도지사는 세대수 증가형 리모델링의 시행으로 주변 지역에 현저한 주택부족이나 주택시장의 불안정 등이 발생될 우려가 있는 때에는 시·도 주거정책심의위원회의 심의를 거쳐 대도시의 시장에게 리모델링 기본계획을 변경하도록 요청하거나, 시장·군수·구청장에게 세대수 증가형 리모델링의 사업계획 승인 또는 허가의 시기를 조정하도록 요청할 수 있으며, 요청을 받은 대도시의 시장 또는 시장·군수·구청장은 특별한 사유가 없으면 그 요청에 따라야 한다.

5. 공동주택 리모델링에 따른 특례(법 제76조)

1) 전유부분 및 공유부분에 대한 특례

① 공동주택의 소유자가 리모델링에 의하여 전유부분의 면적이 늘거나 줄어드는 경우에는 「집합건물의 소유 및 관리에 관한 법률」 제12조(공유자의 지분권) 및 제20조제1항(전유부분과 대지사용권의 일체성)에도 불구하고 대지사용권은 변하지 아니하는 것으로 본다. 다만, 세대수 증가를 수반하는 리모델링의 경우에는 권리변동계획에 따른다.

② 공동주택의 소유자가 리모델링에 의하여 일부 공용부분의 면적을 전유부분의 면적으로 변경한 경우에는 「집합건물의 소유 및 관리에 관한 법률」 제12조(공유자의 지분권)에도 불구하고 그 소유자의 나머지 공용부분의 면적은 변하지 아니하는 것으로 본다.

③ 제1항의 대지사용권 및 제2항의 공용부분의 면적에 관하여는 제1항과 제2항에도 불구하고 소유자가 「집합건물의 소유 및 관리에 관한 법률」에 따른 규약으로 달리 정한 경우에는 그 규약에 따른다.

2) 임대차계약기간의 특례

임대차계약 당시 다음 각 호의 어느 하나에 해당하여 그 사실을 임차인에게 고지한 경우로서 리모델링 허가를 받은 경우에는 해당 리모델링 건축물에 관한 임대차계약에 대하여 「주택임대차보호법」 제4조제1항(임대차 기간) 및 「상가건물 임대차보호법」 제9조제1항(임대차 기간)을 적용하지 아니한다.

3) 리모델링주택조합의 법인격

리모델링주택조합의 법인격에 관하여는 「도시 및 주거환경정비법」 제38조(조합의 법인격)를 준용한다. 이 경우 "정비사업조합"은 "리모델링주택조합"으로 본다.

4) 대지 및 건축물에 대한 권리의 확정

권리변동계획에 따라 소유권이 이전되는 토지 또는 건축물에 대한 권리의 확정 등에 관하여는 「도시 및 주거환경정비법」 제87조(대지 및 건축물에 대한 권리의 확정)를 준용한다. 이 경우 "토지등소유자에게 분양하는 대지 또는 건축물"은 "권리변동계획에 따라 구분소유자에게 소유권이 이전되는 토지 또는 건축물"로, "일반에게 분양하는 대지 또는 건축물"은 "권리변동계획에 따라 구분소유자 외의 자에게 소유권이 이전되는 토지 또는 건축물"로 본다.

8 보칙

1. 토지임대부 분양주택

1) 토지임대부 분양주택의 임대차기간(법 제78조)

① 토지임대부 분양주택의 토지에 대한 임대차기간은 40년 이내로 한다. 이 경우 토지임대부 분양주택 소유자의 75퍼센트 이상이 계약갱신을 청구하는 경우 40년의 범위에서 이를 갱신할 수 있다.
② 토지임대부 분양주택을 공급받은 자가 토지소유자와 임대차계약을 체결한 경우 해당 주택의 구분소유권을 목적으로 그 토지 위에 제1항에 따른 임대차기간 동안 지상권이 설정된 것으로 본다.

2) 토지임대료 가격 등

① 토지임대부 분양주택의 토지임대료는 해당 토지의 조성원가 또는 감정가격 등을 기준으로 산정하되, 구체적인 토지임대료의 책정 및 변경기준, 납부 절차 등에 관한 사항은 대통령령으로 정한다.
② 토지임대료는 월별 임대료를 원칙으로 하되, 토지소유자와 주택을 공급받은 자가 합의한 경우 대통령령으로 정하는 바에 따라 임대료를 보증금으로 전환하여 납부할 수 있다.

3) 토지임대부 분양주택의 공공매입(법 제78조의 2)

토지임대부 분양주택을 공급받은 자가 토지임대부 분양주택을 양도하려는 경우에는 대통령령으로 정하는 바에 따라 한국토지주택공사에 해당 주택의 매입을 신청하여야 한다. 매입신청을 받은 경우 대통령령으로 정하는 특별한 사유가 없으면 대통령령으로 정하는 절차를 거쳐 해당 주택을 매입하여야 한다.

4) 토지임대부 분양주택의 재건축(법 제79조)

토지임대부 분양주택의 소유자가 임대차기간이 만료되기 전에 「도시 및 주거환경정비법」 등 도시개발 관련 법률에 따라 해당 주택을 철거하고 재건축을 하고자 하는 경우 토지소유자의 동의를 받아 재건축할 수 있다. 이 경우 토지소유자는 정당한 사유 없이 이를 거부할 수 없다.

2. 주택상환사채(법 제80조)

1) 주택상환사채의 발행

한국토지주택공사와 등록사업자는 대통령령으로 정하는 바에 따라 주택으로 상환하는 사채(이하 "주택상환사채"라 한다)를 발행할 수 있다. 이 경우 등록사업자는 자본금·자산평가액 및 기술인력 등이 대통령령으로 정하는 기준에 맞고 금융기관 또는 주택도시보증공사의 보증을 받은 경우에만 주택상환사채를 발행할 수 있다.

2) 주택상환사채의 발행 승인

주택상환사채를 발행하려는 자는 대통령령으로 정하는 바에 따라 주택상환사채발행계획을 수립하여 국토교통부장관의 승인을 받아야 한다.

3) 발행요건 및 상환기간

(1) 발행요건(영 제85조)

주택상환사채발행계획의 승인을 받으려는 자는 주택상환사채발행계획서에 다음 각 호의 서류를 첨부하여 국토교통부장관에게 제출하여야 한다. 다만, 제3호의 서류는 주택상환사채 모집공고 전까지 제출할 수 있다.

1. 주택상환사채 상환용 주택의 건설을 위한 택지에 대한 소유권 또는 그 밖에 사용할 수 있는 권리를 증명할 수 있는 서류
2. 주택상환사채에 대한 금융기관 또는 주택도시보증공사의 보증서
3. 금융기관과의 발행대행계약서 및 납입금 관리계약서

(2) 상환기간 및 양도금지(영 제86조)

① 주택상환사채의 상환기간은 주택상환사채 발행일부터 주택의 공급계약체결일까지의 기간으로 3년을 초과할 수 없다.
② 주택상환사채는 양도하거나 중도에 해약할 수 없다. 다만, 해외이주 등 국토교통부령으로 정하는 부득이한 사유가 있는 경우는 예외로 한다.

4) 발행책임과 조건 등(법 제81조)

(1) 상환

주택상환사채를 발행한 자는 발행조건에 따라 주택을 건설하여 사채권자에게 상환하여야 한다.

(2) 사채의 종류 및 명의변경

① 주택상환사채는 기명증권(記名證券)으로 한다.
② 사채권자의 명의변경은 취득자의 성명과 주소를 사채원부에 기록하는 방법으로 하며, 취득자의 성명을 채권에 기록하지 아니하면 사채발행자 및 제3자에게 대항할 수 없다.

5) 사채의 효력(법 제82조)

등록사업자의 등록이 말소된 경우에도 등록사업자가 발행한 주택상환사채의 효력에는 영향을 미치지 아니한다.

6) 「상법」의 적용(법 제83조)

주택상환사채의 발행에 관하여 이 법에서 규정한 것 외에는 「상법」 중 사채발행에 관한 규정을 적용한다. 다만, 한국토지주택공사가 발행하는 경우와 금융기관 등이 상환을 보증하여 등록사업자가 발행하는 경우에는 「상법」 제478조제1항(채권은 사채전액의 납입이 완료한 후가 아니면 이를 발행하지 못한다)을 적용하지 아니한다.

3. 국민주택사업특별회계의 설치(법 제84조)

지방자치단체는 국민주택사업을 시행하기 위하여 국민주택사업특별회계를 설치 · 운용하여야 한다.

4. 협회(법 제85조 ~ 법 제87조)

1) 협회의 설립

등록사업자는 주택건설사업 및 대지조성사업의 전문화와 주택산업의 건전한 발전을 도모하기 위하여 주택사업자 단체를 설립할 수 있다.

2) 설립인가

협회를 설립하려면 회원자격을 가진 자 50인 이상을 발기인으로 하여 정관을 마련한 후 창립총회의 의결을 거쳐 국토교통부장관의 인가를 받아야 한다. 협회가 정관을 변경하려는 경우에도 또한 같다. 국토교통부장관은 협회설립 인가를 하였을 때에는 이를 지체 없이 공고하여야 한다.

3) 사단법인에 관한 규정 준용

협회에 관하여 이 법에서 규정한 것 외에는 「민법」 중 사단법인에 관한 규정을 준용한다.

5. 주택정책 관련 자료 등의 종합관리(법 제88조)

국토교통부장관 또는 시·도지사는 적절한 주택정책의 수립 및 시행을 위하여 주택(준주택을 포함한다. 이하 이 조에서 같다)의 건설·공급·관리 및 이와 관련된 자금의 조달, 주택가격 동향 등 이 법에 규정된 주택과 관련된 사항에 관한 정보를 종합적으로 관리하고 이를 관련 기관·단체 등에 제공할 수 있다.

6. 사업주체 등에 대한 지도·감독(법 제94조)

국토교통부장관 또는 지방자치단체의 장은 사업주체 및 공동주택의 입주자·사용자·관리주체·입주자대표회의나 그 구성원 또는 리모델링주택조합이 이 법 또는 이 법에 따른 명령이나 처분을 위반한 경우에는 공사의 중지, 원상복구 또는 그 밖에 필요한 조치를 명할 수 있다.

9 벌칙

법 제98조~104조(벌칙), 제105조(양벌규정), 제106조(과태료)

6

도시 및 주거환경정비법

6 도시 및 주거환경정비법

1 총칙

도시지역의 도시환경을 개선하고 주거생활의 질을 높이기 위한 법으로서 (구)주택건설촉진법(1972)의 주택재건축사업, (구)도시재개발법(1976)의 주택재개발사업·도심재개발사업·공장재개발사업, (구)도시저소득주민의 주거환경개선을 위한 임시조치법(1989)에 의한 주거환경사업을 개편하여 2002년 12월 30일 제정·2003년 7월 1일부터 시행하고 있다.

1. 법의 목적(법 제1조)

이 법은 도시기능의 회복이 필요하거나 주거환경이 불량한 지역을 계획적으로 정비하고 노후·불량건축물을 효율적으로 개량하기 위하여 필요한 사항을 규정함으로써 도시환경을 개선하고 주거생활의 질을 높이는 데 이바지함을 목적으로 한다.

2. 정비사업

1) 의의

이 법에서 정한 절차에 따라 도시기능을 회복하기 위하여 정비구역에서 정비기반시설을 정비하거나 주택 등 건축물을 개량 또는 건설하는 사업을 말한다.

2) 정비사업의 종류

(1) 주거환경개선사업

도시저소득 주민이 집단거주하는 지역으로서 정비기반시설이 극히 열악하고 노후·불량건축물이 과도하게 밀집한 지역의 주거환경을 개선하거나 단독주택 및 다세대주택이 밀집한 지역에서 정비기반시설과 공동이용시설 확충을 통하여 주거환경을 보전·정비·개량하기 위한 사업

(2) 재개발사업

정비기반시설이 열악하고 노후·불량건축물이 밀집한 지역에서 주거환경을 개선하거나 상업지역·공업지역 등에서 도시기능의 회복 및 상권활성화 등을 위하여 도시환경을 개선하기 위한 사업. 이 경우 다음 요건을 모두 갖추어 시행하는 재개발사업을 "공공재개발사업"이라 한다.

① 특별자치시장, 특별자치도지사, 시장, 군수, 자치구의 구청장(이하 "시장·군수등"이라 한다) 또는 토지주택공사등(조합과 공동으로 시행하는 경우를 포함한다)이 주거환경개선사업의 시행자, 재개발사업의 시행자나 재개발사업의 대행자(이하 "공공재개발사업 시행자"라 한다)일 것

② 건설·공급되는 주택의 전체 세대수 또는 전체 연면적 중 토지등소유자 대상 분양분(제80조에 따른 지분형주택은 제외한다)을 제외한 나머지 주택의 세대수 또는 연면적의 100분의 50 이상을 제80조에 따른 지분형주택, 「공공주택 특별법」에 따른 공공임대주택 또는 「민간임대주택에 관한 특별법」에 따른 공공지원민간임대주택으로 건설·공급할 것. 이 경우 주택 수 산정방법 및 주택 유형별 건설비율은 대통령령으로 정한다.

(3) 재건축사업

정비기반시설은 양호하나 노후·불량건축물에 해당하는 공동주택이 밀집한 지역에서 주거환경을 개선하기 위한 사업. 이 경우 다음 요건을 모두 갖추어 시행하는 재건축사업을 "공공재건축사업"이라 한다.

① 시장·군수등 또는 토지주택공사등(조합과 공동으로 시행하는 경우를 포함한다)이 재건축사업의 시행자나 재건축사업의 대행자(이하 "공공재건축사업 시행자"라 한다)일 것

② 종전의 용적률, 토지면적, 기반시설 현황 등을 고려하여 대통령령으로 정하는 세대수 이상을 건설·공급할 것. 다만, 정비구역의 지정권자가 「국토의 계획 및 이용에 관한 법률」에 따른 도시·군기본계획, 토지이용 현황 등 대통령령으로 정하는 불가피한 사유로 해당하는 세대수를 충족할 수 없다고 인정하는 경우에는 그러하지 아니하다.

3. 용어(법 제2조)

1) 노후·불량 건축물

노후·불량건축물이란 다음 각 목의 어느 하나에 해당하는 건축물을 말한다.

> 가. 건축물이 훼손되거나 일부가 멸실되어 붕괴, 그 밖의 안전사고의 우려가 있는 건축물
>
> 나. 내진성능이 확보되지 아니한 건축물 중 중대한 기능적 결함 또는 부실 설계·시공으로 구조적 결함 등이 있는 건축물로서 대통령령으로 정하는 건축물
>
> 다. 다음의 요건을 모두 충족하는 건축물로서 대통령령으로 정하는 바에 따라 특별시·광역시·특별자치시·도·특별자치도 또는 「지방자치법」에 따른 서울특별시·광역시 및 특별자치시를 제외한 인구 50만 이상 대도시(이하 "대도시"라 한다)의 조례(이하 "시·도조례"라 한다)로 정하는 건축물
> - 주변 토지의 이용 상황 등에 비추어 주거환경이 불량한 곳에 위치할 것
> - 건축물을 철거하고 새로운 건축물을 건설하는 경우 건설에 드는 비용과 비교하여 효용의 현저한 증가가 예상될 것
>
> 라. 도시미관을 저해하거나 노후화된 건축물로서 대통령령으로 정하는 바에 따라 시·도조례로 정하는 건축물

2) 정비기반시설

정비기반시설이란 도로·상하수도·구거(溝渠: 도랑)·공원·공용주차장·공동구, 그 밖에 주민의 생활에 필요한 열·가스 등의 공급시설로서 대통령령으로 정하는 시설을 말한다.

3) 주택단지

주택단지란 주택 및 부대시설·복리시설을 건설하거나 대지로 조성되는 일단의 토지로서 다음 각 목의 어느 하나에 해당하는 일단의 토지를 말한다.

> 가. 「주택법」에 따른 사업계획승인을 받아 주택 및 부대시설·복리시설을 건설한 일단의 토지
> 나. 가목에 따른 일단의 토지 중 도시·군계획시설인 도로나 그 밖에 이와 유사한 시설로 분리되어 따로 관리되고 있는 각각의 토지
> 다. 가목에 따른 일단의 토지 둘 이상이 공동으로 관리되고 있는 경우 그 전체 토지
> 라. 제67조(재건축사업의 범위에 관한 특례)에 따라 분할된 토지 또는 분할되어 나가는 토지
> 마. 건축허가를 받아 아파트 또는 연립주택을 건설한 일단의 토지

4) 토지등소유자

토지등소유자란 다음 각 목의 어느 하나에 해당하는 자를 말한다. 다만, 신탁업자가 사업시행자로 지정된 경우 토지등소유자가 정비사업을 목적으로 신탁업자에게 신탁한 토지 또는 건축물에 대하여는 위탁자를 토지등소유자로 본다.

> 가. 주거환경개선사업 및 재개발사업의 경우에는 정비구역에 위치한 토지 또는 건축물의 소유자 또는 그 지상권자
> 나. 재건축사업의 경우에는 정비구역에 위치한 건축물 및 그 부속토지의 소유자

5) 토지주택공사등

토지주택공사등이란 「한국토지주택공사법」에 따라 설립된 한국토지주택공사 또는 「지방공기업법」에 따라 주택사업을 수행하기 위하여 설립된 지방공사를 말한다.

2 정비기본계획의 수립 및 정비구역의 지정

1. 정비기본계획의 수립

1) 정비기본방침

국토교통부장관은 도시 및 주거환경을 개선하기 위하여 10년마다 다음 각 호의 사항을 포함한 기본방침을 정하고, 5년마다 타당성을 검토하여 그 결과를 기본방침에 반영하여야 한다.

1. 도시 및 주거환경 정비를 위한 국가 정책 방향
2. 도시·주거환경정비기본계획의 수립 방향
3. 노후·불량 주거지 조사 및 개선계획의 수립
4. 도시 및 주거환경 개선에 필요한 재정지원계획
5. 그 밖에 도시 및 주거환경 개선을 위하여 필요한 사항으로서 대통령령으로 정하는 사항

2) 정비기본계획의 수립

(1) 정비기본계획의 수립권자(법 제4조)

특별시장·광역시장·특별자치시장·특별자치도지사 또는 시장은 관할 구역에 대하여 도시·주거환경정비기본계획(이하 "기본계획"이라 한다)을 10년 단위로 수립하여야 한다. 다만, 도지사가 대도시가 아닌 시로서 기본계획을 수립할 필요가 없다고 인정하는 시에 대하여는 기본계획을 수립하지 아니할 수 있다.

(2) 정비기본계획의 내용(법 제5조)

① 기본계획에는 다음 각 호의 사항이 포함되어야 한다.

1. 정비사업의 기본방향
2. 정비사업의 계획기간
3. 인구·건축물·토지이용·정비기반시설·지형 및 환경 등의 현황
4. 주거지 관리계획
5. 토지이용계획·정비기반시설계획·공동이용시설설치계획 및 교통계획
6. 녹지·조경·에너지공급·폐기물처리 등에 관한 환경계획
7. 사회복지시설 및 주민문화시설 등의 설치계획
8. 도시의 광역적 재정비를 위한 기본방향
9. 정비구역으로 지정할 예정인 구역(이하 "정비예정구역"이라 한다)의 개략적 범위
10. 단계별 정비사업 추진계획(정비예정구역별 정비계획의 수립시기가 포함되어야 한다)
11. 건폐율·용적률 등에 관한 건축물의 밀도계획
12. 세입자에 대한 주거안정대책
13. 그 밖에 주거환경 등을 개선하기 위하여 필요한 사항으로서 대통령령으로 정하는 사항

② 기본계획의 수립권자는 기본계획에 다음 각 호의 사항을 포함하는 경우에는 제1항제9호 및 제10호의 사항을 생략할 수 있다.

1. 생활권의 설정, 생활권별 기반시설 설치계획 및 주택수급계획
2. 생활권별 주거지의 정비·보전·관리의 방향

(3) 기본계획의 타당성 검토

특별시장·광역시장·특별자치시장·특별자치도지사 또는 시장(이하 "기본계획의 수립권자"라 한다)은 기본계획에 대하여 5년마다 타당성을 검토하여 그 결과를 기본계획에 반영하여야 한다.

3) 정비기본계획 수립절차

(1) 공람 및 의견청취

① 기본계획의 수립권자는 기본계획을 수립하거나 변경하려는 경우에는 14일 이상 주민에게 공람하여 의견을 들어야 하며, 제시된 의견이 타당하다고 인정되면 이를 기본계획에 반영하여야 한다.

② 기본계획의 수립권자는 공람과 함께 지방의회의 의견을 들어야 한다. 이 경우 지방의회는 기본계획의 수립권자가 기본계획을 통지한 날부터 60일 이내에 의견을 제시하여야 하며, 의견제시 없이 60일이 지난 경우 이의가 없는 것으로 본다.

③ 경미한 사항을 변경하는 경우에는 주민공람과 지방의회의 의견청취 절차를 거치지 아니할 수 있다.

(2) 협의 및 심의

① 기본계획의 수립권자(대도시의 시장이 아닌 시장은 제외한다)는 기본계획을 수립하거나 변경하려면 관계 행정기관의 장과 협의한 후 지방도시계획위원회의 심의를 거쳐야 한다. 다만, 대통령령으로 정하는 경미한 사항을 변경하는 경우에는 관계 행정기관의 장과의 협의 및 지방도시계획위원회의 심의를 거치지 아니한다.

② 대도시의 시장이 아닌 시장은 기본계획을 수립하거나 변경하려면 도지사의 승인을 받아야 하며, 도지사가 이를 승인하려면 관계 행정기관의 장과 협의한 후 지방도시계획위원회의 심의를 거쳐야 한다. 다만, 제1항 단서에 해당하는 변경의 경우에는 도지사의 승인을 받지 아니할 수 있다.

(3) 고시 및 열람

① 기본계획의 수립권자는 기본계획을 수립하거나 변경한 때에는 지체 없이 이를 해당 지방자치단체의 공보에 고시하고 일반인이 열람할 수 있도록 하여야 한다.

② 기본계획의 수립권자는 기본계획을 고시한 때에는 국토교통부령으로 정하는 방법 및 절차에 따라 국토교통부장관에게 보고하여야 한다.

2. 정비구역의 지정

1) 정비구역의 지정(법 제8조)

(1) 정비구역의 지정권자

① 특별시장·광역시장·특별자치시장·특별자치도지사·시장 또는 군수(광역시의 군수는 제외하며, 이하 "정비구역의 지정권자"라 한다)는 기본계획에 적합한 범위에서 노후·불량건축물이 밀집하는 등 대통령령으로 정하는 요건에 해당하는 구역에 대하여 정비계획을 결정하여 정비구역을 지정(변경지정을 포함한다)할 수 있다.

② 제1항에도 불구하고 제26조제1항제1호(공공시행자의 긴급한 정비사업 필요) 및 제27조제1항제1호(지정개발자의 긴급한 정비사업 필요)에 따라 정비사업을 시행하려는 경우에는 기본계획을 수립하거나 변경하지 아니하고 정비구역을 지정할 수 있다.

(2) 인접지역 포함 지정

정비구역의 지정권자는 정비구역의 진입로 설치를 위하여 필요한 경우에는 진입로 지역과 그 인접지역을 포함하여 정비구역을 지정할 수 있다.

2) 정비계획의 입안 및 절차

(1) 정비계획의 입안(법 제8조 제4항, 제5항)

① 정비구역의 지정권자는 정비구역 지정을 위하여 직접 제9조(정비계획의 내용)에 따른 정비계획을 입안할 수 있다.
② 자치구의 구청장 또는 광역시의 군수는 정비계획을 입안하여 특별시장·광역시장에게 정비구역 지정을 신청하여야 한다. 이 경우 지방의회의 의견을 첨부하여야 한다.

(2) 정비계획의 입안제안(법 제14조)

토지등소유자[제5호의 경우에는 제26조제1항제1호(공공시행자의 긴급한 정비사업 필요) 및 제27조제1항제1호(지정개발자의 긴급한 정비사업 필요)에 따라 사업시행자가 되려는 자를 말한다]는 다음 각 호의 어느 하나에 해당하는 경우에는 정비계획의 입안권자에게 정비계획의 입안을 제안할 수 있다.

1. 단계별 정비사업 추진계획상 정비예정구역별 정비계획의 입안시기가 지났음에도 불구하고 정비계획이 입안되지 아니하거나 같은 호에 따른 정비예정구역별 정비계획의 수립시기를 정하고 있지 아니한 경우
2. 토지등소유자가 토지주택공사등을 사업시행자로 지정 요청하려는 경우
3. 대도시가 아닌 시 또는 군으로서 시·도조례로 정하는 경우
4. 정비사업을 통하여 공공지원민간임대주택을 공급하거나 임대할 목적으로 주택을 주택임대관리업자에게 위탁하려는 경우로서 제9조제1항(정비계획의 내용)제10호 각 목을 포함하는 정비계획의 입안을 요청하려는 경우
5. 제26조제1항제1호 및 제27조제1항제1호(긴급한 정비사업 필요)에 따라 정비사업을 시행하려는 경우
6. 토지등소유자(조합이 설립된 경우에는 조합원을 말한다)가 3분의 2 이상의 동의로 정비계획의 변경을 요청하는 경우. 다만, 경미한 사항을 변경하는 경우에는 토지등소유자의 동의절차를 거치지 아니한다.
7. 토지등소유자가 공공재개발사업 또는 공공재건축사업을 추진하려는 경우

(3) 정비계획 입안 절차(법 제15조)

① 주민의견 청취

정비계획의 입안권자는 정비계획을 입안하거나 변경하려면 주민에게 서면으로 통보한 후 주민설명회 및 30일 이상 주민에게 공람하여 의견을 들어야 하며, 제시된 의견이 타당하다고 인정되면 이를 정비계획에 반영하여야 한다.
② 지방의회 의견 청취

정비계획의 입안권자는 ①에 따른 주민공람과 함께 지방의회의 의견을 들어야 한다. 이 경우 지방의회는 정비계획의 입안권자가 정비계획을 통지한 날부터 60일 이내에 의견을 제시하여야 하며, 의견제시 없이 60일이 지난 경우 이의가 없는 것으로 본다.

③ 경미한 사항 변경시 절차 생략

대통령령으로 정하는 경미한 사항을 변경하는 경우에는 주민에 대한 서면통보, 주민설명회, 주민공람 및 지방의회의 의견청취 절차를 거치지 아니할 수 있다.

④ 관리청의 의견 청취

정비계획의 입안권자는 제97조(정비기반시설 및 토지 등의 귀속), 제98조(국유·공유재산의 처분 등), 제101조(국·공유지의 무상양여 등) 등에 따라 정비기반시설 및 국유·공유재산의 귀속 및 처분에 관한 사항이 포함된 정비계획을 입안하려면 미리 해당 정비기반시설 및 국유·공유재산의 관리청의 의견을 들어야 한다.

3) 정비계획의 내용(법 제9조)

정비계획에는 다음 각 호의 사항이 포함되어야 한다.

1. 정비사업의 명칭
2. 정비구역 및 그 면적
3. 도시·군계획시설의 설치에 관한 계획
4. 공동이용시설 설치계획
5. 건축물의 주용도·건폐율·용적률·높이에 관한 계획
6. 환경보전 및 재난방지에 관한 계획
7. 정비구역 주변의 교육환경 보호에 관한 계획
8. 세입자 주거대책
9. 정비사업시행 예정시기
10. 정비사업을 통하여 공공지원민간임대주택을 공급하거나 주택임대관리업자에게 임대할 목적으로 주택을 위탁하려는 경우에는 다음 각 목의 사항. 다만, 나목과 다목의 사항은 건설하는 주택 전체 세대수에서 공공지원민간임대주택 또는 임대할 목적으로 주택임대관리업자에게 위탁하려는 주택(이하 "임대관리 위탁주택"이라 한다)이 차지하는 비율이 100분의 20 이상, 임대기간이 8년 이상의 범위 등에서 대통령령으로 정하는 요건에 해당하는 경우로 한정한다.
    가. 공공지원민간임대주택 또는 임대관리 위탁주택에 관한 획지별 토지이용 계획
    나. 주거·상업·업무 등의 기능을 결합하는 등 복합적인 토지이용을 증진시키기 위하여 필요한 건축물의 용도에 관한 계획
    다. 주거지역을 세분 또는 변경하는 계획과 용적률에 관한 사항
    라. 그 밖에 공공지원민간임대주택 또는 임대관리 위탁주택의 원활한 공급 등을 위하여 대통령령으로 정하는 사항
11. 「국토의 계획 및 이용에 관한 법률」 제52조제1항(지구단위계획의 내용) 각 호의 사항에 관한 계획(필요한 경우로 한정한다)
12. 그 밖에 정비사업의 시행을 위하여 필요한 사항으로서 대통령령으로 정하는 사항

4) 임대주택 및 주택규모별 건설비율(법 제10조)

정비계획의 입안권자는 주택수급의 안정과 저소득 주민의 입주기회 확대를 위하여 정비사업으로 건설하는 주택에 대하여 다음 각 호의 구분에 따른 범위에서 국토교통부장관이 정하여 고시하는 임대주택 및 주택규모별 건설비율 등을 정비계획에 반영하여야 한다.

1. 「주택법」에 따른 국민주택규모의 주택이 전체 세대수의 100분의 90 이하에서 대통령령으로 정하는 범위
2. 임대주택(공공임대주택 및 「민간임대주택에 관한 특별법」에 따른 민간임대주택을 말한다. 이하 같다)이 전체 세대수 또는 전체 연면적의 100분의 30 이하에서 대통령령으로 정하는 범위

5) 기본계획 및 정비계획 수립시 용적률 완화(법 제11조)

① 기본계획의 수립권자 또는 정비계획의 입안권자는 정비사업의 원활한 시행을 위하여 기본계획을 수립하거나 정비계획을 입안하려는 경우에는(기본계획 또는 정비계획을 변경하려는 경우에도 또한 같다) 주거지역에 대하여는 조례로 정한 용적률에도 불구하고 같은 조 및 관계 법률에 따른 용적률의 상한까지 용적률을 정할 수 있다.
② 기본계획의 수립권자 또는 정비계획의 입안권자는 천재지변, 그 밖의 불가피한 사유로 건축물이 붕괴할 우려가 있어 긴급히 정비사업을 시행할 필요가 있다고 인정하는 경우에는 용도지역의 변경을 통해 용적률을 완화하여 기본계획을 수립하거나 정비계획을 입안할 수 있다. 이 경우 기본계획의 수립권자, 정비계획의 입안권자 및 정비구역의 지정권자는 용도지역의 변경을 이유로 기부채납을 요구하여서는 아니 된다.
③ 구청장등 또는 대도시의 시장이 아닌 시장은 정비계획을 입안하거나 변경입안하려는 경우 기본계획의 변경 또는 변경승인을 특별시장 · 광역시장 · 도지사에게 요청할 수 있다.

6) 재건축사업 정비계획 입안을 위한 안전진단(법 제12조)

(1) 안전진단 실시

① 정비계획의 입안권자는 재건축사업 정비계획의 입안을 위하여 정비예정구역별 정비계획의 수립시기가 도래한 때에 안전진단을 실시하여야 한다.
② 정비계획의 입안권자는 제1항에도 불구하고 다음 각 호의 어느 하나에 해당하는 경우에는 안전진단을 실시하여야 한다. 이 경우 정비계획의 입안권자는 안전진단에 드는 비용을 해당 안전진단의 실시를 요청하는 자에게 부담하게 할 수 있다.

1. 정비계획의 입안을 제안하려는 자가 입안을 제안하기 전에 해당 정비예정구역에 위치한 건축물 및 그 부속토지의 소유자 10분의 1 이상의 동의를 받아 안전진단의 실시를 요청하는 경우
2. 정비예정구역을 지정하지 아니한 지역에서 재건축사업을 하려는 자가 사업예정구역에 있는 건축물 및 그 부속토지의 소유자 10분의 1 이상의 동의를 받아 안전진단의 실시를 요청하는 경우
3. 제2조제3호나목(내진성능이 확보되지 아니한 건축물 중 중대한 기능적 결함 또는 부실 설계 · 시공으로 구조적 결함 등이 있는 건축물로서 대통령령으로 정하는 건축물)에 해당하는 건축물의 소유자로서 재건축사업을 시행하려는 자가 해당 사업예정구역에 위치한 건축물 및 그 부속토지의 소유자 10분의 1 이상의 동의를 받아 안전진단의 실시를 요청하는 경우

③ 정비계획의 입안권자는 안전진단의 결과와 도시계획 및 지역여건 등을 종합적으로 검토하여 정비계획의 입안 여부를 결정하여야 한다.

(2) 안전진단 재실시

시장·군수등은 정비구역이 지정·고시된 날부터 10년이 되는 날까지 사업시행계획인가를 받지 아니하고 다음 각 호의 어느 하나에 해당하는 경우에는 안전진단을 다시 실시하여야 한다.

1. 「재난 및 안전관리 기본법」에 따라 재난이 발생할 위험이 높거나 재난예방을 위하여 계속적으로 관리할 필요가 있다고 인정하여 특정관리대상지역으로 지정하는 경우
2. 「시설물의 안전 및 유지관리에 관한 특별법」에 따라 재해 및 재난 예방과 시설물의 안전성 확보 등을 위하여 정밀안전진단을 실시하는 경우
3. 「공동주택관리법」에 따라 공동주택의 구조안전에 중대한 하자가 있다고 인정하여 안전진단을 실시하는 경우

7) 정비구역의 지정·고시(법 제16조)

(1) 지방도시계획위원회의 심의

정비구역의 지정권자는 정비구역을 지정하거나 변경지정하려면 지방도시계획위원회의 심의를 거쳐야 한다. 다만, 경미한 사항을 변경하는 경우에는 지방도시계획위원회의 심의를 거치지 아니할 수 있다.

(2) 공보에 고시

정비구역의 지정권자는 정비구역을 지정(변경지정을 포함한다)하거나 정비계획을 결정(변경결정을 포함한다)한 때에는 정비계획을 포함한 정비구역 지정의 내용을 해당 지방자치단체의 공보에 고시하여야 한다. 이 경우 지형도면 고시 등에 대하여는 「토지이용규제 기본법」에 따른다.

(3) 보고 및 열람

정비구역의 지정권자는 정비계획을 포함한 정비구역을 지정·고시한 때에는 국토교통부령으로 정하는 방법 및 절차에 따라 국토교통부장관에게 그 지정의 내용을 보고하여야 하며, 관계 서류를 일반인이 열람할 수 있도록 하여야 한다.

8) 정비구역 지정·고시의 효력(법 제17조)

(1) 지구단위계획구역 및 지구단위계획으로 의제

정비구역의 지정·고시가 있는 경우 해당 정비구역 및 정비계획 중 「국토의 계획 및 이용에 관한 법률」 제52조 제1항(지구단위계획의 내용) 각 호의 어느 하나에 해당하는 사항은 지구단위계획구역 및 지구단위계획으로 결정·고시된 것으로 본다.

(2) 정비구역으로 의제

지구단위계획구역에 대하여 제9조제1항(정비계획의 내용) 각 호의 사항을 모두 포함한 지구단위계획을 결정·고시(변경 결정·고시하는 경우를 포함한다)하는 경우 해당 지구단위계획구역은 정비구역으로 지정·고시된 것으로 본다.

(3) 건폐율·용적률 완화

정비계획을 통한 토지의 효율적 활용을 위하여 건폐율·용적률 등의 완화규정은 제9조제1항(정비계획의 내용)에 따른 정비계획에 준용한다.

(4) 공공시설의 설치를 현금으로 납부

용적률이 완화되는 경우로서 사업시행자가 정비구역에 있는 대지의 가액 일부에 해당하는 금액을 현금으로 납부한 경우에는 대통령령으로 정하는 공공시설 또는 기반시설의 부지를 제공하거나 공공시설등을 설치하여 제공한 것으로 본다.

9) 정비구역의 분할, 통합 및 결합(법 제18조)

정비구역의 지정권자는 정비사업의 효율적인 추진 또는 도시의 경관보호를 위하여 필요하다고 인정하는 경우에는 다음 각 호의 방법에 따라 정비구역을 지정할 수 있다.

1. 하나의 정비구역을 둘 이상의 정비구역으로 분할
2. 서로 연접한 정비구역을 하나의 정비구역으로 통합
3. 서로 연접하지 아니한 둘 이상의 구역(대통령령으로 정하는 요건에 해당하는 구역으로 한정한다) 또는 정비구역을 하나의 정비구역으로 결합

10) 정비구역에서의 행위제한(법 제19조)

(1) 행위제한

정비구역에서 다음 각 호의 어느 하나에 해당하는 행위를 하려는 자는 시장·군수등의 허가를 받아야 한다. 허가받은 사항을 변경하려는 때에도 또한 같다.

1. 건축물의 건축
2. 공작물의 설치
3. 토지의 형질변경
4. 토석의 채취
5. 토지분할
6. 물건을 쌓아 놓는 행위
7. 그 밖에 대통령령으로 정하는 행위

(2) 행위제한의 예외

정비구역에서 다음 각 호의 어느 하나에 해당하는 행위는 허가를 받지 아니하고 할 수 있다.

> 1. 재해복구 또는 재난수습에 필요한 응급조치를 위한 행위
> 2. 기존 건축물의 붕괴 등 안전사고의 우려가 있는 경우 해당 건축물에 대한 안전조치를 위한 행위
> 3. 그 밖에 대통령령으로 정하는 행위

(3) 기득권 보호

허가를 받아야 하는 행위로서 정비구역의 지정 및 고시 당시 이미 관계 법령에 따라 행위허가를 받았거나 허가를 받을 필요가 없는 행위에 관하여 그 공사 또는 사업에 착수한 자는 대통령령으로 정하는 바에 따라 시장·군수등에게 신고한 후 이를 계속 시행할 수 있다.

(4) 위반한 자의 원상회복 명령

위반한 자에게 원상회복을 명할 수 있다. 이 경우 명령을 받은 자가 그 의무를 이행하지 아니하는 때에는 시장·군수등은 「행정대집행법」에 따라 대집행할 수 있다.

(5) 행위의 제한

국토교통부장관, 시·도지사, 시장, 군수 또는 구청장(자치구의 구청장을 말한다. 이하 같다)은 비경제적인 건축행위 및 투기 수요의 유입을 막기 위하여 기본계획을 공람 중인 정비예정구역 또는 정비계획을 수립 중인 지역에 대하여 3년 이내의 기간(1년의 범위에서 한 차례만 연장할 수 있다)을 정하여 대통령령으로 정하는 방법과 절차에 따라 다음 각 호의 행위를 제한할 수 있다.

> 1. 건축물의 건축
> 2. 토지의 분할

(6) 지역주택조합의 조합원 모집금지

정비예정구역 또는 정비구역(이하 "정비구역등"이라 한다)에서는 따른 지역주택조합의 조합원을 모집해서는 아니된다.

3. 정비구역의 해제

1) 정비구역의 해제(법 제20조)

(1) 정비구역의 해제 사유

정비구역의 지정권자는 다음 각 호의 어느 하나에 해당하는 경우에는 정비구역등을 해제하여야 한다. 구청장등은 다음 각 호의 어느 하나에 해당하는 경우에는 특별시장·광역시장에게 정비구역등의 해제를 요청하여야 한다.

1. 정비예정구역에 대하여 기본계획에서 정한 정비구역 지정 예정일부터 3년이 되는 날까지 특별자치시장, 특별자치도지사, 시장 또는 군수가 정비구역을 지정하지 아니하거나 구청장등이 정비구역의 지정을 신청하지 아니하는 경우
2. 재개발사업·재건축사업 조합이 다음 각 목의 어느 하나에 해당하는 경우
    가. 토지등소유자가 정비구역으로 지정·고시된 날부터 2년이 되는 날까지 조합설립추진위원회의 승인을 신청하지 아니하는 경우
    나. 토지등소유자가 정비구역으로 지정·고시된 날부터 3년이 되는 날까지 조합설립인가를 신청하지 아니하는 경우(제31조제4항에 따라 추진위원회를 구성하지 아니하는 경우로 한정한다)
    다. 추진위원회가 추진위원회 승인일부터 2년이 되는 날까지 조합설립인가를 신청하지 아니하는 경우
    라. 조합이 조합설립인가를 받은 날부터 3년이 되는 날까지 사업시행계획인가를 신청하지 아니하는 경우
3. 토지등소유자가 시행하는 재개발사업으로서 토지등소유자가 정비구역으로 지정·고시된 날부터 5년이 되는 날까지 사업시행계획인가를 신청하지 아니하는 경우

(2) 해제절차

① 주민 공람 및 의견청취

특별자치시장, 특별자치도지사, 시장, 군수 또는 구청장등이 다음 각 호의 어느 하나에 해당하는 경우에는 30일 이상 주민에게 공람하여 의견을 들어야 한다.

1. 정비구역등을 해제하는 경우
2. 정비구역등의 해제를 요청하는 경우

② 지방의회 의견청취

특별자치시장, 특별자치도지사, 시장, 군수 또는 구청장등은 위에 따른 주민공람을 하는 경우에는 지방의회의 의견을 들어야 한다. 이 경우 지방의회는 특별자치시장, 특별자치도지사, 시장, 군수 또는 구청장등이 정비구역등의 해제에 관한 계획을 통지한 날부터 60일 이내에 의견을 제시하여야 하며, 의견제시 없이 60일이 지난 경우 이의가 없는 것으로 본다.

③ 심의

정비구역의 지정권자는 정비구역등의 해제를 요청받거나 정비구역등을 해제하려면 지방도시계획위원회의 심의를 거쳐야 한다. 다만, 「도시재정비 촉진을 위한 특별법」에 따른 재정비촉진지구에서는 도시재정비위원회의 심의를 거쳐 정비구역등을 해제하여야 한다.

④ 고시 및 통보

정비구역의 지정권자는 정비구역등을 해제하는 경우에는 그 사실을 해당 지방자치단체의 공보에 고시하고 국토교통부장관에게 통보하여야 하며, 관계 서류를 일반인이 열람할 수 있도록 하여야 한다.

(3) 해제의 연장

정비구역의 지정권자는 다음 각 호의 어느 하나에 해당하는 경우에는 2년의 범위에서 연장하여 정비구역등을 해제하지 아니할 수 있다.

1. 정비구역등의 토지등소유자(조합을 설립한 경우에는 조합원을 말한다)가 100분의 30 이상의 동의로 연장을 요청하는 경우
2. 정비사업의 추진 상황으로 보아 주거환경의 계획적 정비 등을 위하여 정비구역등의 존치가 필요하다고 인정하는 경우

2) 정비구역등의 직권해제(법 제21조)

(1) 직권해제 사유

정비구역의 지정권자는 다음 각 호의 어느 하나에 해당하는 경우 지방도시계획위원회의 심의를 거쳐 정비구역등을 해제할 수 있다. 이 경우 제1호 및 제2호에 따른 구체적인 기준 등에 필요한 사항은 시·도조례로 정한다.

1. 정비사업의 시행으로 토지등소유자에게 과도한 부담이 발생할 것으로 예상되는 경우
2. 정비구역등의 추진 상황으로 보아 지정 목적을 달성할 수 없다고 인정되는 경우
3. 토지등소유자의 100분의 30 이상이 정비구역등(추진위원회가 구성되지 아니한 구역으로 한정한다)의 해제를 요청하는 경우
4. 제23조제1항제1호(토지등소유자가 스스로 주택을 보전·정비하거나 개량하는 방법)에 따른 방법으로 시행 중인 주거환경개선사업의 정비구역이 지정·고시된 날부터 10년 이상 지나고, 추진 상황으로 보아 지정 목적을 달성할 수 없다고 인정되는 경우로서 토지등소유자의 과반수가 정비구역의 해제에 동의하는 경우
5. 추진위원회 구성 또는 조합 설립에 동의한 토지등소유자의 2분의 1 이상 3분의 2 이하의 범위에서 시·도조례로 정하는 비율 이상의 동의로 정비구역의 해제를 요청하는 경우(사업시행계획인가를 신청하지 아니한 경우로 한정한다)
6. 추진위원회가 구성되거나 조합이 설립된 정비구역에서 토지등소유자 과반수의 동의로 정비구역의 해제를 요청하는 경우(사업시행계획인가를 신청하지 아니한 경우로 한정한다)

(2) 비용의 일부 보조

정비구역등을 해제하여 추진위원회 구성승인 또는 조합설립인가가 취소되는 경우 정비구역의 지정권자는 해당 추진위원회 또는 조합이 사용한 비용의 일부를 대통령령으로 정하는 범위에서 시·도조례로 정하는 바에 따라 보조할 수 있다.

3) 정비구역 해제시 효력(법 제21조의 2, 법 제22조)

(1) 도시재생선도지역 지정 요청

정비구역등이 해제된 경우 정비구역의 지정권자는 해제된 정비구역등을 「도시재생 활성화 및 지원에 관한 특별법」에 따른 도시재생선도지역으로 지정하도록 국토교통부장관에게 요청할 수 있다.

(2) 용도지역 등의 환원

정비구역등이 해제된 경우에는 정비계획으로 변경된 용도지역, 정비기반시설 등은 정비구역 지정 이전의 상태로 환원된 것으로 본다. 다만, 제21조제1항제4호(주거환경개선사업의 정비구역이 지정·고시된 날부터 10년 이상 지나고, 추진 상황으로 보아 지정 목적을 달성할 수 없다고 인정되는 경우로서 토지등소유자의 과반수가 정비구역의 해제에 동의하는 경우)의 경우 정비구역의 지정권자는 정비기반시설의 설치 등 해당 정비사업의 추진 상황에 따라 환원되는 범위를 제한할 수 있다.

(3) 주거환경개선구역으로 지정

정비구역등(재개발사업 및 재건축사업을 시행하려는 경우로 한정한다)이 해제된 경우 정비구역의 지정권자는 해제된 정비구역등을 제23조제1항제1호(토지등소유자가 스스로 주택을 보전·정비하거나 개량하는 방법)의 방법으로 시행하는 주거환경개선구역으로 지정할 수 있다. 이 경우 주거환경개선구역으로 지정된 구역은 기본계획에 반영된 것으로 본다.

(4) 공보에 고시

정비구역등이 해제·고시된 경우 추진위원회 구성승인 또는 조합설립인가는 취소된 것으로 보고, 시장·군수등은 해당 지방자치단체의 공보에 그 내용을 고시하여야 한다.

---

3 정비사업의 시행

1. 정비사업의 시행

1) 정비사업의 시행방법

<정비사업의 시행방법>

정비사업의 종류	시행방법
주거환경개선사업	다음의 어느 하나에 해당하는 방법 또는 이를 혼용하는 방법으로 한다. 1. 사업시행자가 정비구역에서 정비기반시설 및 공동이용시설을 새로 설치하거나 확대하고 토지등소유자가 스스로 주택을 보전·정비하거나 개량하는 방법 2. 사업시행자가 정비구역의 전부 또는 일부를 수용하여 주택을 건설한 후 토지등소유자에게 우선 공급하거나 대지를 토지등소유자 또는 토지등소유자 외의 자에게 공급하는 방법 3. 사업시행자가 환지로 공급하는 방법 4. 사업시행자가 정비구역에서 제74조에 따라 인가받은 관리처분계획에 따라 주택 및 부대시설·복리시설을 건설하여 공급하는 방법
재개발사업	관리처분계획에 따라 건축물을 건설하여 공급하거나 환지로 공급하는 방법으로 한다.
재건축사업	관리처분계획에 따라 주택, 부대시설·복리시설 및 오피스텔을 건설하여 공급하는 방법으로 한다. 다만, 주택단지에 있지 아니하는 건축물의 경우에는 지형여건·주변의 환경으로 보아 사업 시행상 불가피한 경우로서 정비구역으로 보는 사업에 한정한다(오피스텔을 건설하여 공급하는 경우에는 준주거지역 및 상업지역에서만 건설할 수 있다. 이 경우 오피스텔의 연면적은 전체 건축물 연면적의 100분의 30 이하이어야 한다).

2) 정비사업의 시행자

(1) 주거환경개선사업의 시행자(법 제24조)

① 스스로 주택을 보전·정비하거나 개량하는 방법으로 시행하는 경우에는 시장·군수등이 직접 시행하되, 토지 주택공사등을 사업시행자로 지정하여 시행하게 하려는 경우에는 공람공고일 현재 토지등소유자의 과반수의 동의를 받아야 한다.

② 수용, 환지, 관리처분 방법으로 시행하는 주거환경개선사업은 시장·군수등이 직접 시행하거나 다음 각 호에서 정한 자에게 시행하게 할 수 있다.

> 1. 시장·군수등이 다음 각 목의 어느 하나에 해당하는 자를 사업시행자로 지정하는 경우
>   가. 토지주택공사등
>   나. 주거환경개선사업을 시행하기 위하여 국가, 지방자치단체, 토지주택공사등 또는 공공기관이 총지분의 100분의 50을 초과하는 출자로 설립한 법인
> 2. 시장·군수등이 제1호에 해당하는 자와 다음 각 목의 어느 하나에 해당하는 자를 공동시행자로 지정하는 경우
>   가. 「건설산업기본법」에 따른 건설업자
>   나. 「주택법」에 따라 건설업자로 보는 등록사업자

③ 제2항에 따라 시행하려는 경우에는 공람공고일 현재 해당 정비예정구역의 토지 또는 건축물의 소유자 또는 지상권자의 3분의 2 이상의 동의와 세입자(공람공고일 3개월 전부터 해당 정비예정구역에 3개월 이상 거주하고 있는 자를 말한다) 세대수의 과반수의 동의를 각각 받아야 한다. 다만, 세입자의 세대수가 토지등소유자의 2분의 1 이하인 경우 등 대통령령으로 정하는 사유가 있는 경우에는 세입자의 동의절차를 거치지 아니할 수 있다.

④ 시장·군수등은 천재지변, 그 밖의 불가피한 사유로 건축물이 붕괴할 우려가 있어 긴급히 정비사업을 시행할 필요가 있다고 인정하는 경우에는 토지등소유자 및 세입자의 동의 없이 자신이 직접 시행하거나 토지주택공사 등을 사업시행자로 지정하여 시행하게 할 수 있다. 이 경우 시장·군수등은 지체 없이 토지등소유자에게 긴급한 정비사업의 시행 사유·방법 및 시기 등을 통보하여야 한다.

(2) 재개발사업·재건축사업의 시행자(법 제25조)

① 재개발사업

다음 각 호의 어느 하나에 해당하는 방법으로 시행할 수 있다.

> 1. 조합이 시행하거나 조합이 조합원의 과반수의 동의를 받아 시장·군수등, 토지주택공사등, 건설업자, 등록사업자 또는 대통령령으로 정하는 요건을 갖춘 자와 공동으로 시행하는 방법
> 2. 토지등소유자가 20인 미만인 경우에는 토지등소유자가 시행하거나 토지등소유자가 토지등소유자의 과반수의 동의를 받아 시장·군수등, 토지주택공사등, 건설업자, 등록사업자 또는 대통령령으로 정하는 요건을 갖춘 자와 공동으로 시행하는 방법

② 재건축사업

조합이 시행하거나 조합이 조합원의 과반수의 동의를 받아 시장·군수등, 토지주택공사등, 건설업자 또는 등록사

업자와 공동으로 시행할 수 있다.

③ 재개발사업·재건축사업의 공공시행자

시장·군수등은 재개발사업 및 재건축사업이 다음 각 호의 어느 하나에 해당하는 때에는 직접 정비사업을 시행하거나 토지주택공사등(토지주택공사등이 건설업자 또는 등록사업자와 공동으로 시행하는 경우를 포함한다)을 사업시행자로 지정하여 정비사업을 시행하게 할 수 있다.

1. 천재지변, 사용제한·사용금지, 그 밖의 불가피한 사유로 긴급하게 정비사업을 시행할 필요가 있다고 인정하는 때
2. 정비계획에서 정한 정비사업시행 예정일부터 2년 이내에 사업시행계획인가를 신청하지 아니하거나 사업시행계획인가를 신청한 내용이 위법 또는 부당하다고 인정하는 때(재건축사업의 경우는 제외한다)
3. 추진위원회가 시장·군수등의 구성승인을 받은 날부터 3년 이내에 조합설립인가를 신청하지 아니하거나 조합이 조합설립인가를 받은 날부터 3년 이내에 사업시행계획인가를 신청하지 아니한 때
4. 지방자치단체의 장이 시행하는 도시·군계획사업과 병행하여 정비사업을 시행할 필요가 있다고 인정하는 때
5. 순환정비방식으로 정비사업을 시행할 필요가 있다고 인정하는 때
6. 사업시행계획인가가 취소된 때
7. 해당 정비구역의 국·공유지 면적 또는 국·공유지와 토지주택공사등이 소유한 토지를 합한 면적이 전체 토지면적의 2분의 1 이상으로서 토지등소유자의 과반수가 시장·군수등 또는 토지주택공사등을 사업시행자로 지정하는 것에 동의하는 때
8. 해당 정비구역의 토지면적 2분의 1 이상의 토지소유자와 토지등소유자의 3분의 2 이상에 해당하는 자가 시장·군수등 또는 토지주택공사등을 사업시행자로 지정할 것을 요청하는 때. 이 경우 토지등소유자가 정비계획의 입안을 제안한 경우 입안제안에 동의한 토지등소유자는 토지주택공사등의 사업시행자 지정에 동의한 것으로 본다. 다만, 사업시행자의 지정 요청 전에 시장·군수등 및 주민대표회의에 사업시행자의 지정에 대한 반대의 의사표시를 한 토지등소유자의 경우에는 그러하지 아니하다.

④ 재개발사업·재건축사업의 지정개발자(법 제27조)

시장·군수등은 재개발사업 및 재건축사업이 다음 각 호의 어느 하나에 해당하는 때에는 토지등소유자, 「사회기반시설에 대한 민간투자법」에 따른 민관합동법인 또는 신탁업자로서 대통령령으로 정하는 요건을 갖춘 자(이하 "지정개발자"라 한다)를 사업시행자로 지정하여 정비사업을 시행하게 할 수 있다.

1. 천재지변, 사용제한·사용금지, 그 밖의 불가피한 사유로 긴급하게 정비사업을 시행할 필요가 있다고 인정하는 때
2. 정비계획에서 정한 정비사업시행 예정일부터 2년 이내에 사업시행계획인가를 신청하지 아니하거나 사업시행계획인가를 신청한 내용이 위법 또는 부당하다고 인정하는 때(재건축사업의 경우는 제외한다)
3. 재개발사업 및 재건축사업의 조합설립을 위한 동의요건 이상에 해당하는 자가 신탁업자를 사업시행자로 지정하는 것에 동의하는 때

⑤ 재개발사업·재건축사업의 사업대행자(법 제28조)

시장·군수등은 다음 각 호의 어느 하나에 해당하는 경우에는 해당 조합 또는 토지등소유자를 대신하여 직접 정비사업을 시행하거나 토지주택공사등 또는 지정개발자에게 해당 조합 또는 토지등소유자를 대신하여 정비사업을

시행하게 할 수 있다.

1. 장기간 정비사업이 지연되거나 권리관계에 관한 분쟁 등으로 해당 조합 또는 토지등소유자가 시행하는 정비사업을 계속 추진하기 어렵다고 인정하는 경우
2. 토지등소유자(조합을 설립한 경우에는 조합원을 말한다)의 과반수 동의로 요청하는 경우

3) 계약의 방법(법 제29조, 영 제24조)

(1) 일반경쟁 입찰

① 추진위원장 또는 사업시행자(청산인을 포함한다)는 이 법 또는 다른 법령에 특별한 규정이 있는 경우를 제외하고는 계약(공사, 용역, 물품구매 및 제조 등을 포함한다. 이하 같다)을 체결하려면 일반경쟁에 부쳐야 한다.
② 일반경쟁의 방법으로 계약을 체결하는 경우로서 대통령령으로 정하는 규모를 초과하는 계약은 「전자조달의 이용 및 촉진에 관한 법률」의 국가종합전자조달시스템을 이용하여야 한다.

1. 「건설산업기본법」에 따른 건설공사로서 추정가격이 6억원을 초과하는 공사의 계약
2. 「건설산업기본법」에 따른 전문공사로서 추정가격이 2억원을 초과하는 공사의 계약
3. 공사관련 법령(「건설산업기본법」은 제외한다)에 따른 공사로서 추정가격이 2억원을 초과하는 공사의 계약
4. 추정가격 2억원을 초과하는 물품 제조·구매, 용역, 그 밖의 계약

(2) 지명(指名)경쟁이나 수의계약(隨意契約)

계약규모, 재난의 발생 등 대통령령으로 정하는 경우에는 입찰 참가자를 지명(指名)하여 경쟁에 부치거나 수의계약(隨意契約)으로 할 수 있다.

1. 지명(指名)하여 경쟁에 부치려는 경우: 다음 각 목의 어느 하나에 해당하여야 한다.
   가. 계약의 성질 또는 목적에 비추어 특수한 설비·기술·자재·물품 또는 실적이 있는 자가 아니면 계약의 목적을 달성하기 곤란한 경우로서 입찰대상자가 10인 이내인 경우
   나. 「건설산업기본법」에 따른 건설공사(전문공사를 제외한다)로서 추정가격이 3억원 이하인 공사인 경우
   다. 「건설산업기본법」에 따른 전문공사로서 추정가격이 1억원 이하인 공사인 경우
   라. 공사관련 법령(「건설산업기본법」은 제외한다)에 따른 공사로서 추정가격이 1억원 이하인 공사인 경우
   마. 추정가격 1억원 이하의 물품 제조·구매, 용역, 그 밖의 계약인 경우
2. 수의계약을 하려는 경우: 다음 각 목의 어느 하나에 해당하여야 한다.
   가. 「건설산업기본법」에 따른 건설공사로서 추정가격이 2억원 이하인 공사인 경우
   나. 「건설산업기본법」에 따른 전문공사로서 추정가격이 1억원 이하인 공사인 경우
   다. 공사관련 법령(「건설산업기본법」은 제외한다)에 따른 공사로서 추정가격이 8천만원 이하인 공사인 경우
   라. 추정가격 5천만원 이하인 물품의 제조·구매, 용역, 그 밖의 계약인 경우
   마. 소송, 재난복구 등 예측하지 못한 긴급한 상황에 대응하기 위하여 경쟁에 부칠 여유가 없는 경우
   바. 일반경쟁입찰이 입찰자가 없거나 단독 응찰의 사유로 2회 이상 유찰된 경우

(3) 임대사업자의 선정(법 제30조)

사업시행자는 공공지원민간임대주택을 원활히 공급하기 위하여 국토교통부장관이 정하는 경쟁입찰의 방법 또는 수의계약(2회 이상 경쟁입찰이 유찰된 경우와 공공재개발사업을 통해 건설·공급되는 공공지원민간임대주택을 국가가 출자·설립한 법인 등 대통령령으로 정한 자에게 매각하는 경우로 한정한다)의 방법으로 「민간임대주택에 관한 특별법」에 따른 임대사업자를 선정할 수 있다.

4) 시공사 선정(법 제29조)

(1) 조합설립인가 후 시공사 선정

조합은 조합설립인가를 받은 후 조합총회에서 경쟁입찰 또는 수의계약(2회 이상 경쟁입찰이 유찰된 경우로 한정한다)의 방법으로 건설업자 또는 등록사업자를 시공자로 선정하여야 한다. 다만, 대통령령으로 정하는 규모(조합원 100인 이하) 이하의 정비사업은 조합총회에서 정관으로 정하는 바에 따라 선정할 수 있다.

(2) 토지등소유자 20인 미만의 시공사 선정

토지등소유자가 제25조제1항제2호(토지등소유자 20인 미만)에 따라 재개발사업을 시행하는 경우에는 (1)에도 불구하고 사업시행계획인가를 받은 후 제2조제11호나목에 따른 규약에 따라 건설업자 또는 등록사업자를 시공자로 선정하여야 한다.

(3) 천재지변 등 긴급 시행의 시공자 선정

① 긴급 정비사업이 시공자 선정

시장·군수등이 제26조제1항 및 제27조제1항(천재지변 등 긴급 정비사업)에 따라 직접 정비사업을 시행하거나 토지주택공사등 또는 지정개발자를 사업시행자로 지정한 경우 사업시행자는 따른 사업시행자 지정·고시 후 경쟁입찰 또는 수의계약의 방법으로 건설업자 또는 등록사업자를 시공자로 선정하여야 한다.

② 시공자 추천

긴급 정비사업의 시공자를 선정하거나 관리처분계획의 방법으로 시행하는 주거환경개선사업의 사업시행자가 시공자를 선정하는 경우 주민대표회의 또는 토지등소유자 전체회의는 대통령령으로 정하는 경쟁입찰 또는 수의계약(2회 이상 경쟁입찰이 유찰된 경우로 한정한다)의 방법으로 시공자를 추천할 수 있다. 주민대표회의 또는 토지등소유자 전체회의가 시공자를 추천한 경우 사업시행자는 추천받은 자를 시공자로 선정하여야 한다.

(4) 철거공사 포함 계약체결

사업시행자(사업대행자를 포함한다)는 시공자와 공사에 관한 계약을 체결할 때에는 기존 건축물의 철거 공사(「석면안전관리법」에 따른 석면 조사·해체·제거를 포함한다)에 관한 사항을 포함시켜야 한다.

(5) 공사비 검증 요청(법 제29조의 2)

재개발사업·재건축사업의 사업시행자(시장·군수등 또는 토지주택공사등이 단독 또는 공동으로 정비사업을 시행하는 경우는 제외한다)는 시공자와 계약 체결 후 다음 각 호의 어느 하나에 해당하는 때에는 정비사업 지원기구에 공사비 검증을 요청하여야 한다.

1. 토지등소유자 또는 조합원 5분의 1 이상이 사업시행자에게 검증 의뢰를 요청하는 경우
2. 공사비의 증액 비율(당초 계약금액 대비 누적 증액 규모의 비율로서 생산자물가상승률은 제외한다)이 다음 각 목의 어느 하나에 해당하는 경우
   가. 사업시행계획인가 이전에 시공자를 선정한 경우: 100분의 10 이상
   나. 사업시행계획인가 이후에 시공자를 선정한 경우: 100분의 5 이상
3. 공사비 검증이 완료된 이후 공사비의 증액 비율(검증 당시 계약금액 대비 누적 증액 규모의 비율로서 생산자물가상승률은 제외한다)이 100분의 3 이상인 경우

(6) 시공보증(법 제82조)

조합이 정비사업의 시행을 위하여 시장·군수등 또는 토지주택공사등이 아닌 자를 시공자로 선정(공동사업시행자가 시공하는 경우를 포함한다)한 경우 그 시공자는 공사의 시공보증(시공자가 공사의 계약상 의무를 이행하지 못하거나 의무이행을 하지 아니할 경우 보증기관에서 시공자를 대신하여 계약이행의무를 부담하거나 총 공사금액의 100분의 50 이하 대통령령으로 정하는 비율 이상의 범위에서 사업시행자가 정하는 금액을 납부할 것을 보증하는 것을 말한다)을 위하여 국토교통부령으로 정하는 기관의 시공보증서를 조합에 제출하여야 한다.

(7) 시공사 선정취소 및 입찰참가 제한(법 제113조의 3)

① 시공사 선정 취소

시·도지사는 건설업자가 다음 각 호의 어느 하나에 해당하는 경우 사업시행자에게 건설업자의 해당 정비사업에 대한 시공자 선정을 취소할 것을 명하거나 그 건설업자에게 사업시행자와 시공자 사이의 계약서상 공사비의 100분의 20 이하에 해당하는 금액의 범위에서 과징금을 부과할 수 있다. 이 경우 시공자 선정 취소의 명을 받은 사업시행자는 시공자 선정을 취소하여야 한다.

1. 건설업자가 제132조(계약 체결과 관련한 금품, 향응 등 제공)를 위반한 경우
2. 건설업자가 제132조의2(시공자 선정과 관련하여 관리·감독 의무)를 위반하여 관리·감독 등 필요한 조치를 하지 아니한 경우로서 용역업체의 임직원(건설업자가 고용한 개인을 포함한다)이 제132조를 위반한 경우

② 건설업자의 입찰참가 제한

시·도지사는 위 각 호의 어느 하나에 해당하는 건설업자에 대해서는 2년 이내의 범위에서 대통령령으로 정하는 기간 동안 정비사업의 입찰참가를 제한할 수 있다.

2. 조합설립추진위원회 및 조합의 설립

1) 조합설립추진위원회

(1) 추진위원회 구성(법 제31조)

① 추진위원회의 구성 및 승인

조합을 설립하려는 경우에는 정비구역 지정·고시 후 다음 각 호의 사항에 대하여 토지등소유자 과반수의 동의를 받아 조합설립을 위한 추진위원회를 구성하여 국토교통부령으로 정하는 방법과 절차에 따라 시장·군수등의 승인을 받아야 한다.

1. 추진위원회 위원장을 포함한 5명 이상의 추진위원회 위원
2. 운영규정

② 동의의 연장

추진위원회의 구성에 동의한 토지등소유자는 조합의 설립에 동의한 것으로 본다. 다만, 조합설립인가를 신청하기 전에 시장·군수등 및 추진위원회에 조합설립에 대한 반대의 의사표시를 한 추진위원회 동의자의 경우에는 그러하지 아니하다.

(2) 추진위원회의 기능(법 제32조)

① 추진위원회의 업무

추진위원회는 다음 각 호의 업무를 수행할 수 있다.

1. 정비사업전문관리업자의 선정 및 변경
2. 설계자의 선정 및 변경
3. 개략적인 정비사업 시행계획서의 작성
4. 조합설립인가를 받기 위한 준비업무
5. 그 밖에 조합설립을 추진하기 위하여 대통령령으로 정하는 업무
   - 추진위원회 운영규정의 작성
   - 토지등소유자의 동의서의 접수
   - 조합의 설립을 위한 창립총회의 개최
   - 조합 정관의 초안 작성
   - 그 밖에 추진위원회 운영규정으로 정하는 업무

② 정비사업전문관리업자 선정방법

추진위원회가 정비사업전문관리업자를 선정하려는 경우에는 추진위원회 승인을 받은 후 경쟁입찰 또는 수의계약(2회 이상 경쟁입찰이 유찰된 경우로 한정한다)의 방법으로 선정하여야 한다.

③ 조합설립 창립총회 개최

추진위원회는 조합설립인가를 신청하기 전에 대통령령으로 정하는 방법 및 절차에 따라 조합설립을 위한 창립총회를 개최하여야 한다.

④ 비용부담 등의 동의

추진위원회가 수행하는 업무의 내용이 토지등소유자의 비용부담을 수반하거나 권리·의무에 변동을 발생시키는 경우로서 대통령령으로 정하는 사항에 대하여는 그 업무를 수행하기 전에 대통령령으로 정하는 비율 이상의 토지등소유자의 동의를 받아야 한다.

(3) 추진위원회의 조직(법 제33조)

① 추진위원회 조직

추진위원회는 추진위원회를 대표하는 추진위원장 1명과 감사를 두어야 한다.

② 추진위원회 선출

추진위원의 선출에 관한 선거관리는 제41조제3항(조합의 임원 선거관리)을 준용한다. 이 경우 "조합"은 "추진위

원회"로, "조합임원"은 "추진위원"으로 본다.

③ 추진위원의 교체 및 해임

토지등소유자는 추진위원회의 운영규정에 따라 추진위원회에 추진위원의 교체 및 해임을 요구할 수 있으며, 추진위원장이 사임, 해임, 임기만료, 그 밖에 불가피한 사유 등으로 직무를 수행할 수 없는 때부터 6개월 이상 선임되지 아니한 경우 그 업무의 대행에 관하여는 제41조제5항 단서(전문조합관리인 대행)를 준용한다. 이 경우 "조합임원"은 "추진위원장"으로 본다.

(4) 추진위원회의 운영(법 제34조)

① 추진위원회 운영규정

국토교통부장관은 추진위원회의 공정한 운영을 위하여 다음 각 호의 사항을 포함한 추진위원회의 운영규정을 정하여 고시하여야 한다.

1. 추진위원의 선임방법 및 변경
2. 추진위원의 권리 · 의무
3. 추진위원회의 업무범위
4. 추진위원회의 운영방법
5. 토지등소유자의 운영경비 납부
6. 추진위원회 운영자금의 차입
7. 그 밖에 추진위원회의 운영에 필요한 사항으로서 대통령령으로 정하는 사항

② 운영경비 납부

추진위원회는 운영규정에 따라 운영하여야 하며, 토지등소유자는 운영에 필요한 경비를 운영규정에 따라 납부하여야 한다.

③ 조합의 포괄승계

추진위원회는 수행한 업무를 총회에 보고하여야 하며, 그 업무와 관련된 권리 · 의무는 조합이 포괄승계한다. 추진위원회는 사용경비를 기재한 회계장부 및 관계 서류를 조합설립인가일부터 30일 이내에 조합에 인계하여야 한다.

2) 조합설립

(1) 조합의 설립(법 제35조)

시장 · 군수등, 토지주택공사등 또는 지정개발자가 아닌 자가 정비사업을 시행하려는 경우에는 토지등소유자로 구성된 조합을 설립하여야 한다. 다만, 토지등소유자가 재개발사업을 시행하려는 경우에는 그러하지 아니하다.

(2) 조합설립인가(법 제35조)

① 재개발사업의 조합설립 동의요건

재개발사업의 추진위원회(공공지원에 따라 추진위원회를 구성하지 아니하는 경우에는 토지등소유자를 말한다)가 조합을 설립하려면 토지등소유자의 4분의 3 이상 및 토지면적의 2분의 1 이상의 토지소유자의 동의를 받아 다음 각 호의 사항을 첨부하여 시장 · 군수 등의 인가를 받아야 한다.

1. 정관
2. 정비사업비와 관련된 자료 등 국토교통부령으로 정하는 서류
   - 조합원 명부 및 해당 조합원의 자격을 증명하는 서류
   - 공사비 등 정비사업에 드는 비용을 기재한 토지등소유자의 조합설립동의서 및 동의사항을 증명하는 서류
   - 창립총회 회의록 및 창립총회참석자 연명부
   - 토지·건축물 또는 지상권을 여럿이서 공유하는 경우에는 그 대표자의 선임 동의서
   - 창립총회에서 임원·대의원을 선임한 때에는 선임된 자의 자격을 증명하는 서류
   - 건축계획(주택을 건축하는 경우에는 주택건설예정세대수를 포함한다), 건축예정지의 지번·지목 및 등기명의자, 도시·군관리계획상의 용도지역, 대지 및 주변현황을 기재한 사업계획서
3. 그 밖에 시·도조례로 정하는 서류

② 재건축사업의 조합설립 동의요건

재건축사업의 추진위원회(공공지원에 따라 추진위원회를 구성하지 아니하는 경우에는 토지등소유자를 말한다)가 조합을 설립하려는 때에는 주택단지의 공동주택의 각 동(복리시설의 경우에는 주택단지의 복리시설 전체를 하나의 동으로 본다)별 구분소유자의 과반수 동의(공동주택의 각 동별 구분소유자가 5 이하인 경우는 제외한다)와 주택단지의 전체 구분소유자의 4분의 3 이상 및 토지면적의 4분의 3 이상의 토지소유자의 동의를 받아 ①의 각 호의 사항을 첨부하여 시장·군수등의 인가를 받아야 한다.

이 동의요건에도 불구하고 주택단지가 아닌 지역이 정비구역에 포함된 때에는 주택단지가 아닌 지역의 토지 또는 건축물 소유자의 4분의 3 이상 및 토지면적의 3분의 2 이상의 토지소유자의 동의를 받아야 한다.

③ 재개발·재건축 조합설립인가 변경

조합이 인가받은 사항을 변경하고자 하는 때에는 총회에서 조합원의 3분의 2 이상의 찬성으로 의결하고, 시장·군수등의 인가를 받아야 한다. 다만, 대통령령으로 정하는 경미한 사항을 변경하려는 때에는 총회의 의결 없이 시장·군수등에게 신고하고 변경할 수 있다. 시장·군수등은 신고를 받은 날부터 20일 이내에 신고수리 여부를 신고인에게 통지하여야 한다. 그러나 기간 내에 신고수리 여부 또는 민원 처리 관련 법령에 따른 처리기간의 연장을 신고인에게 통지하지 아니하면 그 기간(민원 처리 관련 법령에 따라 처리기간이 연장 또는 재연장된 경우에는 해당 처리기간을 말한다)이 끝난 날의 다음 날에 신고를 수리한 것으로 본다.

④ 사업주체로 인정

조합이 정비사업을 시행하는 경우 「주택법」을 적용할 때에는 조합을 사업주체로 보며, 조합설립인가일부터 주택건설사업 등의 등록을 한 것으로 본다.

⑤ 정보제공

추진위원회는 조합설립에 필요한 동의를 받기 전에 추정분담금 등 대통령령으로 정하는 정보를 토지등소유자에게 제공하여야 한다.

1. 토지등소유자별 분담금 추산액 및 산출근거
2. 그 밖에 추정 분담금의 산출 등과 관련하여 시·도조례로 정하는 정보

(3) 토지등소유자의 동의방법(법 제36조)

① 원칙

다음 각 호에 대한 동의(동의한 사항의 철회 또는 제26조제1항제8호 단서, 제31조제2항 단서 및 제47조제4항 단서에 따른 반대의 의사표시를 포함한다)는 서면동의서에 토지등소유자가 성명을 적고 지장(指章)을 날인하는 방법으로 하며, 주민등록증, 여권 등 신원을 확인할 수 있는 신분증명서의 사본을 첨부하여야 한다.

1. 정비구역등 해제의 연장을 요청하는 경우
2. 정비구역의 해제에 동의하는 경우
3. 주거환경개선사업의 시행자를 토지주택공사등으로 지정하는 경우
4. 토지등소유자가 재개발사업을 시행하려는 경우
5. 재개발사업 · 재건축사업의 공공시행자 또는 지정개발자를 지정하는 경우
6. 조합설립을 위한 추진위원회를 구성하는 경우
7. 추진위원회의 업무가 토지등소유자의 비용부담을 수반하거나 권리 · 의무에 변동을 가져오는 경우
8. 조합을 설립하는 경우
9. 주민대표회의를 구성하는 경우
10. 사업시행계획인가를 신청하는 경우
11. 사업시행자가 사업시행계획서를 작성하려는 경우

② 예외

위에도 불구하고 토지등소유자가 해외에 장기체류하거나 법인인 경우 등 불가피한 사유가 있다고 시장 · 군수등이 인정하는 경우에는 토지등소유자의 인감도장을 찍은 서면동의서에 해당 인감증명서를 첨부하는 방법으로 할 수 있다.

③ 검인한 동의서 사용

서면동의서를 작성하는 경우 제31조제1항(조합설립추진위원회의 구성 · 승인) 및 제35조제2항부터 제4항까지(재개발 · 재건축 · 주택단지 아닌 지역의 조합설립 동의요건)의 규정에 해당하는 때에는 시장 · 군수등이 대통령령으로 정하는 방법에 따라 검인(檢印)한 서면동의서를 사용하여야 하며, 검인을 받지 아니한 서면동의서는 그 효력이 발생하지 아니한다.

④ 토지등소유자의 동의서 재사용의 특례(법 제37조)

㉠ 동의서 재사용 가능사유

조합설립인가(변경인가를 포함한다)를 받은 후에 동의서 위조, 동의 철회, 동의율 미달 또는 동의자 수 산정방법에 관한 하자 등으로 다툼이 있는 경우로서 다음 각 호의 어느 하나에 해당하는 때에는 동의서의 유효성에 다툼이 없는 토지등소유자의 동의서를 다시 사용할 수 있다.

1. 조합설립인가의 무효 또는 취소소송 중에 일부 동의서를 추가 또는 보완하여 조합설립변경인가를 신청하는 때
2. 법원의 판결로 조합설립인가의 무효 또는 취소가 확정되어 조합설립인가를 다시 신청하는 때

㉡ 동의서 재사용 요건

조합(㉠제2호의 경우에는 추진위원회)이 토지등소유자의 동의서를 다시 사용하려면 다음 각 호의 요건을 충족하여야 한다.

1. 토지등소유자에게 기존 동의서를 다시 사용할 수 있다는 취지와 반대 의사표시의 절차 및 방법을 설명·고지할 것
2. ㉠제2호의 경우에는 다음 각 목의 요건
   가. 조합설립인가의 무효 또는 취소가 확정된 조합과 새롭게 설립하려는 조합이 추진하려는 정비사업의 목적과 방식이 동일할 것
   나. 조합설립인가의 무효 또는 취소가 확정된 날부터 3년의 범위에서 대통령령으로 정하는 기간 내에 새로운 조합을 설립하기 위한 창립총회를 개최할 것

(4) 조합의 성립(법 제38조)

① 조합의 성격

조합은 법인으로 한다.

② 조합의 성립

조합은 조합설립인가를 받은 날부터 30일 이내에 주된 사무소의 소재지에서 대통령령으로 정하는 사항을 등기하는 때에 성립한다.

③ 조합의 명칭

조합은 명칭에 "정비사업조합"이라는 문자를 사용하여야 한다.

④ 민법의 준용

조합에 관하여는 이 법에 규정된 사항을 제외하고는 「민법」 중 사단법인에 관한 규정을 준용한다.

⑤ 정관의 작성(법 제40조)

㉠ 정관의 내용

조합의 정관에는 다음 각 호의 사항이 포함되어야 한다.

1. 조합의 명칭 및 사무소의 소재지
2. 조합원의 자격
3. 조합원의 제명·탈퇴 및 교체
4. 정비구역의 위치 및 면적
5. 제41조에 따른 조합의 임원의 수 및 업무의 범위
6. 조합임원의 권리·의무·보수·선임방법·변경 및 해임
7. 대의원의 수, 선임방법, 선임절차 및 대의원회의 의결방법
8. 조합의 비용부담 및 조합의 회계
9. 정비사업의 시행연도 및 시행방법
10. 총회의 소집 절차·시기 및 의결방법
11. 총회의 개최 및 조합원의 총회소집 요구
12. 제73조제3항(기간을 넘겨서 수용재결을 신청하거나 매도청구소송을 제기한 경우의 지연일수(遲延日數)에 따른 이자를 지급)에 따른 이자 지급
13. 정비사업비의 부담 시기 및 절차

14. 정비사업이 종결된 때의 청산절차
15. 청산금의 징수·지급의 방법 및 절차
16. 시공자·설계자의 선정 및 계약서에 포함될 내용
17. 정관의 변경절차
18. 그 밖에 정비사업의 추진 및 조합의 운영을 위하여 필요한 사항으로서 대통령령으로 정하는 사항

ⓒ 정관의 변경

조합이 정관을 변경하려는 경우에는 총회를 개최하여 조합원 과반수의 찬성으로 시장·군수등의 인가를 받아야한다. 다만, ⓒ제2호·제3호·제4호·제8호·제13호 또는 제16호의 경우에는 조합원 3분의 2 이상의 찬성으로한다. 다만, 대통령령으로 정하는 경미한 사항을 변경하려는 때에는 이 법 또는 정관으로 정하는 방법에 따라 변경하고 시장·군수등에게 신고하여야 한다.

3) 조합원의 자격 등(법 제39조)

(1) 조합원의 자격

정비사업의 조합원(사업시행자가 신탁업자인 경우에는 위탁자를 말한다)은 토지등소유자(재건축사업의 경우에는재건축사업에 동의한 자만 해당한다)로 하되, 다음 각 호의 어느 하나에 해당하는 때에는 그 여러 명을 대표하는1명을 조합원으로 본다.

1. 토지 또는 건축물의 소유권과 지상권이 여러 명의 공유에 속하는 때
2. 여러 명의 토지등소유자가 1세대에 속하는 때. 이 경우 동일한 세대별 주민등록표 상에 등재되어 있지아니한 배우자 및 미혼인 19세 미만의 직계비속은 1세대로 보며, 1세대로 구성된 여러 명의 토지등소유자가 조합설립인가 후 세대를 분리하여 동일한 세대에 속하지 아니하는 때에도 이혼 및 19세 이상자녀의 분가(세대별 주민등록을 달리하고, 실거주지를 분가한 경우로 한정한다)를 제외하고는 1세대로본다.
3. 조합설립인가(조합설립인가 전에 신탁업자를 사업시행자로 지정한 경우에는 사업시행자의 지정을 말한다) 후 1명의 토지등소유자로부터 토지 또는 건축물의 소유권이나 지상권을 양수하여 여러 명이 소유하게 된 때

(2) 투기과열지구에서의 양수 조합원자격 상실

투기과열지구로 지정된 지역에서 재건축사업을 시행하는 경우에는 조합설립인가 후, 재개발사업을 시행하는 경우에는 관리처분계획의 인가 후 해당 정비사업의 건축물 또는 토지를 양수(매매·증여, 그 밖의 권리의 변동을수반하는 모든 행위를 포함하되, 상속·이혼으로 인한 양도·양수의 경우는 제외한다)한 자는 조합원이 될 수 없다. 다만, 양도인이 다음 각 호의 어느 하나에 해당하는 경우 그 양도인으로부터 그 건축물 또는 토지를 양수한자는 그러하지 아니하다.

1. 세대원(세대주가 포함된 세대의 구성원을 말한다)의 근무상 또는 생업상의 사정이나 질병치료(의료기관의 장이 1년 이상의 치료나 요양이 필요하다고 인정하는 경우로 한정한다)ㆍ취학ㆍ결혼으로 세대원이 모두 해당 사업구역에 위치하지 아니한 특별시ㆍ광역시ㆍ특별자치시ㆍ특별자치도ㆍ시 또는 군으로 이전하는 경우
2. 상속으로 취득한 주택으로 세대원 모두 이전하는 경우
3. 세대원 모두 해외로 이주하거나 세대원 모두 2년 이상 해외에 체류하려는 경우
4. 1세대 1주택자로서 양도하는 주택에 대한 소유기간(10년) 및 거주기간(5년)이 대통령령으로 정하는 기간 이상인 경우
5. 지분형주택을 공급받기 위하여 건축물 또는 토지를 토지주택공사등과 공유하려는 경우
6. 공공임대주택, 공공분양주택의 공급 및 대통령령으로 정하는 사업을 목적으로 건축물 또는 토지를 양수하려는 공공재개발사업 시행자에게 양도하려는 경우
7. 그 밖에 불가피한 사정으로 양도하는 경우로서 대통령령으로 정하는 경우
   - 조합설립인가일부터 3년 이상 사업시행인가 신청이 없는 재건축사업의 건축물을 3년 이상 계속하여 소유하고 있는 자가 사업시행인가 신청 전에 양도하는 경우
   - 사업시행계획인가일부터 3년 이내에 착공하지 못한 재건축사업의 토지 또는 건축물을 3년 이상 계속하여 소유하고 있는 자가 착공 전에 양도하는 경우
   - 착공일부터 3년 이상 준공되지 않은 재개발사업ㆍ재건축사업의 토지를 3년 이상 계속하여 소유하고 있는 경우
   - 법률 제7056호 도시및주거환경정비법 일부개정법률 부칙 제2항에 따른 토지등소유자로부터 상속ㆍ이혼으로 인하여 토지 또는 건축물을 소유한 자
   - 국가ㆍ지방자치단체 및 금융기관에 대한 채무를 이행하지 못하여 재개발사업ㆍ재건축사업의 토지 또는 건축물이 경매 또는 공매되는 경우
   - 투기과열지구로 지정되기 전에 건축물 또는 토지를 양도하기 위한 계약(계약금 지급 내역 등으로 계약일을 확인할 수 있는 경우로 한정한다)을 체결하고, 투기과열지구로 지정된 날부터 60일 이내에 부동산 거래의 신고를 한 경우

4) 조합의 임원(법 제41조)

(1) 임원의 구성

조합은 다음 각 호의 어느 하나의 요건을 갖춘 조합장 1명과 이사, 감사를 임원으로 둔다. 이 경우 조합장은 선임일부터 관리처분계획인가를 받을 때까지는 해당 정비구역에서 거주(영업을 하는 자의 경우 영업을 말한다)하여야 한다.

1. 정비구역에서 거주하고 있는 자로서 선임일 직전 3년 동안 정비구역 내 거주 기간이 1년 이상일 것
2. 정비구역에 위치한 건축물 또는 토지(재건축사업의 경우에는 건축물과 그 부속토지를 말한다)를 5년 이상 소유하고 있을 것

(2) 임원의 임기 및 임원의 수

① 임원의 임기

조합임원의 임기는 3년 이하의 범위에서 정관으로 정하되, 연임할 수 있다.

② 임원의 수

조합의 이사와 감사의 수는 대통령령으로 정하는 범위에서 정관으로 정한다.

> 이사의 수는 3명 이상으로 하고, 감사의 수는 1명 이상 3명 이하로 한다. 다만, 토지등소유자의 수가 100인을 초과하는 경우에는 이사의 수를 5명 이상으로 한다.

(3) 임원의 선출 방법

① 정관에 의한 선출방법

조합임원의 선출방법 등은 정관으로 정한다.

② 선거관리위원회에 위탁

조합은 총회 의결을 거쳐 조합임원의 선출에 관한 선거관리를 「선거관리위원회법」에 따라 선거관리위원회에 위탁할 수 있다.

③ 전문조합관리인 업무대행

시장·군수등은 다음 각 호의 어느 하나에 해당하는 경우 시·도조례로 정하는 바에 따라 변호사·회계사·기술사 등으로서 대통령령으로 정하는 요건을 갖춘 자를 전문조합관리인으로 선정하여 조합임원의 업무를 대행하게 할 수 있다.

> 1. 조합임원이 사임, 해임, 임기만료, 그 밖에 불가피한 사유 등으로 직무를 수행할 수 없는 때부터 6개월 이상 선임되지 아니한 경우
> 2. 총회에서 조합원 과반수의 출석과 출석 조합원 과반수의 동의로 전문조합관리인의 선정을 요청하는 경우

④ 조합임원의 직무(법 제42조)

㉠ 조합장의 직무

조합장은 조합을 대표하고, 그 사무를 총괄하며, 총회 또는 대의원회의 의장이 된다. 조합장이 대의원회의 의장이 되는 경우에는 대의원으로 본다.

㉡ 감사의 조합 대표

조합장 또는 이사가 자기를 위하여 조합과 계약이나 소송을 할 때에는 감사가 조합을 대표한다.

㉢ 조합임원의 겸직 금지

조합임원은 같은 목적의 정비사업을 하는 다른 조합의 임원 또는 직원을 겸할 수 없다.

(4) 조합임원의 결격사유 및 해임(법 제43조)

① 조합임원의 결격사유

다음 각 호의 어느 하나에 해당하는 자는 조합임원 또는 전문조합관리인이 될 수 없다.

1. 미성년자 · 피성년후견인 또는 피한정후견인
2. 파산선고를 받고 복권되지 아니한 자
3. 금고 이상의 실형을 선고받고 그 집행이 종료(종료된 것으로 보는 경우를 포함한다)되거나 집행이 면제된 날부터 2년이 지나지 아니한 자
4. 금고 이상의 형의 집행유예를 받고 그 유예기간 중에 있는 자
5. 이 법을 위반하여 벌금 100만원 이상의 형을 선고받고 10년이 지나지 아니한 자

② 조합임원의 당연 퇴임

조합임원이 다음 각 호의 어느 하나에 해당하는 경우에는 당연 퇴임한다. 퇴임된 임원이 퇴임 전에 관여한 행위는 그 효력을 잃지 아니한다.

1. 결격사유에 해당하게 되거나 선임 당시 그에 해당하는 자이었음이 밝혀진 경우
2. 조합임원이 제41조제1항에 따른 자격요건을 갖추지 못한 경우

③ 조합임원의 해임

조합임원은 조합원 10분의 1 이상의 요구로 소집된 총회에서 조합원 과반수의 출석과 출석 조합원 과반수의 동의를 받아 해임할 수 있다. 이 경우 요구자 대표로 선출된 자가 해임 총회의 소집 및 진행을 할 때에는 조합장의 권한을 대행한다.

(5) 조합임원 등의 선임 · 선정 시 행위제한(법 제132조)

누구든지 추진위원, 조합임원의 선임 또는 제29조(공사, 용역, 물품구매 및 제조 등)에 따른 계약 체결과 관련하여 다음 각 호의 행위를 하여서는 아니 된다.

1. 금품, 향응 또는 그 밖의 재산상 이익을 제공하거나 제공의사를 표시하거나 제공을 약속하는 행위
2. 금품, 향응 또는 그 밖의 재산상 이익을 제공받거나 제공의사 표시를 승낙하는 행위
3. 제3자를 통하여 제1호 또는 제2호에 해당하는 행위를 하는 행위

5) 조합의 총회

(1) 총회의 소집(법 제44조)

① 조합에는 조합원으로 구성되는 총회를 둔다.
② 총회는 조합장이 직권으로 소집하거나 조합원 5분의 1 이상(정관의 기재사항 중 조합임원의 권리 · 의무 · 보수 · 선임방법 · 변경 및 해임에 관한 사항을 변경하기 위한 총회의 경우는 10분의 1 이상으로 한다) 또는 대의원 3분의 2 이상의 요구로 조합장이 소집한다.
③ 조합임원의 사임, 해임 또는 임기만료 후 6개월 이상 조합임원이 선임되지 아니한 경우에는 시장 · 군수등이 조합임원 선출을 위한 총회를 소집할 수 있다.
④ 총회를 소집하려는 자는 총회가 개최되기 7일 전까지 회의 목적 · 안건 · 일시 및 장소와 서면의결권의 행사기간 및 장소 등 서면의결 행사에 필요한 사항을 정하여 조합원에게 통지하여야 한다.
⑤ 총회의 소집 절차 · 시기 등에 필요한 사항은 정관으로 정한다.

(2) 총회의 의결(법 제45조)

① 의결사항

다음 각 호의 사항은 총회의 의결을 거쳐야 한다.

> 1. 정관의 변경(경미한 사항의 변경은 이 법 또는 정관에서 총회의결사항으로 정한 경우로 한정한다)
> 2. 자금의 차입과 그 방법·이자율 및 상환방법
> 3. 정비사업비의 세부 항목별 사용계획이 포함된 예산안 및 예산의 사용내역
> 4. 예산으로 정한 사항 외에 조합원에게 부담이 되는 계약
> 5. 시공자·설계자 및 감정평가법인등(시장·군수등이 선정·계약하는 감정평가법인등은 제외한다)의 선정 및 변경. 다만, 감정평가법인등 선정 및 변경은 총회의 의결을 거쳐 시장·군수등에게 위탁할 수 있다.
> 6. 정비사업전문관리업자의 선정 및 변경
> 7. 조합임원의 선임 및 해임
> 8. 정비사업비의 조합원별 분담내역
> 9. 사업시행계획서의 작성 및 변경(경미한 변경은 제외한다)
> 10. 관리처분계획의 수립 및 변경(경미한 변경은 제외한다)
> 11. 청산금의 징수·지급(분할징수·분할지급을 포함한다)과 조합 해산 시의 회계보고
> 12. 제93조(비용의 조달)에 따른 비용의 금액 및 징수방법
> 13. 그 밖에 조합원에게 경제적 부담을 주는 사항 등 주요한 사항을 결정하기 위하여 대통령령 또는 정관으로 정하는 사항

② 의결요건

㉠ 의결 충족수

총회의 의결은 이 법 또는 정관에 다른 규정이 없으면 조합원 과반수의 출석과 출석 조합원의 과반수 찬성으로 한다. 다만, 위 제9호 및 제10호의 경우에는 조합원 과반수의 찬성으로 의결한다. 다만, 정비사업비가 100분의 10(생산자물가상승률분, 제73조의 분양신청을 하지 아니한 자 등에 대한 조치에 따른 손실보상 금액은 제외한다) 이상 늘어나는 경우에는 조합원 3분의 2 이상의 찬성으로 의결하여야 한다.

㉡ 대리 의결권 행사

조합원은 서면으로 의결권을 행사하거나 다음 각 호의 어느 하나에 해당하는 경우에는 대리인을 통하여 의결권을 행사할 수 있다. 서면으로 의결권을 행사하는 경우에는 정족수를 산정할 때에 출석한 것으로 본다.

> 1. 조합원이 권한을 행사할 수 없어 배우자, 직계존비속 또는 형제자매 중에서 성년자를 대리인으로 정하여 위임장을 제출하는 경우
> 2. 해외에 거주하는 조합원이 대리인을 지정하는 경우
> 3. 법인인 토지등소유자가 대리인을 지정하는 경우. 이 경우 법인의 대리인은 조합임원 또는 대의원으로 선임될 수 있다.

재난의 발생 등 대통령령으로 정하는 사유가 발생하여 시장·군수등이 조합원의 직접 출석이 어렵다고 인정하는 경우에는 전자적 방법으로 의결권을 행사할 수 있다. 이 경우 정족수를 산정할 때에는 직접 출석한 것으로 본다.

㉢ 의결 출석수

총회의 의결은 조합원의 100분의 10 이상이 직접 출석(㉡의 대리인을 통하여 의결권을 행사하는 경우 직접 출석한 것으로 본다)하여야 한다. 다만, 창립총회, 사업시행계획서의 작성 및 변경, 관리처분계획의 수립 및 변경을 의결하는 총회 등 대통령령으로 정하는 총회의 경우에는 조합원의 100분의 20 이상이 직접 출석하여야 한다.

6) 대의원회 및 주민대표회의

(1) 대위원회(법 제46조)

① 조합원의 수가 100명 이상인 조합은 대의원회를 두어야 한다.

② 대의원회는 조합원의 10분의 1 이상으로 구성한다. 다만, 조합원의 10분의 1이 100명을 넘는 경우에는 조합원의 10분의 1의 범위에서 100명 이상으로 구성할 수 있다.

③ 조합장이 아닌 조합임원은 대의원이 될 수 없다.

④ 대의원회는 총회의 의결사항 중 대통령령으로 정하는 사항 외에는 총회의 권한을 대행할 수 있다.

> 대의원회가 총회의 권한을 대행할 수 없는 사항(영 제43조)
>
> 1. 정관의 변경에 관한 사항(경미한 사항의 변경은 법 또는 정관에서 총회의결사항으로 정한 경우로 한정한다)
> 2. 자금의 차입과 그 방법·이자율 및 상환방법에 관한 사항
> 3. 예산으로 정한 사항 외에 조합원에게 부담이 되는 계약에 관한 사항
> 4. 시공자·설계자 또는 감정평가업자(시장·군수등이 선정·계약하는 감정평가업자는 제외한다)의 선정 및 변경에 관한 사항
> 5. 정비사업전문관리업자의 선정 및 변경에 관한 사항
> 6. 조합임원의 선임 및 해임과 대의원의 선임 및 해임에 관한 사항. 다만, 정관으로 정하는 바에 따라 임기 중 궐위된 자(조합장은 제외한다)를 보궐선임하는 경우를 제외한다.
> 7. 사업시행계획서의 작성 및 변경에 관한 사항(경미한 변경은 제외한다)
> 8. 관리처분계획의 수립 및 변경에 관한 사항(경미한 변경은 제외한다)
> 9. 총회에 상정하여야 하는 사항
> 10. 조합의 합병 또는 해산에 관한 사항. 다만, 사업완료로 인한 해산의 경우는 제외한다.
> 11. 건축물의 설계 개요의 변경에 관한 사항
> 12. 정비사업비의 변경에 관한 사항

⑤ 대의원의 수, 선임방법, 선임절차 및 대의원회의 의결방법 등은 대통령령으로 정하는 범위에서 정관으로 정한다.

(2) 주민대표회의(법 제47조)

① 토지등소유자가 시장·군수등 또는 토지주택공사등의 사업시행을 원하는 경우에는 정비구역 지정·고시 후 주민대표기구(이하 "주민대표회의"라 한다)를 구성하여야 한다.

② 주민대표회의는 위원장을 포함하여 5명 이상 25명 이하로 구성한다.

③ 주민대표회의는 토지등소유자의 과반수의 동의를 받아 구성하며, 국토교통부령으로 정하는 방법 및 절차에 따라 시장·군수등의 승인을 받아야 한다.

④ 주민대표회의의 구성에 동의한 자는 제26조제1항제8호 후단(공공시행자)에 따른 사업시행자의 지정에 동의한 것으로 본다. 다만, 사업시행자의 지정 요청 전에 시장·군수등 및 주민대표회의에 사업시행자의 지정에 대한 반대의 의사표시를 한 토지등소유자의 경우에는 그러하지 아니하다.

⑤ 주민대표회의 또는 세입자(상가세입자를 포함한다)는 사업시행자가 다음 각 호의 사항에 관하여 시행규정을 정하는 때에 의견을 제시할 수 있다. 이 경우 사업시행자는 주민대표회의 또는 세입자의 의견을 반영하기 위하여 노력하여야 한다.

1. 건축물의 철거
2. 주민의 이주(세입자의 퇴거에 관한 사항을 포함한다)
3. 토지 및 건축물의 보상(세입자에 대한 주거이전비 등 보상에 관한 사항을 포함한다)
4. 정비사업비의 부담
5. 세입자에 대한 임대주택의 공급 및 입주자격
6. 그 밖에 정비사업의 시행을 위하여 필요한 사항으로서 대통령령으로 정하는 사항

(3) 토지등소유자 전체회의(법 제48조)

① 사업시행자로 지정된 신탁업자는 다음 각 호의 사항에 관하여 해당 정비사업의 토지등소유자(재건축사업의 경우에는 신탁업자를 사업시행자로 지정하는 것에 동의한 토지등소유자를 말한다) 전원으로 구성되는 회의(이하 "토지등소유자 전체회의"라 한다)의 의결을 거쳐야 한다.

1. 시행규정의 확정 및 변경
2. 정비사업비의 사용 및 변경
3. 정비사업전문관리업자와의 계약 등 토지등소유자의 부담이 될 계약
4. 시공자의 선정 및 변경
5. 정비사업비의 토지등소유자별 분담내역
6. 자금의 차입과 그 방법·이자율 및 상환방법
7. 사업시행계획서의 작성 및 변경(경미한 변경은 제외한다)
8. 관리처분계획의 수립 및 변경(경미한 변경은 제외한다)
9. 청산금의 징수·지급(분할징수·분할지급을 포함한다)과 조합 해산 시의 회계보고
10. 제93조(비용의 조달)에 따른 비용의 금액 및 징수방법
11. 그 밖에 토지등소유자에게 부담이 되는 것으로 시행규정으로 정하는 사항

② 토지등소유자 전체회의는 사업시행자가 직권으로 소집하거나 토지등소유자 5분의 1 이상의 요구로 사업시행자가 소집한다.

3. 사업시행계획 등

1) 사업시행계획서(시행규정) 작성

(1) 사업시행계획서 작성(법 제52조)

사업시행자는 정비계획에 따라 다음 각 호의 사항을 포함하는 사업시행계획서를 작성하여야 한다.

1. 토지이용계획(건축물배치계획을 포함한다)
2. 정비기반시설 및 공동이용시설의 설치계획
3. 임시거주시설을 포함한 주민이주대책
4. 세입자의 주거 및 이주 대책
5. 사업시행기간 동안 정비구역 내 가로등 설치, 폐쇄회로 텔레비전 설치 등 범죄예방대책
6. 임대주택의 건설계획(재건축사업의 경우는 제외한다)

7. 국민주택규모 주택의 건설계획(주거환경개선사업의 경우는 제외한다)
8. 공공지원민간임대주택 또는 임대관리 위탁주택의 건설계획(필요한 경우로 한정한다)
9. 건축물의 높이 및 용적률 등에 관한 건축계획
10. 정비사업의 시행과정에서 발생하는 폐기물의 처리계획
11. 교육시설의 교육환경 보호에 관한 계획(정비구역부터 200미터 이내에 교육시설이 설치되어 있는 경우로 한정한다)
12. 정비사업비
13. 그 밖에 사업시행을 위한 사항으로서 대통령령으로 정하는 바에 따라 시·도조례로 정하는 사항

(2) 시행규정 작성(법 제53조)

시장·군수등, 토지주택공사등 또는 신탁업자가 단독으로 정비사업을 시행하는 경우 시행규정을 작성하여야 한다.

2) 사업시행계획인가 절차

(1) 시행을 위한 인가

사업시행자(공동시행의 경우를 포함하되, 사업시행자가 시장·군수등인 경우는 제외한다)는 정비사업을 시행하려는 경우에는 사업시행계획서에 정관등과 그 밖에 국토교통부령으로 정하는 서류를 첨부하여 시장·군수등에게 제출하고 사업시행계획인가를 받아야 하고, 인가받은 사항을 변경하거나 정비사업을 중지 또는 폐지하려는 경우에도 또한 같다. 다만, 대통령령으로 정하는 경미한 사항을 변경하려는 때에는 시장·군수등에게 신고하여야 한다.

(2) 인가신청 절차(법 제50조)

① 총회의 의결

㉠ 총회의 원칙
사업시행자(시장·군수등 또는 토지주택공사등은 제외한다)는 사업시행계획인가를 신청하기 전에 미리 총회의 의결을 거쳐야 하며, 인가받은 사항을 변경하거나 정비사업을 중지 또는 폐지하려는 경우에도 또한 같다. 다만, 경미한 사항의 변경은 총회의 의결을 필요로 하지 아니한다.

㉡ 토지등소유자가 20인 미만인 경우 시행
토지등소유자가 제25조제1항제2호(토지등소유자가 20인 미만인 경우)에 따라 재개발사업을 시행하려는 경우에는 사업시행계획인가를 신청하기 전에 사업시행계획서에 대하여 토지등소유자의 4분의 3 이상 및 토지면적의 2분의 1 이상의 토지소유자의 동의를 받아야 한다. 다만, 인가받은 사항을 변경하려는 경우에는 규약으로 정하는 바에 따라 토지등소유자의 과반수의 동의를 받아야 하며, 경미한 사항의 변경인 경우에는 토지등소유자의 동의를 필요로 하지 아니한다.

㉢ 지정개발자가 정비사업을 시행
지정개발자가 정비사업을 시행하려는 경우에는 사업시행계획인가를 신청하기 전에 토지등소유자의 과반수의 동의 및 토지면적의 2분의 1 이상의 토지소유자의 동의를 받아야 한다. 다만, 경미한 사항의 변경인 경우에는 토지등소유자의 동의를 필요로 하지 아니한다.

㉣ 제26조제1항제1호 및 제27조제1항제1호(천재지변 등 긴급한 정비사업)에 따른 사업시행자는 토지등소유자의 동의를 필요로 하지 아니한다.

② 인가여부 결정

시장·군수등은 특별한 사유가 없으면 사업시행계획서의 제출이 있은 날부터 60일 이내에 인가 여부를 결정하여 사업시행자에게 통보하여야 한다.

③ 고시

시장·군수등은 사업시행계획인가(시장·군수등이 사업시행계획서를 작성한 경우를 포함한다)를 하거나 정비사업을 변경·중지 또는 폐지하는 경우에는 국토교통부령으로 정하는 방법 및 절차에 따라 그 내용을 해당 지방자치단체의 공보에 고시하여야 한다. 다만, 경미한 사항을 변경하려는 경우에는 그러하지 아니하다.

④ 경미한 사항 변경 신고시 수리

시장·군수등은 사업시행인가의 단서에 따른 신고를 받은 날부터 20일 이내에 신고수리 여부를 신고인에게 통지하여야 한다. 통지하지 아니하면 그 기간이 끝난 날의 다음 날에 신고를 수리한 것으로 본다.

(3) 사업계획승인 인가시 의제(법 제57조)

① 인·허가 등의 의제

사업시행자가 사업시행계획인가를 받은 때(시장·군수등이 직접 정비사업을 시행하는 경우에는 사업시행계획서를 작성한 때를 말한다)에는 다음 각 호의 인가·허가·승인·신고·등록·협의·동의·심사·지정 또는 해제(이하 "인·허가등"이라 한다)가 있은 것으로 보며, 사업시행계획인가의 고시가 있은 때에는 다음 각 호의 관계 법률에 따른 인·허가등의 고시·공고 등이 있은 것으로 본다.

1. 「주택법」에 따른 사업계획의 승인
2. 「공공주택 특별법」에 따른 주택건설사업계획의 승인
3. 「건축법」에 따른 건축허가, 가설건축물의 건축허가 또는 축조신고 및 건축협의
4. 「도로법」에 따른 도로관리청이 아닌 자에 대한 도로공사 시행의 허가 및 도로의 점용 허가
5. 「사방사업법」에 따른 사방지의 지정해제
6. 「농지법」에 따른 농지전용의 허가·협의 및 농지전용신고
7. 「산지관리법」에 따른 산지전용허가 및 산지전용신고, 산지일시사용허가·신고와 「산림자원의 조성 및 관리에 관한 법률」에 따른 입목벌채등의 허가·신고 및 「산림보호법」에 따른 산림보호구역에서의 행위의 허가. 다만, 「산림자원의 조성 및 관리에 관한 법률」에 따른 채종림·시험림과 「산림보호법」에 따른 산림유전자원보호구역의 경우는 제외한다.
8. 「하천법」에 따른 하천공사 시행의 허가 및 하천공사실시계획의 인가, 하천의 점용허가 및 하천수의 사용허가
9. 「수도법」에 따른 일반수도사업의 인가 및 전용상수도 또는 전용공업용수도 설치의 인가
10. 「하수도법」에 따른 공공하수도 사업의 허가 및 개인하수처리시설의 설치신고
11. 「공간정보의 구축 및 관리 등에 관한 법률」에 따른 지도등의 간행 심사
12. 「유통산업발전법」에 따른 대규모점포등의 등록
13. 「국유재산법」에 따른 사용허가(재개발사업으로 한정한다)
14. 「공유재산 및 물품 관리법」에 따른 사용·수익허가(재개발사업으로 한정한다)
15. 「공간정보의 구축 및 관리 등에 관한 법률」에 따른 사업의 착수·변경의 신고
16. 「국토의 계획 및 이용에 관한 법률」에 따른 도시·군계획시설 사업시행자의 지정 및 실시계획의 인가

17. 「전기안전관리법」에 따른 자가용전기설비의 공사계획의 인가 및 신고
18. 「화재예방, 소방시설 설치·유지 및 안전관리에 관한 법률」에 따른 건축허가등의 동의, 「위험물안전관리법」에 따른 제조소등의 설치의 허가(제조소등은 공장건축물 또는 그 부속시설과 관계있는 것으로 한정한다)

② 관계 행정기관의 장과 협의

시장·군수등은 사업시행계획인가를 하거나 사업시행계획서를 작성하려는 경우 의제되는 인·허가등에 해당하는 사항이 있는 때에는 미리 관계 행정기관의 장과 협의하여야 하고, 협의를 요청받은 관계 행정기관의 장은 요청받은 날부터 30일 이내에 의견을 제출하여야 한다. 이 경우 관계 행정기관의 장이 30일 이내에 의견을 제출하지 아니하면 협의된 것으로 본다.

③ 교육감 또는 교육장과 협의

시장·군수등은 사업시행계획인가(시장·군수등이 사업시행계획서를 작성한 경우를 포함한다)를 하려는 경우 정비구역부터 200미터 이내에 교육시설이 설치되어 있는 때에는 해당 지방자치단체의 교육감 또는 교육장과 협의하여야 하며, 인가받은 사항을 변경하는 경우에도 또한 같다.

④ 공람 및 의견제출

㉠ 시장·군수등은 사업시행계획인가를 하거나 사업시행계획서를 작성하려는 경우에는 대통령령으로 정하는 방법 및 절차에 따라 관계 서류의 사본을 14일 이상 일반인이 공람할 수 있게 하여야 한다. 다만, 경미한 사항을 변경하려는 경우에는 그러하지 아니하다.

㉡ 토지등소유자 또는 조합원, 그 밖에 정비사업과 관련하여 이해관계를 가지는 자는 ㉠의 공람기간 이내에 시장·군수등에게 서면으로 의견을 제출할 수 있다.

⑤ 공장이 포함된 구역의 의제

사업시행자가 공장이 포함된 구역에 대하여 재개발사업의 사업시행계획인가를 받은 때에는 ①에 따른 인·허가등 외에 다음 각 호의 인·허가등이 있은 것으로 보며, 사업시행계획인가를 고시한 때에는 다음 각 호의 관계 법률에 따른 인·허가 등의 고시·공고 등이 있은 것으로 본다.

1. 공장설립등의 승인 및 공장설립등의 완료신고
2. 폐기물처리시설의 설치승인 또는 설치신고(변경승인 또는 변경신고를 포함한다)
3. 배출시설설치의 허가 및 신고
4. 화약류저장소 설치의 허가

⑥ 기반시설의 기부채납 기준

시장·군수등은 사업시행계획을 인가하는 경우 사업시행자가 제출하는 사업시행계획에 해당 정비사업과 직접적으로 관련이 없거나 과도한 정비기반시설의 기부채납을 요구하여서는 아니 된다.

3) 사업시행계획인가의 특례(법 제58조)

① 사업시행자는 일부 건축물의 존치 또는 리모델링에 관한 내용이 포함된 사업시행계획서를 작성하여 사업시행계획인가를 신청할 수 있다.

② 시장·군수등은 존치 또는 리모델링하는 건축물 및 건축물이 있는 토지가 「주택법」 및 「건축법」에 따른 다음 각 호의 건축 관련 기준에 적합하지 아니하더라도 대통령령으로 정하는 기준에 따라 사업시행계획인가를 할 수 있다.

1. 「주택법」에 따른 주택단지의 범위
2. 「주택법」에 따른 부대시설 및 복리시설의 설치기준
3. 「건축법」에 따른 대지와 도로의 관계
4. 「건축법」에 따른 건축선의 지정
5. 「건축법」에 따른 일조 등의 확보를 위한 건축물의 높이 제한

③ 사업시행자가 ㉠에 따라 사업시행계획서를 작성하려는 경우에는 존치 또는 리모델링하는 건축물 소유자의 동의(구분소유자가 있는 경우에는 구분소유자의 3분의 2 이상의 동의와 해당 건축물 연면적의 3분의 2 이상의 구분소유자의 동의로 한다)를 받아야 한다. 다만, 정비계획에서 존치 또는 리모델링하는 것으로 계획된 경우에는 그러하지 아니한다.

4) 재건축사업 등의 용적률 완화 및 국민주택규모 주택 건설비율(법 제54조)

(1) 용적률 완화

사업시행자는 다음 각 호의 어느 하나에 해당하는 정비사업(재정비촉진지구에서 시행되는 재개발사업 및 재건축사업은 제외한다)을 시행하는 경우 정비계획으로 정하여진 용적률에도 불구하고 지방도시계획위원회의 심의를 거쳐 용적률의 상한(이하 이 조에서 "법적상한용적률"이라 한다)까지 건축할 수 있다.

1. 과밀억제권역에서 시행하는 재개발사업 및 재건축사업(「국토의 계획 및 이용에 관한 법률」에 따른 주거지역으로 한정한다)
2. 제1호 외의 경우 시·도조례로 정하는 지역에서 시행하는 재개발사업 및 재건축사업

(2) 국민주택규모 주택건설

① 국민주택규모 주택건설 의무

사업시행자는 법적상한용적률에서 정비계획으로 정하여진 용적률을 뺀 용적률(이하 "초과용적률"이라 한다)의 다음 각 호에 따른 비율에 해당하는 면적에 국민주택규모 주택을 건설하여야 한다. 다만, 제24조제4항(주거환경개선사업의 시행자), 제26조제1항제1호 및 제27조제1항제1호(천재지변 등 긴급한 정비사업)에 따른 정비사업을 시행하는 경우에는 그러하지 아니하다.

1. 과밀억제권역에서 시행하는 재건축사업은 초과용적률의 100분의 30 이상 100분의 50 이하로서 시·도조례로 정하는 비율
2. 과밀억제권역에서 시행하는 재개발사업은 초과용적률의 100분의 50 이상 100분의 75 이하로서 시·도조례로 정하는 비율
3. 과밀억제권역 외의 지역에서 시행하는 재건축사업은 초과용적률의 100분의 50 이하로서 시·도조례로 정하는 비율
4. 과밀억제권역 외의 지역에서 시행하는 재개발사업은 초과용적률의 100분의 75 이하로서 시·도조례로 정하는 비율

② 국민주택규모 주택의 공급

사업시행자는 국민주택규모 주택을 국토교통부장관, 시·도지사, 시장, 군수, 구청장 또는 토지주택공사등(이하 "인수자"라 한다)에 공급하여야 한다.

5) 순환정비방식의 정비사업(법 제59조)

사업시행자는 정비구역의 안과 밖에 새로 건설한 주택 또는 이미 건설되어 있는 주택의 경우 그 정비사업의 시행으로 철거되는 주택의 소유자 또는 세입자(정비구역에서 실제 거주하는 자로 한정한다)를 임시로 거주하게 하는 등 그 정비구역을 순차적으로 정비하여 주택의 소유자 또는 세입자의 이주대책을 수립하여야 한다. 임시로 거주하는 주택(이하 "순환용주택"이라 한다)을 임시거주시설로 사용하거나 임대할 수 있으며, 대통령령으로 정하는 방법과 절차에 따라 토지주택공사등이 보유한 공공임대주택을 순환용주택으로 우선 공급할 것을 요청할 수 있다.

6) 지정개발자의 정비사업비 예치(법 제60조)

시장·군수등은 재개발사업의 사업시행계획인가를 하는 경우 해당 정비사업의 사업시행자가 지정개발자(지정개발자가 토지등소유자인 경우로 한정한다)인 때에는 정비사업비의 100분의 20의 범위에서 시·도조례로 정하는 금액을 예치하게 할 수 있다. 예치금은 청산금의 지급이 완료된 때에 반환한다.

4. 정비사업시행을 위한 조치 등

1) 임시거주시설·임시상가의 설치 및 손실보상

(1) 임시거주시설·임시상가의 설치(법 제61조)

① 사업시행자는 주거환경개선사업 및 재개발사업의 시행으로 철거되는 주택의 소유자 또는 세입자에게 해당 정비구역 안과 밖에 위치한 임대주택 등의 시설에 임시로 거주하게 하거나 주택자금의 융자를 알선하는 등 임시거주에 상응하는 조치를 하여야 한다.
② 사업시행자는 임시거주시설의 설치 등을 위하여 필요한 때에는 국가·지방자치단체, 그 밖의 공공단체 또는 개인의 시설이나 토지를 일시 사용할 수 있다.
③ 사업시행자는 정비사업의 공사를 완료한 때에는 완료한 날부터 30일 이내에 임시거주시설을 철거하고, 사용한 건축물이나 토지를 원상회복하여야 한다.
④ 재개발사업의 사업시행자는 사업시행으로 이주하는 상가세입자가 사용할 수 있도록 정비구역 또는 정비구역 인근에 임시상가를 설치할 수 있다.

(2) 임시거주시설·임시상가의 설치 등에 따른 손실보상(법 제62조)

① 사업시행자는 공공단체(지방자치단체는 제외한다) 또는 개인의 시설이나 토지를 일시 사용함으로써 손실을 입은 자가 있는 경우에는 손실을 보상하여야 하며, 손실을 보상하는 경우에는 손실을 입은 자와 협의하여야 한다.
② 사업시행자 또는 손실을 입은 자는 손실보상에 관한 협의가 성립되지 아니하거나 협의할 수 없는 경우에는 관할 토지수용위원회에 재결을 신청할 수 있다.
③ 손실보상은 이 법에 규정된 사항을 제외하고는 「공익사업을 위한 토지 등의 취득 및 보상에 관한 법률」을 준용한다.

2) 토지 등의 수용 또는 사용

사업시행자는 정비구역에서 정비사업[재건축사업의 경우에는 제26조제1항제1호 및 제27조제1항제1호(천재지변 등 긴급한 정비사업)에 해당하는 사업으로 한정한다]을 시행하기 위하여 「공익사업을 위한 토지 등의 취득 및 보상에 관한 법률」 제3조에 따른 토지·물건 또는 그 밖의 권리를 취득하거나 사용할 수 있다.

1. 토지 및 이에 관한 소유권 외의 권리
2. 토지와 함께 공익사업을 위하여 필요한 입목(立木), 건물, 그 밖에 토지에 정착된 물건 및 이에 관한 소유권 외의 권리
3. 광업권·어업권·양식업권 또는 물의 사용에 관한 권리
4. 토지에 속한 흙·돌·모래 또는 자갈에 관한 권리

3) 재건축사업에서의 매도청구(법 제64조)

① 재건축사업의 사업시행자는 사업시행계획인가의 고시가 있은 날부터 30일 이내에 다음 각 호의 자에게 조합설립 또는 사업시행자의 지정에 관한 동의 여부를 회답할 것을 서면으로 촉구하여야 한다.

1. 조합설립에 동의하지 아니한 자
2. 시장·군수등, 토지주택공사등 또는 신탁업자의 사업시행자 지정에 동의하지 아니한 자

② 촉구를 받은 토지등소유자는 촉구를 받은 날부터 2개월 이내에 회답하여야 한다.
③ 기간 내에 회답하지 아니한 경우 그 토지등소유자는 조합설립 또는 사업시행자의 지정에 동의하지 아니하겠다는 뜻을 회답한 것으로 본다.
④ 제2항의 기간이 지나면 사업시행자는 그 기간이 만료된 때부터 2개월 이내에 조합설립 또는 사업시행자 지정에 동의하지 아니하겠다는 뜻을 회답한 토지등소유자와 건축물 또는 토지만 소유한 자에게 건축물 또는 토지의 소유권과 그 밖의 권리를 매도할 것을 청구할 수 있다.

4) 「공익사업을 위한 토지 등의 취득 및 보상에 관한 법률」의 준용(법 제65조)

① 정비구역에서 정비사업의 시행을 위한 토지 또는 건축물의 소유권과 그 밖의 권리에 대한 수용 또는 사용은 이 법에 규정된 사항을 제외하고는 「공익사업을 위한 토지 등의 취득 및 보상에 관한 법률」을 준용한다. 다만, 정비사업의 시행에 따른 손실보상의 기준 및 절차는 대통령령으로 정할 수 있다.
② 「공익사업을 위한 토지 등의 취득 및 보상에 관한 법률」을 준용하는 경우 사업시행계획인가 고시(시장·군수등이 직접 정비사업을 시행하는 경우에는 사업시행계획서의 고시를 말한다)가 있은 때에는 사업인정 및 그 고시가 있은 것으로 본다.
③ 제1항에 따른 수용 또는 사용에 대한 재결의 신청은 「공익사업을 위한 토지 등의 취득 및 보상에 관한 법률」 제23조 및 같은 법 제28조제1항(1년 이내 재결신청)에도 불구하고 사업시행계획인가(사업시행계획변경인가를 포함한다)를 할 때 정한 사업시행기간 이내에 하여야 한다.
④ 대지 또는 건축물을 현물보상하는 경우에는 「공익사업을 위한 토지 등의 취득 및 보상에 관한 법률」 제42조(수용 또는 사용의 개시일 까지)에도 불구하고 준공인가 이후에도 할 수 있다.

5) 재건축사업의 범위에 관한 특례(법 제67조)

① 사업시행자 또는 추진위원회는 다음 각 호의 어느 하나에 해당하는 경우에는 그 주택단지 안의 일부 토지에 대하여 「건축법」 제57조(대지의 분할제한)에도 불구하고 분할하려는 토지면적이 같은 조에서 정하고 있는 면적에 미달되더라도 토지분할을 청구할 수 있다.

1. 「주택법」에 따라 사업계획승인을 받아 건설한 둘 이상의 건축물이 있는 주택단지에 재건축사업을 하는 경우
2. 제35조제3항(조합설립 인가)에 따른 조합설립의 동의요건을 충족시키기 위하여 필요한 경우

② 사업시행자 또는 추진위원회는 토지분할 청구를 하는 때에는 토지분할의 대상이 되는 토지 및 그 위의 건축물과 관련된 토지등소유자와 협의하여야 한다.
③ 사업시행자 또는 추진위원회는 토지분할의 협의가 성립되지 아니한 경우에는 법원에 토지분할을 청구할 수 있다.
④ 시장·군수등은 토지분할이 청구된 경우에 분할되어 나가는 토지 및 그 위의 건축물이 다음 각 호의 요건을 충족하는 때에는 토지분할이 완료되지 아니하여 제1항에 따른 동의요건에 미달되더라도 건축위원회의 심의를 거쳐 조합설립인가와 사업시행계획인가를 할 수 있다.

1. 해당 토지 및 건축물과 관련된 토지등소유자의 수가 전체의 10분의 1 이하일 것
2. 분할되어 나가는 토지 위의 건축물이 분할선 상에 위치하지 아니할 것
3. 그 밖에 사업시행계획인가를 위하여 대통령령으로 정하는 요건에 해당할 것

6) 건축규제의 완화 등에 관한 특례(법 제68조)

① 주거환경개선사업에 따른 건축허가를 받은 때와 부동산등기를 하는 때에는 국민주택채권의 매입에 관한 규정을 적용하지 아니한다.
② 주거환경개선구역에서 도시·군계획시설의 결정·구조 및 설치의 기준 등에 필요한 사항은 국토교통부령으로 정하는 바에 따른다.
③ 사업시행자는 주거환경개선구역에서 다음 각 호의 어느 하나에 해당하는 사항은 시·도조례로 정하는 바에 따라 기준을 따로 정할 수 있다.

1. 「건축법」에 따른 대지와 도로의 관계(소방활동에 지장이 없는 경우로 한정한다)
2. 「건축법」에 따른 건축물의 높이 제한(사업시행자가 공동주택을 건설·공급하는 경우로 한정한다)

④ 사업시행자는 공공재건축사업을 위한 정비구역 또는 제26조제1항제1호 및 제27조제1항제1호(천재지변등 긴급한 정비사업)에 따른 재건축구역(재건축사업을 시행하는 정비구역을 말한다)에서 다음 각 호의 어느 하나에 해당하는 사항에 대하여 대통령령으로 정하는 범위에서 지방건축위원회 또는 지방도시계획위원회의 심의를 거쳐 그 기준을 완화받을 수 있다.

1. 「건축법」에 따른 대지의 조경기준, 건폐율의 산정기준, 대지 안의 공지 기준, 건축물의 높이 제한
2. 「주택법」에 따른 부대시설 및 복리시설의 설치기준
3. 「도시공원 및 녹지 등에 관한 법률」에 따른 도시공원 또는 녹지 확보기준

7) 다른 법령의 적용 및 배제(법 제69조)

① 주거환경개선구역은 해당 정비구역의 지정·고시가 있은 날부터 「국토의 계획 및 이용에 관한 법률」에 따라 주거지역을 세분하여 정하는 지역 중 대통령령으로 정하는 지역으로 결정·고시된 것으로 본다. 다만, 다음 각 호의 어느 하나에 해당하는 경우에는 그러하지 아니하다.

> 1. 해당 정비구역이 개발제한구역인 경우
> 2. 시장·군수등이 주거환경개선사업을 위하여 필요하다고 인정하여 해당 정비구역의 일부분을 종전 용도지역으로 그대로 유지하거나 동일면적의 범위에서 위치를 변경하는 내용으로 정비계획을 수립한 경우
> 3. 시장·군수등이 제9조제1항제10호다목의 사항(주거지역을 세분 또는 변경하는 계획과 용적률에 관한 사항)을 포함하는 정비계획을 수립한 경우

② 정비사업과 관련된 환지에 관하여는 「도시개발법」 제28조부터 제49조까지의 규정을 준용한다.
③ 주거환경개선사업의 경우에는 「공익사업을 위한 토지 등의 취득 및 보상에 관한 법률」 제78조제4항(이주대책의 내용)을 적용하지 아니하며, 「주택법」을 적용할 때에는 이 법에 따른 사업시행자는 「주택법」에 따른 사업주체로 본다.

8) 지상권 등 계약의 해지(법 제70조)

① 정비사업의 시행으로 지상권·전세권 또는 임차권의 설정 목적을 달성할 수 없는 때에는 그 권리자는 계약을 해지할 수 있다.
② 계약을 해지할 수 있는 자가 가지는 전세금·보증금, 그 밖의 계약상의 금전의 반환청구권은 사업시행자에게 행사할 수 있다.
③ 금전의 반환청구권의 행사로 해당 금전을 지급한 사업시행자는 해당 토지등소유자에게 구상할 수 있다.
④ 사업시행자는 제3항에 따른 구상이 되지 아니하는 때에는 해당 토지등소유자에게 귀속될 대지 또는 건축물을 압류할 수 있다. 이 경우 압류한 권리는 저당권과 동일한 효력을 가진다.
⑤ 관리처분계획의 인가를 받은 경우 지상권·전세권설정계약 또는 임대차계약의 계약기간은 「민법」 제280조·제281조 및 제312조제2항, 「주택임대차보호법」 제4조제1항, 「상가건물 임대차보호법」 제9조제1항을 적용하지 아니한다.

9) 소유자의 확인이 곤란한 건축물 등에 대한 처분(법 제71조)

사업시행자는 다음 각 호에서 정하는 날 현재 건축물 또는 토지의 소유자의 소재 확인이 현저히 곤란한 때에는 전국적으로 배포되는 둘 이상의 일간신문에 2회 이상 공고하고, 공고한 날부터 30일 이상이 지난 때에는 그 소유자의 해당 건축물 또는 토지의 감정평가액에 해당하는 금액을 법원에 공탁하고 정비사업을 시행할 수 있다.

> 1. 조합이 사업시행자가 되는 경우에는 조합설립인가일
> 2. 제25조제1항제2호(토지등소유자가 20인 미만인 경우)에 따라 토지등소유자가 시행하는 재개발사업의 경우에는 사업시행계획인가일
> 3. 제26조제1항(공공시행자)에 따라 시장·군수등, 토지주택공사등이 정비사업을 시행하는 경우에는 같은 조 제2항(지방자치단체의 공보에 고시)에 따른 고시일
> 4. 제27조제1항(지정개발자)에 따라 지정개발자를 사업시행자로 지정하는 경우에는 같은 조 제2항(지방자치단체의 공보에 고시)에 따른 고시일

부동산공법 (기초)

5. 관리처분계획 등

1) 조합원 분양

(1) 분양공고 및 신청

① 통지 및 공고

사업시행자는 사업시행계획인가의 고시가 있은 날(사업시행계획인가 이후 시공자를 선정한 경우에는 시공자와 계약을 체결한 날)부터 120일 이내에 다음 각 호의 사항을 토지등소유자에게 통지하고, 분양의 대상이 되는 대지 또는 건축물의 내역 등 대통령령으로 정하는 사항을 해당 지역에서 발간되는 일간신문에 공고하여야 한다. 다만, 토지등소유자 1인이 시행하는 재개발사업의 경우에는 그러하지 아니하다.

1. 분양대상자별 종전의 토지 또는 건축물의 명세 및 사업시행계획인가의 고시가 있은 날을 기준으로 한 가격[사업시행계획인가 전에 제81조제3항(안전사고, 범죄우려)에 따라 철거된 건축물은 시장·군수등에게 허가를 받은 날을 기준으로 한 가격]
2. 분양대상자별 분담금의 추산액
3. 분양신청기간
4. 그 밖에 대통령령으로 정하는 사항
   - 사업시행인가의 내용
   - 정비사업의 종류·명칭 및 정비구역의 위치·면적
   - 분양신청기간 및 장소
   - 분양대상 대지 또는 건축물의 내역
   - 분양신청자격
   - 분양신청방법
   - 토지등소유자외의 권리자의 권리신고방법
   - 분양을 신청하지 아니한 자에 대한 조치
   - 그 밖에 시·도조례로 정하는 사항

② 분양신청기간

㉠ 분양신청기간은 통지한 날부터 30일 이상 60일 이내로 하여야 한다. 다만, 사업시행자는 관리처분계획의 수립에 지장이 없다고 판단하는 경우에는 분양신청기간을 20일의 범위에서 한 차례만 연장할 수 있다.

㉡ 대지 또는 건축물에 대한 분양을 받으려는 토지등소유자는 분양신청기간에 대통령령으로 정하는 방법 및 절차에 따라 사업시행자에게 대지 또는 건축물에 대한 분양신청을 하여야 한다.

③ 재분양신청

사업시행자는 분양신청기간 종료 후 사업시행계획인가의 변경(경미한 사항의 변경은 제외한다)으로 세대수 또는 주택규모가 달라지는 경우 분양공고 등의 절차를 다시 거칠 수 있다. 정관등으로 정하고 있거나 총회의 의결을 거친 경우 분양신청을 하지 아니한 자 및 분양신청기간 종료 이전에 분양신청을 철회한 자에 해당하는 토지등소유자에게 분양신청을 다시 하게 할 수 있다.

④ 투기과열지구에서의 분양 제한

투기과열지구의 정비사업에서 관리처분계획에 따른 분양대상자 및 그 세대에 속한 자는 분양대상자 선정일(조합원 분양분의 분양대상자는 최초 관리처분계획 인가일을 말한다)부터 5년 이내에는 투기과열지구에서 분양신청을 할 수 없다. 다만, 상속, 결혼, 이혼으로 조합원 자격을 취득한 경우에는 분양신청을 할 수 있다.

(2) 분양신청을 하지 아니한 자 등에 대한 조치(법 제73조)

① 사업시행자는 관리처분계획이 인가·고시된 다음 날부터 90일 이내에 다음 각 호에서 정하는 자와 토지, 건축물 또는 그 밖의 권리의 손실보상에 관한 협의를 하여야 한다. 다만, 사업시행자는 분양신청기간 종료일의 다음 날부터 협의를 시작할 수 있다.

> 1. 분양신청을 하지 아니한 자
> 2. 분양신청기간 종료 이전에 분양신청을 철회한 자
> 3. 제72조제6항 본문(투기과열지구에서의 분양제한)에 따라 분양신청을 할 수 없는 자
> 4. 인가된 관리처분계획에 따라 분양대상에서 제외된 자

② 사업시행자는 제1항에 따른 협의가 성립되지 아니하면 그 기간의 만료일 다음 날부터 60일 이내에 수용재결을 신청하거나 매도청구소송을 제기하여야 한다.

③ 사업시행자는 제2항에 따른 기간(60일)을 넘겨서 수용재결을 신청하거나 매도청구소송을 제기한 경우에는 해당 토지등소유자에게 지연일수(遲延日數)에 따른 이자를 지급하여야 한다. 이 경우 이자는 100분의 15 이하의 범위에서 대통령령으로 정하는 이율을 적용하여 산정한다.

> 1. 6개월 이내의 지연일수에 따른 이자의 이율: 100분의 5
> 2. 6개월 초과 12개월 이내의 지연일수에 따른 이자의 이율: 100분의 10
> 3. 12개월 초과의 지연일수에 따른 이자의 이율: 100분의 15

2) 관리처분계획의 인가

(1) 관리처분계획의 인가 신청(법 제74조)

사업시행자는 분양신청기간이 종료된 때에는 분양신청의 현황을 기초로 다음 각 호의 사항이 포함된 관리처분계획을 수립하여 시장·군수등의 인가를 받아야 하며, 관리처분계획을 변경·중지 또는 폐지하려는 경우에도 또한 같다. 다만, 대통령령으로 정하는 경미한 사항을 변경하려는 경우에는 시장·군수등에게 신고하여야 한다.

> 1. 분양설계
> 2. 분양대상자의 주소 및 성명
> 3. 분양대상자별 분양예정인 대지 또는 건축물의 추산액(임대관리 위탁주택에 관한 내용을 포함한다)
> 4. 다음 각 목에 해당하는 보류지 등의 명세와 추산액 및 처분방법. 다만, 나목의 경우에는 임대사업자의 성명 및 주소를 포함한다.
>   가. 일반 분양분
>   나. 공공지원민간임대주택

다. 임대주택

라. 그 밖에 부대시설·복리시설 등

5. 분양대상자별 종전의 토지 또는 건축물 명세 및 사업시행계획인가 고시가 있은 날을 기준으로 한 가격 [사업시행계획인가 전에 제81조제3항(안전사고, 범죄발생 우려)에 따라 철거된 건축물은 시장·군수등에게 허가를 받은 날을 기준으로 한 가격]

6. 정비사업비의 추산액(재건축사업의 경우에는 재건축부담금에 관한 사항을 포함한다) 및 그에 따른 조합원 분담규모 및 분담시기

7. 분양대상자의 종전 토지 또는 건축물에 관한 소유권 외의 권리명세

8. 세입자별 손실보상을 위한 권리명세 및 그 평가액

9. 그 밖에 정비사업과 관련한 권리 등에 관하여 대통령령으로 정하는 사항

(2) 관리처분계획의 수립기준(법 제76조)

관리처분계획의 내용은 다음 각 호의 기준에 따른다.

1. 종전의 토지 또는 건축물의 면적·이용 상황·환경, 그 밖의 사항을 종합적으로 고려하여 대지 또는 건축물이 균형 있게 분양신청자에게 배분되고 합리적으로 이용되도록 한다.

2. 지나치게 좁거나 넓은 토지 또는 건축물은 넓히거나 좁혀 대지 또는 건축물이 적정 규모가 되도록 한다.

3. 너무 좁은 토지 또는 건축물이나 정비구역 지정 후 분할된 토지를 취득한 자에게는 현금으로 청산할 수 있다.

4. 재해 또는 위생상의 위해를 방지하기 위하여 토지의 규모를 조정할 특별한 필요가 있는 때에는 너무 좁은 토지를 넓혀 토지를 갈음하여 보상을 하거나 건축물의 일부와 그 건축물이 있는 대지의 공유지분을 교부할 수 있다.

5. 분양설계에 관한 계획은 분양신청기간이 만료하는 날을 기준으로 하여 수립한다.

6. 1세대 또는 1명이 하나 이상의 주택 또는 토지를 소유한 경우 1주택을 공급하고, 같은 세대에 속하지 아니하는 2명 이상이 1주택 또는 1토지를 공유한 경우에는 1주택만 공급한다.

7. 제6호에도 불구하고 다음 각 목의 경우에는 각 목의 방법에 따라 주택을 공급할 수 있다.

가. 2명 이상이 1토지를 공유한 경우로서 시·도조례로 주택공급을 따로 정하고 있는 경우에는 시·도조례로 정하는 바에 따라 주택을 공급할 수 있다.

나. 다음 어느 하나에 해당하는 토지등소유자에게는 소유한 주택 수만큼 공급할 수 있다.

1) 과밀억제권역에 위치하지 아니한 재건축사업의 토지등소유자. 다만, 투기과열지구 또는 조정대상지역에서 사업시행계획인가(최초 사업시행계획인가를 말한다)를 신청하는 재건축사업의 토지등소유자는 제외한다.

2) 근로자(공무원인 근로자를 포함한다) 숙소, 기숙사 용도로 주택을 소유하고 있는 토지등소유자

3) 국가, 지방자치단체 및 토지주택공사등

4) 공공기관지방이전 및 혁신도시 활성화를 위한 시책 등에 따라 이전하는 공공기관이 소유한 주택을 양수한 자

다. 가격의 범위 또는 종전 주택의 주거전용면적의 범위에서 2주택을 공급할 수 있고, 이 중 1주택은 주거전용면적을 60제곱미터 이하로 한다. 다만, 60제곱미터 이하로 공급받은 1주택은 소유권 이전 고시일 다음 날부터 3년이 지나기 전에는 주택을 전매(매매·증여나 그 밖에 권리의 변동을 수반하는 모든 행위를 포함하되 상속의 경우는 제외한다)하거나 전매를 알선할 수 없다.

라. 과밀억제권역에 위치한 재건축사업의 경우에는 토지등소유자가 소유한 주택수의 범위에서 3주택까지 공급할 수 있다. 다만, 투기과열지구 또는 조정대상지역에서 사업시행계획인가(최초 사업시행계획인가를 말한다)를 신청하는 재건축사업의 경우에는 그러하지 아니하다.

(3) 재산 또는 권리 평가방법

정비사업에서 위 (1)의 제3호·제5호 및 제8호에 따라 재산 또는 권리를 평가할 때에는 다음 각 호의 방법에 따른다.

「감정평가 및 감정평가사에 관한 법률」에 따른 감정평가법인등 중 다음 각 목의 구분에 따른 감정평가법인등이 평가한 금액을 산술평균하여 산정한다. 다만, 관리처분계획을 변경·중지 또는 폐지하려는 경우 분양예정 대상인 대지 또는 건축물의 추산액과 종전의 토지 또는 건축물의 가격은 사업시행자 및 토지등소유자 전원이 합의하여 산정할 수 있다.

가. 주거환경개선사업 또는 재개발사업: 시장·군수등이 선정·계약한 2인 이상의 감정평가법인등

나. 재건축사업: 시장·군수등이 선정·계약한 1인 이상의 감정평가법인등과 조합총회의 의결로 선정·계약한 1인 이상의 감정평가법인등

3) 권리산정기준일(법 제77조)

정비사업을 통하여 분양받을 건축물이 다음 각 호의 어느 하나에 해당하는 경우에는 정비구역을 지정(변경지정)하거나 정비계획을 결정(변경결정)에 따른 고시가 있은 날 또는 시·도지사가 투기를 억제하기 위하여 기본계획 수립 후 정비구역 지정·고시 전에 따로 정하는 날(이하 이 조에서 "기준일"이라 한다)의 다음 날을 기준으로 건축물을 분양받을 권리를 산정한다.

1. 1필지의 토지가 여러 개의 필지로 분할되는 경우
2. 단독주택 또는 다가구주택이 다세대주택으로 전환되는 경우
3. 하나의 대지 범위에 속하는 동일인 소유의 토지와 주택 등 건축물을 토지와 주택 등 건축물로 각각 분리하여 소유하는 경우
4. 나대지에 건축물을 새로 건축하거나 기존 건축물을 철거하고 다세대주택, 그 밖의 공동주택을 건축하여 토지등소유자의 수가 증가하는 경우

4) 관리처분계획의 공람 및 인가절차(법 제78조)

(1) 공람 및 의견청취

사업시행자는 관리처분계획인가를 신청하기 전에 관계 서류의 사본을 30일 이상 토지등소유자에게 공람하게 하고 의견을 들어야 한다. 다만, 대통령령으로 정하는 경미한 사항을 변경하려는 경우에는 토지등소유자의 공람 및

의견청취 절차를 거치지 아니할 수 있다.

(2) 인가여부 통보

시장·군수등은 사업시행자의 관리처분계획인가의 신청이 있은 날부터 30일 이내에 인가 여부를 결정하여 사업시행자에게 통보하여야 한다. 다만, 시장·군수등은 다음에 따라 관리처분계획의 타당성 검증을 요청하는 경우에는 관리처분계획인가의 신청을 받은 날부터 60일 이내에 인가 여부를 결정하여 사업시행자에게 통지하여야 한다.

(3) 타당성 검증 요청

시장·군수등은 다음 각 호의 어느 하나에 해당하는 경우에는 대통령령으로 정하는 공공기관에 관리처분계획의 타당성 검증을 요청하여야 한다. 이 경우 시장·군수등은 타당성 검증 비용을 사업시행자에게 부담하게 할 수 있다.

1. 정비사업비가 정비사업비 기준으로 100분의 10 이상으로서 대통령령으로 정하는 비율 이상 늘어나는 경우
2. 조합원 분담규모가 분양대상자별 분담금의 추산액 총액 기준으로 100분의 20 이상으로서 대통령령으로 정하는 비율 이상 늘어나는 경우
3. 조합원 5분의 1 이상이 관리처분계획인가 신청이 있은 날부터 15일 이내에 시장·군수등에게 타당성 검증을 요청한 경우
4. 그 밖에 시장·군수등이 필요하다고 인정하는 경우

(4) 고시 및 통지

① 시장·군수등이 관리처분계획을 인가하는 때에는 그 내용을 해당 지방자치단체의 공보에 고시하여야 한다.
② 사업시행자는 (1)에 따라 공람을 실시하려거나 (4)에 따른 시장·군수등의 고시가 있은 때에는 대통령령으로 정하는 방법과 절차에 따라 토지등소유자에게는 공람계획을 통지하고, 분양신청을 한 자에게는 관리처분계획 인가의 내용 등을 통지하여야 한다.

5) 관리처분계획에 따른 처분(법 제79조)

① 정비사업의 시행으로 조성된 대지 및 건축물은 관리처분계획에 따라 처분 또는 관리하여야 한다.
② 사업시행자는 정비사업의 시행으로 건설된 건축물을 인가받은 관리처분계획에 따라 토지등소유자에게 공급하여야 한다.
③ 사업시행자[제23조제1항제2호(수용방법)에 따라 대지를 공급받아 주택을 건설하는 자를 포함한다. 이하 이 항, 제6항 및 제7항에서 같다]는 정비구역에 주택을 건설하는 경우에는 입주자 모집 조건·방법·절차, 입주금(계약금·중도금 및 잔금을 말한다)의 납부 방법·시기·절차, 주택공급 방법·절차 등에 관하여 「주택법」 제54조(주택의 공급)에도 불구하고 대통령령으로 정하는 범위에서 시장·군수등의 승인을 받아 따로 정할 수 있다.
④ 사업시행자는 분양신청을 받은 후 잔여분이 있는 경우에는 정관등 또는 사업시행계획으로 정하는 목적을 위하여 그 잔여분을 보류지(건축물을 포함한다)로 정하거나 조합원 또는 토지등소유자 이외의 자에게 분양할 수 있다. 이 경우 분양공고와 분양신청절차 등에 필요한 사항은 대통령령으로 정한다.
⑤ 국토교통부장관, 시·도지사, 시장, 군수, 구청장 또는 토지주택공사등은 조합이 요청하는 경우 재개발사업의

시행으로 건설된 임대주택을 인수하여야 한다. 이 경우 재개발임대주택의 인수 절차 및 방법, 인수 가격 등에 필요한 사항은 대통령령으로 정한다.

⑥ 사업시행자는 정비사업의 시행으로 임대주택을 건설하는 경우에는 임차인의 자격·선정방법·임대보증금·임대료 등 임대조건에 관한 기준 및 무주택 세대주에게 우선 매각하도록 하는 기준 등에 관하여「민간임대주택에 관한 특별법」,「공공주택 특별법」에도 불구하고 대통령령으로 정하는 범위에서 시장·군수등의 승인을 받아 따로 정할 수 있다. 다만, 재개발임대주택으로서 최초의 임차인 선정이 아닌 경우에는 대통령령으로 정하는 범위에서 인수자가 따로 정한다.

⑦ 사업시행자는 제2항부터 제6항까지의 규정에 따른 공급대상자에게 주택을 공급하고 남은 주택을 제2항부터 제6항까지의 규정에 따른 공급대상자 외의 자에게 공급할 수 있다.

⑧ 제7항에 따른 주택의 공급 방법·절차 등은「주택법」제54조(주택의 공급)를 준용한다. 다만, 사업시행자가 제64조에 따른 매도청구소송을 통하여 법원의 승소판결을 받은 후 입주예정자에게 피해가 없도록 손실보상금을 공탁하고 분양예정인 건축물을 담보한 경우에는 법원의 승소판결이 확정되기 전이라도「주택법」에도 불구하고 입주자를 모집할 수 있으나, 준공인가 신청 전까지 해당 주택건설 대지의 소유권을 확보하여야 한다.

6) 종전 토지 또는 건축물 사용·수익 금지 및 철거(법 제81조)

(1) 종전 토지 또는 건축물 사용·수익 금지

종전의 토지 또는 건축물의 소유자·지상권자·전세권자·임차권자 등 권리자는 제78조제4항에 따른 관리처분계획인가의 고시가 있는 때에는 제86조에 따른 이전고시가 있는 날까지 종전의 토지 또는 건축물을 사용하거나 수익할 수 없다. 다만, 다음 각 호의 어느 하나에 해당하는 경우에는 그러하지 아니하다.

1. 사업시행자의 동의를 받은 경우
2. 「공익사업을 위한 토지 등의 취득 및 보상에 관한 법률」에 따른 손실보상이 완료되지 아니한 경우

(2) 기존의 건축물 철거

① 건축물 철거

사업시행자는 관리처분계획인가를 받은 후 기존의 건축물을 철거하여야 한다. 다만, 다음 각 호의 어느 하나에 해당하는 경우에는 관리처분계획인가 전이라도 기존 건축물 소유자의 동의 및 시장·군수등의 허가를 받아 해당 건축물을 철거할 수 있다. 이 경우 건축물의 철거는 토지등소유자로서의 권리·의무에 영향을 주지 아니한다.

1. 기존 건축물의 붕괴 등 안전사고의 우려가 있는 경우
2. 폐공가(廢空家)의 밀집으로 범죄발생의 우려가 있는 경우

② 건축물 철거의 제한

시장·군수등은 사업시행자가 기존의 건축물을 철거하는 경우 다음 각 호의 어느 하나에 해당하는 시기에는 건축물의 철거를 제한할 수 있다.

1. 일출 전과 일몰 후
2. 호우, 대설, 폭풍해일, 지진해일, 태풍, 강풍, 풍랑, 한파 등으로 해당 지역에 중대한 재해발생이 예상되어 기상청장이 특보를 발표한 때
3. 「재난 및 안전관리 기본법」에 따른 재난이 발생한 때
4. 제1호부터 제3호까지의 규정에 준하는 시기로 시장·군수등이 인정하는 시기

7) 사업시행계획인가 및 관리처분계획인가의 시기 조정(법 제75조)

① 특별시장·광역시장 또는 도지사는 정비사업의 시행으로 정비구역 주변 지역에 주택이 현저하게 부족하거나 주택시장이 불안정하게 되는 등 특별시·광역시 또는 도의 조례로 정하는 사유가 발생하는 경우에는 시·도 주거정책심의위원회의 심의를 거쳐 사업시행계획인가 또는 관리처분계획인가의 시기를 조정하도록 해당 시장, 군수 또는 구청장에게 요청할 수 있다. 이 경우 요청을 받은 시장, 군수 또는 구청장은 특별한 사유가 없으면 그 요청에 따라야 하며, 사업시행계획인가 또는 관리처분계획인가의 조정 시기는 인가를 신청한 날부터 1년을 넘을 수 없다.

② 특별자치시장 및 특별자치도지사는 정비사업의 시행으로 정비구역 주변 지역에 주택이 현저하게 부족하거나 주택시장이 불안정하게 되는 등 특별자치시 및 특별자치도의 조례로 정하는 사유가 발생하는 경우에는 시·도 주거정책심의위원회의 심의를 거쳐 사업시행계획인가 또는 관리처분계획인가의 시기를 조정할 수 있다. 이 경우 사업시행계획인가 또는 관리처분계획인가의 조정 시기는 인가를 신청한 날부터 1년을 넘을 수 없다.

6. 공사완료에 따른 조치 등

1) 준공인가(법 제83조)

(1) 준공검사

시장·군수등이 아닌 사업시행자가 정비사업 공사를 완료한 때에는 대통령령으로 정하는 방법 및 절차에 따라 시장·군수등의 준공인가를 받아야 한다. 준공인가신청을 받은 시장·군수등은 지체 없이 준공검사를 실시하여야 한다. 이 경우 시장·군수등은 효율적인 준공검사를 위하여 필요한 때에는 관계 행정기관·공공기관·연구기관, 그 밖의 전문기관 또는 단체에게 준공검사의 실시를 의뢰할 수 있다.

(2) 공사완료 고시

① 시장·군수등은 준공검사를 실시한 결과 정비사업이 인가받은 사업시행계획대로 완료되었다고 인정되는 때에는 준공인가를 하고 공사의 완료를 해당 지방자치단체의 공보에 고시하여야 한다.

② 시장·군수등은 직접 시행하는 정비사업에 관한 공사가 완료된 때에는 그 완료를 해당 지방자치단체의 공보에 고시하여야 한다.

(3) 준공인가 전 사용

시장·군수등은 준공인가를 하기 전이라도 완공된 건축물이 사용에 지장이 없는 등 대통령령으로 정하는 기준에 적합한 경우에는 입주예정자가 완공된 건축물을 사용할 수 있도록 사업시행자에게 허가할 수 있다. 다만, 시장·군수등이 사업시행자인 경우에는 허가를 받지 아니하고 입주예정자가 완공된 건축물을 사용하게 할 수 있다.

2) 공사완료에 따른 인·허가 등의 의제(법 제85조)

(1) 인·허가 등의 의제

준공인가를 하거나 공사완료를 고시하는 경우 시장·군수등이 의제되는 인·허가등에 따른 준공검사·준공인가·사용검사·사용승인 등(이하 "준공검사·인가등"이라 한다)에 관하여 관계 행정기관의 장과 협의한 사항은 해당 준공검사·인가등을 받은 것으로 본다.

(2) 관계 행정기관의 장과 협의

준공인가를 하거나 공사완료를 고시하는 경우 그 내용에 제57조에 따라 의제되는 인·허가등에 따른 준공검사·인가등에 해당하는 사항이 있은 때에는 미리 관계 행정기관의 장과 협의하여야 한다. 관계 행정기관의 장은 협의를 요청받은 날부터 10일 이내에 의견을 제출하여야 하고 기간 내에 의견을 제출하지 아니하면 협의가 이루어진 것으로 본다.

(3) 준공인가 등에 따른 정비구역의 해제(법 제84조)

정비구역의 지정은 준공인가의 고시가 있은 날(관리처분계획을 수립하는 경우에는 이전고시가 있은 때를 말한다)의 다음 날에 해제된 것으로 본다. 이 경우 지방자치단체는 해당 지역을 「국토의 계획 및 이용에 관한 법률」에 따른 지구단위계획으로 관리하여야 한다. 정비구역의 해제는 조합의 존속에 영향을 주지 아니한다.

3) 이전고시 등

(1) 소유권 이전(법 제86조)

사업시행자는 제83조제3항 및 제4항(공사완료)에 따른 고시가 있은 때에는 지체 없이 대지확정측량을 하고 토지의 분할절차를 거쳐 관리처분계획에서 정한 사항을 분양받을 자에게 통지하고 대지 또는 건축물의 소유권을 이전하여야 한다. 다만, 정비사업의 효율적인 추진을 위하여 필요한 경우에는 해당 정비사업에 관한 공사가 전부 완료되기 전이라도 완공된 부분은 준공인가를 받아 대지 또는 건축물별로 분양받을 자에게 소유권을 이전할 수 있다.

(2) 소유권 취득

대지 또는 건축물을 분양받을 자는 고시가 있은 날의 다음 날에 그 대지 또는 건축물의 소유권을 취득한다.

(3) 대지 및 건축물에 대한 권리의 확정(법 제87조)

대지 또는 건축물을 분양받을 자에게 소유권을 이전한 경우 종전의 토지 또는 건축물에 설정된 지상권·전세권·저당권·임차권·가등기담보권·가압류 등 등기된 권리 및 「주택임대차보호법」 제3조제1항(대항력)의 요건을 갖춘 임차권은 소유권을 이전받은 대지 또는 건축물에 설정된 것으로 본다.

(4) 등기촉탁(법 제88조)

사업시행자는 이전고시가 있은 때에는 지체 없이 대지 및 건축물에 관한 등기를 지방법원지원 또는 등기소에 촉탁 또는 신청하여야 한다. 이전고시가 있은 날부터 등기가 있을 때까지는 저당권 등의 다른 등기를 하지 못한다.

4) 청산금 등

(1) 청산금 징수 또는 지급(법 제89조)

대지 또는 건축물을 분양받은 자가 종전에 소유하고 있던 토지 또는 건축물의 가격과 분양받은 대지 또는 건축물의 가격 사이에 차이가 있는 경우 사업시행자는 이전고시가 있은 후에 그 차액에 상당하는 금액(이하 "청산금"이라 한다)을 분양받은 자로부터 징수하거나 분양받은 자에게 지급하여야 한다.

(2) 청산금의 징수방법(법 제90조)

① 시장·군수등인 사업시행자는 청산금을 납부할 자가 이를 납부하지 아니하는 경우 지방세 체납처분의 예에 따라 징수(분할징수를 포함한다)할 수 있으며, 시장·군수등이 아닌 사업시행자는 시장·군수등에게 청산금의 징수를 위탁할 수 있다. 이 경우 제93조제5항(징수한 금액의 100분의 4에 해당하는 금액을 해당 시장·군수등에게 교부)을 준용한다.
② 청산금을 지급받을 자가 받을 수 없거나 받기를 거부한 때에는 사업시행자는 그 청산금을 공탁할 수 있다.
③ 청산금을 지급(분할지급을 포함한다)받을 권리 또는 이를 징수할 권리는 이전고시일의 다음 날부터 5년간 행사하지 아니하면 소멸한다.

5) 저당권의 물상대위(법 제91조)

정비구역에 있는 토지 또는 건축물에 저당권을 설정한 권리자는 사업시행자가 저당권이 설정된 토지 또는 건축물의 소유자에게 청산금을 지급하기 전에 압류절차를 거쳐 저당권을 행사할 수 있다.

<정비사업 절차>

정비기본계획
- 특별시장, 광역시장, 특시, 특도, 시장
- 10년 단위 수립

구역지정 신청
- 시장, 군수, 구청장

조합설립
- 법인
- '정비사업조합' 문자 사용

사업시행인가
- 신청서 제출
- '60일 이내 인가여부 결정

```
사업시행계획서
- 토지이용계획
- 정비기반시설 및 공동이용
  시설설치 계획
- 주민 이주대책
- 임대주택 건설계획 등
```

관리처분인가
- 신청서 제출
- '30일 이내 인가여부 결정
  (타당성검증 요청시 60일)

```
관리처분계획서
- 분양설계
- 분양대상자의 주소 및 성명
- 분양대상자별 분양예정인 대지
  또는 건축물의 추산액
- 정비사업비의 추산액 등
```

사업의 완료
- 착공, 준공
- 이전고시
- 청산

4 비용의 부담 등

1. 비용의 부담

1) 비용부담의 원칙(법 제92조)

① 정비사업비는 이 법 또는 다른 법령에 특별한 규정이 있는 경우를 제외하고는 사업시행자가 부담한다.
② 시장·군수등은 시장·군수등이 아닌 사업시행자가 시행하는 정비사업의 정비계획에 따라 설치되는 다음 각 호의 시설에 대하여는 그 건설에 드는 비용의 전부 또는 일부를 부담할 수 있다.

1. 도시·군계획시설 중 대통령령으로 정하는 주요 정비기반시설 및 공동이용시설
2. 임시거주시설

2) 비용의 조달(법 제93조)

사업시행자는 토지등소유자로부터 제92조제1항(정비사업비)에 따른 비용과 정비사업의 시행과정에서 발생한 수입의 차액을 부과금으로 부과·징수할 수 있다.

3) 정비기반시설 관리자의 비용부담(법 제94조)

① 시장·군수등은 자신이 시행하는 정비사업으로 현저한 이익을 받는 정비기반시설의 관리자가 있는 경우에는 대통령령으로 정하는 방법 및 절차에 따라 해당 정비사업비의 일부를 그 정비기반시설의 관리자와 협의하여 그 관리자에게 부담시킬 수 있다.
② 사업시행자는 정비사업을 시행하는 지역에 전기·가스 등의 공급시설을 설치하기 위하여 공동구를 설치하는 경우에는 다른 법령에 따라 그 공동구에 수용될 시설을 설치할 의무가 있는 자에게 공동구의 설치에 드는 비용을 부담시킬 수 있다.

2. 정비기반시설

1) 정비기반시설의 설치(법 제96조)

사업시행자는 관할 지방자치단체의 장과의 협의를 거쳐 정비구역에 정비기반시설(주거환경개선사업의 경우에는 공동이용시설을 포함한다)을 설치하여야 한다.

2) 정비기반시설 등의 귀속(법 제97조)

① 시장·군수등 또는 토지주택공사등이 정비사업의 시행으로 새로 정비기반시설을 설치하거나 기존의 정비기반시설을 대체하는 정비기반시설을 설치한 경우에는 「국유재산법」 및 「공유재산 및 물품 관리법」에도 불구하고 종래의 정비기반시설은 사업시행자에게 무상으로 귀속되고, 새로 설치된 정비기반시설은 그 시설을 관리할 국가 또는 지방자치단체에 무상으로 귀속된다.
② 시장·군수등 또는 토지주택공사등이 아닌 사업시행자가 정비사업의 시행으로 새로 설치한 정비기반시설은

그 시설을 관리할 국가 또는 지방자치단체에 무상으로 귀속되고, 정비사업의 시행으로 용도가 폐지되는 국가 또는 지방자치단체 소유의 정비기반시설은 사업시행자가 새로 설치한 정비기반시설의 설치비용에 상당하는 범위에서 그에게 무상으로 양도된다.

3. 국유·공유 재산의 처분 및 양여

1) 국유·공유 재산의 처분(법 제98조)

① 시장·군수등은 인가하려는 사업시행계획 또는 직접 작성하는 사업시행계획서에 국유·공유재산의 처분에 관한 내용이 포함되어 있는 때에는 미리 관리청과 협의하여야 한다. 이 경우 관리청이 불분명한 재산 중 도로·구거(도랑) 등은 국토교통부장관을, 하천은 환경부장관을, 그 외의 재산은 기획재정부장관을 관리청으로 본다.
② 정비구역의 국유·공유재산은 정비사업 외의 목적으로 매각되거나 양도될 수 없다.

2) 국·공유지의 무상양여(법 제101조)

다음 각 호의 어느 하나에 해당하는 구역에서 국가 또는 지방자치단체가 소유하는 토지는 사업시행계획인가의 고시가 있은 날부터 종전의 용도가 폐지된 것으로 보며, 국·공유지의 관리 및 처분에 관하여 규정한 관계 법령에도 불구하고 해당 사업시행자에게 무상으로 양여된다. 다만, 「국유재산법」에 따른 행정재산 또는 「공유재산 및 물품 관리법」에 따른 행정재산과 국가 또는 지방자치단체가 양도계약을 체결하여 정비구역지정 고시일 현재 대금의 일부를 수령한 토지에 대하여는 그러하지 아니하다.

> 1. 주거환경개선구역
> 2. 국가 또는 지방자치단체가 도시영세민을 이주시켜 형성된 낙후지역으로서 대통령령으로 정하는 재개발구역(무상양여 대상에서 국유지는 제외하고, 공유지는 시장·군수등 또는 토지주택공사등이 단독으로 사업시행자가 되는 경우로 한정한다)

5 공공재개발사업 및 공공재건축사업

1. 공공재개발사업 예정구역(법 제101조의 2)

1) 공공재개발사업 예정구역의 지정

① 정비구역의 지정권자는 비경제적인 건축행위 및 투기 수요의 유입을 방지하고, 합리적인 사업계획을 수립하기 위하여 공공재개발사업을 추진하려는 구역을 공공재개발사업 예정구역으로 지정할 수 있다.
② 정비계획의 입안권자 또는 토지주택공사등은 정비구역의 지정권자에게 공공재개발사업 예정구역의 지정을 신청할 수 있다. 이 경우 토지주택공사등은 정비계획의 입안권자를 통하여 신청하여야 한다.

2) 권리산정기준일

공공재개발사업 예정구역 내에 분양받을 건축물이 제77조제1항 각 호의 어느 하나에 해당하는 경우에는 제77조

(권리산정기준일)에도 불구하고 공공재개발사업 예정구역 지정·고시가 있은 날 또는 시·도지사가 투기를 억제하기 위하여 공공재개발사업 예정구역 지정·고시 전에 따로 정하는 날의 다음 날을 기준으로 건축물을 분양받을 권리를 산정한다. 이 경우 시·도지사가 건축물을 분양받을 권리일을 따로 정하는 경우에는 제77조제2항(해당 지방자치단체의 공보에 고시)을 준용한다.

3) 예정구역의 해제

정비구역의 지정권자는 공공재개발사업 예정구역이 지정·고시된 날부터 2년이 되는 날까지 공공재개발사업 예정구역이 공공재개발사업을 위한 정비구역으로 지정되지 아니하거나, 공공재개발사업 시행자가 지정되지 아니하면 그 2년이 되는 날의 다음 날에 공공재개발사업 예정구역 지정을 해제하여야 한다. 다만, 정비구역의 지정권자는 1회에 한하여 1년의 범위에서 공공재개발사업 예정구역의 지정을 연장할 수 있다.

2. 공공재개발사업 정비구역(법 제101조의 3)

1) 공공재개발사업 정비구역 지정

① 정비구역의 지정권자는 제8조제1항(정비구역 지정요건)에도 불구하고 기본계획을 수립하거나 변경하지 아니하고 공공재개발사업을 위한 정비계획을 결정하여 정비구역을 지정할 수 있다.
② 정비계획의 입안권자는 공공재개발사업의 추진을 전제로 정비계획을 작성하여 정비구역의 지정권자에게 공공재개발사업을 위한 정비구역의 지정을 신청할 수 있다. 이 경우 공공재개발사업을 시행하려는 공공재개발사업 시행자는 정비계획의 입안권자에게 공공재개발사업을 위한 정비계획의 수립을 제안할 수 있다.

2) 정비구역의 해제

정비계획의 지정권자는 공공재개발사업을 위한 정비구역을 지정·고시한 날부터 1년이 되는 날까지 공공재개발사업 시행자가 지정되지 아니하면 그 1년이 되는 날의 다음 날에 공공재개발사업을 위한 정비구역의 지정을 해제하여야 한다. 다만, 정비구역의 지정권자는 1회에 한하여 1년의 범위에서 공공재개발사업을 위한 정비구역의 지정을 연장할 수 있다.

3. 공공재개발사업에서의 용적률 완화 및 주택건설비율 등(법 제101조의 5)

① 공공재개발사업 시행자는 공공재개발사업(재정비촉진지구에서 시행되는 공공재개발사업을 포함한다)을 시행하는 경우 지방도시계획위원회 및 도시재정비위원회의 심의를 거쳐 법적상한용적률의 100분의 120(이하 "법적상한초과용적률"이라 한다)까지 건축할 수 있다.
② 공공재개발사업 시행자는 제54조에도 불구하고 법적상한초과용적률에서 정비계획으로 정하여진 용적률을 뺀 용적률의 100분의 20 이상 100분의 50 이하로서 시·도조례로 정하는 비율에 해당하는 면적에 국민주택규모 주택을 건설하여 인수자에게 공급하여야 한다. 다만, 제24조제4항(주거환경개선사업), 제26조제1항제1호 및 제27조제1항제1호(천재지변 등 긴급한 정비사업)에 따른 정비사업을 시행하는 경우에는 그러하지 아니한다.

4. 공공재건축사업에서의 용적률 완화 및 주택 건설비율 등(법 제101조의 6)

① 공공재건축사업을 위한 정비구역에 대해서는 해당 정비구역의 지정 · 고시가 있는 날부터 「국토의 계획 및 이용에 관한 법률」에 따라 주거지역을 세분하여 정하는 지역 중 대통령령으로 정하는 지역으로 결정 · 고시된 것으로 보아 해당 지역에 적용되는 용적률 상한까지 용적률을 정할 수 있다. 다만, 다음 각 호의 어느 하나에 해당하는 경우에는 그러하지 아니하다.

1. 해당 정비구역이 개발제한구역인 경우
2. 시장 · 군수등이 공공재건축사업을 위하여 필요하다고 인정하여 해당 정비구역의 일부분을 종전 용도지역으로 그대로 유지하거나 동일면적의 범위에서 위치를 변경하는 내용으로 정비계획을 수립한 경우
3. 시장 · 군수등이 제9조제1항제10호다목(주거지역을 세분 또는 변경하는 계획과 용적률에 관한 사항)의 사항을 포함하는 정비계획을 수립한 경우

② 공공재건축사업 시행자는 공공재건축사업(재정비촉진지구에서 시행되는 공공재건축사업을 포함한다)을 시행하는 경우 제54조(재건축사업 등의 용적률 완화 및 국민주택규모 주택 건설비율)제4항에도 불구하고 제1항에 따라 완화된 용적률에서 정비계획으로 정하여진 용적률을 뺀 용적률의 100분의 40 이상 100분의 70 이하로서 주택증가 규모, 공공재건축사업을 위한 정비구역의 재정적 여건 등을 고려하여 시 · 도조례로 정하는 비율에 해당하는 면적에 국민주택규모 주택을 건설하여 인수자에게 공급하여야 한다.

5. 공공재개발사업 및 공공재건축사업의 사업시행계획 통합심의(법 제101조의 7)

정비구역의 지정권자는 공공재개발사업 또는 공공재건축사업의 사업시행계획인가와 관련된 다음 각 호의 사항을 통합하여 검토 및 심의(이하 "통합심의"라 한다)할 수 있다.

1. 「건축법」에 따른 건축물의 건축 및 특별건축구역의 지정 등에 관한 사항
2. 「경관법」에 따른 경관 심의에 관한 사항
3. 「교육환경 보호에 관한 법률」에 따른 교육환경평가
4. 「국토의 계획 및 이용에 관한 법률」에 따른 도시 · 군관리계획에 관한 사항
5. 「도시교통정비 촉진법」에 따른 교통영향평가에 관한 사항
6. 「자연재해대책법」에 따른 재해영향평가 등에 관한 사항
7. 「환경영향평가법」에 따른 환경영향평가 등에 관한 사항
8. 그 밖에 국토교통부장관, 시 · 도지사 또는 시장 · 군수등이 필요하다고 인정하여 통합심의에 부치는 사항

1. 정비사업전문관리업의 등록(법 제102조)

1) 정비사업전문관리업의 업무 및 등록

다음 각 호의 사항을 추진위원회 또는 사업시행자로부터 위탁받거나 이와 관련한 자문을 하려는 자는 대통령령으로 정하는 자본·기술인력 등의 기준을 갖춰 시·도지사에게 등록 또는 변경(대통령령으로 정하는 경미한 사항의 변경은 제외한다)등록하여야 한다. 다만, 주택의 건설 등 정비사업 관련 업무를 하는 공공기관 등으로 대통령령으로 정하는 기관의 경우에는 그러하지 아니하다.

1. 조합설립의 동의 및 정비사업의 동의에 관한 업무의 대행
2. 조합설립인가의 신청에 관한 업무의 대행
3. 사업성 검토 및 정비사업의 시행계획서의 작성
4. 설계자 및 시공자 선정에 관한 업무의 지원
5. 사업시행계획인가의 신청에 관한 업무의 대행
6. 관리처분계획의 수립에 관한 업무의 대행
7. 시장·군수등이 정비사업전문관리업자를 선정한 경우에는 추진위원회 설립에 필요한 다음 각 목의 업무
   가. 동의서 제출의 접수
   나. 운영규정 작성 지원
   다. 그 밖에 시·도조례로 정하는 사항

2) 등록기준(영 제81조, 시행령 별표4)

1. 자본금: 10억원(법인은 5억)이상
2. 인력: 다음에 해당하는 상근인력을 5명 이상, (다만 정비사업전문관리업자가 법무법인등과 공동수행을 위한 업무협약을 체결시 법무법인등의 수가 1개인 경우에는 4명, 2개인 경우에는 3명)
   (1) 건축사 또는 인정 자격을 갖춘후 건축 및 도시계획 관련업무에 3년 이상 종사한 자
   (2) 감정평가사·공인회계사 또는 변호사
   (3) 법무사 또는 세무사
   (4) 정비사업 관련 업무에 3년 이상 종사한 사람으로서 다음의 어느하나에 해당하는 자
       ① 공인중개사·행정사
       ② 정부기관·공공기관 또는 인정기관에서 근무한 사람
       ③ 도시계획·건축·부동산·감정평가 등 정비사업 관련분야의 석사 이상 학위 소지자
       ④ 국토교통부장관이 정하는 기준에 해당하는 자
          인력확보기준을 적용할 때 (1) 및 (2) 인력은 각각 1명 이상 확보하여야 하며, (4)의 인력이 2명을 초과하는 경우에는 2명으로 본다.
3. 사무실: 법령에 적합

2. 정비사업전문관리업자의 업무제한(법 제103조)

정비사업전문관리업자는 동일한 정비사업에 대하여 다음 각 호의 업무를 병행하여 수행할 수 없다.

1. 건축물의 철거
2. 정비사업의 설계
3. 정비사업의 시공
4. 정비사업의 회계감사
5. 그 밖에 정비사업의 공정한 질서유지에 필요하다고 인정하여 대통령령으로 정하는 업무

3. 정비사업전문관리업자의 결격사유(법 제105조)

① 다음 각 호의 어느 하나에 해당하는 자는 정비사업전문관리업의 등록을 신청할 수 없으며, 정비사업전문관리업자의 업무를 대표 또는 보조하는 임직원이 될 수 없다.

1. 미성년자(대표 또는 임원이 되는 경우로 한정한다)·피성년후견인 또는 피한정후견인
2. 파산선고를 받은 자로서 복권되지 아니한 자
3. 정비사업의 시행과 관련한 범죄행위로 인하여 금고 이상의 실형의 선고를 받고 그 집행이 종료(종료된 것으로 보는 경우를 포함한다)되거나 집행이 면제된 날부터 2년이 지나지 아니한 자
4. 정비사업의 시행과 관련한 범죄행위로 인하여 금고 이상의 형의 집행유예를 받고 그 유예기간 중에 있는 자
5. 이 법을 위반하여 벌금형 이상의 선고를 받고 2년이 지나지 아니한 자
6. 등록이 취소된 후 2년이 지나지 아니한 자(법인인 경우 그 대표자를 말한다)
7. 법인의 업무를 대표 또는 보조하는 임직원 중 제1호부터 제6호까지 중 어느 하나에 해당하는 자가 있는 법인

② 정비사업전문관리업자의 업무를 대표 또는 보조하는 임직원이 제1항 각 호의 어느 하나에 해당하게 되거나 선임 당시 그에 해당하였던 자로 밝혀진 때에는 당연 퇴직한다.
③ 제2항에 따라 퇴직된 임직원이 퇴직 전에 관여한 행위는 효력을 잃지 아니한다.

4. 정비사업전문관리업의 등록취소(법 제106조)

시·도지사는 정비사업전문관리업자가 다음 각 호의 어느 하나에 해당하는 때에는 그 등록을 취소하거나 1년 이내의 기간을 정하여 업무의 전부 또는 일부의 정지를 명할 수 있다. 다만, 제1호·제4호·제8호 및 제9호에 해당하는 때에는 그 등록을 취소하여야 한다.

1. 거짓, 그 밖의 부정한 방법으로 등록을 한 때
2. 등록기준에 미달하게 된 때
3. 추진위원회, 사업시행자 또는 시장·군수등의 위탁이나 자문에 관한 계약 없이 업무를 수행한 때
4. 업무를 직접 수행하지 아니한 때

5. 고의 또는 과실로 조합에게 계약금액(정비사업전문관리업자가 조합과 체결한 총계약금액을 말한다)의 3분의 1 이상의 재산상 손실을 끼친 때
6. 제107조(정비사업전문관리업자에 대한 조사 등)에 따른 보고·자료제출을 하지 아니하거나 거짓으로 한 때 또는 조사·검사를 거부·방해 또는 기피한 때
7. 제111조(자료의 제출 등)에 따른 보고·자료제출을 하지 아니하거나 거짓으로 한 때 또는 조사를 거부·방해 또는 기피한 때
8. 최근 3년간 2회 이상의 업무정지처분을 받은 자로서 그 정지처분을 받은 기간이 합산하여 12개월을 초과한 때
9. 다른 사람에게 자기의 성명 또는 상호를 사용하여 이 법에서 정한 업무를 수행하게 하거나 등록증을 대여한 때
10. 이 법을 위반하여 벌금형 이상의 선고를 받은 경우(법인의 경우에는 그 소속 임직원을 포함한다)
11. 그 밖에 이 법 또는 이 법에 따른 명령이나 처분을 위반한 때

5. 협회의 설립(법 제109조)

정비사업전문관리업자는 정비사업전문관리업의 전문화와 정비사업의 건전한 발전을 도모하기 위하여 정비사업전문관리업자단체(이하 "협회"라 한다)를 설립할 수 있다.

7 감독 등

1. 자료의 제출(법 제111조)

① 시·도지사는 국토교통부령으로 정하는 방법 및 절차에 따라 정비사업의 추진실적을 분기별로 국토교통부장관에게, 시장, 군수 또는 구청장은 시·도조례로 정하는 바에 따라 정비사업의 추진실적을 특별시장·광역시장 또는 도지사에게 보고하여야 한다.
② 국토교통부장관, 시·도지사, 시장, 군수 또는 구청장은 정비사업의 원활한 시행을 감독하기 위하여 필요한 경우로서 다음 각 호의 어느 하나에 해당하는 때에는 추진위원회·사업시행자·정비사업전문관리업자·설계자 및 시공자 등 이 법에 따른 업무를 하는 자에게 그 업무에 관한 사항을 보고하게 하거나 자료의 제출, 그 밖의 필요한 명령을 할 수 있으며, 소속 공무원에게 영업소 등에 출입하여 장부·서류 등을 조사 또는 검사하게 할 수 있다.

1. 이 법의 위반 여부를 확인할 필요가 있는 경우
2. 토지등소유자, 조합원, 그 밖에 정비사업과 관련한 이해관계인 사이에 분쟁이 발생된 경우
3. 그 밖에 시·도조례로 정하는 경우

2. 회계감사(법 제112조)

시장·군수등 또는 토지주택공사등이 아닌 사업시행자 또는 추진위원회는 다음 각 호의 어느 하나에 해당하는 경우에는 다음 각 호의 구분에 따른 기간 이내에 감사인의 회계감사를 받기 위하여 시장·군수등에게 회계감사기관의 선정·계약을 요청하여야 하며, 그 감사결과를 회계감사가 종료된 날부터 15일 이내에 시장·군수등 및 해당 조합에 보고하고 조합원이 공람할 수 있도록 하여야 한다. 다만, 지정개발자가 사업시행자인 경우에는 제1호에 해당하는 경우는 제외한다.

1. 추진위원회에서 사업시행자로 인계되기 전까지 납부 또는 지출된 금액과 계약 등으로 지출될 것이 확정된 금액의 합이 대통령령으로 정한 금액(3억 5천만원이상) 이상인 경우: 추진위원회에서 사업시행자로 인계되기 전 7일 이내
2. 사업시행계획인가 고시일 전까지 납부 또는 지출된 금액이 대통령령으로 정하는 금액(7억원 이상) 이상인 경우: 사업시행계획인가의 고시일부터 20일 이내
3. 준공인가 신청일까지 납부 또는 지출된 금액이 대통령령으로 정하는 금액(14억원 이상) 이상인 경우: 준공인가의 신청일부터 7일 이내
4. 토지등소유자 또는 조합원 5분의 1 이상이 사업시행자에게 회계감사를 요청하는 경우: 제4항(회계비용 예치 및 정산)에 따른 절차를 고려한 상당한 기간 이내

3. 감독(법 제113조)

정비사업의 시행이 이 법 또는 이 법에 따른 명령·처분이나 사업시행계획서 또는 관리처분계획에 위반되었다고 인정되는 때에는 정비사업의 적정한 시행을 위하여 필요한 범위에서 국토교통부장관은 시·도지사, 시장, 군수, 구청장, 추진위원회, 주민대표회의, 사업시행자 또는 정비사업전문관리업자에게, 특별시장, 광역시장 또는 도지사는 시장, 군수, 구청장, 추진위원회, 주민대표회의, 사업시행자 또는 정비사업전문관리업자에게, 시장·군수는 추진위원회, 주민대표회의, 사업시행자 또는 정비사업전문관리업자에게 처분의 취소·변경 또는 정지, 공사의 중지·변경, 임원의 개선 권고, 그 밖의 필요한 조치를 취할 수 있다.

4. 도시분쟁조정위원회의 구성(법 제116조)

정비사업의 시행으로 발생한 분쟁을 조정하기 위하여 정비구역이 지정된 특별자치시, 특별자치도, 또는 시·군·구(자치구를 말한다)에 도시분쟁조정위원회를 둔다. 다만, 시장·군수등을 당사자로 하여 발생한 정비사업의 시행과 관련된 분쟁 등의 조정을 위하여 필요한 경우에는 시·도에 조정위원회를 둘 수 있다.

5. 정비사업의 공공지원(법 제118조)

시장·군수등은 정비사업의 투명성 강화 및 효율성 제고를 위하여 시·도조례로 정하는 정비사업에 대하여 사업시행 과정을 지원(이하 "공공지원"이라 한다)하거나 토지주택공사등, 신탁업자, 주택도시보증공사 또는 대통령령으로 정하는 기관에 공공지원을 위탁할 수 있다. 정비사업을 공공지원하는 시장·군수등 및 공공지원을 위탁받은 자(이하 "위탁지원자"라 한다)는 다음 각 호의 업무를 수행한다.

1. 추진위원회 또는 주민대표회의 구성
2. 정비사업전문관리업자의 선정(위탁지원자는 선정을 위한 지원으로 한정한다)
3. 설계자 및 시공자 선정 방법 등
4. 세입자의 주거 및 이주 대책(이주 거부에 따른 협의 대책을 포함한다) 수립
5. 관리처분계획 수립
6. 그 밖에 시 · 도조례로 정하는 사항

6. 정비사업관리시스템의 구축(법 제119조)

국토교통부장관 또는 시 · 도지사는 정비사업의 효율적이고 투명한 관리를 위하여 정비사업관리시스템을 구축하여 운영할 수 있다.

7. 정비사업의 정보공개(법 제120조)

시장 · 군수등은 정비사업의 투명성 강화를 위하여 조합이 시행하는 정비사업에 관한 다음 각 호의 사항을 매년 1회 이상 인터넷과 그 밖의 방법을 병행하여 공개하여야 한다. 이 경우 공개의 방법 및 시기 등 필요한 사항은 시 · 도조례로 정한다.

1. 관리처분계획의 인가(변경인가를 포함한다)를 받은 사항 중 제29조에 따른 계약(공사, 용역, 물품구매 및 제조 등)금액
2. 관리처분계획의 인가를 받은 사항 중 정비사업에서 발생한 이자
3. 그 밖에 시 · 도조례로 정하는 사항

8 보칙

1. 토지등소유자의 설명의무(법 제122조)

토지등소유자는 자신이 소유하는 정비구역 내 토지 또는 건축물에 대하여 매매 · 전세 · 임대차 또는 지상권 설정 등 부동산 거래를 위한 계약을 체결하는 경우 다음 각 호의 사항을 거래 상대방에게 설명 · 고지하고, 거래 계약서에 기재 후 서명 · 날인하여야 한다.

1. 해당 정비사업의 추진단계
2. 퇴거예정시기(건축물의 경우 철거예정시기를 포함한다)
3. 제19조에 따른 행위제한
4. 제39조에 따른 조합원의 자격

5. 제70조제5항에 따른 계약기간
6. 제77조에 따른 주택 등 건축물을 분양받을 권리의 산정 기준일
7. 그 밖에 거래 상대방의 권리 · 의무에 중대한 영향을 미치는 사항으로서 대통령령으로 정하는 사항

각 호의 사항은 「공인중개사법」 제25조제1항제2호의 "법령의 규정에 의한 거래 또는 이용제한사항"으로 본다.

2. 재개발사업 등의 시행방식의 전환(법 제123조)

① 시장 · 군수등은 사업대행자를 지정하거나 토지등소유자의 5분의 4 이상의 요구가 있어 재개발사업의 시행방식의 전환이 필요하다고 인정하는 경우에는 정비사업이 완료되기 전이라도 대통령령으로 정하는 범위에서 정비구역의 전부 또는 일부에 대하여 시행방식의 전환을 승인할 수 있다.
② 사업시행자는 시행방식을 전환하기 위하여 관리처분계획을 변경하려는 경우 토지면적의 3분의 2 이상의 토지소유자의 동의와 토지등소유자의 5분의 4 이상의 동의를 받아야 하며, 변경절차에 관하여는 관리처분계획 변경에 관한 규정을 준용한다.
③ 사업시행자는 정비계획이 수립된 주거환경개선사업을 제23조제1항제4호(관리처분)의 시행방법으로 변경하려는 경우에는 토지등소유자의 3분의 2 이상의 동의를 받아야 한다.

3. 관련자료의 제공(법 제124조)

1) 정비사업 시행관련 자료 공개

추진위원장 또는 사업시행자(조합의 경우 청산인을 포함한 조합임원, 토지등소유자가 단독으로 시행하는 재개발사업의 경우에는 그 대표자를 말한다)는 정비사업의 시행에 관한 다음 각 호의 서류 및 관련 자료가 작성되거나 변경된 후 15일 이내에 이를 조합원, 토지등소유자 또는 세입자가 알 수 있도록 인터넷과 그 밖의 방법을 병행하여 공개하여야 한다.

1. 추진위원회 운영규정 및 정관등
2. 설계자 · 시공자 · 철거업자 및 정비사업전문관리업자 등 용역업체의 선정계약서
3. 추진위원회 · 주민총회 · 조합총회 및 조합의 이사회 · 대의원회의 의사록
4. 사업시행계획서
5. 관리처분계획서
6. 해당 정비사업의 시행에 관한 공문서
7. 회계감사보고서
8. 월별 자금의 입금 · 출금 세부내역
9. 결산보고서
10. 청산인의 업무 처리 현황
11. 그 밖에 정비사업 시행에 관하여 대통령령으로 정하는 서류 및 관련 자료

2) 열람 · 복사 요청

조합원, 토지등소유자가 1)에 따른 서류 및 다음 각 호를 포함하여 정비사업 시행에 관한 서류와 관련 자료에 대하여 열람 · 복사 요청을 한 경우 추진위원장이나 사업시행자는 15일 이내에 그 요청에 따라야 한다. 열람 · 복사를 요청한 사람은 제공받은 서류와 자료를 사용목적 외의 용도로 이용 · 활용하여서는 아니 된다.

1. 토지등소유자 명부
2. 조합원 명부
3. 그 밖에 대통령령으로 정하는 서류 및 관련 자료

4. 도시 · 주거환경정비기금의 설치(법 제126조)

기본계획을 수립하거나 승인하는 특별시장 · 광역시장 · 특별자치시장 · 도지사 · 특별자치도지사 또는 시장은 정비사업의 원활한 수행을 위하여 도시 · 주거환경정비기금(이하 "정비기금"이라 한다)을 설치하여야 한다. 다만, 기본계획을 수립하지 아니하는 시장 및 군수도 필요한 경우에는 정비기금을 설치할 수 있다.

5. 정비구역의 범죄 등의 예방(법 제130조)

시장 · 군수등은 사업시행계획인가를 한 경우 그 사실을 관할 경찰서장 및 관할 소방서장에게 통보하여야 하고, 정비구역 내 주민 안전 등을 위하여 다음 각 호의 사항을 관할 시 · 도경찰청장 또는 경찰서장에게 요청할 수 있다.

1. 순찰 강화
2. 순찰초소의 설치 등 범죄 예방을 위하여 필요한 시설의 설치 및 관리
3. 그 밖에 주민의 안전을 위하여 필요하다고 인정하는 사항

6. 벌칙 적용에서 공무원 의제(법 제134조)

추진위원장 · 조합임원 · 청산인 · 전문조합관리인 및 정비사업전문관리업자의 대표자(법인인 경우에는 임원을 말한다) · 직원 및 위탁지원자는 「형법」 제129조부터 제132조(수뢰, 사전수뢰, 제삼자뇌물제공, 수뢰후부정처사, 사후수뢰, 알선수뢰)까지의 규정을 적용할 때에는 공무원으로 본다.

9 벌칙

법 제135조~제138조(벌칙), 제139조(양벌규정), 제140조(과태료), 제141조(자수자에 대한 특례), 제142조(금품 · 향응 수수행위 등에 대한 신고포상금)

7

도시개발법

⑦ 도시개발법

1 총칙

계획적이고 체계적이며 쾌적한 도시환경을 위한 도시개발을 추진하는데 필요한 사항을 규정하는 법으로서, (구)도시계획법의 도시계획사업과 (구)토지구획정리사업법의 개편으로 2000년 1월 28일 제정, 같은 해 7월 1일부터 시행하고 있다.

1. 목적(법 제1조)

이 법은 도시개발에 필요한 사항을 규정하여 계획적이고 체계적인 도시개발을 도모하고 쾌적한 도시환경의 조성과 공공복리의 증진에 이바지함을 목적으로 한다.

2. 도시개발사업(법 제2조)

1) 의의

도시개발사업이란 도시개발구역에서 주거, 상업, 산업, 유통, 정보통신, 생태, 문화, 보건 및 복지 등의 기능이 있는 단지 또는 시가지를 조성하기 위하여 시행하는 사업을 말한다.

2) 「국토의 계획 및 이용에 관한 법률」 적용

「국토의 계획 및 이용에 관한 법률」에서 사용하는 용어는 이 법으로 특별히 정하는 경우 외에는 이 법에서 이를 적용한다.

1. 도시개발구역의 지정(법 제3조)

1) 시·도지사, 대도시시장의 지정

다음 각 호의 어느 하나에 해당하는 자는 계획적인 도시개발이 필요하다고 인정되는 때에는 도시개발구역을 지정할 수 있다.

1. 특별시장·광역시장·도지사·특별자치도지사(이하 "시·도지사"라 한다)
2. 「지방자치법」에 따른 서울특별시와 광역시를 제외한 인구 50만 이상의 대도시의 시장(이하 "대도시 시장"이라 한다)

2) 둘 이상의 시·도에 걸치는 경우 지정

도시개발사업이 필요하다고 인정되는 지역이 둘 이상의 특별시·광역시·도·특별자치도(이하 "시·도"라 한다) 또는 「지방자치법」에 따른 서울특별시와 광역시를 제외한 인구 50만 이상의 대도시의 행정구역에 걸치는 경우에는 관계 시·도지사 또는 대도시 시장이 협의하여 도시개발구역을 지정할 자를 정한다.

3) 국토부장관의 지정

국토교통부장관은 다음 각 호의 어느 하나에 해당하면 위 1), 2)에도 불구하고 도시개발구역을 지정할 수 있다.

1. 국가가 도시개발사업을 실시할 필요가 있는 경우
2. 관계 중앙행정기관의 장이 요청하는 경우
3. 공공기관의 장 또는 정부출연기관의 장이 대통령령으로 정하는 규모(30만 제곱미터) 이상으로서 국가계획과 밀접한 관련이 있는 도시개발구역의 지정을 제안하는 경우
4. 2)에 따른 협의가 성립되지 아니하는 경우
5. 그 밖에 대통령령(천재지변, 그 밖의 사유로 인하여 도시개발사업을 긴급하게 할 필요가 있는 경우)으로 정하는 경우

4) 지정의 요청

시장(대도시 시장은 제외한다)·군수 또는 구청장(자치구의 구청장을 말한다. 이하 같다)은 대통령령으로 정하는 바에 따라 시·도지사에게 도시개발구역의 지정을 요청할 수 있다.

5) 도시개발구역의 분할 및 결합(법 제3조의 2)

도시개발구역을 지정하는 자(이하 "지정권자"라 한다)는 도시개발사업의 효율적인 추진과 도시의 경관 보호 등을 위하여 필요하다고 인정하는 경우에는 도시개발구역을 둘 이상의 사업시행지구로 분할하거나 서로 떨어진 둘 이상의 지역을 결합하여 하나의 도시개발구역으로 지정할 수 있다.

2. 도시개발구역의 지정대상지역 및 규모(영 제2조)

1) 도시개발구역으로 지정할 수 있는 대상 지역 및 규모

(1) 도시지역

> 가. 주거지역 및 상업지역: 1만 제곱미터 이상
> 나. 공업지역: 3만 제곱미터 이상
> 다. 자연녹지지역: 1만 제곱미터 이상
> 라. 생산녹지지역(생산녹지지역이 도시개발구역 지정면적의 100분의 30 이하인 경우만 해당된다): 1만 제곱미터 이상

(2) 도시지역 외의 지역

30만 제곱미터 이상. 다만, 「건축법 시행령」의 공동주택 중 아파트 또는 연립주택의 건설계획이 포함되는 경우로서 다음 요건을 모두 갖춘 경우에는 10만제곱미터 이상으로 한다.

> 가. 도시개발구역에 초등학교용지를 확보(도시개발구역 내 또는 도시개발구역으로부터 통학이 가능한 거리에 학생을 수용할 수 있는 초등학교가 있는 경우를 포함한다)하여 관할 교육청과 협의한 경우
> 나. 도시개발구역에서 「도로법」에 해당하는 도로 또는 국토교통부령으로 정하는 도로와 연결되거나 4차로 이상의 도로를 설치하는 경우

2) 자연녹지지역, 생산녹지지역 및 도시지역 외의 지역에 도시개발구역 지정

자연녹지지역, 생산녹지지역 및 도시지역 외의 지역에 도시개발구역을 지정하는 경우에는 광역도시계획 또는 도시·군기본계획에 의하여 개발이 가능한 지역에서만 국토교통부장관이 정하는 기준에 따라 지정하여야 한다. 다만, 광역도시계획 및 도시·군기본계획이 수립되지 아니한 지역인 경우에는 자연녹지지역 및 계획관리지역에서만 도시개발구역을 지정할 수 있다.

3) 지정요건 제외 가능한 지역

다음 각 호의 어느 하나에 해당하는 지역으로서 도시개발구역을 지정하는 자(이하 "지정권자"라 한다)가 계획적인 도시개발이 필요하다고 인정하는 지역에 대하여는 1), 2)에 따른 제한을 적용하지 아니한다.

> 1. 취락지구 또는 개발진흥지구로 지정된 지역
> 2. 지구단위계획구역으로 지정된 지역
> 3. 국토교통부장관이 국가균형발전을 위하여 관계 중앙행정기관의 장과 협의하여 도시개발구역으로 지정하려는 지역(자연환경보전지역은 제외한다)

4) 둘 이상의 용도지역에 걸치는 경우

도시개발구역으로 지정하려는 지역이 둘 이상의 용도지역에 걸치는 경우에는 국토교통부령(시행규칙 별표1)으로 정하는 기준에 따라 도시개발구역을 지정하여야 한다.

부동산공법 (기초)

3. 개발계획의 수립 등

1) 개발계획의 수립(법 제4조)

(1) 지정권자의 수립

지정권자는 도시개발구역을 지정하려면 해당 도시개발구역에 대한 도시개발사업의 계획(이하 "개발계획"이라 한다)을 수립하여야 한다. 다만, 개발계획을 공모하거나 대통령령으로 정하는 지역에 도시개발구역을 지정할 때에는 도시개발구역을 지정한 후에 개발계획을 수립할 수 있다.

(2) 개발계획의 공모

지정권자는 창의적이고 효율적인 도시개발사업을 추진하기 위하여 필요한 경우에는 대통령령으로 정하는 바에 따라 개발계획안을 공모하여 선정된 안을 개발계획에 반영할 수 있다. 이 경우 선정된 개발계획안의 응모자가 제11조제1항(시행자)에 따른 자격 요건을 갖춘 자인 경우에는 해당 응모자를 우선하여 시행자로 지정할 수 있다.

(3) 개발계획의 변경

지정권자는 직접 또는 관계 중앙행정기관의 장 또는 시장(대도시 시장은 제외한다)·군수·구청장 또는 도시개발사업의 시행자의 요청을 받아 개발계획을 변경할 수 있다.

(4) 환지(換地) 방식의 개발계획을 수립

① 지정권자는 환지(換地) 방식의 도시개발사업에 대한 개발계획을 수립하려면 환지 방식이 적용되는 지역의 토지면적의 3분의 2 이상에 해당하는 토지 소유자와 그 지역의 토지 소유자 총수의 2분의 1 이상의 동의를 받아야 한다. 환지 방식으로 시행하기 위하여 개발계획을 변경(대통령령으로 정하는 경미한 사항의 변경은 제외한다)하려는 경우에도 또한 같다. 다만, 도시개발사업의 시행자가 국가나 지방자치단체에 해당하는 자이면 토지 소유자의 동의를 받을 필요가 없다.
② 지정권자가 도시개발사업의 전부를 환지 방식으로 시행하려고 개발계획을 수립하거나 변경할 때에 도시개발사업의 시행자가 제11조(시행자)제1항제6호의 조합에 해당하는 경우로서 조합이 성립된 후 총회에서 도시개발구역의 토지면적의 3분의 2 이상에 해당하는 조합원과 그 지역의 조합원 총수의 2분의 1 이상의 찬성으로 수립 또는 변경을 의결한 개발계획을 지정권자에게 제출한 경우에는 토지 소유자의 동의를 받은 것으로 본다.

2) 개발계획의 내용(법 제5조)

(1) 개발계획의 포함 사항

개발계획에는 다음 각 호의 사항이 포함되어야 한다. 다만, 제13호부터 제16호까지의 규정에 해당하는 사항은 도시개발구역을 지정한 후에 개발계획에 포함시킬 수 있다.

1. 도시개발구역의 명칭·위치 및 면적
2. 도시개발구역의 지정 목적과 도시개발사업의 시행기간
3. 도시개발구역을 둘 이상의 사업시행지구로 분할하거나 서로 떨어진 둘 이상의 지역을 하나의 구역으로 결합하여 도시개발사업을 시행하는 경우에는 그 분할이나 결합에 관한 사항
4. 도시개발사업의 시행자에 관한 사항

5. 도시개발사업의 시행방식

6. 인구수용계획

7. 토지이용계획

7의2. 원형지로 공급될 대상 토지 및 개발 방향

8. 교통처리계획

9. 환경보전계획

10. 보건의료시설 및 복지시설의 설치계획

11. 도로, 상하수도 등 주요 기반시설의 설치계획

12. 재원조달계획

13. 도시개발구역 밖의 지역에 기반시설을 설치하여야 하는 경우에는 그 시설의 설치에 필요한 비용의 부담 계획

14. 수용(收用) 또는 사용의 대상이 되는 토지·건축물 또는 토지에 정착한 물건과 이에 관한 소유권 외의 권리, 광업권, 어업권, 양식업권, 물의 사용에 관한 권리(이하 "토지등"이라 한다)가 있는 경우에는 그 세부목록

15. 임대주택 건설계획 등 세입자 등의 주거 및 생활 안정 대책

16. 순환개발 등 단계적 사업추진이 필요한 경우 사업추진 계획 등에 관한 사항

17. 그 밖에 대통령령으로 정하는 사항

(2) 개발계획의 수립기준 등

① 광역도시계획이나 도시·군기본계획이 수립되어 있는 지역에 대하여 개발계획을 수립하려면 개발계획의 내용이 해당 광역도시계획이나 도시·군기본계획에 들어맞도록 하여야 한다.

② 도시개발구역을 지정한 후에 개발계획을 수립하는 경우에는 도시개발구역을 지정할 때에 지정 목적, 시행 방식 및 인구수용계획 등 대통령령으로 정하는 사항에 관한 계획을 수립하여야 한다.

③ 대통령령으로 정하는 규모(330만 제곱미터)이상인 도시개발구역에 관한 개발계획을 수립할 때에는 해당 구역에서 주거, 생산, 교육, 유통, 위락 등의 기능이 서로 조화를 이루도록 노력하여야 한다.

④ 개발계획의 작성 기준 및 방법은 국토교통부장관이 정한다.

4. 도시개발 지정절차

1) 기초조사(법 제6조)

도시개발사업의 시행자나 시행자가 되려는 자는 도시개발구역을 지정하거나 도시개발구역의 지정을 요청 또는 제안하려고 할 때에는 도시개발구역으로 지정될 구역의 토지, 건축물, 공작물, 주거 및 생활실태, 주택수요, 그 밖에 필요한 사항에 관하여 대통령령으로 정하는 바에 따라 조사하거나 측량할 수 있다.

2) 주민 등의 의견청취(법 제7조)

국토교통부장관, 시·도지사 또는 대도시 시장이 도시개발구역을 지정(대도시 시장이 아닌 시장·군수 또는 구청

장의 요청에 의하여 지정하는 경우는 제외한다)하고자 하거나 대도시 시장이 아닌 시장·군수 또는 구청장이 도시개발구역의 지정을 요청하려고 하는 경우에는 공람이나 공청회(구역의 면적이 100만 제곱미터 이상인 경우 공청회를 개최하여야 한다)를 통하여 주민이나 관계 전문가 등으로부터 의견을 들어야 하며, 공람이나 공청회에서 제시된 의견이 타당하다고 인정되면 이를 반영하여야 한다. 도시개발구역을 변경(대통령령으로 정하는 경미한 사항은 제외한다)하려는 경우에도 또한 같다.

3) 도시계획위원회의 심의(법 제8조)

① 지정권자는 도시개발구역을 지정하거나 제4조제1항 단서(구역을 지정한 후에 개발계획을 수립)에 따라 개발계획을 수립하려면 관계 행정기관의 장과 협의한 후 중앙도시계획위원회 또는 시·도도시계획위원회나 대도시에 두는 대도시도시계획위원회의 심의를 거쳐야 한다. 변경하는 경우에도 또한 같다. 다만, 대통령령으로 정하는 경미한 사항을 변경하는 경우에는 그러하지 아니하다.
② 지구단위계획에 따라 도시개발사업을 시행하기 위하여 도시개발구역을 지정하는 경우에는 중앙도시계획위원회 또는 시·도도시계획위원회나 대도시에 두는 대도시도시계획위원회의 심의를 거치지 아니한다.
③ 지정권자는 관계 행정기관의 장과 협의하는 경우 지정하려는 도시개발구역이 일정 규모 이상 또는 국가계획과 관련되는 등 대통령령으로 정하는 경우에 해당하면 국토교통부장관과 협의하여야 한다.

4) 도시개발구역지정의 고시 등(법 제9조)

(1) 지정고시

지정권자는 도시개발구역을 지정하거나 제4조제1항 단서(도시개발구역을 지정한 후에 개발계획을 수립)에 따라 개발계획을 수립한 경우에는 대통령령으로 정하는 바에 따라 이를 관보나 공보에 고시하고, 대도시 시장인 지정권자는 관계 서류를 일반에게 공람시켜야 하며, 대도시 시장이 아닌 지정권자는 해당 도시개발구역을 관할하는 시장(대도시 시장은 제외한다)·군수 또는 구청장에게 관계 서류의 사본을 보내야 하며, 지정권자인 특별자치도지사와 관계 서류를 송부받은 시장(대도시 시장은 제외한다)·군수 또는 구청장은 해당 관계 서류를 일반인에게 공람시켜야 한다. 변경하는 경우에도 또한 같다.

(2) 지정고시의 의제

① 도시지역 등 의제

도시개발구역이 지정·고시된 경우 해당 도시개발구역은 도시지역과 대통령령으로 정하는 지구단위계획구역으로 결정되어 고시된 것으로 본다. 다만, 지구단위계획구역 및 취락지구로 지정된 지역인 경우에는 그러하지 아니하다.
② 지형도면 고시 특례
도시·군관리계획에 관한 지형도면의 고시는 도시개발사업의 시행 기간에 할 수 있다.

(3) 통보

시·도지사 또는 대도시 시장이 도시개발구역을 지정·고시한 경우에는 국토교통부장관에게 그 내용을 통보하여야 한다.

(4) 행위제한

① 허가 후 행위

도시개발구역지정에 관한 주민 등의 의견청취를 위한 공고가 있는 지역 및 도시개발구역에서 건축물의 건축, 공작물의 설치, 토지의 형질 변경, 토석의 채취, 토지 분할, 물건을 쌓아놓는 행위, 죽목의 벌채 및 식재 등 대통령령으로 정하는 행위를 하려는 자는 특별시장·광역시장·특별자치도지사·시장 또는 군수의 허가를 받아야 한다. 허가받은 사항을 변경하려는 경우에도 또한 같다. 다만, 다음 각 호의 어느 하나에 해당하는 행위는 허가를 받지 아니하고 할 수 있다.

> 1. 재해 복구 또는 재난 수습에 필요한 응급조치를 위하여 하는 행위
> 2. 그 밖에 대통령령(경작을 위한 토지의 형질변경 등)으로 정하는 행위

② 기득권 보호

허가를 받아야 하는 행위로서 도시개발구역의 지정 및 고시 당시 이미 관계 법령에 따라 행위 허가를 받았거나 허가를 받을 필요가 없는 행위에 관하여 그 공사나 사업에 착수한 자는 대통령령으로 정하는 바에 따라 특별시장·광역시장·특별자치도지사·시장 또는 군수에게 신고한 후 이를 계속 시행할 수 있다.

③ 행위 위반자의 원상복구 명령

특별시장·광역시장·특별자치도지사·시장 또는 군수는 위 ①을 위반한 자에게 원상회복을 명할 수 있다. 이 경우 명령을 받은 자가 그 의무를 이행하지 아니하는 경우에는 특별시장·광역시장·특별자치도지사·시장 또는 군수는 「행정대집행법」에 따라 이를 대집행할 수 있다.

(5) 허가에 따른 준용

① 허가에 관하여 이 법으로 규정한 것 외에는 「국토의 계획 및 이용에 관한 법률」 제57조부터 제60조까지(개발행위의 허가 등) 및 제62조(준공검사)를 준용한다.

② 허가를 받으면 「국토의 계획 및 이용에 관한 법률」 제56조(개발행위의 허가)에 따라 허가를 받은 것으로 본다.

5) 도시개발구역 지정의 해제(법 제10조)

(1) 도시개발구역 해제 시기

① 원칙적 해제 시기

다음 각 호의 어느 하나에 규정된 날의 다음 날에 해제된 것으로 본다.

> 1. 도시개발구역이 지정·고시된 날부터 3년이 되는 날까지 실시계획의 인가를 신청하지 아니하는 경우에는 그 3년이 되는 날
> 2. 도시개발사업의 공사 완료(환지 방식에 따른 사업인 경우에는 그 환지처분)의 공고일

② 도시개발구역을 지정한 후 개발계획을 수립하는 경우의 해제 시기

도시개발구역을 지정한 후 개발계획을 수립하는 경우에는 다음 각 호의 어느 하나에 규정된 날의 다음 날에 도시개발구역의 지정이 해제된 것으로 본다.

1. 도시개발구역이 지정·고시된 날부터 2년이 되는 날까지 개발계획을 수립·고시하지 아니하는 경우에는 그 2년이 되는 날. 다만, 도시개발구역의 면적이 대통령령으로 정하는 규모(330만 제곱미터)이상인 경우에는 5년으로 한다.
2. 개발계획을 수립·고시한 날부터 3년이 되는 날까지 실시계획 인가를 신청하지 아니하는 경우에는 그 3년이 되는 날. 다만, 도시개발구역의 면적이 대통령령으로 정하는 규모(330만 제곱미터)이상인 경우에는 5년으로 한다.

(2) 고시 및 공람

도시개발구역의 지정이 해제의제(원칙적 해제시기)되는 경우 지정권자는 대통령령으로 정하는 바에 따라 이를 관보나 공보에 고시하고, 대도시 시장인 지정권자는 관계 행정기관의 장에게 통보하여야 하며 관계 서류를 일반에게 공람시켜야 하고, 대도시 시장이 아닌 지정권자는 관계 행정기관의 장과 도시개발구역을 관할하는 시장(대도시 시장은 제외한다)·군수 또는 구청장에게 통보하여야 한다. 이 경우 지정권자인 특별자치도지사와 본문에 따라 통보를 받은 시장(대도시 시장은 제외한다)·군수 또는 구청장은 관계 서류를 일반인에게 공람시켜야 한다.

(3) 지정 전 용도지역 등 환원

도시개발구역의 지정이 해제의제(解除擬制)된 경우에는 그 도시개발구역에 대한 용도지역 및 지구단위계획구역은 해당 도시개발구역 지정 전의 용도지역 및 지구단위계획구역으로 각각 환원되거나 폐지된 것으로 본다. 다만, 공사완료에 따라 도시개발구역의 지정이 해제의제된 경우에는 환원되거나 폐지된 것으로 보지 아니한다.

3 도시개발사업의 시행

1. 시행자 등(법 제11조)

1) 시행자의 지정

도시개발사업의 시행자(이하 "시행자"라 한다)는 다음 각 호의 자 중에서 지정권자가 지정한다.

1. 국가나 지방자치단체
2. 대통령령으로 정하는 공공기관
3. 대통령령으로 정하는 정부출연기관
4. 「지방공기업법」에 따라 설립된 지방공사
5. 도시개발구역의 토지 소유자(「공유수면 관리 및 매립에 관한 법률」에 따라 면허를 받은 자를 해당 공유수면을 소유한 자로 보고 그 공유수면을 토지로 보며, 수용 또는 사용 방식의 경우에는 도시개발구역의 국공유지를 제외한 토지면적의 3분의 2 이상을 소유한 자를 말한다)
6. 도시개발구역의 토지 소유자(「공유수면 관리 및 매립에 관한 법률」에 따라 면허를 받은 자를 해당 공유수면을 소유한 자로 보고 그 공유수면을 토지로 본다)가 도시개발을 위하여 설립한 조합(도시개발사업의 전부를 환지 방식으로 시행하는 경우에만 해당하며, 이하 "조합"이라 한다)

7. 「수도권정비계획법」에 따른 과밀억제권역에서 수도권 외의 지역으로 이전하는 법인 중 과밀억제권역의 사업 기간 등 대통령령으로 정하는 요건에 해당하는 법인

8. 「주택법」에 따라 등록한 자 중 도시개발사업을 시행할 능력이 있다고 인정되는 자로서 대통령령으로 정하는 요건에 해당하는 자(「주택법」에 따른 주택단지와 그에 수반되는 기반시설을 조성하는 경우에만 해당한다)

9. 「건설산업기본법」에 따른 토목공사업 또는 토목건축공사업의 면허를 받는 등 개발계획에 맞게 도시개발사업을 시행할 능력이 있다고 인정되는 자로서 대통령령으로 정하는 요건에 해당하는 자

9의2. 「부동산개발업의 관리 및 육성에 관한 법률」에 따라 등록한 부동산개발업자로서 대통령령으로 정하는 요건에 해당하는 자

10. 「부동산투자회사법」에 따라 설립된 자기관리부동산투자회사 또는 위탁관리부동산투자회사로서 대통령령으로 정하는 요건에 해당하는 자

11. 제1호부터 제9호까지, 제9호의2 및 제10호에 해당하는 자(제6호에 따른 조합은 제외한다)가 도시개발사업을 시행할 목적으로 출자에 참여하여 설립한 법인으로서 대통령령으로 정하는 요건에 해당하는 법인

2) 전부를 환지방식의 시행자

(1) 토지소유자나 조합

도시개발구역의 전부를 환지 방식으로 시행하는 경우에는 위 제5호의 토지 소유자나 제6호의 조합을 시행자로 지정한다.

(2) 지방자치단체등 시행자

(1)에도 불구하고 다음 각 호의 어느 하나에 해당하는 사유가 있으면 지방자치단체나 대통령령으로 정하는 자(이하 "지방자치단체등"이라 한다)를 시행자로 지정할 수 있다. 이 경우 도시개발사업을 시행하는 자가 시·도지사 또는 대도시 시장인 경우 국토교통부장관이 지정한다.

1. 토지 소유자나 조합이 대통령령으로 정하는 기간(개발계획의 수립·고시일부터 1년 이내를 말한다. 다만, 지정권자가 시행자 지정 신청기간의 연장이 불가피하다고 인정하여 6개월의 범위에서 연장한 경우에는 그 연장된 기간)에 시행자 지정을 신청하지 아니한 경우 또는 지정권자가 신청된 내용이 위법하거나 부당하다고 인정한 경우

2. 지방자치단체의 장이 집행하는 공공시설에 관한 사업과 병행하여 시행할 필요가 있다고 인정한 경우

3. 도시개발구역의 국공유지를 제외한 토지면적의 2분의 1 이상에 해당하는 토지 소유자 및 토지 소유자 총수의 2분의 1 이상이 지방자치단체등의 시행에 동의한 경우

3) 지정의 제안

① 위 1)의 시행자중에서 제2호부터 제4호까지의 규정에 해당하는 자, 도시개발구역의 토지 소유자(수용 또는 사용의 방식으로 제안하는 경우에는 도시개발구역의 국공유지를 제외한 토지면적의 3분의 2 이상을 사용할 수 있는 대통령령으로 정하는 권원을 가지고 2분의 1 이상을 소유한 자를 말한다) 또는 제7호부터 제11호까지의

규정에 해당하는 자는 대통령령으로 정하는 바에 따라 특별자치도지사·시장·군수 또는 구청장에게 도시개발구역의 지정을 제안할 수 있다. 다만, 제3조제3항에 해당하는 자(공공기관의 장 또는 정부출연기관의 장)는 국토교통부장관에게 직접 제안할 수 있다.

② 토지 소유자 또는 위 1)의 시행자 중에서 제7호부터 제11호까지(제1호부터 제4호까지의 규정에 해당하는 자가 대통령령으로 정하는 비율을 초과하여 출자한 경우는 제외한다)의 규정에 해당하는 자가 도시개발구역의 지정을 제안하려는 경우에는 대상 구역 토지면적의 3분의 2 이상에 해당하는 토지 소유자(지상권자를 포함한다)의 동의를 받아야 한다.

③ 특별자치도지사·시장·군수 또는 구청장은 제안자와 협의하여 도시개발구역의 지정을 위하여 필요한 비용의 전부 또는 일부를 제안자에게 부담시킬 수 있다.

4) 시행자 변경

지정권자는 다음 각 호의 어느 하나에 해당하는 경우에는 시행자를 변경할 수 있다.

1. 도시개발사업에 관한 실시계획의 인가를 받은 후 2년 이내에 사업을 착수하지 아니하는 경우
2. 행정처분으로 시행자의 지정이나 실시계획의 인가가 취소된 경우
3. 시행자의 부도·파산, 그 밖에 이와 유사한 사유로 도시개발사업의 목적을 달성하기 어렵다고 인정되는 경우
4. 제1항 단서에 (환지 방식으로 시행하는 경우에는 토지 소유자나 조합) 따라 시행자로 지정된 자가 대통령령으로 정하는 기간(도시개발구역 지정의 고시일부터 1년 이내를 말한다. 다만, 연장이 불가피하다고 인정하여 6개월의 범위에서 연장한 경우에는 그 연장된 기간을 말한다)에 도시개발사업에 관한 실시계획의 인가를 신청하지 아니하는 경우

5) 대행자 지정

위 1)의 시행자중에서 제1호부터 제4호까지의 규정에 해당하는 자는 도시개발사업을 효율적으로 시행하기 위하여 필요한 경우에는 대통령령으로 정하는 바에 따라 설계·분양 등 도시개발사업의 일부를 「주택법」에 따른 주택건설사업자 등으로 하여금 대행하게 할 수 있다.

2. 도시개발사업의 절차

1) 조합설립

(1) 조합설립의 인가(법 제13조)

① 조합을 설립하려면 도시개발구역의 토지 소유자 7명 이상이 대통령령으로 정하는 사항을 포함한 정관을 작성하여 지정권자에게 조합 설립의 인가를 받아야 한다.

② 조합이 인가를 받은 사항을 변경하려면 지정권자로부터 변경인가를 받아야 한다. 다만, 대통령령으로 정하는 경미한 사항을 변경하려는 경우에는 신고하여야 한다.

③ 조합 설립의 인가를 신청하려면 해당 도시개발구역의 토지면적의 3분의 2 이상에 해당하는 토지 소유자와 그 구역의 토지 소유자 총수의 2분의 1 이상의 동의를 받아야 한다.

(2) 조합원(법 제14조)

① 조합원의 구성

> 1. 조합장 1명
> 2. 이사
> 3. 감사

조합의 조합원은 도시개발구역의 토지 소유자로 한다. 조합의 임원은 그 조합의 다른 임원이나 직원을 겸할 수 없다.

② 임원의 결격사유

다음 각 호의 어느 하나에 해당하는 자는 조합의 임원이 될 수 없다.

> 1. 피성년후견인, 피한정후견인 또는 미성년자
> 2. 파산선고를 받은 자로서 복권되지 아니한 자
> 3. 금고 이상의 형을 선고받고 그 집행이 끝나거나 집행을 받지 아니하기로 확정된 후 2년이 지나지 아니한 자 또는 그 형의 집행유예 기간 중에 있는 자

(3) 조합의 법인격(법 제15조)

① 조합은 법인으로 하고, 그 주된 사무소의 소재지에서 등기를 하면 성립한다.
② 조합에 관하여 이 법으로 규정한 것 외에는 「민법」 중 사단법인에 관한 규정을 준용한다.

(4) 조합원의 경비 부담(법 제16조)

조합은 그 사업에 필요한 비용을 조성하기 위하여 정관으로 정하는 바에 따라 조합원에게 경비를 부과·징수할 수 있다.

2) 실시계획

(1) 실시계획의 작성 및 인가(법 제17조)

① 실시계획의 작성

시행자는 대통령령으로 정하는 바에 따라 도시개발사업에 관한 실시계획(이하 "실시계획"이라 한다)을 작성하여야 한다. 이 경우 실시계획에는 지구단위계획이 포함되어야 한다.

② 지정권자의 인가

시행자(지정권자가 시행자인 경우는 제외한다)는 제1항에 따라 작성된 실시계획에 관하여 지정권자의 인가를 받아야 한다.

③ 의견청취

지정권자가 실시계획을 작성하거나 인가하는 경우 국토교통부장관이 지정권자이면 시·도지사 또는 대도시 시장의 의견을, 시·도지사가 지정권자이면 시장(대도시 시장은 제외한다)·군수 또는 구청장의 의견을 미리 들어야 한다.

④ 변경이나 폐지시 준용

제2항과 제3항은 인가를 받은 실시계획을 변경하거나 폐지하는 경우에 준용한다. 다만, 국토교통부령으로 정하는 경미한 사항을 변경하는 경우에는 그러하지 아니하다.

(2) 실시계획의 고시(법 제18조)

① 지정권자가 실시계획을 작성하거나 인가한 경우에는 대통령령으로 정하는 바에 따라 이를 관보나 공보에 고시하고 시행자에게 관계 서류의 사본을 송부하며, 대도시 시장인 지정권자는 일반에게 관계 서류를 공람시켜야 하고, 대도시 시장이 아닌 지정권자는 해당 도시개발구역을 관할하는 시장(대도시 시장은 제외한다)·군수 또는 구청장에게 관계 서류의 사본을 보내야 한다. 이 경우 지정권자인 특별자치도지사와 본문에 따라 관계 서류를 받은 시장(대도시 시장은 제외한다)·군수 또는 구청장은 이를 일반인에게 공람시켜야 한다.

② 실시계획을 고시한 경우 그 고시된 내용 중 도시·군관리계획(지구단위계획을 포함한다)으로 결정하여야 하는 사항은 같은 법에 따른 도시·군관리계획이 결정되어 고시된 것으로 본다. 이 경우 종전에 도시·군관리계획으로 결정된 사항 중 고시 내용에 저촉되는 사항은 고시된 내용으로 변경된 것으로 본다.

3) 인·허가 등의 의제(법 제19조)

실시계획을 작성하거나 인가할 때 지정권자가 해당 실시계획에 대한 다음 각 호의 허가·승인·심사·인가·신고·면허·등록·협의·지정·해제 또는 처분 등(이하 "인·허가등"이라 한다)에 관하여 관계 행정기관의 장과 협의한 사항에 대하여는 해당 인·허가등을 받은 것으로 보며, 실시계획을 고시한 경우에는 관계 법률에 따른 인·허가등의 고시나 공고를 한 것으로 본다.

1. 「수도법」에 따른 수도사업의 인가, 전용상수도설치의 인가
2. 「하수도법」에 따른 공공하수도 공사시행의 허가
3. 「공유수면 관리 및 매립에 관한 법률」에 따른 공유수면의 점용·사용허가, 공유수면의 매립면허, 국가 등이 시행하는 매립의 협의 또는 승인 및 공유수면매립실시계획의 승인
4. 삭제
5. 「하천법」에 따른 하천공사 시행의 허가, 하천의 점용허가 및 하천수의 사용허가
6. 「도로법」에 따른 도로공사 시행의 허가, 도로점용의 허가
7. 「농어촌정비법」에 따른 농업생산기반시설의 사용허가
이하 생략(31호까지)

4) 공사의 감리(법 제20조)

지정권자는 실시계획을 인가하였을 때에는 「건설기술 진흥법」에 따른 건설엔지니어링사업자를 도시개발사업의 공사에 대한 감리를 할 자로 지정하고 지도·감독하여야 한다. 다만, 시행자가 「건설기술 진흥법」 제2조제6호(발주청)에 해당하는 자인 경우에는 그러하지 아니하다.

3. 도시개발사업의 시행 방식(법 제21조)

1) 시행방식(영 제43조)

도시개발사업은 시행자가 도시개발구역의 토지등을 수용 또는 사용하는 방식이나 환지 방식 또는 이를 혼용하는 방식으로 시행할 수 있다.

1. 환지방식: 다음 각 목의 어느 하나에 해당하는 경우
   가. 대지로서의 효용증진과 공공시설의 정비를 위하여 토지의 교환·분할·합병, 그 밖의 구획변경, 지목 또는 형질의 변경이나 공공시설의 설치·변경이 필요한 경우
   나. 도시개발사업을 시행하는 지역의 지가가 인근의 다른 지역에 비하여 현저히 높아 수용 또는 사용방식으로 시행하는 것이 어려운 경우
2. 수용 또는 사용방식: 계획적이고 체계적인 도시개발 등 집단적인 조성과 공급이 필요한 경우
3. 혼용방식: 도시개발구역으로 지정하려는 지역이 부분적으로 제1호 또는 제2호에 해당하는 경우
   - 분할 혼용방식: 수용 또는 사용 방식이 적용되는 지역과 환지 방식이 적용되는 지역을 사업시행지구별로 분할하여 시행하는 방식
   - 미분할 혼용방식: 사업시행지구를 분할하지 아니하고 수용 또는 사용 방식과 환지 방식을 혼용하여 시행하는 방식. 이 경우 환지에 대해서는 법 제3장제3절(환지방식에 의한 사업시행)에 따른 사업 시행에 관한 규정을 적용하고, 그 밖의 사항에 대해서는 수용 또는 사용 방식에 관한 규정을 적용한다.

2) 시행방식의 변경

지정권자는 도시개발구역지정 이후 다음 각 호의 어느 하나에 해당하는 경우에는 도시개발사업의 시행방식을 변경할 수 있다.

1. 제11조제1항제1호부터 제4호(국가나 지방자치단체, 공공기관, 정부출연기관, 지방공사)까지의 시행자가 대통령령으로 정하는 기준에 따라 도시개발사업의 시행방식을 수용 또는 사용방식에서 전부 환지 방식으로 변경하는 경우
2. 제11조제1항제1호부터 제4호까지의 시행자가 대통령령으로 정하는 기준에 따라 도시개발사업의 시행방식을 혼용방식에서 전부 환지 방식으로 변경하는 경우
3. 제11조제1항제1호부터 제5호까지 및 제7호부터 제11호까지의 시행자가 대통령령으로 정하는 기준에 따라 도시개발사업의 시행방식을 수용 또는 사용 방식에서 혼용방식으로 변경하는 경우

3) 순환개발방식의 개발사업(법 제21조의 2)

시행자는 도시개발사업을 원활하게 시행하기 위하여 도시개발구역의 내외에 새로 건설하는 주택 또는 이미 건설되어 있는 주택에 그 도시개발사업의 시행으로 철거되는 주택의 세입자 또는 소유자(제7조에 따라 주민 등의 의견을 듣기 위하여 공람한 날 또는 공청회의 개최에 관한 사항을 공고한 날 이전부터 도시개발구역의 주택에 실제로 거주하는 자에 한정한다. 이하 "세입자등"이라 한다)를 임시로 거주하게 하는 등의 방식으로 그 도시개발구역을 순차적으로 개발할 수 있다.

부동산공법 (기초)

4) 세입자등을 위한 임대주택 건설용지의 공급 등(법 제21조의 3)

시행자는 도시개발사업에 따른 세입자등의 주거안정 등을 위하여 주거 및 생활실태 조사와 주택수요 조사 결과를 고려하여 대통령령으로 정하는 바에 따라 임대주택 건설용지를 조성·공급하거나 임대주택을 건설·공급하여야 한다.

4. 수용 또는 사용의 방식에 따른 사업 시행

1) 토지등의 사용 또는 수용(법 제22조)

(1) 시행자의 사용 또는 수용

시행자는 도시개발사업에 필요한 토지등을 수용하거나 사용할 수 있다.

(2) 법인 등 시행자의 동의

제11조제1항제5호(토지 소유자) 및 제7호부터 제11호까지(요건이 되는 법인, 등록한자, 부동산개발업자 등)의 규정(같은 항 제1호부터 제4호까지의 규정에 해당하는 자가 100분의 50 비율을 초과하여 출자한 경우는 제외한다)에 해당하는 시행자는 사업대상 토지면적의 3분의 2 이상에 해당하는 토지를 소유하고 토지 소유자 총수의 2분의 1 이상에 해당하는 자의 동의를 받아야 한다. 이 경우 토지 소유자의 동의요건 산정기준일은 도시개발구역지정 고시일을 기준으로 하며, 그 기준일 이후 시행자가 취득한 토지에 대하여는 동의 요건에 필요한 토지 소유자의 총수에 포함하고 이를 동의한 자의 수로 산정한다.

(3) 「공익사업을 위한 토지 등의 취득 및 보상에 관한 법률」 준용

① 토지등의 수용 또는 사용에 관하여 이 법에 특별한 규정이 있는 경우 외에는 「공익사업을 위한 토지 등의 취득 및 보상에 관한 법률」을 준용한다.
② 「공익사업을 위한 토지 등의 취득 및 보상에 관한 법률」을 준용할 때 수용 또는 사용의 대상이 되는 토지의 세부목록을 고시한 경우에는 「공익사업을 위한 토지 등의 취득 및 보상에 관한 법률」에 따른 사업인정 및 그 고시가 있었던 것으로 본다. 다만, 재결신청은 같은 법의 규정에도 불구하고 개발계획에서 정한 도시개발사업의 시행 기간 종료일까지 하여야 한다.

2) 토지상환채권의 발행(법 제23조)

(1) 채권의 발행

① 시행자는 토지 소유자가 원하면 토지등의 매수 대금의 일부를 지급하기 위하여 대통령령으로 정하는 바에 따라 사업 시행으로 조성된 토지·건축물로 상환하는 채권(이하 "토지상환채권"이라 한다)을 발행할 수 있다. 토지상환채권을 발행하려면 대통령령으로 정하는 바에 따라 토지상환채권의 발행계획을 작성하여 미리 지정권자의 승인을 받아야 한다.
② 민간시행자의 지급보증: 제11조제1항제5호부터 제11호까지의 규정에 해당하는 자는 대통령령으로 정하는 금융기관 등으로부터 지급보증을 받은 경우에만 이를 발행할 수 있다.

(2) 채권의 발행조건 등(영 제48조 ~ 제54조)

① 토지상환채권은 기명식(記名式) 증권으로 한다.

② 토지상환채권의 이율은 발행당시의 은행의 예금금리 및 부동산 수급상황을 고려하여 발행자가 정한다.

③ 토지상환채권을 이전하는 경우 취득자는 그 성명과 주소를 토지상환채권원부에 기재하여 줄 것을 요청하여야 하며, 취득자의 성명과 주소가 토지상환채권에 기재되지 아니하면 취득자는 발행자 및 그 밖의 제3자에게 대항하지 못한다.

3) 원형지의 공급과 개발 등(법 제25조의 2)

(1) 원형지의 공급

① 시행자는 도시를 자연친화적으로 개발하거나 복합적·입체적으로 개발하기 위하여 필요한 경우에는 대통령령으로 정하는 절차에 따라 미리 지정권자의 승인을 받아 다음 각 호의 어느 하나에 해당하는 자에게 원형지를 공급하여 개발하게 할 수 있다. 이 경우 공급될 수 있는 원형지의 면적은 도시개발구역 전체 토지 면적의 3분의 1 이내로 한정한다.

> 1. 국가 또는 지방자치단체
> 2. 「공공기관의 운영에 관한 법률」에 따른 공공기관
> 3. 「지방공기업법」에 따라 설립된 지방공사
> 4. 국가나 지방자치단체 또는 대통령령으로 정하는 공공기관의 시행자가 복합개발 등을 위하여 실시한 공모에서 선정된 자
> 5. 원형지를 학교나 공장 등의 부지로 직접 사용하는 자

② 승인을 할 때에는 용적률 등 개발밀도, 토지용도별 면적 및 배치, 교통처리계획 및 기반시설의 설치 등에 관한 이행조건을 붙일 수 있다.

(2) 원형지의 매각 제한

원형지개발자(국가 및 지방자치단체는 제외한다)는 10년의 범위에서 대통령령으로 정하는 기간 안에는 원형지를 매각할 수 없다. 다만, 이주용 주택이나 공공·문화 시설 등 대통령령으로 정하는 경우로서 미리 지정권자의 승인을 받은 경우에는 예외로 한다.

(3) 원형지 승인 취소 등

지정권자는 다음 각 호의 어느 하나에 해당하는 경우에는 원형지 공급 승인을 취소하거나 시행자로 하여금 그 이행의 촉구, 원상회복 또는 손해배상의 청구, 원형지 공급계약의 해제 등 필요한 조치를 취할 것을 요구할 수 있다.

> 1. 시행자가 원형지의 공급 계획대로 토지를 이용하지 아니하는 경우
> 2. 원형지개발자가 세부계획의 내용대로 사업을 시행하지 아니하는 경우
> 3. 시행자 또는 원형지개발자가 이행조건을 이행하지 아니하는 경우

(4) 원형지 공급계약 해제

시행자는 다음 각 호의 어느 하나에 해당하는 경우 대통령령으로 정하는 바에 따라 원형지 공급계약을 해제할 수 있다.

1. 원형지개발자가 세부계획에서 정한 착수 기한 안에 공사에 착수하지 아니하는 경우
2. 원형지개발자가 공사 착수 후 세부계획에서 정한 사업 기간을 넘겨 사업 시행을 지연하는 경우
3. 공급받은 토지의 전부나 일부를 시행자의 동의 없이 제3자에게 매각하는 경우
4. 그 밖에 공급받은 토지를 세부계획에서 정한 목적대로 사용하지 아니하는 등 공급계약의 내용을 위반한 경우

4) 조성토지등의 공급 계획(법 제26조)

시행자(지정권자가 시행자인 경우는 제외한다)는 조성토지등을 공급하려고 할 때에는 조성토지등의 공급 계획을 작성하거나 변경하여 지정권자에게 제출하여야 한다. 이 경우 행정청이 아닌 시행자는 시장(대도시 시장은 제외한다)·군수 또는 구청장을 거쳐 제출하여야 한다.

5) 학교 용지 등의 공급 가격(법 제27조)

① 시행자는 학교, 폐기물처리시설, 그 밖에 대통령령으로 정하는 시설을 설치하기 위한 조성토지등과 이주단지의 조성을 위한 토지를 공급하는 경우에는 해당 토지의 가격을 「감정평가 및 감정평가사에 관한 법률」에 따른 감정평가법인등이 감정평가한 가격 이하로 정할 수 있다.
② 제11조제1항제1호부터 제4호까지의(국가나 지방자치단체·공공기관·정부출연기관·지방공사)의 시행자는 제1항에서 정한 토지 외에 지역특성화 사업 유치 등 도시개발사업의 활성화를 위하여 필요한 경우에는 대통령령으로 정하는 바에 따라 감정평가한 가격 이하로 공급할 수 있다.

6) 선수금(법 제25조)

시행자는 조성토지등과 원형지를 공급받거나 이용하려는 자로부터 대통령령으로 정하는 바에 따라 해당 대금의 전부 또는 일부를 미리 받을 수 있다. 해당 대금의 전부 또는 일부를 미리 받으려면 지정권자의 승인을 받아야 한다.

5. 환지방식에 의한 사업시행

1) 환지계획의 작성(법 제28조)

시행자는 도시개발사업의 전부 또는 일부를 환지 방식으로 시행하려면 다음 각 호의 사항이 포함된 환지 계획을 작성하여야 한다.

1. 환지 설계
2. 필지별로 된 환지 명세
3. 필지별과 권리별로 된 청산 대상 토지 명세
4. 체비지(替費地) 또는 보류지(保留地)의 명세
5. 입체 환지를 계획하는 경우에는 입체 환지용 건축물의 명세와 제32조의3(입체 환지에 따른 주택 공급 등)에 따른 공급 방법·규모에 관한 사항
6. 그 밖에 국토교통부령으로 정하는 사항

2) 환지계획의 인가 등(법 제29조)

(1) 인가 및 변경인가

행정청이 아닌 시행자가 환지 계획을 작성한 경우에는 특별자치도지사·시장·군수 또는 구청장의 인가를 받아야 한다. 인가받은 내용을 변경하려는 경우에 준용한다. 다만, 대통령령으로 정하는 경미한 사항을 변경하는 경우에는 그러하지 아니하다.

(2) 환지계획의 인가 절차

① 통보 및 공람

행정청이 아닌 시행자가 환지 계획의 인가를 신청하려고 하거나 행정청인 시행자가 환지 계획을 정하려고 하는 경우에는 토지 소유자와 해당 토지에 대하여 임차권, 지상권, 그 밖에 사용하거나 수익할 권리(이하 "임차권등"이라 한다)를 가진 자(이하 "임차권자등"이라 한다)에게 환지 계획의 기준 및 내용 등을 알리고 대통령령으로 정하는 바에 따라 관계 서류의 사본을 일반인에게 공람시켜야 한다. 다만, 대통령령으로 정하는 경미한 사항을 변경하는 경우에는 그러하지 아니하다.

② 토지 소유자나 임차권자등의 의견서 제출

토지 소유자나 임차권자등은 제3항의 공람 기간에 시행자에게 의견서를 제출할 수 있으며, 시행자는 그 의견이 타당하다고 인정하면 환지 계획에 이를 반영하여야 한다.

③ 반영여부 통보

시행자는 ②에 따라 제출된 의견에 대하여 공람 기일이 종료된 날부터 60일 이내에 그 의견을 제출한 자에게 환지 계획에의 반영여부에 관한 검토 결과를 통보하여야 한다.

3) 환지의 부지정 및 환지의 증감

(1) 환지의 부지정

토지 소유자가 신청하거나 동의하면 해당 토지의 전부 또는 일부에 대하여 환지를 정하지 아니할 수 있다. 다만, 해당 토지에 관하여 임차권자등이 있는 경우에는 그 동의를 받아야 한다.

(2) 환지의 부지정 제외

위 (1)에도 불구하고 시행자는 다음 각 호의 어느 하나에 해당하는 토지는 규약·정관 또는 시행규정으로 정하는 방법과 절차에 따라 환지를 정하지 아니할 토지에서 제외할 수 있다.

부동산공법 (기초)

1. 환지 예정지를 지정하기 전에 사용하는 토지
2. 환지 계획 인가에 따라 환지를 지정받기로 결정된 토지
3. 종전과 같은 위치에 종전과 같은 용도로 환지를 계획하는 토지
4. 토지 소유자가 환지 제외를 신청한 토지의 면적 또는 평가액이 모두 합하여 구역 전체의 토지(국유지·공유지는 제외한다) 면적 또는 평가액의 100분의 15 이상이 되는 경우로서 환지를 정하지 아니할 경우 사업시행이 곤란하다고 판단되는 토지
5. 제7조(도시개발구역을 지정이나 지정요청에 따른 공람)에 따라 공람한 날 또는 공고한 날 이후에 토지의 양수계약을 체결한 토지. 다만, 양수일부터 3년이 지난 경우는 제외한다.

(3) 환지의 증감(법 제31조)

시행자는 토지 면적의 규모를 조정할 특별한 필요가 있으면 면적이 작은 토지는 과소(過小) 토지가 되지 아니하도록 면적을 늘려 환지를 정하거나 환지 대상에서 제외할 수 있고, 면적이 넓은 토지는 그 면적을 줄여서 환지를 정할 수 있다.

과소토지의 기준(건축법 시행령 제80조)
1. 주거지역: 60제곱미터
2. 상업지역: 150제곱미터
3. 공업지역: 150제곱미터
4. 녹지지역: 200제곱미터
5. 제1호부터 제4호까지의 규정에 해당하지 아니하는 지역: 60제곱미터

4) 입체환지(법 제32조)

(1) 입체환지 공급

시행자는 도시개발사업을 원활히 시행하기 위하여 특히 필요한 경우에는 토지 또는 건축물 소유자의 신청을 받아 건축물의 일부와 그 건축물이 있는 토지의 공유지분을 부여할 수 있다. 다만, 토지 또는 건축물이 대통령령(입체환지를 신청하는 자의 종전 소유 토지 및 건축물의 권리가액이 도시개발사업으로 조성되는 토지에 건축되는 구분건축물의 최소 공급 가격의 100분의 70 이하인 경우를 말한다)으로 정하는 기준 이하인 경우에는 시행자가 규약·정관 또는 시행규정으로 신청대상에서 제외할 수 있다.

(2) 입체환지의 공급 기준

① 1주택 공급의 원칙

입체 환지로 주택을 공급하는 경우 다음 각 호의 기준에 따른다. 이 경우 주택의 수를 산정하기 위한 구체적인 기준은 대통령령으로 정한다.

1. 1세대 또는 1명이 하나 이상의 주택 또는 토지를 소유한 경우 1주택을 공급할 것
2. 같은 세대에 속하지 아니하는 2명 이상이 1주택 또는 1토지를 공유한 경우에는 1주택만 공급할 것

② 1주택 공급의 예외

1주택 공급의 원칙에도 불구하고 다음 각 호의 어느 하나에 해당하는 토지 소유자에 대하여는 소유한 주택의 수만큼 공급할 수 있다.

1. 「수도권정비계획법」에 따른 과밀억제권역에 위치하지 아니하는 도시개발구역의 토지 소유자
2. 근로자(공무원인 근로자를 포함한다) 숙소나 기숙사의 용도로 주택을 소유하고 있는 토지 소유자
3. 제11조제1항제1호부터 제4호(국가나 지방자치단체, 공공기관, 정부출연기관, 지방공사)까지의 시행자

③ 무주택 토지 소유자의 공급

입체 환지로 주택을 공급하는 경우 주택을 소유하지 아니한 토지 소유자에 대하여는 제32조의2(환지지정의 제한)에 따른 기준일 현재 다음 각 호의 어느 하나에 해당하는 경우에만 주택을 공급할 수 있다.

1. 토지 면적이 국토교통부장관이 정하는 규모 이상인 경우
2. 종전 토지의 총 권리가액(주택 외의 건축물이 있는 경우 그 건축물의 총 권리가액을 포함한다)이 입체 환지로 공급하는 공동주택 중 가장 작은 규모의 공동주택 공급예정가격 이상인 경우

④ 잔여건축물 처분

시행자는 입체 환지의 대상이 되는 용지에 건설된 건축물 중 공급대상자에게 공급하고 남은 건축물의 공급에 대하여는 규약·정관 또는 시행규정으로 정하는 목적을 위하여 체비지(건축물을 포함한다)로 정하거나 토지 소유자 외의 자에게 분양할 수 있다.

5) 환지 지정 등의 제한(법 제32조의 2)

시행자는 제7조(도시개발구역을 지정이나 지정을 요청하려고 하는 경우)에 따른 주민 등의 의견청취를 위하여 공람 또는 공청회의 개최에 관한 사항을 공고한 날 또는 투기억제를 위하여 시행예정자의 요청에 따라 지정권자가 따로 정하는 날(이하 이 조에서 "기준일"이라 한다)의 다음 날부터 다음 각 호의 어느 하나에 해당하는 경우에는 국토교통부령으로 정하는 바에 따라 해당 토지 또는 건축물에 대하여 금전으로 청산하거나 환지 지정을 제한할 수 있다.

1. 1필지의 토지가 여러 개의 필지로 분할되는 경우
2. 단독주택 또는 다가구주택이 다세대주택으로 전환되는 경우
3. 하나의 대지범위 안에 속하는 동일인 소유의 토지와 주택 등 건축물을 토지와 주택 등 건축물로 각각 분리하여 소유하는 경우
4. 나대지에 건축물을 새로 건축하거나 기존 건축물을 철거하고 다세대주택이나 그 밖의 구분소유권의 대상이 되는 건물을 건축하여 토지 또는 건축물의 소유자가 증가되는 경우

6) 공공시설의 용지 등에 관한 조치(법 제33조)

① 「공익사업을 위한 토지 등의 취득 및 보상에 관한 법률」 제4조(공익사업) 각 호의 어느 하나에 해당하는 공공시설의 용지에 대하여는 환지 계획을 정할 때 그 위치·면적 등에 관하여 제28조제2항(환지계획의 합리적 작성)에 따른 기준을 적용하지 아니할 수 있다.

② 시행자가 도시개발사업의 시행으로 국가 또는 지방자치단체가 소유한 공공시설과 대체되는 공공시설을 설치
하는 경우 종전의 공공시설의 전부 또는 일부의 용도가 폐지되거나 변경되어 사용하지 못하게 될 토지는 제
66조제1항 및 제2항(공공시설의 귀속)에도 불구하고 환지를 정하지 아니하며, 이를 다른 토지에 대한 환지의
대상으로 하여야 한다.

7) 체비지의 경비 충당(법 제34조)

시행자는 도시개발사업에 필요한 경비에 충당하거나 규약·정관·시행규정 또는 실시계획으로 정하는 목적을 위
하여 일정한 토지를 환지로 정하지 아니하고 보류지로 정할 수 있으며, 그 중 일부를 체비지로 정하여 도시개발
사업에 필요한 경비에 충당할 수 있다.

8) 환지예정지

(1) 환지예정지의 지정(법 제35조)

시행자는 도시개발사업의 시행을 위하여 필요하면 도시개발구역의 토지에 대하여 환지 예정지를 지정할 수 있다.
이 경우 종전의 토지에 대한 임차권자등이 있으면 해당 환지 예정지에 대하여 해당 권리의 목적인 토지 또는 그
부분을 아울러 지정하여야 한다.

(2) 효력발생시기 통보

시행자가 환지 예정지를 지정하려면 관계 토지 소유자와 임차권자등에게 환지 예정지의 위치·면적과 환지 예정
지 지정의 효력발생 시기를 알려야 한다.

(3) 환지예정지 지정의 효과(법 제36조)

① 사용·수익 금지
　환지 예정지가 지정되면 종전의 토지의 소유자와 임차권자등은 환지 예정지 지정의 효력발생일부터 환지처분
　이 공고되는 날까지 환지 예정지나 해당 부분에 대하여 종전과 같은 내용의 권리를 행사할 수 있으며 종전의
　토지는 사용하거나 수익할 수 없다.
② 사용·수익일 지정
　시행자는 환지 예정지를 지정한 경우에 해당 토지를 사용하거나 수익하는 데에 장애가 될 물건이 그 토지에
　있거나 그 밖에 특별한 사유가 있으면 그 토지의 사용 또는 수익을 시작할 날을 따로 정할 수 있다.
③ 종전소유자 등의 권리행사 방해 금지
　환지 예정지 지정의 효력이 발생하거나 제2항에 따라 그 토지의 사용 또는 수익을 시작하는 경우에 해당 환지
　예정지의 종전의 소유자 또는 임차권자등은 제1항 또는 제2항에서 규정하는 기간에 이를 사용하거나 수익할
　수 없으며 제1항에 따른 권리의 행사를 방해할 수 없다.
④ 체비지의 사업비용 충당
　시행자는 체비지의 용도로 환지 예정지가 지정된 경우에는 도시개발사업에 드는 비용을 충당하기 위하여 이
　를 사용 또는 수익하게 하거나 처분할 수 있다.
⑤ 임차권등의 목적인 토지에 관하여 환지 예정지가 지정된 경우 임대료·지료(地料), 그 밖의 사용료 등의 증감

(增減)이나 권리의 포기 등에 관하여는 제48조(임대료 등의 증감청구)와 제49조(권리의 포기 등)를 준용한다.

(4) 환지예정지 지정 전 토지 사용(법 제36조의 2)

① 국가 등 사업시행자의 토지 사용

제11조제1항제1호부터 제4호(국가나 지방자치단체, 공공기관, 정부출연기관, 지방공사)까지의 시행자는 다음 각 호의 어느 하나에 해당하는 경우에는 환지 예정지를 지정하기 전이라도 실시계획 인가 사항의 범위에서 토지 사용을 하게 할 수 있다.

1. 순환개발을 위한 순환용주택을 건설하려는 경우
2. 「국방·군사시설 사업에 관한 법률」에 따른 국방·군사시설을 설치하려는 경우
3. 제7조제1항(도시개발구역을 지정하거나 지정을 요청하려고 하는 경우)에 따른 주민 등의 의견청취를 위한 공고일 이전부터 「주택법」에 따라 등록한 주택건설사업자가 주택건설을 목적으로 토지를 소유하고 있는 경우
4. 그 밖에 기반시설의 설치나 개발사업의 촉진에 필요한 경우 등 대통령령으로 정하는 경우

② 제1항 3호 또는 4호의 토지사용 요건

제1항제3호 또는 제4호의 경우에는 다음 각 호 모두에 해당하는 경우에만 환지 예정지를 지정하기 전에 토지를 사용할 수 있다.

1. 사용하려는 토지의 면적이 구역 면적의 100분의 5 이상(최소 1만제곱미터 이상)이고 소유자가 동일할 것. 이 경우 국유지·공유지는 관리청과 상관없이 같은 소유자로 본다.
2. 사용하려는 종전 토지가 제17조제2항에 따른 실시계획 인가로 정한 하나 이상의 획지(劃地) 또는 가구(街區)의 경계를 모두 포함할 것
3. 사용하려는 토지의 면적 또는 평가액이 구역 내 동일소유자가 소유하고 있는 전체 토지의 면적 또는 평가액의 100분의 60 이하이거나 대통령령으로 정하는 바에 따라 보증금을 예치할 것
4. 사용하려는 토지에 임차권자 등이 있는 경우 임차권자 등의 동의가 있을 것

③ 제1항에 따라 토지를 사용하는 자는 환지 예정지를 지정하기 전까지 새로 조성되는 토지 또는 그 위에 건축되는 건축물을 공급 또는 분양하여서는 아니 된다.

9) 환지처분(법 제40조)

(1) 공사완료 공고 및 공람

시행자는 환지 방식으로 도시개발사업에 관한 공사를 끝낸 경우에는 지체 없이 대통령령으로 정하는 바에 따라 이를 공고하고 공사 관계 서류를 일반인에게 공람시켜야 한다.

(2) 의견서 제출

도시개발구역의 토지 소유자나 이해관계인은 (1)의 공람 기간에 시행자에게 의견서를 제출할 수 있으며, 의견서를 받은 시행자는 공사 결과와 실시계획 내용에 맞는지를 확인하여 필요한 조치를 하여야 한다.

부동산공법 (기초)

(3) 준공검사 신청

공사완료 공람 기간에 의견서의 제출이 없거나 제출된 의견서에 따라 필요한 조치를 한 경우에는 지정권자에 의한 준공검사를 신청하거나 도시개발사업의 공사를 끝내야 한다.

(4) 환지처분

시행자는 지정권자에 의한 준공검사를 받은 경우(지정권자가 시행자인 경우에는 공사 완료 공고가 있는 때)에는 대통령령으로 정하는 기간(60일 이내)에 환지처분을 하여야 한다. 환지처분을 하려는 경우에는 환지 계획에서 정한 사항을 토지 소유자에게 알리고 대통령령으로 정하는 바에 따라 이를 공고하여야 한다.

(5) 청산금(법 제41조)

① 금전으로 청산

환지를 정하거나 그 대상에서 제외한 경우 그 과부족분(過不足分)은 종전의 토지(입체 환지 방식으로 사업을 시행하는 경우에는 환지 대상 건축물을 포함한다) 및 환지의 위치·지목·면적·토질·수리·이용 상황·환경, 그 밖의 사항을 종합적으로 고려하여 금전으로 청산하여야 한다.

② 청산금의 징수·교부

시행자는 환지처분이 공고된 후에 확정된 청산금을 징수하거나 교부하여야 한다. 다만, 제30조(동의 등에 따른 환지의 제외)와 제31조(토지면적을 고려한 환지)에 따라 환지를 정하지 아니하는 토지에 대하여는 환지처분 전이라도 청산금을 교부할 수 있다.

③ 청산금의 소멸시기

청산금을 받을 권리나 징수할 권리를 5년간 행사하지 아니하면 시효로 소멸한다.

(6) 환지처분이 효과(법 제42조)

① 환지 계획에서 정하여진 환지는 그 환지처분이 공고된 날의 다음 날부터 종전의 토지로 보며, 환지 계획에서 환지를 정하지 아니한 종전의 토지에 있던 권리는 그 환지처분이 공고된 날이 끝나는 때에 소멸한다.

② 제1항은 행정상 처분이나 재판상의 처분으로서 종전의 토지에 전속(專屬)하는 것에 관하여는 영향을 미치지 아니한다.

③ 도시개발구역의 토지에 대한 지역권(地役權)은 제1항에도 불구하고 종전의 토지에 존속한다. 다만, 도시개발사업의 시행으로 행사할 이익이 없어진 지역권은 환지처분이 공고된 날이 끝나는 때에 소멸한다.

④ 환지 계획에 따라 환지처분을 받은 자는 환지처분이 공고된 날의 다음 날에 환지 계획으로 정하는 바에 따라 건축물의 일부와 해당 건축물이 있는 토지의 공유지분을 취득한다. 이 경우 종전의 토지에 대한 저당권은 환지처분이 공고된 날의 다음 날부터 해당 건축물의 일부와 해당 건축물이 있는 토지의 공유지분에 존재하는 것으로 본다.

⑤ 체비지는 시행자가, 보류지는 환지 계획에서 정한 자가 각각 환지처분이 공고된 날의 다음 날에 해당 소유권을 취득한다. 다만, 이미 처분된 체비지는 그 체비지를 매입한 자가 소유권 이전 등기를 마친 때에 소유권을 취득한다.

⑥ 청산금은 환지처분이 공고된 날의 다음 날에 확정된다.

10) 환지처분 이후 등기 등

(1) 등기(법 제43조)

시행자는 환지처분이 공고되면 공고 후 14일 이내에 관할 등기소에 이를 알리고 토지와 건축물에 관한 등기를 촉탁하거나 신청하여야 한다. 환지처분이 공고된 날부터 등기가 있는 때까지는 다른 등기를 할 수 없다. 다만, 등기신청인이 확정일자가 있는 서류로 환지처분의 공고일 전에 등기원인(登記原因)이 생긴 것임을 증명하면 다른 등기를 할 수 있다.

(2) 체비지의 처분 등(법 제44조)

① 시행자는 체비지나 보류지를 규약·정관·시행규정 또는 실시계획으로 정하는 목적 및 방법에 따라 합리적으로 처분하거나 관리하여야 한다.
② 행정청인 시행자가 체비지 또는 보류지를 관리하거나 처분(제36조제4항에 따라 체비지를 관리하거나 처분하는 경우를 포함한다)하는 경우에는 국가나 지방자치단체의 재산처분에 관한 법률을 적용하지 아니한다. 다만, 신탁계약에 따라 체비지를 처분하려는 경우에는 「공유재산 및 물품 관리법」 제29조(계약의 방법) 및 제43조(신탁보수)를 준용한다.
③ 학교, 폐기물처리시설, 그 밖에 대통령령으로 정하는 시설을 설치하기 위하여 조성토지등을 공급하는 경우 그 조성토지등의 공급 가격에 관하여는 제27조제1항(학교 용지 등의 공급 가격)을 준용한다.
④ 제11조제1항제1호부터 제4호(국가나 지방자치단체, 공공기관, 정부출연기관, 지방공사)까지의 시행자가 지역 특성화 사업 유치 등 도시개발사업의 활성화를 위하여 필요한 경우에 공급하는 토지 중 제3항 외의 토지에 대하여는 제27조제2항(학교 용지 등의 공급 가격)을 준용한다.

(3) 감가보상금(법 제45조)

행정청인 시행자는 도시개발사업의 시행으로 사업 시행 후의 토지 가액(價額)의 총액이 사업 시행 전의 토지 가액의 총액보다 줄어든 경우에는 그 차액에 해당하는 감가보상금을 대통령령으로 정하는 기준에 따라 종전의 토지 소유자나 임차권자등에게 지급하여야 한다.

> 감가보상금으로 지급하여야 할 금액은 도시개발사업 시행 후의 토지가액의 총액과 시행 전의 토지가액의 총액과의 차액을 시행 전의 토지가액의 총액으로 나누어 얻은 수치에 종전의 토지 또는 그 토지에 대하여 수익할 수 있는 권리의 시행 전의 가액을 곱한 금액으로 한다.

(4) 임대료의 증감청구(법 제48조)

① 도시개발사업으로 임차권등의 목적인 토지 또는 지역권에 관한 승역지(承役地)의 이용이 증진되거나 방해를 받아 종전의 임대료·지료, 그 밖의 사용료 등이 불합리하게 되면 당사자는 계약 조건에도 불구하고 장래에 관하여 그 증감을 청구할 수 있다. 도시개발사업으로 건축물이 이전된 경우 그 임대료에 관하여도 또한 같다.
② 당사자는 해당 권리를 포기하거나 계약을 해지하여 그 의무를 지지 아니할 수 있다.
③ 환지처분이 공고된 날부터 60일이 지나면 임대료·지료, 그 밖의 사용료 등의 증감을 청구할 수 없다.

(5) 권리의 포기(법 제49조)

① 도시개발사업의 시행으로 지역권 또는 임차권등을 설정한 목적을 달성할 수 없게 되면 당사자는 해당 권리를 포기하거나 계약을 해지할 수 있다. 도시개발사업으로 건축물이 이전되어 그 임대의 목적을 달성할 수 없게 된 경우에도 또한 같다.
② 권리를 포기하거나 계약을 해지한 자는 그로 인한 손실을 보상하여 줄 것을 시행자에게 청구할 수 있다.
③ 제2항에 따라 손실을 보상한 시행자는 해당 토지 또는 건축물의 소유자 또는 그로 인하여 이익을 얻는 자에게 이를 구상(求償)할 수 있다.
④ 환지처분이 공고된 날부터 60일이 지나면 권리를 포기하거나 계약을 해지할 수 없다.

6. 준공검사 등

1) 준공검사(법 제50조)

시행자(지정권자가 시행자인 경우는 제외한다)가 도시개발사업의 공사를 끝낸 때에는 국토교통부령으로 정하는 바에 따라 공사완료 보고서를 작성하여 지정권자의 준공검사를 받아야 한다. 지정권자는 공사완료 보고서를 받으면 지체 없이 준공검사를 하여야 한다. 시행자는 필요하면 해당 도시개발사업에 관한 공사가 전부 끝나기 전이라도 공사가 끝난 부분에 관하여 준공검사(지정권자가 시행자인 경우에는 시행자에 의한 공사 완료 공고를 말한다)를 받을 수 있다.

2) 공사 완료의 공고(법 제51조)

지정권자는 준공검사를 한 결과 도시개발사업이 실시계획대로 끝났다고 인정되면 시행자에게 준공검사 증명서를 내어주고 공사 완료 공고를 하여야 하며, 실시계획대로 끝나지 아니하였으면 지체 없이 보완 시공 등 필요한 조치를 하도록 명하여야 한다. 지정권자가 시행자인 경우 그 시행자는 도시개발사업의 공사를 완료한 때에는 공사 완료 공고를 하여야 한다.

3) 공사 완료에 따른 관련 인·허가 등의 의제(법 제52조)

① 준공검사를 하거나 공사 완료 공고를 할 때 지정권자가 제19조에 따라 의제되는 인·허가등(제19조제1항제4호에 따른 면허·협의 또는 승인은 제외한다)에 따른 준공검사·준공인가 등에 대하여 관계 행정기관의 장과 협의한 사항에 대하여는 그 준공검사·준공인가 등을 받은 것으로 본다.
② 지정권자는 준공검사를 하거나 공사 완료 공고를 할 때 그 내용에 제19조에 따라 의제되는 인·허가등에 따른 준공검사·준공인가 등에 해당하는 사항이 있으면 미리 관계 행정기관의 장과 협의하여야 한다.

4) 조성토지등의 준공 전 사용(법 제53조)

준공검사 전 또는 공사 완료 공고 전에는 조성토지등(체비지는 제외한다)을 사용할 수 없다. 다만, 사업 시행의 지장 여부를 확인받는 등 대통령령으로 정하는 바에 따라 지정권자로부터 사용허가를 받은 경우에는 그러하지 아니하다.

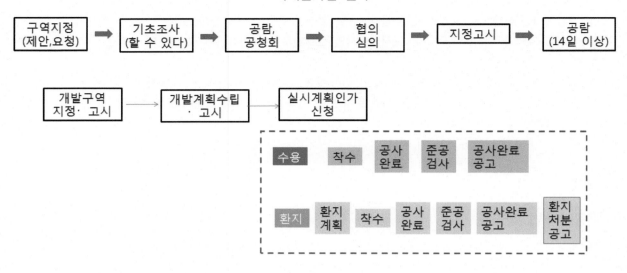

<도시개발사업 절차>

4 비용 부담 등

1. 도시개발사업의 비용부담

1) 비용부담의 원칙(법 제54조)

도시개발사업에 필요한 비용은 이 법이나 다른 법률에 특별한 규정이 있는 경우 외에는 시행자가 부담한다.

2) 도시개발구역의 시설 설치 및 비용부담(법 제55조)

(1) 도시개발구역의 시설 설치

도시개발구역의 시설의 설치는 다음 각 호의 구분에 따른다.

> 1. 도로와 상하수도시설의 설치는 지방자치단체
> 2. 전기시설·가스공급시설 또는 지역 난방시설의 설치는 해당 지역에 전기·가스 또는 난방을 공급하는 자
> 3. 통신시설의 설치는 해당 지역에 통신서비스를 제공하는 자

(2) 도시개발구역의 시설 설치 비용

시설의 설치비용은 그 설치의무자가 이를 부담한다. 다만, 위 2호의 시설 중 도시개발구역 안의 전기시설을 사업시행자가 지중선로로 설치할 것을 요청하는 경우에는 전기를 공급하는 자와 지중에 설치할 것을 요청하는 자가각각 2분의 1의 비율로 그 설치비용을 부담(전부 환지 방식으로 도시개발사업을 시행하는 경우에는 전기시설을공급하는 자가 3분의 2, 지중에 설치할 것을 요청하는 자가 3분의 1의 비율로 부담한다)한다.

부동산공법 (기초)

(3) 도시개발구역의 시설 설치 기간

시설의 설치는 특별한 사유가 없으면 준공검사 신청일(지정권자가 시행자인 경우에는 도시개발사업의 공사를 끝내는 날을 말한다)까지 끝내야 한다.

(4) 도시개발구역 시설의 종류별 설치 범위

시설의 종류별 설치 범위는 대통령령으로 정한다(영 제71조).

3) 지방자치단체의 비용 부담(법 제56조)

① 지정권자가 시행자인 경우 그 시행자는 그가 시행한 도시개발사업으로 이익을 얻는 시·도 또는 시·군·구가 있으면 대통령령으로 정하는 바에 따라 그 도시개발사업에 든 비용의 일부를 그 이익을 얻는 시·도 또는 시·군·구에 부담시킬 수 있다.
② 시장(대도시 시장은 제외한다)·군수 또는 구청장은 그가 시행한 도시개발사업으로 이익을 얻는 다른 지방자치단체가 있으면 대통령령으로 정하는 바에 따라 그 도시개발사업에 든 비용의 일부를 그 이익을 얻는 다른 지방자치단체와 협의하여 그 지방자치단체에 부담시킬 수 있다.

4) 공동구 설치 비용 부담(법 제57조)

시행자는 공동구(共同溝)를 설치하는 경우에는 다른 법률에 따라 그 공동구에 수용될 시설을 설치할 의무가 있는 자에게 공동구의 설치에 드는 비용을 부담시킬 수 있다. 이 경우 공동구의 설치 방법·기준 및 절차와 비용의 부담 등에 관한 사항은 「국토의 계획 및 이용에 관한 법률」 제44조(공동구의 설치)를 준용한다.

5) 도시개발구역 밖의 기반시설의 설치 비용(법 제58조)

도시개발구역의 이용에 제공하기 위하여 대통령령으로 정하는 기반시설을 도시개발구역 밖의 지역에 설치하는 경우 지정권자는 시행자에게 이를 설치하게 하거나 그 설치 비용을 부담하게 할 수 있다. 국가나 지방자치단체는 시행자가 부담하는 비용을 제외한 나머지 설치 비용을 지원할 수 있다. 이 경우 지원 규모나 지원 방법 등은 국토교통부장관이 관계 중앙행정기관의 장과 협의하여 정한다.

6) 사업비용의 보조 또는 융자(법 제59조)

도시개발사업의 시행에 드는 비용은 대통령령으로 정하는 바에 따라 그 비용의 전부 또는 일부를 국고에서 보조하거나 융자할 수 있다. 다만, 시행자가 행정청이면 전부를 보조하거나 융자할 수 있다.

7) 특별회계의 운용(법 제60조)

시·도지사 또는 시장·군수(광역시에 있는 군의 군수는 제외한다)는 도시개발사업을 촉진하고 도시·군계획시설사업의 설치지원 등을 위하여 지방자치단체에 도시개발특별회계(이하 "특별회계"라 한다)를 설치할 수 있다.

2. 도시개발채권의 발행(법 제62조, 제63조)

1) 도시개발채권의 발행권자

지방자치단체의 장은 도시개발사업 또는 도시·군계획시설사업에 필요한 자금을 조달하기 위하여 도시개발채권을 발행할 수 있다.

2) 도시개발채권의 발행 절차 등(영 제82조, 제83조)

(1) 발행절차

도시개발채권은 시·도의 조례로 정하는 바에 따라 시·도지사가 이를 발행한다. 도시개발채권을 발행하려는 경우에는 행정안전부장관의 승인을 받아야 한다.

(2) 발행방법

도시개발채권은 전자등록하여 발행하거나 무기명으로 발행할 수 있으며, 발행방법에 필요한 세부적인 사항은 시·도의 조례로 정한다.

(3) 상환기간

도시개발채권의 상환은 5년부터 10년까지의 범위에서 지방자치단체의 조례로 정한다.

3) 도시개발채권의 소멸 시효

도시개발채권의 소멸시효는 상환일부터 기산(起算)하여 원금은 5년, 이자는 2년으로 한다.

4) 도시개발채권의 매입

다음 각 호의 어느 하나에 해당하는 자는 도시개발채권을 매입하여야 한다.

1. 수용 또는 사용방식으로 시행하는 도시개발사업의 경우 제11조제1항제1호부터 제4호(국가나 지방자치단체, 공공기관, 정부출연기관, 지방공사)까지의 규정에 해당하는 자와 공사의 도급계약을 체결하는 자
2. 제1호에 해당하는 시행자 외에 도시개발사업을 시행하는 자
3. 「국토의 계획 및 이용에 관한 법률」 제56조제1항(개발행위의 허가)에 따른 허가를 받은 자 중 대통령령으로 정하는 자

5 보칙

1. 타인 토지의 출입 등(법 제64조, 제65조)

1) 타인 토지의 출입

도시개발사업의 시행자는 도시개발구역의 지정, 도시개발사업에 관한 조사·측량 또는 사업의 시행을 위하여 필요하면 타인이 점유하는 토지에 출입하거나 타인의 토지를 재료를 쌓아두는 장소 또는 임시도로로 일시 사용할 수 있으며, 특히 필요하면 장애물등을 변경하거나 제거할 수 있다.

2) 타인 토지의 출입 등으로 인한 손실보상

제38조제1항(장애물 등의 이전과 제거)(「국토의 계획 및 이용에 관한 법률」상 개발행위의 허가을 위반한 건축물에 대하여는 그러하지 아니하다)이나 제64조제1항(타인 토지의 출입)에 따른 행위로 손실을 입은 자가 있으면 시행자가 그 손실을 보상하여야 한다.

2. 공공시설의 귀속(법 제66조)

① 제11조제1항제1호부터 제4호(국가나 지방자치단체, 공공기관, 정부출연기관, 지방공사)까지의 규정에 따른 시행자가 새로 공공시설을 설치하거나 기존의 공공시설에 대체되는 공공시설을 설치한 경우에는 「국유재산법」과 「공유재산 및 물품 관리법」 등에도 불구하고 종전의 공공시설은 시행자에게 무상으로 귀속되고, 새로 설치된 공공시설은 그 시설을 관리할 행정청(이하 이 조 및 제67조에서 "관리청"이라 한다)에 무상으로 귀속된다.
② 제11조제1항제5호부터 제11호까지의 규정에 따른 시행자가 새로 설치한 공공시설은 그 관리청에 무상으로 귀속되며, 도시개발사업의 시행으로 용도가 폐지되는 행정청의 공공시설은 「국유재산법」과 「공유재산 및 물품 관리법」 등에도 불구하고 새로 설치한 공공시설의 설치비용에 상당하는 범위에서 시행자에게 무상으로 귀속시킬 수 있다.

3. 공공시설의 관리(법 제67조)

도시개발사업으로 도시개발구역에 설치된 공공시설은 준공 후 해당 공공시설의 관리청에 귀속될 때까지 이 법이나 다른 법률에 특별한 규정이 있는 경우 외에는 특별자치도지사·시장·군수 또는 구청장이 관리한다.

4. 국공유지의 처분제한 및 임대

1) 처분제한(법 제68조)

도시개발구역에 있는 국가나 지방자치단체 소유의 토지로서 도시개발사업에 필요한 토지는 해당 개발계획으로 정하여진 목적 외의 목적으로 처분할 수 없다.

2) 임대(법 제69조)

제11조제1항제7호에 해당하는 시행자의 경우 기획재정부장관, 국유재산의 관리청 또는 지방자치단체의 장은 「국유재산법」과 「공유재산 및 물품 관리법」에도 불구하고 도시개발구역에 있는 국가나 지방자치단체의 소유인 토지·공장, 그 밖의 국공유지를 수의계약으로 사용·수익 또는 대부(이하 "임대"라 한다)할 수 있다. 임대 기간은 20년의 범위 이내로 할 수 있다.

5. 수익금 등의 사용 제한(법 제70조)

① 공공시설 등 시행자에게 귀속되는 토지로서 용도가 폐지된 토지를 처분하여 생긴 수익금은 해당 개발계획으로 정하여진 목적 외의 목적으로 사용할 수 없다.
② 시행자는 체비지의 매각 대금과 청산금의 징수금, 제56조(지방자치단체의 비용 부담)·제57조(공공시설 관리자의 비용 부담) 및 제59조(보조 또는 융자)에 따른 부담금과 보조금 등을 해당 도시개발사업의 목적이 아닌 다른 목적으로 사용할 수 없다.
③ 제1항과 제2항에 따라 수익금 등을 도시개발사업의 목적으로 사용한 후 집행 잔액이 있으면 그 집행 잔액과, 지방자치단체가 제21조에 따른 수용 또는 사용 방식으로 도시개발사업을 시행하여 발생한 수익금은 해당 지방자치단체에 설치된 특별회계에 귀속된다.

6. 결합개발 등에 관한 적용 기준 완화의 특례(법 제71조의 2)

지정권자는 다음 각 호의 어느 하나에 해당하는 경우에는 도시개발구역의 지정 대상 및 규모, 개발계획의 내용, 시행자를 지정하는 요건 및 도시개발채권의 매입에 관한 기준을 일부 완화하여 적용할 수 있다.

1. 서로 떨어진 둘 이상의 지역을 결합하여 하나의 도시개발사업으로 시행하는 경우로서 대통령령으로 정하는 사업
2. 개발계획을 수립할 때에 대통령령으로 정하는 바에 따라 저탄소 녹색도시계획을 같이 수립하여 시행하는 경우
3. 임대주택 건설용지나 임대주택의 공급 기준을 초과하여 공급하거나 영세한 세입자, 토지 소유자 등 사회적 약자를 위하여 대통령령으로 정하는 바에 따라 사업계획을 수립하는 경우
4. 환지 방식으로 시행되는 지역에서 영세한 토지 소유자 등의 원활한 재정착을 위하여 대통령령으로 정하는 바에 따라 환지 계획을 수립하여 시행하는 경우
5. 「공공주택 특별법」에 따른 공공주택 건설을 위한 용지 등을 감정가격 이하로 공급하는 경우
6. 역세권 등 대중교통 이용이 용이한 지역(「국토의 계획 및 이용에 관한 법률」에 따른 주거지역, 상업지역, 공업지역의 면적이 도시개발구역 전체면적의 100분의 70 이상인 경우에 한정한다)에 도시개발구역을 지정하는 경우로서 도심 내 소형주택의 공급 확대, 토지의 고도이용과 건축물의 복합개발을 촉진할 필요가 있는 경우
7. 그 밖에 주거 등 생활환경의 개선과 낙후지역의 도시기능 회복 등을 위하여 민간기업의 투자유치가 필요한 사업으로서 대통령령으로 정하는 사업을 시행하는 경우

7. 사업시행자의 관계 서류의 열람 및 공개의무(법 제72조)

1) 무료 열람이나 교부

시행자는 도시개발사업의 시행을 위하여 필요하면 등기소나 그 밖의 관계 행정기관의 장에게 무료로 필요한 서류를 열람·복사하거나 그 등본 또는 초본을 교부하여 줄 것을 청구할 수 있다.

2) 사업시행자의 공개의무

시행자는 토지 소유자와 그 밖의 이해관계인이 알 수 있도록 관보·공보·일간신문 또는 인터넷에 게시하는 등의 방법으로 다음 각 호에 관한 사항을 공개하여야 한다.

1. 규약·정관 등을 정하는 경우 그 내용
2. 시행자가 공람, 공고 및 통지하여야 하는 사항
3. 도시개발구역 지정 및 개발계획, 실시계획 수립·인가 내용
4. 환지 계획 인가 내용
5. 그 밖에 도시개발사업의 시행에 관하여 대통령령으로 정하는 사항

8. 법률 등의 위반자에 대한 행정처분(법 제75조)

지정권자나 시장(대도시 시장은 제외한다)·군수 또는 구청장은 법률 등의 위반자에 대하여 이 법에 따른 시행자 지정 또는 실시계획 인가 등을 취소하거나 공사의 중지, 건축물등이나 장애물등의 개축 또는 이전, 그 밖에 필요한 처분을 하거나 조치를 명할 수 있다. 이 법에 따른 허가·지정·인가 또는 승인을 취소하려면 청문을 하여야 한다.

6 벌칙

법 제79조의2~제82조(벌칙), 제83조(양벌규정), 제84조(벌칙적용시 공무원의제), 제85조(과태료)

8

농지법

8 농지법

1 총칙

농지의 소유 및 관리에 관한 사항을 정한 법으로서 1994년 12월 22일 제정되었고 1996년 1월 1일 부터 시행하고 있다.

1. 법의 목적(법 제1조)

이 법은 농지의 소유·이용 및 보전 등에 필요한 사항을 정함으로써 농지를 효율적으로 이용하고 관리하여 농업인의 경영 안정과 농업 생산성 향상을 바탕으로 농업 경쟁력 강화와 국민경제의 균형 있는 발전 및 국토 환경 보전에 이바지하는 것을 목적으로 한다.

2. 농지의 정의 및 기본 이념

1) 농지의 정의(법 제2조)

농지란 다음 각 목의 어느 하나에 해당하는 토지를 말한다.

① 전·답, 과수원, 그 밖에 법적 지목(地目)을 불문하고 실제로 농작물 경작지 또는 대통령령으로 정하는 다년생식물 재배지로 이용되는 토지

대통령령으로 정하는 다년생식물 재배지(영 제2조)

1. 목초·종묘·인삼·약초·잔디 및 조림용 묘목
2. 과수·뽕나무·유실수 그 밖의 생육기간이 2년 이상인 식물
3. 조경 또는 관상용 수목과 그 묘목(조경목적으로 식재한 것을 제외한다)

② ①의 토지의 개량시설과 ①의 토지에 설치하는 농축산물 생산시설로서 대통령령으로 정하는 시설의 부지
다만, 대통령령으로 정하는 토지는 제외한다.

1. 「공간정보의 구축 및 관리 등에 관한 법률」에 따른 지목이 전·답, 과수원이 아닌 토지(지목이 임야인 토지는 제외한다)로서 농작물 경작지 또는 제1항 각 호에 따른 다년생식물 재배지로 계속하여 이용되는 기간이 3년 미만인 토지
2. 「공간정보의 구축 및 관리 등에 관한 법률」에 따른 지목이 임야인 토지로서 「산지관리법」에 따른 산지전용허가(다른 법률에 따라 산지전용허가가 의제되는 인가·허가·승인 등을 포함한다)를 거치지 아니하고 농작물의 경작 또는 다년생식물의 재배에 이용되는 토지
3. 「초지법」에 따라 조성된 초지

2) 농지의 기본 이념(법 제3조)

① 농지는 국민에게 식량을 공급하고 국토 환경을 보전(保全)하는 데에 필요한 기반이며 농업과 국민경제의 조화로운 발전에 영향을 미치는 한정된 귀중한 자원이므로 소중히 보전되어야 하고 공공복리에 적합하게 관리되어야 하며, 농지에 관한 권리의 행사에는 필요한 제한과 의무가 따른다.
② 농지는 농업 생산성을 높이는 방향으로 소유·이용되어야 하며, 투기의 대상이 되어서는 아니된다.

3. 농업인 등

1) 농업인(법 제2조 제2호, 영 제3조)

농업인이란 농업에 종사하는 개인으로서 대통령령으로 정하는 자를 말한다.

1. 1천제곱미터 이상의 농지에서 농작물 또는 다년생식물을 경작 또는 재배하거나 1년 중 90일 이상 농업에 종사하는 자
2. 농지에 330제곱미터 이상의 고정식온실·버섯재배사·비닐하우스, 그 밖의 농림축산식품부령으로 정하는 농업생산에 필요한 시설을 설치하여 농작물 또는 다년생식물을 경작 또는 재배하는 자
3. 대가축 2두, 중가축 10두, 소가축 100두, 가금(家禽: 집에서 기르는 날짐승) 1천수 또는 꿀벌 10군 이상을 사육하거나 1년 중 120일 이상 축산업에 종사하는 자
4. 농업경영을 통한 농산물의 연간 판매액이 120만원 이상인 자

2) 농업법인(법 제2조 제3호)

농업법인이란 「농어업경영체 육성 및 지원에 관한 법률」에 따라 설립된 영농조합법인과 같은 법에 따라 설립되고 업무집행권을 가진 자 중 3분의 1 이상이 농업인인 농업회사법인을 말한다.

3) 자경(법 제2조 제5호)

자경(自耕)이란 농업인이 그 소유 농지에서 농작물 경작 또는 다년생식물 재배에 상시 종사하거나 농작업(農作業)의 2분의 1 이상을 자기의 노동력으로 경작 또는 재배하는 것과 농업법인이 그 소유 농지에서 농작물을 경작하거나 다년생식물을 재배하는 것을 말한다.

4. 농지의 국가 및 국민의 의무

1) 국가 등의 의무(법 제4조)

① 국가와 지방자치단체는 농지에 관한 기본 이념이 구현되도록 농지에 관한 시책을 수립하고 시행하여야 한다.
② 국가와 지방자치단체는 농지에 관한 시책을 수립할 때 필요한 규제와 조정을 통하여 농지를 보전하고 합리적으로 이용할 수 있도록 함으로써 농업을 육성하고 국민경제를 균형 있게 발전시키는 데에 이바지하도록 하여야 한다.

2) 국민의 의무(법 제5조)

모든 국민은 농지에 관한 기본 이념을 존중하여야 하며, 국가와 지방자치단체가 시행하는 농지에 관한 시책에 협력하여야 한다.

2 농지의 소유

1. 농지의 소유 제한(법 제6조)

1) 원칙

농지는 자기의 농업경영에 이용하거나 이용할 자가 아니면 소유하지 못한다.

2) 예외

① 위 1)에도 불구하고 다음 각 호의 어느 하나에 해당하는 경우에는 농지를 소유할 수 있다. 다만, 소유 농지는 농업경영에 이용되도록 하여야 한다(제2호 및 제3호는 제외한다).

1. 국가나 지방자치단체가 농지를 소유하는 경우
2. 학교, 농림축산식품부령으로 정하는 공공단체·농업연구기관·농업생산자단체 또는 종묘나 그 밖의 농업 기자재 생산자가 그 목적사업을 수행하기 위하여 필요한 시험지·연구지·실습지·종묘생산지 또는 과수 인공수분용 꽃가루 생산지로 쓰기 위하여 농림축산식품부령으로 정하는 바에 따라 농지를 취득하여 소유하는 경우
3. 주말·체험영농을 하려고 농업진흥지역 외의 농지를 소유하는 경우
4. 상속(상속인에게 한 유증(遺贈)을 포함한다)으로 농지를 취득하여 소유하는 경우
5. 대통령령으로 정하는 기간(8년) 이상 농업경영을 하던 사람이 이농(離農)한 후에도 이농 당시 소유하고 있던 농지를 계속 소유하는 경우
6. 담보농지를 취득하여 소유하는 경우(유동화전문회사등이 규정된 저당권자로부터 농지를 취득하는 경우를 포함한다)

7. 농지전용허가(다른 법률에 따라 농지전용허가가 의제(擬制)되는 인가 · 허가 · 승인 등을 포함한다)를 받거나 농지전용신고를 한 자가 그 농지를 소유하는 경우

8. 농지전용협의를 마친 농지를 소유하는 경우

9. 농지의 개발사업지구에 있는 농지로서 대통령령으로 정하는 1천500제곱미터 미만의 농지나 「농어촌정비법」에 따른 농지를 취득하여 소유하는 경우

9의2. 농업진흥지역 밖의 농지 중 최상단부부터 최하단부까지의 평균경사율이 15퍼센트 이상인 농지로서 대통령령으로 정하는 농지를 소유하는 경우

10. 다음 각 목의 어느 하나에 해당하는 경우

    가. 한국농어촌공사가 농지를 취득하여 소유하는 경우

    나. 「농어촌정비법」에 따라 농지를 취득하여 소유하는 경우

    다. 「공유수면 관리 및 매립에 관한 법률」에 따라 매립농지를 취득하여 소유하는 경우

    라. 토지수용으로 농지를 취득하여 소유하는 경우

    마. 농림축산식품부장관과 협의를 마치고 「공익사업을 위한 토지 등의 취득 및 보상에 관한 법률」에 따라 농지를 취득하여 소유하는 경우

    바. 「공공토지의 비축에 관한 법률」에 해당하는 토지 중 공공토지비축심의위원회가 비축이 필요하다고 인정하는 토지로서 계획관리지역과 자연녹지지역 안의 농지를 한국토지주택공사가 취득하여 소유하는 경우. 이 경우 그 취득한 농지를 전용하기 전까지는 한국농어촌공사에 지체 없이 위탁하여 임대하거나 무상사용하게 하여야 한다.

② 제23조(농지의 임대차 또는 사용대차)제1항제1호부터 제6호까지의 규정에 따라 농지를 임대하거나 무상사용하게 하는 경우에는 위 1), 2)에도 불구하고 임대하거나 무상사용하게 하는 기간 동안 농지를 계속 소유할 수 있다.

③ 이 법에서 허용된 경우 외에는 농지 소유에 관한 특례를 정할 수 없다.

2. 농지 소유 상한(법 제7조)

1) 상속 농지

상속으로 농지를 취득한 사람으로서 농업경영을 하지 아니하는 사람은 그 상속 농지 중에서 총 1만제곱미터까지만 소유할 수 있다.

2) 장기 농업경영 후 이농한 자

대통령령으로 정하는 기간(8년) 이상 농업경영을 한 후 이농한 사람은 이농 당시 소유 농지 중에서 총 1만제곱미터까지만 소유할 수 있다.

3) 주말 · 체험영농

주말 · 체험영농을 하려는 사람은 총 1천제곱미터 미만의 농지를 소유할 수 있다. 이 경우 면적 계산은 그 세대원 전부가 소유하는 총 면적으로 한다.

4) 임대기간 계속 소유

제23조(농지의 임대차 또는 사용대차) 제1항제7호에 따라 농지를 임대하거나 무상사용하게 하는 경우에는 위 1) 또는 2)에도 불구하고 임대하거나 무상사용하게 하는 기간 동안 소유 상한을 초과하는 농지를 계속 소유할 수 있다.

5) 금지 행위(법 제7조의 2)

누구든지 다음 각 호의 어느 하나에 해당하는 행위를 하여서는 아니 된다.

> 1. 농지 소유 제한이나 농지 소유 상한에 대한 위반 사실을 알고도 농지를 소유하도록 권유하거나 중개하는 행위
> 2. 농지의 위탁경영 제한에 대한 위반 사실을 알고도 농지를 위탁경영하도록 권유하거나 중개하는 행위
> 3. 농지의 임대차 또는 사용대차 제한에 대한 위반 사실을 알고도 농지 임대차나 사용대차하도록 권유하거나 중개하는 행위
> 4. 제1호부터 제3호까지의 행위와 그 행위가 행하여지는 업소에 대한 광고 행위

3. 농지취득자격증명(법 제8조)

1) 농지취득자격증명의 발급

① 원칙

농지를 취득하려는 자는 농지 소재지를 관할하는 시장(구를 두지 아니한 시의 시장을 말하며, 도농 복합 형태의 시는 농지 소재지가 동지역인 경우만을 말한다), 구청장(도농 복합 형태의 시의 구에서는 농지 소재지가 동지역인 경우만을 말한다), 읍장 또는 면장(이하 "시·구·읍·면의 장"이라 한다)에게서 농지취득자격증명을 발급받아야 한다.

② 예외

다음 각 호의 어느 하나에 해당하면 농지취득자격증명을 발급받지 아니하고 농지를 취득할 수 있다.

> 1. 제6조제2항제1호(국가나 지방자치단체)·제4호(주말·체험영농)·제6호(담보농지)·제8호(농지전용협의 마친 농지) 또는 제10호(농어촌공사 등, 같은 호 바목은 제외한다)에 따라 농지를 취득하는 경우
> 2. 농업법인의 합병으로 농지를 취득하는 경우
> 3. 공유 농지의 분할이나 그 밖에 대통령령으로 정하는 원인으로 농지를 취득하는 경우

2) 농지취득자격증명의 발급 절차

① 계획서 작성 및 발급 신청

농지취득자격증명을 발급받으려는 자는 다음 각 호의 사항이 모두 포함된 농업경영계획서 또는 주말·체험영농계획서를 작성하고 농림축산식품부령으로 정하는 서류를 첨부하여 농지 소재지를 관할하는 시·구·읍·면의 장에게 발급신청을 하여야 한다. 다만, 농업연구기관이 연구지로 쓰기위한 농지 등(제6조제2항제2호·제7호·제9호·제9호의2 또는 제10호바목에 따라)을 취득하는 자는 농업경영계획서를 작성하지 아니하고 발급신청을 할 수 있다.

1. 취득 대상 농지의 면적(공유로 취득하려는 경우 공유 지분의 비율 및 각자가 취득하려는 농지의 위치도 함께 표시한다)
2. 취득 대상 농지에서 농업경영을 하는 데에 필요한 노동력 및 농업 기계·장비·시설의 확보 방안
3. 소유 농지의 이용 실태(농지 소유자에게만 해당한다)
4. 농지취득자격증명을 발급받으려는 자의 직업·영농경력·영농거리

② 농지위원회의 심의

시·구·읍·면의 장은 농지 투기가 성행하거나 성행할 우려가 있는 지역의 농지를 취득하려는 자 등 농림축산식품부령으로 정하는 자가 농지취득자격증명 발급을 신청한 경우 농지위원회의 심의를 거쳐야 한다.

③ 농지취득자격증명의 발급 기간

시·구·읍·면의 장은 농지취득자격증명의 발급 신청을 받은 때에는 그 신청을 받은 날부터 7일(농업경영계획서를 작성하지 아니하고 농지취득자격증명의 발급신청을 할 수 있는 경우에는 4일, 농지위원회의 심의 대상의 경우에는 14일) 이내에 신청인에게 농지취득자격증명을 발급하여야 한다.

④ 농업경영계획서 등의 보존 기간

시·구·읍·면의 장은 농업경영계획서를 10년간 보존하여야 한다. 농업경영계획서 외의 농지취득자격증명 신청서류의 보존기간(10년)은 대통령령으로 정한다.

3) 농지취득자격증명의 발급제한

① 시·구·읍·면의 장은 농지취득자격증명을 발급받으려는 자가 농업경영계획서 또는 주말·체험영농계획서에 포함하여야 할 사항을 기재하지 아니하거나 첨부하여야 할 서류를 제출하지 아니한 경우 농지취득자격증명을 발급하여서는 아니 된다.
② 시·구·읍·면의 장은 1필지를 공유로 취득하려는 자가 시·군·구의 조례로 정한 수를 초과한 경우에는 농지취득자격증명을 발급하지 아니할 수 있다.
③ 시·구·읍·면의 장은 「농어업경영체 육성 및 지원에 관한 법률」에 따른 실태조사 등에 따라 영농조합법인 또는 농업회사법인이 해산명령 청구 요건에 해당하는 것으로 인정하는 경우에는 농지취득자격증명을 발급하지 아니할 수 있다.

4. 농지의 위탁경영(법 제9조)

농지 소유자는 다음 각 호의 어느 하나에 해당하는 경우 외에는 소유 농지를 위탁경영할 수 없다.

1. 「병역법」에 따라 징집 또는 소집된 경우
2. 3개월 이상 국외 여행 중인 경우
3. 농업법인이 청산 중인 경우
4. 질병, 취학, 선거에 따른 공직 취임, 그 밖에 대통령령으로 정하는 사유로 자경할 수 없는 경우
   - 부상으로 3월 이상의 치료가 필요한 경우
   - 교도소·구치소 또는 보호감호시설에 수용 중인 경우
   - 임신 중이거나 분만 후 6개월 미만인 경우
5. 농지이용증진사업 시행계획에 따라 위탁경영하는 경우
6. 농업인이 자기 노동력이 부족하여 농작업의 일부를 위탁하는 경우

5. 농업경영에 이용하지 아니하는 농지 등의 처분(법 제10조)

농지 소유자는 다음 각 호의 어느 하나에 해당하게 되면 그 사유가 발생한 날부터 1년 이내에 해당 농지(제6호의 경우에는 농지 소유 상한을 초과하는 면적에 해당하는 농지를 말한다)를 그 사유가 발생한 날 당시 세대를 같이 하는 세대원이 아닌 자에게 처분하여야 한다.

1. 소유 농지를 자연재해·농지개량·질병 등 대통령령으로 정하는 정당한 사유 없이 자기의 농업경영에 이용하지 아니하거나 이용하지 아니하게 되었다고 시장(구를 두지 아니한 시의 시장을 말한다. 이하 이 조에서 같다)·군수 또는 구청장이 인정한 경우

2. 농지를 소유하고 있는 농업회사법인이 제2조제3호(농업법인)의 요건에 맞지 아니하게 된 후 3개월이 지난 경우

3. 제6조제2항제2호(농업연구기관이 연구지로 쓰기 위한 농지 등)에 따라 농지를 취득한 자가 그 농지를 해당 목적사업에 이용하지 아니하게 되었다고 시장·군수 또는 구청장이 인정한 경우

4. 제6조제2항제3호(주말·체험영농)에 따라 농지를 취득한 자가 자연재해·농지개량·질병 등 대통령령으로 정하는 정당한 사유 없이 그 농지를 주말·체험영농에 이용하지 아니하게 되었다고 시장·군수 또는 구청장이 인정한 경우

4의2. 제6조제2항제4호(상속)에 따라 농지를 취득하여 소유한 자가 농지를 임대하거나 한국농어촌공사에 위탁하여 임대하는 등 대통령령으로 정하는 정당한 사유 없이 자기의 농업경영에 이용하지 아니하거나 이용하지 아니하게 되었다고 시장·군수 또는 구청장이 인정한 경우

4의3. 제6조제2항제5호(8년이상 농업경영 후 이농)에 따라 농지를 소유한 자가 농지를 임대하거나 한국농어촌공사에 위탁하여 임대하는 등 대통령령으로 정하는 정당한 사유 없이 자기의 농업경영에 이용하지 아니하거나, 이용하지 아니하게 되었다고 시장·군수 또는 구청장이 인정한 경우

5. 제6조제2항제7호(농지전용허가)에 따라 농지를 취득한 자가 취득한 날부터 2년 이내에 그 목적사업에 착수하지 아니한 경우

5의2. 제6조제2항제10호마목(공취법)에 따른 농림축산식품부장관과의 협의를 마치지 아니하고 농지를 소유한 경우

5의3. 제6조제2항제10호바목(비축이 필요한 토지)에 따라 소유한 농지를 한국농어촌공사에 지체 없이 위탁하지 아니한 경우

6. 농지 소유 상한을 초과하여 농지를 소유한 것이 판명된 경우

7. 자연재해·농지개량·질병 등 대통령령으로 정하는 정당한 사유 없이 제8조제2항에 따른 농업경영계획서 내용을 이행하지 아니하였다고 시장·군수 또는 구청장이 인정한 경우

6. 처분명령과 매수 청구(법 제11조, 제12조)

1) 처분명령

시장(구를 두지 아니한 시의 시장을 말한다)·군수 또는 구청장은 다음 각 호의 어느 하나에 해당하는 농지소유자에게 6개월 이내에 그 농지를 처분할 것을 명할 수 있다.

1. 거짓이나 그 밖의 부정한 방법으로 농지취득자격증명을 발급받아 농지를 소유한 것으로 시장·군수 또는 구청장이 인정한 경우
2. 농지처분의무 기간에 처분 대상 농지를 처분하지 아니한 경우
3. 농업법인이 「농어업경영체 육성 및 지원에 관한 법률」 제19조의5(부동산업의 금지)를 위반하여 부동산업을 영위한 것으로 시장·군수 또는 구청장이 인정한 경우

2) 농지의 매수 청구

농지 소유자는 위 1)에 따른 처분명령을 받으면 한국농어촌공사에 그 농지의 매수를 청구할 수 있다. 한국농어촌공사는 매수 청구를 받으면 공시지가(해당 토지의 공시지가가 없으면 개별 토지 가격을 말한다)를 기준으로 해당 농지를 매수할 수 있다. 이 경우 인근 지역의 실제 거래 가격이 공시지가보다 낮으면 실제 거래 가격을 기준으로 매수할 수 있다.

3) 처분명령의 유예

시장(구를 두지 아니한 시의 시장을 말한다)·군수 또는 구청장은 제10조제1항(농업경영에 이용하지 아니하는 농지 등의 처분)에 따른 처분의무 기간에 처분 대상 농지를 처분하지 아니한 농지 소유자가 다음 각 호의 어느 하나에 해당하면 처분의무 기간이 지난 날부터 처분명령을 직권으로 유예할 수 있다.

1. 해당 농지를 자기의 농업경영에 이용하는 경우
2. 한국농어촌공사나 그 밖에 대통령령으로 정하는 자와 해당 농지의 매도위탁계약을 체결한 경우

시장·군수 또는 구청장은 처분명령을 유예 받은 농지 소유자가 처분명령 유예 기간에 위 박스 각 호의 어느 하나에도 해당하지 아니하게 되면 지체 없이 그 유예한 처분명령을 하여야 한다.

7. 담보 농지(법 제13조)

농지의 저당권자로서 다음 각 호의 어느 하나에 해당하는 자는 농지 저당권 실행을 위한 경매기일을 2회 이상 진행하여도 경락인(競落人)이 없으면 그 후의 경매에 참가하여 그 담보 농지를 취득할 수 있다.

1. 「농업협동조합법」에 따른 지역농업협동조합, 지역축산업협동조합, 품목별·업종별협동조합 및 그 중앙회와 농협은행, 「수산업협동조합법」에 따른 지구별 수산업협동조합, 업종별 수산업협동조합, 수산물가공 수산업협동조합 및 그 중앙회와 수협은행, 「산림조합법」에 따른 지역산림조합, 품목별·업종별산림조합 및 그 중앙회
2. 한국농어촌공사
3. 「은행법」에 따라 설립된 은행이나 그 밖에 대통령령으로 정하는 금융기관
4. 「한국자산관리공사 설립 등에 관한 법률」에 따라 설립된 한국자산관리공사
5. 「자산유동화에 관한 법률」에 따른 유동화전문회사등
6. 「농업협동조합의 구조개선에 관한 법률」에 따라 설립된 농업협동조합자산관리회사

3 농지의 이용

1. 농지의 이용 증진 등

1) 농지이용계획의 수립(법 제14조)

(1) 주민의견 청취 및 심의

시장·군수 또는 자치구구청장[그 관할 구역의 농지가 대통령령으로 정하는 면적(3천만제곱미터 이하, 다만 3천만제곱미터 이하로 지역의 여건을 고려하여 농지이용계획을 수립할 필요가 있다고 인정하는 경우를 제외한다) 이하인 시의 시장 또는 자치구의 구청장은 제외한다]은 농지를 효율적으로 이용하기 위하여 대통령령으로 정하는 바에 따라 지역 주민의 의견을 들은 후, 시·군·구 농업·농촌및식품산업정책심의회(이하 "시·군·구 농업·농촌및식품산업정책심의회"라 한다)의 심의를 거쳐 관할 구역의 농지를 종합적으로 이용하기 위한 계획(이하 "농지이용계획"이라 한다)을 수립하여야 한다. 수립한 계획을 변경하려고 할 때에도 또한 같다.

(2) 농지이용계획의 포함사항

농지이용계획에는 다음 각 호의 사항이 포함되어야 한다.

> 1. 농지의 지대(地帶)별·용도별 이용계획
> 2. 농지를 효율적으로 이용하고 농업경영을 개선하기 위한 경영 규모 확대계획
> 3. 농지를 농업 외의 용도로 활용하는 계획

(3) 고시 및 열람

시장·군수 또는 자치구구청장은 농지이용계획을 수립(변경한 경우를 포함한다)하면 관할 특별시장·광역시장 또는 도지사(이하 "시·도지사"라 한다)의 승인을 받아 그 내용을 확정하고 고시하여야 하며, 일반인이 열람할 수 있도록 하여야 한다.

(4) 투자와 지원

시·도지사, 시장·군수 또는 자치구구청장은 농지이용계획이 확정되면 농지이용계획대로 농지가 적정하게 이용되고 개발되도록 노력하여야 하고, 필요한 투자와 지원을 하여야 한다.

2) 농지이용증진사업의 시행(법 제15조)

시장·군수·자치구구청장, 한국농어촌공사, 그 밖에 대통령령으로 정하는 자(이하 "사업시행자"라 한다)는 농지이용계획에 따라 농지 이용을 증진하기 위하여 다음 각 호의 어느 하나에 해당하는 사업(이하 "농지이용증진사업"이라 한다)을 시행할 수 있다.

1. 농지의 매매·교환·분합 등에 의한 농지 소유권 이전을 촉진하는 사업
2. 농지의 장기 임대차, 장기 사용대차에 따른 농지 임차권(사용대차에 따른 권리를 포함한다. 이하 같다) 설정을 촉진하는 사업
3. 위탁경영을 촉진하는 사업
4. 농업인이나 농업법인이 농지를 공동으로 이용하거나 집단으로 이용하여 농업경영을 개선하는 농업 경영체 육성사업

3) 농지이용증진사업의 요건(법 제16조)

농지이용증진사업은 다음 각 호의 모든 요건을 갖추어야 한다.

1. 농업경영을 목적으로 농지를 이용할 것
2. 농지 임차권 설정, 농지 소유권 이전, 농업경영의 수탁·위탁이 농업인 또는 농업법인의 경영규모를 확대하거나 농지이용을 집단화하는 데에 기여할 것
3. 기계화·시설자동화 등으로 농산물 생산 비용과 유통 비용을 포함한 농업경영 비용을 절감하는 등 농업경영 효율화에 기여할 것

4) 농지이용증진사업 시행계획의 수립(법 제17조)

시장·군수 또는 자치구구청장이 농지이용증진사업을 시행하려고 할 때에는 농림축산식품부령으로 정하는 바에 따라 농지이용증진사업 시행계획을 수립하여 시·군·구 농업·농촌및식품산업정책심의회의 심의를 거쳐 확정하여야 한다. 수립한 계획을 변경하려고 할 때에도 또한 같다. 농지이용증진사업 시행계획에는 다음 각 호의 사항이 포함되어야 한다.

1. 농지이용증진사업의 시행 구역
2. 농지 소유권이나 임차권을 가진 자, 임차권을 설정받을 자, 소유권을 이전받을 자 또는 농업경영을 위탁하거나 수탁할 자에 관한 사항
3. 임차권이 설정되는 농지, 소유권이 이전되는 농지 또는 농업경영을 위탁하거나 수탁하는 농지에 관한 사항
4. 설정하는 임차권의 내용, 농업경영 수탁·위탁의 내용 등에 관한 사항
5. 소유권 이전 시기, 이전 대가, 이전 대가 지급 방법, 그 밖에 농림축산식품부령으로 정하는 사항

5) 농지이용증진사업 시행계획의 고시와 효력(법 제18조)

① 고시 및 열람

시장·군수 또는 자치구구청장이 농지이용증진사업 시행계획을 확정하거나 그 계획을 제출받은 경우(보완을 요구한 경우에는 그 보완이 끝난 때)에는 농림축산식품부령으로 정하는 바에 따라 지체 없이 이를 고시하고 관계인에게 열람하게 하여야 한다.

② 등기촉탁

사업시행자는 농지이용증진사업 시행계획이 고시되면 대통령령으로 정하는 바에 따라 농지이용증진사업 시행계획에 포함된 제17조제4항제2호(농지 소유권이나 임차권을 가진 자 등)에 규정된 자의 동의를 얻어 해당 농지에 관한 등기를 촉탁하여야 한다.

6) 농지이용증진사업에 대한 지원(법 제19조)

국가와 지방자치단체는 농지이용증진사업을 원활히 실시하기 위하여 필요한 지도와 주선을 하며, 예산의 범위에서 사업에 드는 자금의 일부를 지원할 수 있다.

7) 대리경작자의 지정 등(법 제20조)

(1) 대리경작자의 지정

시장(구를 두지 아니한 시의 시장을 말한다)·군수 또는 구청장은 유휴농지(농작물 경작이나 다년생식물 재배에 이용되지 아니하는 농지로서 대통령령으로 정하는 농지를 말한다)에 대하여 대통령령으로 정하는 바에 따라 그 농지의 소유권자나 임차권자를 대신하여 농작물을 경작할 자(이하 "대리경작자"라 한다)를 직권으로 지정하거나 농림축산식품부령으로 정하는 바에 따라 유휴농지를 경작하려는 자의 신청을 받아 대리경작자를 지정할 수 있다.

(2) 대리경작자의 예고 및 지정통지서 발송

시장·군수 또는 구청장은 대리경작자를 지정하려면 농림축산식품부령으로 정하는 바에 따라 그 농지의 소유권자 또는 임차권자에게 예고하여야 하며, 대리경작자를 지정하면 그 농지의 대리경작자와 소유권자 또는 임차권자에게 지정통지서를 보내야 한다.

(3) 대리경작 기간

대리경작 기간은 따로 정하지 아니하면 3년으로 한다.

(4) 토지사용료

대리경작자는 수확량의 100분의 10을 농림축산식품부령으로 정하는 바에 따라 그 농지의 소유권자나 임차권자에게 토지사용료로 지급하여야 한다. 이 경우 수령을 거부하거나 지급이 곤란한 경우에는 토지사용료를 공탁할 수 있다.

(5) 자경 경작시 통보

대리경작 농지의 소유권자 또는 임차권자가 그 농지를 스스로 경작하려면 대리경작 기간이 끝나기 3개월 전까지, 그 대리경작 기간이 끝난 후에는 대리경작자 지정을 중지할 것을 농림축산식품부령으로 정하는 바에 따라 시장·군수 또는 구청장에게 신청하여야 하며, 신청을 받은 시장·군수 또는 구청장은 신청을 받은 날부터 1개월 이내에 대리경작자 지정 중지를 그 대리경작자와 그 농지의 소유권자 또는 임차권자에게 알려야 한다.

(6) 대리경작자 지정 해지

시장·군수 또는 구청장은 다음 각 호의 어느 하나에 해당하면 대리경작 기간이 끝나기 전이라도 대리경작자 지정을 해지할 수 있다.

1. 대리경작 농지의 소유권자나 임차권자가 정당한 사유를 밝히고 지정 해지신청을 하는 경우
2. 대리경작자가 경작을 게을리하는 경우
3. 그 밖에 대통령령으로 정하는 사유가 있는 경우

8) 토양의 개량 및 보전(법 제21조)

국가와 지방자치단체는 농업인이나 농업법인이 환경보전적인 농업경영을 지속적으로 할 수 있도록 토양의 개량·보전에 관한 사업을 시행하여야 하고 토양의 개량·보전에 관한 시험·연구·조사 등에 관한 시책을 마련하여야 한다.

9) 농지 소유의 세분화 방지(법 제22조)

(1) 세분화 방지 지원

국가와 지방자치단체는 농업인이나 농업법인의 농지 소유가 세분화되는 것을 막기 위하여 농지를 어느 한 농업인 또는 하나의 농업법인이 일괄적으로 상속·증여 또는 양도받도록 필요한 지원을 할 수 있다.

(2) 농업생산기반정비사업 농지의 분할 금지

농업생산기반정비사업이 시행된 농지는 다음 각 호의 어느 하나에 해당하는 경우 외에는 분할할 수 없다.

1. 「국토의 계획 및 이용에 관한 법률」에 따른 도시지역의 주거지역·상업지역·공업지역 또는 도시·군계획시설부지에 포함되어 있는 농지를 분할하는 경우
2. 농지전용허가(다른 법률에 따라 농지전용허가가 의제되는 인가·허가·승인 등을 포함한다)를 받거나 농지전용신고를 하고 전용한 농지를 분할하는 경우
3. 분할 후의 각 필지의 면적이 2천제곱미터를 넘도록 분할하는 경우
4. 농지의 개량, 농지의 교환·분합 등 대통령령으로 정하는 사유로 분할하는 경우

(3) 공유 인원수 제한

시장·군수 또는 구청장은 농지를 효율적으로 이용하고 농업생산성을 높이기 위하여 통상적인 영농 관행 등을 감안하여 농지 1필지를 공유로 소유(상속으로 농지취득의 경우는 제외한다)하려는 자의 최대인원수를 7인 이하의 범위에서 시·군·구의 조례로 정하는 바에 따라 제한할 수 있다.

2. 농지의 임대차 등

1) 농지의 임대차 또는 사용대차

다음 각 호의 어느 하나에 해당하는 경우 외에는 농지를 임대하거나 무상사용하게 할 수 없다.

1. 제6조제2항(농지소유 제한)제1호·제4호부터 제9호까지·제9호의2 및 제10호의 규정에 해당하는 농지를 임대하거나 무상사용하게 하는 경우
2. 농지이용증진사업 시행계획에 따라 농지를 임대하거나 무상사용하게 하는 경우
3. 질병, 징집, 취학, 선거에 따른 공직취임, 그 밖에 대통령령으로 정하는 부득이한 사유로 인하여 일시적으로 농업경영에 종사하지 아니하게 된 자가 소유하고 있는 농지를 임대하거나 무상사용하게 하는 경우
4. 60세 이상인 사람으로서 대통령령으로 정하는 사람이 소유하고 있는 농지 중에서 자기의 농업경영에 이용한 기간이 5년이 넘은 농지를 임대하거나 무상사용하게 하는 경우
5. 제6조제1항(농지소유 제한)에 따라 소유하고 있는 농지를 주말·체험영농을 하려는 자에게 임대하거나 무상사용하게 하는 경우, 또는 주말·체험영농을 하려는 자에게 임대하는 것을 업(業)으로 하는 자에게 임대하거나 무상사용하게 하는 경우
6. 제6조제1항(농지소유 제한)에 따라 개인이 소유하고 있는 농지를 한국농어촌공사나 그 밖에 대통령령으로 정하는 자에게 위탁하여 임대하거나 무상사용하게 하는 경우
7. 다음 각 목의 어느 하나에 해당하는 농지를 한국농어촌공사나 그 밖에 대통령령으로 정하는 자에게 위탁하여 임대하거나 무상사용하게 하는 경우
   가. 상속으로 농지를 취득한 사람으로서 농업경영을 하지 아니하는 사람이 제7조제1항에서 규정한 소유 상한을 초과하여 소유하고 있는 농지
   나. 대통령령으로 정하는 기간 이상 농업경영을 한 후 이농한 사람이 제7조제2항에서 규정한 소유 상한을 초과하여 소유하고 있는 농지
8. 자경 농지를 농림축산식품부장관이 정하는 이모작을 위하여 8개월 이내로 임대하거나 무상사용하게 하는 경우
9. 대통령령으로 정하는 농지 규모화, 농작물 수급 안정 등을 목적으로 한 사업을 추진하기 위하여 필요한 자경 농지를 임대하거나 무상 사용하게 하는 경우

2) 임대차·사용대차 계약 방법과 확인(법 제24조)

(1) 서면계약의 원칙

임대차계약(농업경영을 하려는 자에게 임대하는 경우만 해당한다)과 사용대차계약(농업경영을 하려는 자에게 무상사용하게 하는 경우만 해당한다)은 서면계약을 원칙으로 한다.

(2) 효력발생시점

임대차계약은 그 등기가 없는 경우에도 임차인이 농지소재지를 관할하는 시·구·읍·면의 장의 확인을 받고, 해당 농지를 인도(引渡)받은 경우에는 그 다음 날부터 제삼자에 대하여 효력이 생긴다.

3) 임대차 기간(법 제24조의 2, 제25조)

① 임대차 기간은 3년 이상으로 하여야 한다(자경농지 임대차는 제외한다). 다만, 다년생식물 재배지 등 대통령령으로 정하는 농지(비닐하우스 설치한 농지 등)의 경우에는 5년 이상으로 하여야 한다.

② 임대차 기간을 정하지 아니하거나 제1항에 따른 기간 미만으로 정한 경우에는 제1항에 따른 기간으로 약정된 것으로 본다. 다만, 임차인은 제1항에 따른 기간 미만으로 정한 임대차 기간이 유효함을 주장할 수 있다.

③ 임대인은 질병, 징집 등 대통령령으로 정하는 불가피한 사유가 있는 경우에는 임대차 기간을 제1항에 따른 기간 미만으로 정할 수 있다.

④ 임대차 기간은 임대차계약을 연장 또는 갱신하거나 재계약을 체결하는 경우에도 동일하게 적용한다.

⑤ 임대인이 임대차 기간이 끝나기 3개월 전까지 임차인에게 임대차계약을 갱신하지 아니한다는 뜻이나 임대차 계약 조건을 변경한다는 뜻을 통지하지 아니하면 그 임대차 기간이 끝난 때에 이전의 임대차계약과 같은 조건 으로 다시 임대차계약을 한 것으로 본다.

4) 국유농지와 공유농지의 임대차 특례(법 제27조)

국유재산과 공유재산인 농지에 대하여는 제24조(임대차·사용대차 계약 방법과 확인), 제24조의2(임대차 기간), 제24조의3(임대차계약에 관한 조정 등), 제25조(묵시의 갱신) , 제26조(임대인의 지위 승계) 및 제26조의2(강행 규정)를 적용하지 아니한다.

4 농지의 보전 등

1. 농업진흥지역의 지정과 운용

1) 농업진흥지역의 지정(법 제28조)

(1) 지정권자

시·도지사는 농지를 효율적으로 이용하고 보전하기 위하여 농업진흥지역을 지정한다.

(2) 농업진흥지역의 구분 지정

농업진흥지역은 다음 각 호의 용도구역으로 구분하여 지정할 수 있다.

> 1. 농업진흥구역: 농업의 진흥을 도모하여야 하는 다음 각 목의 어느 하나에 해당하는 지역으로서 농림축산 식품부장관이 정하는 규모로 농지가 집단화되어 농업 목적으로 이용할 필요가 있는 지역
>   가. 농지조성사업 또는 농업기반정비사업이 시행되었거나 시행 중인 지역으로서 농업용으로 이용하고 있거나 이용할 토지가 집단화되어 있는 지역
>   나. 가목에 해당하는 지역 외의 지역으로서 농업용으로 이용하고 있는 토지가 집단화되어 있는 지역
> 2. 농업보호구역: 농업진흥구역의 용수원 확보, 수질 보전 등 농업 환경을 보호하기 위하여 필요한 지역

(3) 농업진흥지역의 지정 대상지역(법 제29조)

농업진흥지역 지정은 「국토의 계획 및 이용에 관한 법률」에 따른 녹지지역·관리지역·농림지역 및 자연환경보 전지역을 대상으로 한다. 다만, 특별시의 녹지지역은 제외한다.

(4) 농업진흥지역의 지정절차(법 제30조)

① 의견 청취

시·도지사는 농업진흥지역을 지정·변경 및 해제하려는 때에는 대통령령으로 정하는 바에 따라 미리 해당 토지의 소유자에게 그 내용을 개별통지하고 해당 지역주민의 의견을 청취하여야 한다. 다만, 다음 각 호의 어느 하나에 해당하는 경우에는 그러하지 아니하다.

> 1. 다른 법률에 따라 토지소유자에게 개별 통지한 경우
> 2. 통지를 받을 자를 알 수 없거나 그 주소·거소, 그 밖에 통지할 장소를 알 수 없는 경우

② 심의 및 승인

시·도지사는 「농업·농촌 및 식품산업 기본법」에 따른 시·도 농업·농촌 및 식품산업정책심의회의 심의를 거쳐 농림축산식품부장관의 승인을 받아 농업진흥지역을 지정한다.

③ 협의

농림축산식품부장관은 녹지지역이나 계획관리지역이 농업진흥지역에 포함되면 농업진흥지역 지정을 승인하기 전에 국토교통부장관과 협의하여야 한다.

④ 고시 및 열람

시·도지사는 농업진흥지역을 지정하면 지체 없이 이 사실을 고시하고 관계 기관에 통보하여야 하며, 시장·군수 또는 자치구구청장으로 하여금 일반인에게 열람하게 하여야 한다.

2) 농업진흥지역 등의 변경과 해제(법 제31조)

시·도지사는 대통령령(영 제28조)으로 정하는 사유가 있으면 농업진흥지역 또는 용도구역을 변경하거나 해제할 수 있다. 다만, 그 사유가 없어진 경우에는 원래의 농업진흥지역 또는 용도구역으로 환원하여야 한다.

> 1. 다음 각 목의 어느 하나에 해당하는 경우로서 농업진흥지역을 해제하는 경우
>   가. 「국토의 계획 및 이용에 관한 법률」 제6조에 따른 용도지역을 변경하는 경우(농지의 전용을 수반하는 경우에 한한다)
>   나. 법 제34조(농지의 전용허가·협의)제2항제1호에 해당하는 경우로서 미리 농지의 전용에 관한 협의를 하는 경우
>   다. 해당 지역의 여건변화로 농업진흥지역의 지정요건에 적합하지 않게 된 경우. 이 경우 그 농업진흥지역 안의 부지의 면적이 3만제곱미터 이하인 경우로 한정한다.
> 2. 해당 지역의 여건변화로 농업진흥지역 밖의 지역을 농업진흥지역으로 편입하는 경우
> 3. 다음 각 목의 어느 하나에 해당하는 경우로서 용도구역을 변경하는 경우
>   가. 해당 지역의 여건변화로 농업보호구역의 전부 또는 일부를 농업진흥구역으로 변경하는 경우
>   나. 해당 지역의 여건변화로 농업진흥구역 안의 3만제곱미터 이하의 토지를 농업보호구역으로 변경하는 경우
>   다. 다음의 어느 하나에 해당하는 농업진흥구역 안의 토지를 농업보호구역으로 변경하는 경우
>   1) 저수지의 계획홍수위선(計劃洪水位線)으로부터 상류 반경 500미터 이내의 지역으로서 「농어촌정비법」에 따른 농업생산기반 정비사업이 시행되지 않은 지역
>   2) 저수지 부지

3) 농지관리를 위한 실태조사(법 제31조의 3)

농림축산식품부장관은 효율적인 농지 관리를 위하여 매년 유휴농지 조사등 조사를 하여야 한다. 실태조사 결과 농업진흥지역 등의 변경 및 해제 사유가 발생했다고 인정하는 경우 시·도지사는 해당 농업진흥지역 또는 용도구역을 변경하거나 해제할 수 있다.

4) 용도구역에서의 행위 제한(법 제32조)

(1) 농업진흥구역에서 할 수 있는 행위

① 농업진흥구역에서는 농업 생산 또는 농지 개량과 직접적으로 관련된 행위로서 대통령령(영 제29조 1항)으로 정하는 행위 외의 토지이용행위를 할 수 없다.

1. 농작물의 경작
2. 다년생식물의 재배
3. 고정식온실·버섯재배사 및 비닐하우스와 농림축산식품부령으로 정하는 그 부속시설의 설치
4. 축사·곤충사육사와 농림축산식품부령으로 정하는 그 부속시설의 설치
5. 간이퇴비장의 설치
6. 농지개량사업 또는 농업용수개발사업의 시행
7. 농막·간이저온저장고 및 간이액비 저장조 중에서 농림축산식품부령으로 정하는 시설의 설치

② 다음 각 호의 토지이용행위를 할 수 있다.

1. 대통령령으로 정하는 농수산물의 가공·처리 시설의 설치 및 농수산업관련 시험·연구 시설의 설치
2. 어린이놀이터, 마을회관, 그 밖에 대통령령으로 정하는 농업인의 공동생활에 필요한 편의 시설 및 이용 시설의 설치
3. 대통령령으로 정하는 농업인 주택, 어업인 주택, 농업용 시설, 축산업용 시설 또는 어업용 시설의 설치
4. 국방·군사 시설의 설치
5. 하천, 제방, 그 밖에 이에 준하는 국토 보존 시설의 설치
6. 문화재의 보수·복원·이전, 매장 문화재의 발굴, 비석이나 기념탑, 그 밖에 이와 비슷한 공작물의 설치
7. 도로, 철도, 그 밖에 대통령령으로 정하는 공공시설의 설치
8. 지하자원 개발을 위한 탐사 또는 지하광물 채광(採鑛)과 광석의 선별 및 적치(積置)를 위한 장소로 사용하는 행위
9. 농어촌 소득원 개발 등 농어촌 발전에 필요한 시설로서 대통령령으로 정하는 시설의 설치

(2) 농업보호구역에서 할 수 있는 행위

농업보호구역에서는 다음 각 호 외의 토지이용행위를 할 수 없다.

1. 농업진흥지역에 따라 허용되는 토지이용행위
2. 농업인 소득 증대에 필요한 시설로서 대통령령으로 정하는 건축물·공작물, 그 밖의 시설의 설치
3. 농업인의 생활 여건을 개선하기 위하여 필요한 시설로서 대통령령으로 정하는 건축물·공작물, 그 밖의 시설의 설치

(3) 기득권 보호

① 농업진흥지역 지정 당시 관계 법령에 따라 인가·허가 또는 승인 등을 받거나 신고하고 설치한 기존의 건축물·공작물과 그 밖의 시설에 대하여는 위 (1), (2)의 행위 제한 규정을 적용하지 아니한다.

② 농업진흥지역 지정 당시 관계 법령에 따라 다음 각 호의 행위에 대하여 인가·허가·승인 등을 받거나 신고하고 공사 또는 사업을 시행 중인 자는 그 공사 또는 사업에 대하여만 위(1), (2)의 행위 제한 규정을 적용하지 아니한다.

> 1. 건축물의 건축
> 2. 공작물이나 그 밖의 시설의 설치
> 3. 토지의 형질변경
> 4. 그 밖에 제1호부터 제3호까지의 행위에 준하는 행위

5) 농업진흥지역의 농지매수 청구(법 제33조의 2)

(1) 매수청구

농업진흥지역의 농지를 소유하고 있는 농업인 또는 농업법인은「한국농어촌공사 및 농지관리기금법」에 따른 한국농어촌공사에 그 농지의 매수를 청구할 수 있다.

(2) 농지매수

한국농어촌공사는 농지매수 청구를 받으면 「감정평가 및 감정평가사에 관한 법률」에 따른 감정평가법인등이 평가한 금액을 기준으로 해당 농지를 매수할 수 있다. 농지를 매수하는 데에 필요한 자금은 농지관리기금에서 융자한다.

2. 농지의 전용

1) 농지전용의 의의(법 제2조 제7호)

농지의 전용이란 농지를 농작물의 경작이나 다년생식물의 재배 등 농업생산 또는 대통령령으로 정하는 농지개량 외의 용도로 사용하는 것을 말한다. 다만, 제1호나목(농작물 경작지 등 토지의 개량시설과 토지에 설치하는 농축산물 생산시설로서 대통령령으로 정하는 시설의 부지)에서 정한 용도로 사용하는 경우에는 전용(轉用)으로 보지 아니한다.

2) 농지전용 허가(법 제34조)

(1) 허가 사항

농지를 전용하려는 자는 다음 각 호의 어느 하나에 해당하는 경우 외에는 대통령령으로 정하는 바에 따라 농림축산식품부장관의 허가를 받아야 한다. 허가받은 농지의 면적 또는 경계 등 대통령령으로 정하는 중요 사항을 변경하려는 경우에도 또한 같다.

1. 다른 법률에 따라 농지전용허가가 의제되는 협의를 거쳐 농지를 전용하는 경우
2. 도시지역 또는 계획관리지역에 있는 농지로서 다음(2)의 협의사항에 따른 협의를 거친 농지나 다음(2)의 제1호 단서에 따라 협의 대상에서 제외되는 농지를 전용하는 경우
3. 농지전용신고를 하고 농지를 전용하는 경우
4. 「산지관리법」에 따른 산지전용허가를 받지 아니하거나 산지전용신고를 하지 아니하고 불법으로 개간한 농지를 산림으로 복구하는 경우
5. 「하천법」에 따라 하천관리청의 허가를 받고 농지의 형질을 변경하거나 공작물을 설치하기 위하여 농지를 전용하는 경우

(2) 협의사항

주무부장관이나 지방자치단체의 장은 다음 각 호의 어느 하나에 해당하면 대통령령으로 정하는 바에 따라 농림축산식품부장관과 미리 농지전용에 관한 협의를 하여야 한다.

1. 도시지역에 주거지역·상업지역 또는 공업지역을 지정하거나 도시·군계획시설을 결정할 때에 해당 지역 예정지 또는 시설 예정지에 농지가 포함되어 있는 경우. 다만, 이미 지정된 주거지역·상업지역·공업지역을 다른 지역으로 변경하거나 이미 지정된 주거지역·상업지역·공업지역에 도시·군계획시설을 결정하는 경우는 제외한다.
1의2. 계획관리지역에 지구단위계획구역을 지정할 때에 해당 구역 예정지에 농지가 포함되어 있는 경우
2. 도시지역의 녹지지역 및 개발제한구역의 농지에 대하여 개발행위를 허가하거나 「개발제한구역의 지정 및 관리에 관한 특별조치법」 제12조(개발제한구역에서의 행위제한)제1항 각 호 외의 부분 단서에 따라 토지의 형질변경허가를 하는 경우

(3) 농지전용허가의 특례(법 제43조)

농지전용허가를 받아야 하는 자가 제6조제2항제9호의2(농업진흥지역 밖의 농지 중 평균경사율이 15퍼센트 이상인 농지를 소유하는 경우)에 해당하는 농지를 전용하려면 제34조제1항(농지전용의 허가) 또는 제37조제1항(농지전용허가 등의 제한)에도 불구하고 대통령령으로 정하는 바에 따라 시장·군수 또는 자치구구청장에게 신고하고 농지를 전용할 수 있다.

3) 농지전용신고(법 제35조)

농지를 다음 각 호의 어느 하나에 해당하는 시설의 부지로 전용하려는 자는 대통령령으로 정하는 바에 따라 시장·군수 또는 자치구구청장에게 신고하여야 한다. 신고한 사항을 변경하려는 경우에도 또한 같다.

1. 농업인 주택, 어업인 주택, 농축산업용 시설[제2조제1호나목(농축산물 생산시설의 부지)에 따른 개량시설과 농축산물 생산시설은 제외한다], 농수산물 유통·가공 시설
2. 어린이놀이터·마을회관 등 농업인의 공동생활 편의 시설
3. 농수산 관련 연구 시설과 양어장·양식장 등 어업용 시설

4) 농지의 타용도 일시사용 허가 및 신고

(1) 농지의 타용도 일시사용 허가(법 제36조)

농지를 다음 각 호의 어느 하나에 해당하는 용도로 일시 사용하려는 자는 대통령령으로 정하는 바에 따라 일정 기간 사용한 후 농지로 복구한다는 조건으로 시장·군수 또는 자치구구청장의 허가를 받아야 한다. 허가받은 사항을 변경하려는 경우에도 또한 같다. 다만, 국가나 지방자치단체의 경우에는 시장·군수 또는 자치구구청장과 협의하여야 한다.

1. 「건축법」에 따른 건축허가 또는 건축신고 대상시설이 아닌 간이 농수축산업용 시설(제2조제1호 나목에 따른 개량시설과 농축산물 생산시설은 제외한다)과 농수산물의 간이 처리 시설을 설치하는 경우
2. 주(主)목적사업(해당 농지에서 허용되는 사업만 해당한다)을 위하여 현장 사무소나 부대시설, 그 밖에 이에 준하는 시설을 설치하거나 물건을 적치(積置)하거나 매설(埋設)하는 경우
3. 대통령령으로 정하는 토석과 광물을 채굴하는 경우
4. 「전기사업법」의 전기사업을 영위하기 위한 목적으로 설치하는 태양에너지 발전설비로서 다음 각 목의 요건을 모두 갖춘 경우
   가. 「공유수면 관리 및 매립에 관한 법률」에 따른 공유수면매립을 통하여 조성한 토지 중 토양 염도가 일정 수준 이상인 지역 등 농림축산식품부령으로 정하는 지역에 설치하는 시설일 것
   나. 설치 규모, 염도 측정방법 등 농림축산식품부장관이 별도로 정한 요건에 적합하게 설치하는 시설일 것

(2) 농지의 타용도 일시사용 신고(법 제36조의 2)

농지를 다음 각 호의 어느 하나에 해당하는 용도로 일시사용하려는 자는 대통령령으로 정하는 바에 따라 지력을 훼손하지 아니하는 범위에서 일정 기간 사용한 후 농지로 원상복구한다는 조건으로 시장·군수 또는 자치구구청장에게 신고하여야 한다. 신고한 사항을 변경하려는 경우에도 또한 같다. 다만, 국가나 지방자치단체의 경우에는 시장·군수 또는 자치구구청장과 협의하여야 한다.

1. 썰매장, 지역축제장 등으로 일시적으로 사용하는 경우
2. 제36조제1항제1호(간이 농수축산업용 시설과 처리 시설) 또는 제2호(현장 사무소나 부대시설등)에 해당하는 시설을 일시적으로 설치하는 경우

5) 농지전용허가 등의 제한(법 제37조)

(1) 농지전용허가 제한

농림축산식품부장관은 농지전용허가를 결정할 경우 다음 각 호의 어느 하나에 해당하는 시설의 부지로 사용하려는 농지는 전용을 허가할 수 없다. 다만, 「국토의 계획 및 이용에 관한 법률」에 따른 도시지역·계획관리지역 및 개발진흥지구에 있는 농지는 다음 각 호의 어느 하나에 해당하는 시설의 부지로 사용하더라도 전용을 허가할 수 있다.

1. 「대기환경보전법」에 따른 대기오염배출시설로서 대통령령으로 정하는 시설
2. 「물환경보전법」에 따른 폐수배출시설로서 대통령령으로 정하는 시설
3. 농업의 진흥이나 농지의 보전을 해칠 우려가 있는 시설로서 대통령령으로 정하는 시설

(2) 전용이나 타용도 일시사용 제한

농림축산식품부장관, 시장·군수 또는 자치구구청장은 농지전용허가 및 협의를 하거나 농지의 타용도 일시사용허가 및 협의를 할 때 그 농지가 다음 각 호의 어느 하나에 해당하면 전용을 제한하거나 타용도 일시사용을 제한할 수 있다.

1. 전용하려는 농지가 농업생산기반이 정비되어 있거나 농업생산기반 정비사업 시행예정 지역으로 편입되어 우량농지로 보전할 필요가 있는 경우
2. 해당 농지를 전용하거나 다른 용도로 일시사용하면 일조·통풍·통작(通作)에 매우 크게 지장을 주거나 농지개량시설의 폐지를 수반하여 인근 농지의 농업경영에 매우 큰 영향을 미치는 경우
3. 해당 농지를 전용하거나 타용도로 일시 사용하면 토사가 유출되는 등 인근 농지 또는 농지개량시설을 훼손할 우려가 있는 경우
4. 전용 목적을 실현하기 위한 사업계획 및 자금 조달계획이 불확실한 경우
5. 전용하려는 농지의 면적이 전용 목적 실현에 필요한 면적보다 지나치게 넓은 경우

6) 둘 이상의 용도지역·용도지구에 걸치는 농지에 대한 전용허가 시 적용기준(법 제37조의 2)

한 필지의 농지에 도시지역·계획관리지역 및 개발진흥지구와 그 외의 용도지역 또는 용도지구가 걸치는 경우로서 해당 농지 면적에서 차지하는 비율이 가장 작은 용도지역 또는 용도지구가 대통령령으로 정하는 면적(330제곱미터)이하인 경우에는 해당 농지 면적에서 차지하는 비율이 가장 큰 용도지역 또는 용도지구를 기준으로 제37조제1항(농지전용허가 등의 제한)을 적용한다.

7) 농지보전부담금(법 제38조)

(1) 농지보전부담금의 납부자

다음 각 호의 어느 하나에 해당하는 자는 농지의 보전·관리 및 조성을 위한 부담금(이하 "농지보전부담금"이라 한다)을 농지관리기금을 운용·관리하는 자에게 내야 한다.

1. 농지전용허가를 받는 자
2. 농지전용협의를 거친 지역 예정지 또는 시설 예정지에 있는 농지(같은 호 단서에 따라 협의 대상에서 제외되는 농지를 포함한다)를 전용하려는 자
2의2. 제34조제2항제1호의2(계획관리지역에 지구단위계획구역을 지정할 때에 해당 구역 예정지에 농지가 포함되어 있는 경우)에 따라 농지전용에 관한 협의를 거친 구역 예정지에 있는 농지를 전용하려는 자
3. 제34조제2항제2호(도시지역의 녹지지역 및 개발제한구역의 농지에 대하여 개발행위를 허가 등)에 따라 농지전용협의를 거친 농지를 전용하려는 자
4. 다른 법률에 따라 농지전용허가가 의제되는 협의를 거친 농지를 전용하려는 자
5. 농지전용신고를 하고 농지를 전용하려는 자

(2) 납부기일

농지를 전용하려는 자는 농지보전부담금의 전부 또는 일부를 농지전용허가·농지전용신고 전까지 납부하여야 한다.

(3) 농지보전부담금의 환급

농지관리기금을 운용·관리하는 자는 다음 각 호의 어느 하나에 해당하는 경우 대통령령으로 정하는 바에 따라 그에 해당하는 농지보전부담금을 환급하여야 한다.

> 1. 농지보전부담금을 낸 자의 허가가 취소된 경우
> 2. 농지보전부담금을 낸 자의 사업계획이 변경된 경우
> 2의2. 농지보전부담금을 납부하고 허가를 받지 못한 경우
> 3. 그 밖에 이에 준하는 사유로 전용하려는 농지의 면적이 당초보다 줄어든 경우

(4) 농지전용부담금의 감면

농림축산식품부장관은 다음 각 호의 어느 하나에 해당하면 대통령령으로 정하는 바에 따라 농지보전부담금을 감면할 수 있다.

> 1. 국가나 지방자치단체가 공용 목적이나 공공용 목적으로 농지를 전용하는 경우
> 2. 대통령령으로 정하는 중요 산업 시설을 설치하기 위하여 농지를 전용하는 경우
> 3. 제35조제1항(농업인 주택등 시설의 부지 전용 신고) 각 호에 따른 시설이나 그 밖에 대통령령으로 정하는 시설을 설치하기 위하여 농지를 전용하는 경우

(5) 농지전용부담금액

「부동산 가격공시에 관한 법률」에 따른 해당 농지의 개별공시지가의 범위에서 대통령령으로 정하는 부과기준을 적용하여 산정한 금액

> ① 농지보전부담금의 제곱미터당 금액은 부과기준일 현재 가장 최근에 공시된 해당 농지의 개별공시지가의 100분의 30으로 한다.
> ② 제1항에 따라 산정한 농지보전부담금의 제곱미터당 금액이 농림축산식품부령으로 정하는 금액을 초과하는 경우에는 농림축산식품부령으로 정하는 금액을 농지보전부담금의 제곱미터당 금액으로 한다.

(6) 독촉장 발급 및 가산금부과

① 독촉장 발급

농림축산식품부장관은 농지보전부담금을 내야 하는 자가 납부기한까지 내지 아니하면 납부기한이 지난 후 10일 이내에 납부기한으로부터 30일 이내의 기간을 정한 독촉장을 발급하여야 한다.

② 가산금 부과

농림축산식품부장관은 농지보전부담금을 내야 하는 자가 납부기한까지 부담금을 내지 아니한 경우에는 납부기한이 지난 날부터 체납된 농지보전부담금의 100분의 3에 상당하는 금액을 가산금으로 부과한다.

8) 전용허가의 취소 등(법 제39조)

(1) 전용허가의 취소

농림축산식품부장관, 시장·군수 또는 자치구구청장은 농지전용허가 또는 농지의 타용도 일시사용허가를 받았거나 농지전용신고 또는 농지의 타용도 일시사용신고를 한 자가 다음 각 호의 어느 하나에 해당하면 농림축산식품부령으로 정하는 바에 따라 허가를 취소하거나 관계 공사의 중지, 조업의 정지, 사업규모의 축소 또는 사업계획의 변경, 그 밖에 필요한 조치를 명할 수 있다. 다만, 제7호에 해당하면 그 허가를 취소하여야 한다.

1. 거짓이나 그 밖의 부정한 방법으로 허가를 받거나 신고한 것이 판명된 경우
2. 허가 목적이나 허가 조건을 위반하는 경우
3. 허가를 받지 아니하거나 신고하지 아니하고 사업계획 또는 사업 규모를 변경하는 경우
4. 허가를 받거나 신고를 한 후 농지전용 목적사업과 관련된 사업계획의 변경 등 대통령령으로 정하는 정당한 사유 없이 2년 이상 대지의 조성, 시설물의 설치 등 농지전용 목적사업에 착수하지 아니하거나 농지전용 목적사업에 착수한 후 1년 이상 공사를 중단한 경우
5. 농지보전부담금을 내지 아니한 경우
6. 허가를 받은 자나 신고를 한 자가 허가취소를 신청하거나 신고를 철회하는 경우
7. 허가를 받은 자가 관계 공사의 중지 등 이 조 본문에 따른 조치명령을 위반한 경우

(2) 취소요청

농림축산식품부장관은 다른 법률에 따라 농지의 전용이 의제되는 협의를 거쳐 농지를 전용하려는 자가 농지보전부담금 부과 후 농지보전부담금을 납부하지 아니하고 2년 이내에 농지전용의 원인이 된 목적사업에 착수하지 아니하는 경우 관계 기관의 장에게 그 목적사업에 관련된 승인·허가 등의 취소를 요청할 수 있다. 이 경우 취소를 요청받은 관계 기관의 장은 특별한 사유가 없으면 이에 따라야 한다.

9) 용도변경의 승인(법 제40조)

다음 각 호의 어느 하나에 해당하는 절차를 거쳐 농지전용 목적사업에 사용되고 있거나 사용된 토지를 대통령령으로 정하는 기간 이내에 다른 목적으로 사용하려는 경우에는 농림축산식품부령으로 정하는 바에 따라 시장·군수 또는 자치구구청장의 승인을 받아야 한다.

1. 농지전용허가
2. 제34조제2항제2호(녹지지역 및 개발제한구역의 농지에 대하여 개발행위를 허가하거나 토지의 형질변경 허가)에 따른 농지전용협의
3. 제35조(농지전용신고) 또는 제43조(허가의 특례에 따른 신고)에 따른 농지전용신고

10) 농지의 지목 변경 제한(법 제41조)

다음 각 호의 어느 하나에 해당하는 경우 외에는 농지를 전·답·과수원 외의 지목으로 변경하지 못한다.

1. 농지전용허가를 받거나 농지를 전용한 경우
2. 제34조제1항제4호(「산지관리법」을 위반해서 불법으로 개간한 농지를 산림으로 복구하는 경우) 또는 제5호(「하천법」에 따라 농지를 전용하는 경우)에 규정된 목적으로 농지를 전용한 경우
3. 농지전용신고를 하고 농지를 전용한 경우
4. 농어촌용수의 개발사업이나 농업생산기반 개량사업의 시행으로 이 법 제2조제1호나목에 따른 토지의 개량 시설의 부지로 변경되는 경우
5. 시장·군수 또는 자치구구청장이 천재지변이나 그 밖의 불가항력(不可抗力)의 사유로 그 농지의 형질이 현저히 달라져 원상회복이 거의 불가능하다고 인정하는 경우

11) 원상회복 명령(법 제42조)

농림축산식품부장관, 시장·군수 또는 자치구구청장은 다음 각 호의 어느 하나에 해당하면 그 행위를 한 자에게 기간을 정하여 원상회복을 명할 수 있다.

1. 농지전용허가 또는 농지의 타용도 일시사용허가를 받지 아니하고 농지를 전용하거나 다른 용도로 사용한 경우
2. 농지전용신고 또는 농지의 타용도 일시사용신고를 하지 아니하고 농지를 전용하거나 다른 용도로 사용한 경우
3. 제39조(전용허가의 취소)에 따라 허가가 취소된 경우
4. 농지전용신고를 한 자가 제39조(공사의 중지 등)에 따른 조치명령을 위반한 경우

3. 농지위원회(법 제44조)

농지의 취득 및 이용의 효율적인 관리를 위해 시·구·읍·면에 각각 농지위원회를 둔다. 다만, 해당 지역 내의 농지가 농림축산식품부령으로 정하는 면적 이하이거나, 농지위원회의 효율적 운영을 위하여 필요한 경우 시·군의 조례로 정하는 바에 따라 그 행정구역 안에 권역별로 설치할 수 있다.

4. 농지대장(법 제49조)

① 시·구·읍·면의 장은 농지 소유 실태와 농지 이용 실태를 파악하여 이를 효율적으로 이용하고 관리하기 위하여 대통령령으로 정하는 바에 따라 농지대장(農地臺帳)을 작성하여 갖추어 두어야 한다.
② 농지대장에는 농지의 소재지·지번·지목·면적·소유자·임대차 정보·농업진흥지역 여부 등을 포함한다.

5 보칙

1. 농업진흥구역과 농업보호구역에 걸치는 토지 등에 대한 행위 제한의 특례(법 제53조)

① 한 필지의 토지가 농업진흥구역과 농업보호구역에 걸쳐 있으면서 농업진흥구역에 속하는 토지 부분이 대통령령으로 정하는 규모(330제곱미터) 이하이면 그 토지 부분에 대하여는 제32조(용도구역에서의 행위제한)에 따른 행위 제한을 적용할 때 농업보호구역에 관한 규정을 적용한다.

② 한 필지의 토지 일부가 농업진흥지역에 걸쳐 있으면서 농업진흥지역에 속하는 토지 부분의 면적이 대통령령으로 정하는 규모(330제곱미터) 이하이면 그 토지 부분에 대하여는 제32조제1항(농업진흥구역에서 행위제한) 및 제2항(농업보호구역에서 행위제한)을 적용하지 아니한다.

2. 농지의 소유 등에 관한 조사(법 제54조)

① 농림축산식품부장관, 시장 · 군수 또는 자치구구청장은 농지의 소유 · 거래 · 이용 또는 전용 등에 관한 사실을 확인하기 위하여 소속 공무원에게 그 실태를 정기적으로 조사하게 하여야 한다.

② 제1항에 따른 조사는 일정기간 내에 농지취득자격증명이 발급된 농지 등 농림축산식품부령으로 정하는 농지에 대하여 매년 1회 이상 실시하여야 한다.

③ 시장 · 군수 또는 자치구구청장은 제1항에 따른 조사를 실시하고 그 결과를 다음연도 3월 31일까지 시 · 도지사를 거쳐 농림축산식품부장관에게 보고하여야 한다.

6 벌칙

법 제57조~제61조(벌칙), 제62조(양벌규정), 제63조(이행강제금), 제64조(과태료)

산지관리법

9 산지관리법

1 총칙

산지의 합리적인 보전·이용을 통하여 임업의 발전과 산림의 공익기능을 도모하기 위한 법으로서 2002년 12월 30일 제정되었고 2003년 10월 1일부터 시행하고 있다.

1. 법의 목적(법 제1조)

이 법은 산지(山地)를 합리적으로 보전하고 이용하여 임업의 발전과 산림의 다양한 공익기능의 증진을 도모함으로써 국민경제의 건전한 발전과 국토환경의 보전에 이바지함을 목적으로 한다.

2. 산지의 정의(법 제2조)

산지란 다음 각 목의 어느 하나에 해당하는 토지를 말한다. 다만, 주택지(주택지조성사업이 완료되어 지목이 대(垈)로 변경된 토지를 말한다) 및 대통령령으로 정하는 농지, 초지(草地), 도로, 그 밖의 토지는 제외한다.

> 가. 「공간정보의 구축 및 관리 등에 관한 법률」에 따른 지목이 임야인 토지
> 나. 입목(立木)·대나무가 집단적으로 생육(生育)하고 있는 토지
> 다. 집단적으로 생육한 입목·대나무가 일시 상실된 토지
> 라. 입목·대나무의 집단적 생육에 사용하게 된 토지
> 마. 임도(林道), 작업로 등 산길
> 바. 나목부터 라목까지의 토지에 있는 암석지(巖石地) 및 소택지(沼澤地)

3. 산지관리의 기본원칙(법 제3조)

산지는 임업의 생산성을 높이고 재해 방지, 수원(水源) 보호, 자연생태계 보전, 산지경관 보전, 국민보건휴양 증진 등 산림의 공익 기능을 높이는 방향으로 관리되어야 하며 산지전용은 자연친화적인 방법으로 하여야 한다.

2 산지의 보전

1. 산지관리기본계획 및 산지의 구분 등

1) 산지관리기본계획(법 제3조의 2)

(1) 산지관리기본계획의 수립

산림청장은 산지를 합리적으로 보전하고 이용하기 위하여「산림기본법」에 따른 산림기본계획에 따라 전국의 산지에 대한 산지관리기본계획(이하 "기본계획"이라 한다)을 10년마다 수립하여야 한다.

(2) 산지관리기본계획의 수립절차

① 협의 및 심의

산림청장이 기본계획을 수립하거나 변경할 때에는 미리 관계 중앙행정기관의 장과 협의하고 특별시장·광역시장·특별자치시장·도지사 또는 특별자치도지사(이하 "시·도지사"라 한다)의 의견을 들은 후 중앙산지관리위원회의 심의를 거쳐야 한다.

② 상임위원회 제출

산림청장은 기본계획 및 시행계획을 수립하거나 변경한 때에는 지체 없이 국회 소관 상임위원회에 제출하여야 한다.

③ 통보 및 공람

산림청장이 기본계획을 수립하거나 변경하였을 때에는 대통령령으로 정하는 바에 따라 고시하고 관계 중앙행정기관의 장, 시·도지사 및 지방산림청장에게 통보하여야 하며, 시장(특별자치도 또는 특별자치시의 경우는 특별자치도지사 또는 특별자치시장을 말한다. 이하 같다)·군수·구청장(자치구의 구청장을 말한다. 이하 같다) 또는 지방산림청 국유림관리소장으로 하여금 일반에게 공람하게 하여야 한다.

④ 지역계획 수립 또는 변경

시·도지사 또는 지방산림청장은 산림청장으로부터 기본계획의 수립 또는 변경에 관한 통보를 받으면 기본계획의 내용을 반영하여 1년 이내에 관할 지역의 산지에 대한 산지관리지역계획(이하 "지역계획"이라 한다)을 수립하거나 변경하여야 한다.

(3) 기본계획과 지역계획의 내용(법 제3조의 3)

기본계획과 지역계획에는 다음 각 호의 사항이 포함되어야 한다. 다만, 제3호 및 제5호는 기본계획에만 해당한다.

1. 산지관리의 목표와 기본방향
2. 산지의 보전 및 이용에 관한 사항
2의2. 산지경관 관리에 관한 사항
3. 산지 구분의 타당성에 대한 조사에 관한 사항

4. 환경보전, 국토개발 등에 관한 다른 법률에 따른 산지이용계획에 관한 사항
5. 산지관리정보체계의 구축 및 운영에 관한 사항
6. 그 밖에 합리적인 산지의 보전 및 이용을 위하여 대통령령으로 정하는 사항

2) 산지의 구분(법 제4조)

<산지의 구분>

구분		내용
보전산지	가. 임업용산지(林業用山地) 산림자원의 조성과 임업경영기반의 구축 등 임업생산 기능의 증진을 위하여 필요한 산지로서 다음의 산지를 대상으로 산림청장이 지정하는 산지	① 채종림(採種林) 및 시험림의 산지 ② 보전국유림의 산지 ③ 임업진흥권역의 산지 ④ 그 밖에 임업생산 기능의 증진을 위하여 필요한 산지로서 대통령령으로 정하는 산지
	나. 공익용산지 임업생산과 함께 재해 방지, 수원보호, 자연생태계 보전, 산지경관보전, 국민보건휴양 증진 등의 공익 기능을 위하여 필요한 산지로서 다음의 산지를 대상으로 산림청장이 지정하는 산지	① 자연휴양림의 산지 ② 사찰림(寺刹林)의 산지 ③ 제9조에 따른 산지전용·일시사용제한지역 ④ 야생생물 특별보호구역 및 야생생물 보호구역의 산지 ⑤ 공원구역의 산지 ⑥ 문화재보호구역의 산지 ⑦ 상수원보호구역의 산지 ⑧ 개발제한구역의 산지 ⑨ 녹지지역 중 대통령령으로 정하는 녹지지역의 산지 ⑩ 생태·경관보전지역의 산지 ⑪ 습지보호지역의 산지 ⑫ 특정도서의 산지 ⑬ 백두대간보호지역의 산지 ⑭ 산림보호구역의 산지 ⑮ 그 밖에 공익 기능을 증진하기 위하여 필요한 산지로서 대통령령으로 정하는 산지
준보전산지	보전산지 외의 산지	

3) 보전산지

(1) 보전산지의 지정절차(법 제5조)

① 의견청취 및 심의

산림청장은 보전산지를 지정하려면 그 산지가 표시된 산지구분도를 작성하여 농림축산식품부령으로 정하는 바에 따라 산지소유자의 의견을 듣고, 관계 행정기관의 장과 협의한 후 중앙산지관리위원회의 심의를 거쳐야 한다. 다만, 다른 법률에 따라 관계 행정기관의 장간에 협의를 거쳐 산지가 보전산지의 지정대상으로 된 경우에는 중앙산지관리위원회의 심의를 거치지 아니한다.

부동산공법 (기초)

② 고시 및 열람

산림청장은 보전산지를 지정한 경우에는 대통령령으로 정하는 바에 따라 그 지정사실을 고시하고 관계 행정기관의 장에게 통보하여야 하며, 그 지정에 관한 관계 서류를 일반에게 공람하여야 한다. 산림청장은 시장·군수·구청장으로 하여금 보전산지의 지정에 관한 관계 서류를 일반에게 공람하게 할 수 있다.

(2) 보전산지 지정의 해제

산림청장은 다음 각 호의 어느 하나에 해당하는 경우에는 보전산지의 지정을 해제할 수 있다. 이 경우 산림청장은 제1호·제2호 또는 제4호에 해당하는지를 판단하기 위하여 필요하면 해당 산지의 입지여건, 산지경관 및 산림생태계 등 산지의 특성에 관한 평가(이하 "산지특성평가"라 한다)를 실시할 수 있다.

1. 보전산지가 임업용산지 또는 공익용산지의 지정요건에 해당하지 아니하게 되는 경우
2. 제8조(구역등의 지정 협의)에 따른 협의를 한 경우로서 보전산지의 지정을 해제할 필요가 있는 경우
3. 산지전용허가 또는 산지전용신고에 의하여 산지를 다른 용지로 변경하려는 경우로서 해당 산지전용의 목적사업을 완료한 후 제39조제3항(산지전용지 등의 복구)에 따라 복구의무를 면제받거나 제42조(복구준공검사)에 따라 복구준공검사를 받은 경우
4. 그 밖에 보전산지의 지정이 적합하지 아니하다고 인정되는 경우

4) 산지에서의 구역 등의 지정(법 제8조)

관계 행정기관의 장은 다른 법률에 따라 산지를 특정 용도로 이용하기 위하여 지역·지구 및 구역 등으로 지정하거나 결정하려면 대통령령으로 정하는 산지의 종류 및 면적 등의 구분에 따라 산림청장등과 미리 협의하여야 한다. 협의한 사항(대통령령으로 정하는 경미한 사항은 제외한다)을 변경하려는 경우에도 같다.

2. 보전산지에서의 행위제한(법 제9조)

1) 산지전용·일시사용제한지역의 지정

산림청장은 다음 각 호의 어느 하나에 해당하는 산지로서 공공의 이익증진을 위하여 보전이 특히 필요하다고 인정되는 산지를 산지전용 또는 산지일시사용이 제한되는 지역으로 지정할 수 있다.

1. 대통령령으로 정하는 주요 산줄기의 능선부로서 산지경관 및 산림생태계의 보전을 위하여 필요하다고 인정되는 산지
2. 명승지, 유적지, 그 밖에 역사적·문화적으로 보전할 가치가 있다고 인정되는 산지로서 대통령령으로 정하는 산지
3. 산사태 등 재해 발생이 특히 우려되는 산지로서 대통령령으로 정하는 산지

2) 산지전용·일시사용제한지역의 행위제한(법 제10조)

산지전용·일시사용제한지역에서는 다음 각 호의 어느 하나에 해당하는 행위를 하기 위하여 산지전용 또는 산지일시사용을 하는 경우를 제외하고는 산지전용 또는 산지일시사용을 할 수 없다.

1. 국방·군사시설의 설치
2. 사방시설, 하천, 제방, 저수지, 그 밖에 이에 준하는 국토보전시설의 설치
3. 도로, 철도, 석유 및 가스의 공급시설, 그 밖에 대통령령으로 정하는 공용·공공용 시설의 설치
4. 산림보호, 산림자원의 보전 및 증식을 위한 시설로서 대통령령으로 정하는 시설의 설치
5. 임업시험연구를 위한 시설로서 대통령령으로 정하는 시설의 설치
이하 생략

3) 산지전용·일시사용제한지역 지정의 해제(법 제11조)

산림청장은 산지전용·일시사용제한지역의 지정목적이 상실되었거나 산지전용·일시사용제한지역으로 계속 둘 필요가 없다고 인정되는 경우로서 다음 각 호의 어느 하나에 해당하는 경우에는 산지전용·일시사용제한지역의 지정을 해제할 수 있다.

1. 제10조(산지전용·일시사용) 각 호에 해당하는 행위를 하기 위하여 산지전용허가를 받아 산지를 전용한 경우
2. 천재지변 등으로 인하여 산지전용·일시사용제한지역으로서의 가치를 상실한 경우
3. 재해방지시설을 설치하여 산사태 발생 위험이 없어지는 등 산지전용·일시사용제한지역의 지정목적이 상실된 경우
4. 그 밖에 자연적·사회적·경제적·지역적 여건변화나 지역발전을 위한 사유 등 대통령령으로 정하는 경우

4) 산지전용·일시사용제한지역의 산지매수(법 제13조)

국가나 지방자치단체는 산지전용·일시사용제한지역의 지정목적을 달성하기 위하여 필요하면 산지소유자와 협의하여 산지전용·일시사용제한지역의 산지를 매수할 수 있다. 산지의 매수가격은 공시지가를 기준으로 결정한다. 이 경우 인근지역의 실제 거래가격이 공시지가보다 낮을 때에는 실제 거래가격을 기준으로 매수할 수 있다.

5) 보전산지에서의 행위제한(법 제12조)

(1) 임업용산지에서의 행위제한

임업용산지에서는 다음 각 호의 어느 하나에 해당하는 행위를 하기 위하여 산지전용 또는 산지일시사용을 하는 경우를 제외하고는 산지전용 또는 산지일시사용을 할 수 없다.

1. 제10조(산지전용·일시사용제한지역에서의 행위제한) 제1호부터 제9호까지, 제9호의2 및 제9호의3에 따른 시설의 설치 등
2. 임도·산림경영관리사(山林經營管理舍) 등 산림경영과 관련된 시설 및 산촌산업개발시설 등 산촌개발사업과 관련된 시설로서 대통령령으로 정하는 시설의 설치
3. 수목원, 산림생태원, 자연휴양림, 수목장림(樹木葬林), 국가정원, 지방정원, 그 밖에 대통령령으로 정하는 산림공익시설의 설치

4. 농림어업인의 주택 및 그 부대시설로서 대통령령으로 정하는 주택 및 시설의 설치

5. 농림어업용 생산·이용·가공시설 및 농어촌휴양시설로서 대통령령으로 정하는 시설의 설치

6. 광물, 지하수, 그 밖에 대통령령으로 정하는 지하자원 또는 석재의 탐사·시추 및 개발과 이를 위한 시설의 설치

7. 산사태 예방을 위한 지질·토양의 조사와 이에 따른 시설의 설치

8. 석유비축 및 저장시설·방송통신설비, 그 밖에 대통령령으로 정하는 공용·공공용 시설의 설치

9. 국립묘지시설 및 허가를 받거나 신고를 한 묘지·화장시설·봉안시설·자연장지 시설의 설치

10. 대통령령으로 정하는 종교시설의 설치

11. 병원, 사회복지시설, 청소년수련시설, 근로자복지시설, 공공직업훈련시설 등 공익시설로서 대통령령으로 정하는 시설의 설치

12. 교육·연구 및 기술개발과 관련된 시설로서 대통령령으로 정하는 시설의 설치

13. 제1호부터 제12호까지의 시설을 제외한 시설로서 대통령령으로 정하는 지역사회개발 및 산업발전에 필요한 시설의 설치

14. 제1호부터 제13호까지의 규정에 따른 시설을 설치하기 위하여 대통령령으로 정하는 기간 동안 임시로 설치하는 다음 각 목의 어느 하나에 해당하는 부대시설의 설치

    가. 진입로

    나. 현장사무소

    다. 지질·토양의 조사·탐사시설

    라. 그 밖에 주차장 등 농림축산식품부령으로 정하는 부대시설

15. 제1호부터 제13호까지의 시설 중 건축물과 도로(「건축법」 제2조제1항제11호의 도로를 말한다)를 연결하기 위한 대통령령으로 정하는 규모 이하의 진입로의 설치

16. 그 밖에 가축의 방목, 산나물·야생화·관상수의 재배(성토 또는 절토 등을 통하여 지표면으로부터 높이 또는 깊이 50센티미터 이상 형질변경을 수반하는 경우에 한정한다), 물건의 적치(積置), 농도(農道) 의 설치 등 임업용산지의 목적 달성에 지장을 주지 아니하는 범위에서 대통령령으로 정하는 행위

(2) 공익용산지에서의 행위제한

① 공익용산지(산지전용·일시사용제한지역은 제외한다)에서는 다음 각 호의 어느 하나에 해당하는 행위를 하기 위하여 산지전용 또는 산지일시사용을 하는 경우를 제외하고는 산지전용 또는 산지일시사용을 할 수 없다.

1. 제10조(산지전용·일시사용제한지역에서의 행위제한)제1호부터 제9호까지, 제9호의2 및 제9호의3에 따른 시설의 설치 등

2. 위(1)의 제2호, 제3호, 제6호 및 제7호의 시설의 설치

3. 위(1)의 제12호의 시설 중 대통령령으로 정하는 시설의 설치

4. 대통령령으로 정하는 규모 미만으로서 다음 각 목의 어느 하나에 해당하는 행위

    가. 농림어업인 주택의 신축, 증축 또는 개축. 다만, 신축의 경우에는 대통령령으로 정하는 주택 및 시설에 한정한다.

나. 종교시설의 증축 또는 개축

다. 사찰림의 산지에서의 사찰 신축, 위(1)의 제9호의 시설 중 봉안시설 설치 또는 제11호에 따른 시설 중 병원, 사회복지시설, 청소년수련시설의 설치

5. 제1호부터 제4호까지의 시설을 제외한 시설로서 대통령령으로 정하는 공용·공공용 사업을 위하여 필요한 시설의 설치

6. 제1호부터 제5호까지에 따른 시설을 설치하기 위하여 대통령령으로 정하는 기간 동안 임시로 설치하는 다음 각 목의 어느 하나에 해당하는 부대시설의 설치

가. 진입로

나. 현장사무소

다. 지질·토양의 조사·탐사시설

라. 그 밖에 주차장 등 농림축산식품부령으로 정하는 부대시설

7. 제1호부터 제5호까지의 시설 중 건축물과 도로를 연결하기 위한 대통령령으로 정하는 규모 이하의 진입로의 설치

8. 그 밖에 산나물·야생화·관상수의 재배(성토 또는 절토 등을 통하여 지표면으로부터 높이 또는 깊이 50센티미터 이상 형질변경을 수반하는 경우에 한정한다), 농도의 설치 등 공익용산지의 목적 달성에 지장을 주지 아니하는 범위에서 대통령령으로 정하는 행위

② ①에도 불구하고 공익용산지(산지전용·일시사용제한지역은 제외한다) 중 다음 각 호의 어느 하나에 해당하는 산지에서의 행위제한에 대하여는 해당 법률을 각각 적용한다.

1. 제4조(산지의 구분)제1항제1호나목4)부터 14)까지의 산지

2. 지역·지구 및 구역 등으로 지정된 산지로서 대통령령으로 정하는 산지

6) 산지의 매수 청구(법 제13조의 2)

(1) 매수청구

산지전용·일시사용제한지역의 지정·고시가 있을 때에는 그 지역의 산지 소유자 등은 산림청장에게 그 산지의 매수를 청구할 수 있다.

(2) 매수의무

산지의 매수 청구를 받은 산림청장은 예산의 범위에서 이를 매수하여야 한다.

3. 산지전용허가 등

1) 산지전용허가(법 제14조, 영 제15조)

산지전용을 하려는 자는 그 용도를 정하여 대통령령으로 정하는 산지의 종류 및 면적 등의 구분에 따라 산림청장 등의 허가를 받아야 하며, 허가받은 사항을 변경하려는 경우에도 같다. 다만, 농림축산식품부령으로 정하는 사항으로서 경미한 사항을 변경하려는 경우에는 산림청장등에게 신고로 갈음할 수 있다.

1. 산지전용허가를 받으려는 경우
   가. 산지면적이 200만제곱미터 이상(보전산지의 경우에는 100만제곱미터 이상)인 경우: 산림청장
   나. 산지면적이 50만제곱미터 이상 200만제곱미터 미만(보전산지의 경우에는 3만제곱미터 이상 100만 제곱미터 미만)인 경우
      1) 산림청장 소관인 국유림의 산지인 경우: 산림청장
      2) 산림청장 소관이 아닌 국유림, 공유림 또는 사유림의 산지인 경우: 시·도지사
   다. 산지면적이 50만제곱미터 미만(보전산지의 경우에는 3만제곱미터 미만)인 경우
      1) 산림청장 소관인 국유림의 산지인 경우: 산림청장
      2) 산림청장 소관이 아닌 국유림, 공유림 또는 사유림의 산지인 경우: 시장·군수·구청장
2. 산지전용허가에 대한 변경허가를 받거나 변경신고를 하려는 경우: 해당 산지전용허가를 한 산림청장등

2) 산지전용신고(법 제15조)

다음 각 호의 어느 하나에 해당하는 용도로 산지전용을 하려는 자는 위1)에도 불구하고 국유림의 산지에 대하여는 산림청장에게, 국유림이 아닌 산림의 산지에 대하여는 시장·군수·구청장에게 신고하여야 한다. 신고한 사항 중 농림축산식품부령으로 정하는 사항을 변경하려는 경우에도 같다.

1. 산림경영·산촌개발·임업시험연구를 위한 시설 및 수목원·산림생태원·자연휴양림·국가정원·지방정원 등 대통령령으로 정하는 산림공익시설과 그 부대시설의 설치
2. 농림어업인의 주택시설과 그 부대시설의 설치
3. 「건축법」에 따른 건축허가 또는 건축신고 대상이 되는 농림수산물의 창고·집하장·가공시설 등 대통령령으로 정하는 시설의 설치

3) 산지일시사용허가·신고(법 제15조의 2)

(1) 산지일시사용허가

광물의 채굴, 광해방지사업, 태양에너지발전설비의 설치, 그 밖에 대통령령으로 정하는 용도로 산지일시사용을 하려는 자는 대통령령으로 정하는 산지의 종류 및 면적 등의 구분에 따라 산림청장등의 허가를 받아야 하며, 허가받은 사항을 변경하려는 경우에도 또한 같다. 다만, 농림축산식품부령으로 정하는 경미한 사항을 변경하려는 경우에는 산림청장등에게 신고로 갈음할 수 있다.

(2) 산지일시사용신고

다음 각 호의 어느 하나에 해당하는 용도로 산지일시사용을 하려는 자는 국유림의 산지에 대하여는 산림청장에게, 국유림이 아닌 산림의 산지에 대하여는 시장·군수·구청장에게 신고하여야 한다. 신고한 사항 중 농림축산식품부령으로 정하는 사항을 변경하려는 경우에도 같다.

1. 건축허가 또는 건축신고 대상이 아닌 간이 농림어업용 시설과 농림수산물 간이처리시설의 설치
2. 석재·지하자원의 탐사시설 또는 시추시설의 설치
3. 제10조(산지전용·일시사용제한지역에서의 행위제한)제10호, 제12조(보전산지에서의 행위제한)제1항제14호 및 제12조제2항제6호에 따른 부대시설의 설치 및 물건의 적치
4. 산나물, 약초, 약용수종, 조경수·야생화 등 관상산림식물의 재배(성토 또는 절토 등을 통하여 지표면으로부터 높이 또는 깊이 50센티미터 이상 형질변경을 수반하는 경우에 한정한다)
5. 가축의 방목 및 해당 방목지에서 가축의 방목을 위하여 필요한 목초(牧草) 종자의 파종
6. 매장문화재 지표조사
7. 임도, 작업로, 임산물 운반로, 등산로·탐방로 등 숲길, 그 밖에 이와 유사한 산길의 조성
8. 수목장림의 설치
9. 사방시설의 설치
10. 산불의 예방 및 진화 등 대통령령으로 정하는 재해응급대책과 관련된 시설의 설치
11. 전기통신사업자가 설치하는 대통령령으로 정하는 규모 이하의 무선전기통신 송수신시설
12. 그 밖에 농림축산식품부령으로 정하는 경미한 시설의 설치

4) 산지전용허가 등의 효력(법 제16조)

(1) 효력의 발생시기

산지전용허가, 산지전용신고의 수리, 산지일시사용허가 및 산지일시사용신고의 수리의 효력은 다음 각 호의 요건을 모두 충족할 때까지 발생하지 아니한다.

1. 해당 산지전용 또는 산지일시사용의 목적사업을 시행하기 위하여 다른 법률에 따른 인가·허가·승인 등의 행정처분이 필요한 경우에는 그 행정처분을 받을 것
2. 대체산림자원조성비를 미리 내야 하는 경우에는 대체산림자원조성비를 납부할 것
3. 복구비를 예치하여야 하는 경우에는 복구비를 예치할 것

(2) 행정처분에 따른 효력

위(1)에 따른 목적사업의 시행에 필요한 행정처분에 대한 거부처분이나 그 행정처분의 취소처분이 확정된 경우에는 산지전용허가나 산지일시사용허가는 취소된 것으로 보고, 산지전용신고나 산지일시사용신고는 수리되지 아니한 것으로 본다.

5) 산지전용허가 등의 기간(법 제17조)

산지전용허가 또는 산지전용신고에 의하여 대상 시설물을 설치하는 기간 등 산지전용기간은 다음 각 호와 같다. 다만, 산지전용허가를 받거나 산지전용신고를 하려는 자가 산지 소유자가 아닌 경우의 산지전용기간은 그 산지를 사용·수익할 수 있는 기간을 초과할 수 없다.

1. 산지전용허가의 경우: 산지전용면적 및 전용을 하려는 목적사업을 고려하여 10년의 범위에서 농림축산식품부령으로 정하는 기준에 따라 산림청장등이 허가하는 기간. 다만, 다른 법령에서 목적사업의 시행에 필요한 기간을 정한 경우에는 그 기간을 허가기간으로 할 수 있다.
2. 산지전용신고의 경우: 산지전용면적 및 전용을 하려는 목적사업을 고려하여 10년의 범위에서 농림축산식품부령으로 정하는 기준에 따라 신고하는 기간. 다만, 다른 법령에서 목적사업의 시행에 필요한 기간을 정한 경우에는 그 기간을 산지전용기간으로 신고할 수 있다.

6) 산지전용허가 등의 이해관계인의 열람(법 제18조의 5)

(1) 이해관계인의 열람

산림청장등 또는 관계 행정기관의 장은 산지에 대하여 제8조(산지에서의 구역 등의 지정 등)에 따른 구역 등의 지정협의, 산지전용허가·산지전용협의 또는 산지일시사용허가·산지일시사용협의를 한 때에는 이해관계인 등이 그 내용을 알 수 있도록 해당 기관의 게시판 또는 전자매체 등에 공고하고 이해관계인 등이 관계 서류를 14일 이상 열람할 수 있도록 하여야 한다.

(2) 이해관계인의 범위

이의신청을 할 수 있는 이해관계인 등이란 허가·협의의 대상인 사업구역의 경계로부터 반지름 500미터 안에 소재하는 다음 각 호의 어느 하나에 해당하는 자를 말한다.

1. 가옥의 소유자
2. 주민(실제로 거주하고 있는 「주민등록법」에 따른 세대주를 말한다)
3. 공장의 소유자·대표자
4. 종교시설의 대표자

7) 대체산림자원조성비(법 제19조)

(1) 대체산림자원조성비의 납부

다음 각 호의 어느 하나에 해당하는 자는 산지전용과 산지일시사용에 따른 대체산림자원 조성에 드는 비용(이하 "대체산림자원조성비"라 한다)을 미리 내야 한다.

1. 산지전용허가를 받으려는 자
2. 산지일시사용허가를 받으려는 자(「광산피해의 방지 및 복구에 관한 법률」에 따른 광해방지사업을 하려는 자는 제외한다)
3. 다른 법률에 따라 산지전용허가 또는 산지일시사용허가가 의제되거나 배제되는 행정처분을 받으려는 자

(2) 대체산림자원조성비

대체산림자원조성비는 산지전용 또는 산지일시사용되는 산지의 면적에 부과시점의 단위면적당 금액을 곱한 금액으로 하되, 단위면적당 금액은 산림청장이 결정·고시한다. 이 경우 산림청장은 제4조(산지의 구분)에 따라 구분된 산지별 또는 지역별로 단위면적당 금액을 달리할 수 있다.

> 단위면적당 금액(산림청장 결정·고시, 2016년)
> - 준보전산지: 3,740원/㎡
> - 보전산지: 4,860원/㎡
> - 산지전용제한지역: 7,480원/㎡

(3) 대체산림자원조성비의 납부기한(영 제24조)

산림청장등은 대체산림자원조성비의 납부고지를 하는 경우에는 납부고지서 발행일부터 20일 이상 90일 이내의 납부기간을 정하여 고지하여야 한다. 다만, 대체산림자원조성비를 납부하여야 할 자가 부득이한 사유로 인하여 그 기간의 연장을 신청한 경우에는 농림축산식품부령으로 정하는 바에 따라 한 차례만 처음 고지한 납부기간의 범위에서 그 기간을 연장할 수 있다.

(4) 대체산림자원조성비의 감면

산림청장등은 다음 각 호의 어느 하나에 해당하는 경우에는 감면기간을 정하여 대체산림자원조성비를 감면할 수 있다.

> 1. 국가나 지방자치단체가 공용 또는 공공용의 목적으로 산지전용 또는 산지일시사용을 하는 경우
> 2. 대통령령으로 정하는 중요 산업시설을 설치하기 위하여 산지전용 또는 산지일시사용을 하는 경우
> 3. 광물의 채굴 또는 그 밖에 대통령령으로 정하는 시설을 설치하거나 대통령령으로 정하는 용도로 사용하기 위하여 산지전용 또는 산지일시사용을 하는 경우

(5) 대체산림자원조성비의 환급(법 제19조의 2)

① 산림청장등은 대체산림자원조성비를 낸 자가 다음 각 호의 어느 하나에 해당하는 경우에는 대통령령으로 정하는 바에 따라 대체산림자원조성비의 전부 또는 일부를 되돌려주어야 한다. 다만, 형질이 변경된 면적의 비율에 따라 대체산림자원조성비를 차감하여 되돌려줄 수 있으며, 제38조제1항에 따른 복구비를 예치하지 아니한 자의 경우에는 대통령령으로 정하는 바에 따라 산지 복구에 필요한 비용을 미리 상계(相計)한 후 되돌려줄 수 있다.

> 1. 산지전용허가를 받지 못한 경우
> 2. 산지일시사용허가를 받지 못한 경우
> 3. 산지전용허가 또는 산지일시사용허가가 취소된 것으로 보게 되는 경우
> 4. 산지일시사용기간 또는 산지전용기간 이내에 목적사업을 완료하지 못하고 그 기간이 만료된 경우
> 5. 산지전용허가 또는 산지일시사용허가가 취소된 경우
> 6. 다른 법률에 따라 산지전용허가, 산지일시사용허가를 받지 아니한 것으로 보게 되는 경우
> 7. 사업계획의 변경이나 그 밖에 대통령령으로 정하는 사유로 대체산림자원조성비의 부과 대상 산지의 면적이 감소된 경우
> 8. 대체산림자원조성비를 낸 후 그 부과의 정정 등 대통령령으로 정하는 사유가 발생한 경우

부동산공법 (기초)

② 제1항에도 불구하고 복구준공검사를 받은 경우에는 대체산림자원조성비를 되돌려주지 아니한다. 다만, 다음 각 호의 어느 하나에 해당하는 경우에는 그러하지 아니하다.

1. 대체산림자원조성비를 잘못 산정하였거나 그 부과금액이 잘못 기재된 경우
2. 대체산림자원조성비의 부과대상이 아닌 것에 대하여 부과된 경우

8) 산지전용허가의 취소(법 제20조)

산림청장등은 산지전용허가 또는 산지일시사용허가를 받거나 산지전용신고 또는 산지일시사용신고를 한 자가 다음 각 호의 어느 하나에 해당하는 경우에는 농림축산식품부령으로 정하는 바에 따라 허가를 취소하거나 목적사업의 중지, 시설물의 철거, 산지로의 복구, 그 밖에 필요한 조치를 명할 수 있다. 다만, 제1호에 해당하는 경우에는 그 허가를 취소하거나 목적사업의 중지 등을 명하여야 한다.

1. 거짓이나 그 밖의 부정한 방법으로 허가를 받거나 신고를 한 경우
2. 허가의 목적 또는 조건을 위반하거나 허가 또는 신고 없이 사업계획이나 사업규모를 변경하는 경우
3. 대체산림자원조성비를 내지 아니하였거나 복구비를 예치하지 아니한 경우(제37조제9항에 따른 줄어든 복구비 예치금을 다시 예치하지 아니한 경우를 포함한다)
4. 제37조(재해의 방지)제7항 각 호의 어느 하나에 해당하는 필요한 조치 명령에 따른 재해 방지 또는 복구를 위한 명령을 이행하지 아니한 경우
5. 허가를 받은 자가 각 호 외의 부분 본문·단서에 따른 목적사업의 중지 등의 조치명령을 위반한 경우
6. 허가를 받은 자가 허가취소를 요청하거나 신고를 한 자가 신고를 철회하는 경우

9) 용도변경의 승인(법 제21조)

산지전용허가 또는 산지일시사용허가를 받거나 산지전용신고 또는 산지일시사용신고를 한 자가 다음 각 호의 어느 하나에 해당되는 경우에는 농림축산식품부령으로 정하는 바에 따라 산림청장등의 승인을 받아야 한다. 다만, 준보전산지에 대한 산지전용허가 또는 산지일시사용허가를 받은 자(다른 법률에 따라 산지전용허가 또는 산지일시사용허가가 의제되거나 배제되는 행정처분을 받은 자를 포함한다)가 대체산림자원조성비를 감면받지 아니하고 대체산림자원조성비를 모두 납부한 경우에는 그러하지 아니하다.

1. 산지전용 또는 산지일시사용 목적사업에 사용되고 있거나 사용된 토지를 대통령령으로 정하는 기간 이내에 다른 목적으로 사용하려는 경우(대체산림자원조성비가 감면되는 용도에서 감면되지 아니하는 용도 또는 감면비율이 낮은 용도로 변경하려는 경우를 포함한다)
2. 농림어업용 주택 또는 그 부대시설을 설치하기 위한 용도로 전용한 후 대통령령으로 정하는 기간 이내에 농림어업인이 아닌 자에게 명의를 변경하려는 경우

4. 산지관리위원회(법 제22조)

다음 각 호의 사항을 심의하기 위하여 산림청에 중앙산지관리위원회를 둔다.

1. 이 법 또는 다른 법률의 규정에 따라 중앙산지관리위원회의 심의대상에 해당하는 사항
2. 산림청장의 권한에 속하는 사항 중 그 소속기관의 장에게 위임된 사항이 중앙산지관리위원회의 심의대상에 해당하는 사항
3. 그 밖에 산지의 보전 및 이용에 관한 사항 중 대통령령으로 정하는 사항

3 토석채취 등

1. 토석채취(법 제25조)

1) 토석채취의 허가

국유림이 아닌 산림의 산지에서 토석을 채취(가공하거나 산지 이외로 반출하는 경우를 포함한다)하려는 자는 대통령령으로 정하는 바에 따라 다음 각 호의 구분에 따라 시·도지사 또는 시장·군수·구청장에게 토석채취허가를 받아야 하며, 허가받은 사항을 변경하려는 경우에도 같다. 다만, 농림축산식품부령으로 정하는 경미한 사항을 변경하려는 경우에는 시·도지사 또는 시장·군수·구청장에게 신고하는 것으로 갈음할 수 있다.

1. 토석채취 면적이 10만제곱미터 이상인 경우: 시·도지사의 허가
2. 토석채취 면적이 10만제곱미터 미만인 경우: 시장·군수·구청장의 허가

2) 토석채취의 신고

국유림이 아닌 산림의 산지에서 객토용(客土用)이나 그 밖에 대통령령으로 정하는 용도로 사용하기 위하여 대통령령으로 정하는 규모의 토사를 채취하려는 자는 1)에도 불구하고 농림축산식품부령으로 정하는 바에 따라 시장·군수·구청장에게 토사채취신고를 하여야 한다. 신고한 사항 중 농림축산식품부령으로 정하는 사항을 변경하려는 경우에도 같다.

3) 토석채취의 기간

토석채취허가 또는 토사채취신고(다른 법률에 따라 토석채취허가 또는 토사채취신고가 의제되는 행정처분을 포함한다)에 따른 채취기간은 다음 각 호와 같다. 다만, 토석채취허가를 받거나 토사채취신고를 하려는 자가 해당 산지의 소유자가 아닌 경우의 채취기간은 그 산지를 사용·수익할 수 있는 기간을 초과할 수 없다.

1. 토석채취허가의 경우: 토석채취량 및 토석채취면적 등을 고려하여 10년의 범위에서 농림축산식품부령으로 정하는 기준에 따라 시·도지사 또는 시장·군수·구청장이 허가하는 기간
2. 토사채취신고의 경우: 토사채취량 및 토사채취면적 등을 고려하여 10년의 범위에서 농림축산식품부령으로 정하는 기준에 따라 시장·군수·구청장에게 신고하는 기간

4) 허가·신고 없이 할 수 있는 토석채취(법 제25조의 2)

다음 각 호의 어느 하나에 해당하는 토석은 토석채취허가를 받지 아니하거나 토사채취신고를 하지 아니하고 채취할 수 있다. 다만, 대통령령으로 정하는 경우에는 허가를 받거나 신고하여야 한다.

1. 다음 각 목의 토석. 다만, 가목에 따라 채취한 석재의 경우에는 그 석재를 토목용으로 사용 또는 판매하거나 해당 산지전용지역 또는 산지일시사용지역 외의 지역에서 쇄골재용으로 가공하려는 경우로 한정한다.
   가. 산지전용허가 또는 산지일시사용허가를 받거나 산지전용신고 또는 산지일시사용신고를 한 자가 산지전용 또는 산지일시사용을 하는 과정에서 부수적으로 나온 토석
   나. 도로·철도·궤도·운하 또는 수로를 설치하기 위하여 터널 또는 갱도를 파 들어가는 과정에서 부수적으로 나온 토석
2. 다음 각 목의 어느 하나에 해당하는 자가 허가를 받거나 신고한 토석을 채취하는 과정에서 부수적으로 나온 토석
   가. 토석채취허가를 받거나 토석채취신고를 한 자
   나. 토사채취신고를 한 자
   다. 채석(採石)신고를 한 자
3. 제25조제2항(객토용 등)의 용도로 사용하기 위하여 같은 항에 따른 규모 미만으로 채취한 토사

5) 토석채취허가의 취소(법 제31조)

산림청장등은 토석채취허가를 받았거나 토사채취신고 또는 채석신고를 한 자가 다음 각 호의 어느 하나에 해당하는 경우에는 허가를 취소하거나 토석채취 또는 채석의 중지, 그 밖에 필요한 조치를 명할 수 있다. 다만, 제1호에 해당하는 경우에는 허가를 취소하거나 토석채취 또는 채석의 중지를 명하여야 한다.

1. 거짓이나 그 밖의 부정한 방법으로 허가를 받거나 신고를 한 경우
2. 정당한 사유 없이 허가를 받거나 신고를 한 날부터 6개월 이내에 토석채취를 시작하지 아니하거나 1년 이상 중단한 경우
3. 제28조(토석채취허가의 기준)제1항제5호 본문 또는 제30조제5항 본문(채취에 필요한 장비)에 따른 장비 등의 기준을 충족하지 못하게 된 경우
4. 허가를 받거나 신고를 한 자(사용인과 고용인을 포함한다)가 허가를 받거나 신고를 한 토석 외의 토석을 채취하거나 반입한 경우
5. 제37조(재해의 방지)제7항 각 호의 어느 하나에 해당하는 필요한 조치 명령을 이행하지 아니한 경우
6. 복구비를 예치하지 아니한 경우(제37조제9항에 따른 줄어든 복구비 예치금을 다시 예치하지 아니한 경우를 포함한다)
7. 허가를 받은 자가 허가취소를 요청하거나 신고를 한 자가 신고를 철회하는 경우
8. 그 밖의 허가조건을 위반한 경우

2. 석재 및 토사의 매각(법 제35조)

산림청장은 국유림의 산지에 있는 토석을 직권으로 또는 신청을 받아 매각하거나 무상양여할 수 있다. 다만, 무상양여는 다음 각 호의 어느 하나에 해당하는 경우로 한정한다.

1. 천재지변이나 그 밖의 재해가 있는 경우에 그 재해를 복구하기 위하여 필요한 경우
2. 다음 각 목의 어느 하나에 해당하는 경우로서 관계 행정기관의 장의 요청이 있고 그 요청이 타당하다고 산림청장이 인정하는 경우
   가. 「도로법」, 「철도의 건설 및 철도시설 유지관리에 관한 법률」 또는 「전원개발촉진법」에 따른 도로 또는 철도를 설치·개량하거나 전원개발사업을 하는 과정에서 부수적으로 채취한 토석을 그 공사용으로 사용하려는 경우
   나. 광산개발에 따른 광해(광산피해)를 예방하거나 복구하기 위하여 광물의 생산과정에서 채취한 토석을 직접 사용하려는 경우
   다. 국가, 지방자치단체 또는 정부투자기관 등이 공용·공공용 사업을 시행하는 과정에서 채취한 토석을 그 사업용으로 사용하려는 경우

3. 재해방지 및 복구 등

1) 재해의 방지(법 제37조)

산림청장등은 다음 각 호의 어느 하나에 해당하는 허가 등에 따라 산지전용, 산지일시사용, 토석채취 또는 복구를 하고 있는 산지에 대하여 대통령령으로 정하는 바에 따라 토사유출, 산사태 또는 인근지역의 피해 등 재해 방지나 산지경관 유지 등에 필요한 조사·점검·검사 등을 할 수 있다.

1. 산지전용허가
2. 산지전용신고
3. 산지일시사용허가 및 산지일시사용신고
4. 토석채취허가 또는 같은 조 제2항에 따른 토사채취신고
5. 채석단지에서의 채석신고
6. 토석의 매각계약 또는 무상양여처분
7. 산지복구 명령
8. 다른 법률에 따라 제1호부터 제5호까지의 허가 또는 신고가 의제되거나 배제되는 행정처분

2) 산지전용지 등의 복구(법 제39조)

제37조제1항(재해의 방지) 각 호의 어느 하나에 해당하는 허가 등의 처분을 받거나 신고 등을 한 자는 다음 각 호의 어느 하나에 해당하는 경우에 산지를 복구하여야 한다.

1. 산지전용허가를 받았거나 산지전용신고를 한 자가 산지의 형질을 변경한 경우
2. 토석채취허가를 받았거나 채석단지에서의 채석신고(토석매각을 포함한다)를 한 자가 토석을 채취한 경우
3. 산지일시사용허가를 받았거나 산지일시사용신고를 한 자가 산지의 형질을 변경한 경우
4. 그 밖의 사유로 산지의 복구가 필요한 경우

4 보칙

1. 타인 토지 출입 등(법 제47조)

산림청장등은 소속 공무원으로 하여금 기본계획 및 지역계획의 수립을 위한 산지기본조사, 산지지역조사, 보전산지의 지정·변경 또는 지정해제, 산지전용·일시사용제한지역의 지정·해제 등 산지의 보전·이용 등에 관한 사항을 조사하게 하기 위하여 필요한 경우에는 타인의 토지에 출입하게 하거나 그 토지를 일시 사용하게 할 수 있으며, 부득이한 경우에는 입목·대나무 또는 그 밖의 장애물을 제거하거나 변경하게 할 수 있다.

2. 규제의 재검토

정부는 제12조에 따른 보전산지에서의 행위제한에 대하여 2010년 12월 31일을 기준으로 하여 5년마다 그 타당성을 검토하여 제한행위의 폐지, 완화 또는 유지 등의 조치를 하여야 한다.

5 벌칙

법 제53조~제55조(벌칙), 제56조(양벌규정), 제57조(과태료)

부동산 공법(기초)

1판 1쇄 발행 2022년 07월 01일
1판 2쇄 발행 2024년 09월 06일
저   자 정쾌호·곽병철
발 행 인 이범만
발 행 처 **21세기사** (제406-2004-00015호)
　　　　 경기도 파주시 산남로 72-16 (10882)
　　　　 Tel. 031-942-7861　　　　 Fax. 031-942-7864
　　　　 E-mail : 21cbook@naver.com
　　　　 Home-page : www.21cbook.co.kr
　　　　 ISBN 979-11-6833-042-9

정가 30,000원